普通高等教育“十二五”系列教材

能源科学导论

编著　黄素逸
主审　郑楚光

中国电力出版社
CHINA ELECTRIC POWER PRESS

内 容 提 要

本书阐述了能源的基本知识，内容包括能量与能源的概念、能源的作用和地位、能源与环境、能源的可持续发展及能量的转换与储存，重点介绍了常规能源（煤炭、石油、天然气和水能）和新能源（核能、太阳能、风能、地热能、生物质能、海洋能、氢能）、节能（节能的目标和领域、节能的法规和措施、技术节能的途径、节能的技术经济评价和主要的节能技术）、能源经济（能源有效利用的分析方法、能源建设项目不确定性分析、能源市场）等知识。

本书取材新颖、内容丰富，既可作为高等学校能源动力类专业本科生和研究生的教材，也可作为大学生自然科学素质教育课的教科书，还可供有关工程技术人员和管理干部参考。

图书在版编目（CIP）数据

能源科学导论/黄素逸编著．—北京：中国电力出版社，2012.4（2025.8重印）

普通高等教育“十二五”规划教材

ISBN 978-7-5123-2629-3

Ⅰ.①能…　Ⅱ.①黄…　Ⅲ.①能源—高等学校—教材　Ⅳ.①TK01

中国版本图书馆CIP数据核字（2012）第014633号

中国电力出版社出版、发行

（北京市东城区北京站西街19号　100005　http://www.cepp.sgcc.com.cn）

北京锦鸿盛世印刷科技有限公司印刷

各地新华书店经售

*

2012年4月第一版　2025年8月北京第九次印刷

787毫米×1092毫米　16开本　16.75印张　405千字

定价 **45.00** 元

前言

能源是国民经济的命脉，与人民生活和人类的生存环境休戚相关，在社会可持续发展中起着举足轻重的作用。经过几十年的努力，我国能源发展成就显著，基本满足了国民经济和社会发展的需要，为“十二五”及今后更长时期的能源发展奠定了坚实基础。面向未来，我国能源工业已经站在新的历史起点上。

1998年，中央教育工作会议提出要加强高等学校学生人文素养和科学素质教育，为了贯彻会议精神和适应21世纪对高素质创造性人才的需求，作者和中国电力出版社一起组织编写了一套高等学校科学素质教育丛书。该丛书包括六本书，即能源科学导论、环境科学导论、生命科学导论、信息科学导论、材料科学导论和管理科学导论。其中，能源科学导论于1999年由中国电力出版社出版。该丛书的初衷是定位于21世纪复合型人才的入门读物，使读者终生受益的基础教材。丛书曾多次重印，获得了读者的认可。能源科学导论一书实际上是一本高级的科普教材，在普及能源知识方面起到了一定的作用。

十多年过去了，中国经济发生了巨大的变化，人民的生活也有了显著的改善，其中，能源的作用功不可没。然而，煤炭、石油、天然气这类化石燃料总有耗尽之日，它们给环境造成的污染也日益严重。能源、环境、人口、粮食、资源也仍然是困扰当今中国乃至全人类的共同问题。如何使经济、社会、环境协调和可持续发展是全世界面临的共同挑战。

“十二五”是我国全面建设小康社会的关键时期，新时期新阶段能源发展既有新的机遇，也面临更为严峻的挑战。其挑战主要表现在：消费需求不断增长，资源约束日益加剧；结构矛盾比较突出，可持续发展面临挑战；国际市场剧烈波动，安全隐患不断增加；能源效率亟待提高，节能降耗任务艰巨；科技水平相对落后，自主创新任重道远；体制约束依然严重，各项改革有待深化；农村能源问题突出，滞后面貌亟待改观。

此次重写能源科学导论一书，有关能源的基础知识部分基本保留其框架，但对有关资料和数据进行了全面更新。全书重点是常规能源、新能源和节能。由于节能工作与各行各业紧密相关，而且在今后的节能减排中其重要性日益凸现，因此，在节能一章中增加了许多内容，包括节能应遵循的原则、节能相关的术语、节能的类型、技术和工艺节能的一般途径、节能的技术经济分析和先进的节能技术等。

为了让广大读者全面了解能源与经济之间的密切关系，并能运用经济学的观点来解决能源开发利用中所面临的问题，进一步提高能源利用开发的经济性，在书中特别增加了能源经济一章。本章主要介绍能源有效利用的分析方法（热平衡分析法、㶲分析法、总能系统分析等）、能源建设的不确定性分析及能源市场等。

本书具有资料新颖、涉猎面广、叙述简洁的特点，以达到既为读者提供更多新的能源信息，又通俗易懂的目的。

感谢华中科技大学郑楚光教授对书稿的认真审阅，感谢同行、同事们为本书提供的宝贵建议。

黄素逸
2012年2月于华中科技大学

目　录

第一章　概　　述

第一节　能量与能源

一、能量

物质、能量和信息是构成客观世界的基础。科学史观认为，世界是由物质构成的，没有物质，世界便虚无缥缈。运动是物质存在的形式，是物质固有的属性。没有运动的物质正如没有物质的运动一样是不可思议的，能量则是物质运动的度量。由于物质存在各种不同的运动形态，因此，能量也就具有不同形式。信息则是客观事物和主观认识相结合的产物，没有信息，物质和能量既无从认识，也毫无用处。

宇宙间一切运动着的物体都有能量的存在和转化。人类一切活动都与能量及其使用紧密相关。所谓能量，广义地说，就是"产生某种效果（变化）的能力"。反过来说，产生某种效果（变化）的过程必然伴随着能量的消耗或转化。例如，要使物体沿某一方向移动一定的距离 $S(m)$，就需要消耗一定的功，若推动物体的力为 $F(N)$，则所消耗的功为 $W=F\cdot S(J)$，也就是说需要消耗 $W=F\cdot S$ 的能量才能产生上述效果。又如，要使质量为 m [kg] 的物体从静止状态加速到速度为 v [m/s]，则要消耗 $\frac{1}{2}mv^2$(J) 的能量；加热质量为 m [kg] 的水，使其温度由 T_1 升高到 T_2，则耗能为 $mc(T_2-T_1)$ [c 为水的比热容，J/（kg·℃）]；同样，移动 q(C) 电荷跨越电位差 U(V) 时，也要消耗 qU(J) 能量。

科学史观还认为，物质是某种既定的东西，既不能被创造也不能被消灭，因此，作为物质属性的能量也一样不能创造和消灭。能量和物质质量之间的关系是爱因斯坦于 1922 年揭示的，即

$$E=mc^2 \tag{1-1}$$

式中：E 为物质释放的能量，J；m 为转变为能量的物质的质量，kg；c 为光速，3×10^8m/s。

式（1-1）表示的是一个可逆过程，其前提是质量和能量的总和在任何能量的转换过程中都必须保持不变。

在国际单位制中，能量的单位、功及热量的单位通常都用焦（J）表示，而单位时间内所做的功或吸收（释放）的热量则称之为功率，单位为瓦（W）。因为在能量的转换和使用中，焦和瓦的单位都太小，因此，更多的是用千焦（kJ）和千瓦（kW），或兆焦（MJ）或兆瓦（MW）。在能源研究中，还会用到更大的单位，如 GW、TW 等。能源利用中，常用的国际制的词冠见表 1-1。

表 1-1　能源中常用的国际制词冠

幂	词冠	国际代号	中文代号	幂	词冠	国际代号	中文代号
10^{18}	艾可萨（cxa）	E	爱	10^6	兆（mega）	M	兆
10^{15}	拍它（peta）	P	拍	10^3	千（kilo）	K	千
10^{12}	太拉（tera）	T	太	10^2	百（hecto）	h	百
10^9	吉珈（giga）	G	吉	10	十（deca）	da	十

在工程应用和一些有关能源的文献中，还会见到其他一些单位，如卡、千卡、标准煤当量、标准油当量、百万吨煤当量（Mtce）、百万吨油当量（Mtoe）等。它们与国际单位之间的关系是：1 卡＝4.186 8 焦；1 千克标准煤当量（kgce）＝7000 千卡；1 千克标准油当量（kgoe）＝10 000 千卡。

二、能量的形式

作为一个哲学上的概念，能量是一切物质运动、变化和相互作用的度量。具体而言，能量反映了一个由诸多物质构成的系统同外界交换功和热的能力的大小。利用能量，从实质上讲就是利用自然界的某一自发变化的过程来推动另一人为的过程。例如，水力发电就是利用水会自发地从高处流往低处的这一自发过程，使水的势能转化为动能，再推动水轮机转动，水轮机又带动发电机，通过发电机将机械能转换为电能供人类利用。显然，能量利用的优劣，利用效率的高低与具体过程密切相关。而且利用能量的结果，必然和能量系统的始末状态相联系，例如，水力发电系统通过消耗一部分水能来获得电能，系统的始末状态（如水位、流量等）都发生了变化。

对能量的分类方法没有统一的标准，到目前为止，人类认识的能量有六种形式。

1. 机械能

机械能是与物体宏观机械运动或空间状态相关的能量，前者称之为动能，后者称之为势能。它们都是人类最早认识的能量形式。具体而言，动能是指系统（或物体）由于做机械运动而具有的做功能力。如果质量为 m 的物体的运动速度为 v，则该物体的动能 E_k 可以用下式计算：

$$E_k = \frac{1}{2}mv^2 \tag{1-2}$$

势能与物体的状态有关，除了受重力作用的物体因其位置高度不同而具有所谓重力势能外，还有弹性势能，即物体由于弹性变形而具有的做功本领；所谓表面能，即不同类物质或同类物质不同相的分界面上，由于表面张力的存在而具有的做功能力。重力势能 E_p 可以用下式计算：

$$E_p = mgH \tag{1-3}$$

式中：m 为物体的质量；g 为重力加速度；H 为高度。

弹性势能 E_τ 的计算式为

$$E_\tau = \frac{1}{2}kx^2 \tag{1-4}$$

式中：k 为物体的弹性系数；x 为物体的变形量。

表面能 E_s 可用下式计算：

$$E_s = \sigma S \tag{1-5}$$

式中：σ 为表面张力系数；S 为相界面的面积。

2. 热能

热能是能量的一种基本形式，所有其他形式的能量都可以完全转换为热能，而且绝大多数的一次能源都是首先经过热能形式而被利用的，因此，热能在能量利用中有重要意义。构成物质的微观分子运动的动能和势能总和称之为热能。这种能量的宏观表现是温度的高低，它反映了分子运动的激烈程度。通常，热能 E_q 可表述成如下：

$$E_q = \int T ds \tag{1-6}$$

式中：T 为温度；ds 为熵增。

3. 电能

电能是和电子流动与积累有关的一种能量，通常是由电池中的化学能转换而来，或是通过发电机由机械能转换得到；反之，电能也可以通过电动机转换为机械能，从而显示出电做功的本领。如果驱动电子流动的电动势为 U，电流强度为 I，则其电能 E_e 可表示为

$$E_e = UI \tag{1-7}$$

4. 辐射能

辐射能是物体以电磁波形式发射的能量。物体会因各种原因发出辐射能，其中，从能量利用的角度而言，因热的原因而发出的辐射能（又称热辐射能）是最有意义的。例如，地球表面所接受的太阳能就是最重要的热辐射能。物体的辐射能 E_r 可由下式计算：

$$E_r = \varepsilon c_0 \left(\frac{T}{100}\right)^4 \tag{1-8}$$

式中：ε 为物体的发射率；c_0 为黑体辐射系数；T 为物体的绝对温度。

5. 化学能

化学能是物质结构能的一种，即原子核外进行化学变化时放出的能量。按化学热力学定义，物质或物系在化学反应过程中以热能形式释放的内能称为化学能。人类利用最普遍的化学能是燃烧碳和氢，而这两种元素正是煤、石油、天然气、薪柴等燃料中最主要的可燃元素。燃料燃烧时的化学能通常用燃料的发热值表示。

单位质量（对固体、液体燃料）或体积（气体燃料）在完全燃烧，且燃烧产物冷却到燃烧前的温度时所放出的热量称为燃料的发热量（发热值或热值），单位为 kJ/kg 或 kJ/m^3。应用时又将发热量分为高位发热量和低位发热量。高位发热量是指燃料完全燃烧，且燃烧产物中的水蒸气全部凝结成水时所放出的热量；低位发热量是燃料完全燃烧，而燃料产物中的水蒸气仍以气态存在时所放出的热量。显然，低位发热量在数值上等于高位发热量减去水的汽化潜热。由于燃烧设备，如锅炉中燃料燃烧时，燃料中原有的水分及氢燃烧后生成的水均呈蒸汽状态随烟气排出，因此，低位发热量接近实际可利用的燃料发热量，所以，在热力计算中均以低位发热量作为计算依据。表 1-2 所示为各种不同燃料低位发热量的概略值。

表 1-2 各种不同燃料低位发热量的概略值

燃料种类			发热量
固体燃料（MJ/kg）	天然固体燃料	木材	13.80
		泥煤	15.89
		褐煤	18.82
		烟煤	27.18
	加工的固体燃料	木炭	29.27
		焦炭	28.43
		焦块	26.34

续表

燃料种类			发热量
液体燃料（MJ/kg）	天然液体燃料	石油（原油）	41.82
	加工成的液体燃料	汽油	45.99
		液化石油气	50.18
		煤油	45.15
		重油	43.91
		焦油	37.22
		甲苯	40.56
		苯	40.14
		酒精	26.76
气体燃料（MJ/m^3）	天然气体燃料	天然气	37.63
	加工成的气体燃料	焦炉煤气	18.82
		高炉煤气	3.76
		发生炉煤气	5.85
		水煤气	10.45
		油气	37.65
		丁烷气	125.45

6. 核能

核能是蕴藏在原子核内部的物质结构能。轻质量的原子核（氘、氚等）和重质量的原子核（铀等）其核子之间的结合力比中等质量原子核的结合力小，这两类原子核在一定的条件下可以通过核聚变和核裂变转变为在自然界更稳定的中等质量原子核，同时释放出巨大的结合能，这种结合能就是核能。由于原子核内部的运动非常复杂，目前还不能给出核力的完全描述，但在核裂变和核聚变反应中都有所谓的"质量亏损"，这种质量和能量之间的转换完全可以用式（1-1）来描述。

三、能源的分类

能源可简单地理解为含有能量的资源。对于能源常常有不同的表述。例如，《大英百科全书》对能源一词的解释为"能源是一个包括所有燃料、流水、阳光和风的术语，人类采用适当的转换手段，给人类自己提供所需的能量"。在现代汉语词典中，对能源的注解是"能产生能量的物质，如燃料、水力、风力等"。总之，不论何种表述，其内涵都是基本相同的，即能源就是能量的来源，是提供能量的资源，这些来源或资源，要么来自物质，要么是来自物质的运动，前者如煤炭、石油、天然气等化石燃料（又称矿物燃料），后者如水流、风流、海浪、潮汐等。

从广义上讲，在自然界里有一些自然资源本身就拥有某种形式的能量，它们在一定条件下能够转换成人们所需要的能量形式，这种自然资源显然就是能源，如煤、石油、天然气、太阳能、风能、水能、地热能、核能等。但生产和生活过程中由于需要或为便于运输和使用，常将上述能源经过一定的加工、转换使之成为更符合使用要求的能量来源，如煤气、电力、焦炭、蒸汽、沼气、氢能等，它们也称为能源，因为它们同样能为人们提供所需的能量。

由于能源形式多样，因此，通常有多种不同的分类方法，它们或按能源的来源、形成、使用分类，或从技术、环保角度进行分类。不同的分类方法都是从不同的侧重面来反映各种能源的特征。

1. 按地球上的能量来源分

地球上能源的成因有三方面。

(1) 地球本身蕴藏的能源，如核能、地热能等。

(2) 来自地球外天体的能源，如宇宙射线及太阳能，以及由太阳能引起的水能、风能、波浪能、海洋温差能、生物质能、光合作用、化石燃料（如煤、石油、天然气等，它们是一亿年前由积存下来的有机物质转化而来的）等。

(3) 地球与其他天体相互作用的能源，如潮汐能。

2. 按被利用的程度分

从被开发利用的程度、生产技术水平和经济效果等方面对能源进行分类。

(1) 常规能源，其开发利用时间长、技术成熟、能大量生产并广泛使用，如煤炭、石油、天然气、薪柴燃料，水能等，常规能源有时又称为传统能源。

(2) 新能源，其开发利用较少或正在研究开发之中，如太阳能、地热能、潮汐能、生物质能等，核能通常也被看成新能源，尽管核燃料提供的核能在世界一次能源的消费中已占15%，但从被利用的程度看还远不能和已有的常规能源比。另外，核能利用的技术非常复杂，可控核聚变反应至今未能实现，这也是将核能仍视为新能源的主要原因之一。不过也有不少学者认为应将核裂变作为常规能源，核聚变作为新能源。新能源有时又称为非常规能源或替代能源。

3. 按获得的方法分

(1) 一次能源，即自然界现实存在，可供直接利用的能源，如煤、石油、天然气、风能、水能等。

(2) 二次能源，即由一次能源直接或间接加工、转换而来的能源，如电、蒸汽、焦炭、煤气、氢等，它们使用方便，易于利用，是高品质的能源。

4. 按能否再生分

(1) 可再生能源，它不会随其本身的转化或人类的利用而日益减少，如水能、风能、潮汐能、太阳能等。

(2) 非再生能源，它随人类的利用而越来越少，如石油、煤、天然气、核燃料等。

5. 按能源本身的性质分

(1) 含能体能源，其本身就是可提供能量的物质，如石油、煤、天然气、氢等，它们可以直接储存，因此，便于运输和传输，含能体能源又称为载体能源。

(2) 过程性能源，它们是指由可提供能量的物质的运动所产生的能源，如水能、风能、潮汐能、电能等，其特点是无法直接储存。

6. 按是否能作为燃料分

(1) 燃料能源，它们可以作为燃料使用，如各种矿物燃料，生物质燃料以及二次能源中的汽油、柴油、煤气等。

(2) 非燃料能源，它们是不可作为燃料使用的能源，其含义仅指其不能燃烧，而非不能起燃料的某些作用，如加热等。

7. 按对环境的污染情况分

（1）清洁能源，即对环境无污染或污染很小的能源，如太阳能、水能、海洋能等。

（2）非清洁能源，即对环境污染较大的能源，如煤、石油等。

此外，在一些参考资料中还常常看到另外一些有关能源的术语或名词，如商品能源、非商品能源、农村能源、绿色能源、终端能源等。它们也都是从某一方面来反映能源的特征的。例如，商品能源是指流通环节大量消费的能源，如煤炭、石油、天然气、电力等；而非商品能源则指不经流通环节而自产自用的能源，如农户自产自用的薪柴、秸秆，牧民自用的牲畜粪便等。表 1 - 3 所示为能源的分类。

表 1 - 3　　能源的分类

<table>
<tr><th rowspan="2">按使用状况分</th><th rowspan="2">按性质分</th><th colspan="2">按一、二次能源分</th></tr>
<tr><th>一次能源</th><th>二次能源</th></tr>
<tr><td rowspan="2">常规能源</td><td>燃料能源</td><td>泥煤（化学能）
褐煤（化学能）
烟煤（化学能）
无烟煤（化学能）
石煤（化学能）
油页岩（化学能）
油砂（化学能）
原油（化学能、机械能）
天然气（化学能、机械能）
生物燃料（化学能）
天然气水合物（化学能）</td><td>煤气（化学能）
余热（化学能）
焦炭（化学能）
汽油（化学能）
煤油（化学能）
柴油（化学能）
重油（化学能）
液化石油气（化学能）
丙烷（化学能）
甲醇（化学能）
酒精（化学能）
苯胺（化学能）
火药（化学能）</td></tr>
<tr><td>非燃料能源</td><td>水能（机械能）</td><td>电（电能）
蒸汽（热能、机械能）
热水（热能）
余热（热能、机械能）</td></tr>
<tr><td rowspan="2">新能源</td><td>燃料能源</td><td>核燃料（核能）</td><td>沼气（化学能）
氢（化学能）</td></tr>
<tr><td>非燃料能源</td><td>太阳能（辐射能）
风能（机械能）
地热能（热能）
潮汐能（机械能）
海水热能（热能、机械能）
海流、波浪动能（机械能）</td><td>激光（光能）</td></tr>
</table>

四、能源的评价

能源多种多样，各有优缺点。为了正确地选择和使用能源，必须对各种能源进行正确的评价。能源评价通常包括以下几方面。

1. 储量

储量是能源评价中的一个非常重要的指标。作为能源的一个必要条件是储量要足够丰富。人们对储量常有不同的理解。一种理解认为，对煤和石油等化石燃料而言，储量是指地质资源量；对太阳能、风能、地热能等新能源而言则是指资源总量。而另一种理解是，储量是指有经济价值的可开采的资源量或技术上可利用的资源量。在有经济价值的可开采的资源量中又分为普查量、详查量和精查量等几种情况。在油气开采中，通常又将累计探明的可采储量与可采资源量之比称之为可采储资比，用以说明资源的探明程度。储量丰富且探明程度高的能源才有可能被广泛的应用。

2. 能量密度

能量密度是指在一定的质量、空间或面积内，从某种能源中所能得到的能量。显然，如果能量密度很小，就很难用作主要能源。太阳能和风能的能量密度就很小，各种常规能源的能量密度都比较大，核燃料的能量密度最大。几种能源的能量密度见表 1-4。

表 1-4　　几种能源的能量密度

能源类别	能量密度（kW/m^2）	能源类别	能量密度（kJ/kg）
风能（风速 3m/s）	0.02	天然铀	5.0×10^8
水能（流速 3m/s）	20	^{235}U（核裂变）	7.0×10^{10}
波浪能（波高 2m）	30	氘（核聚变）	3.5×10^{11}
潮汐能（潮差 10m）	100	氢	1.2×10^5
太阳能（晴天平均）	1	甲烷	5.0×10^4
太阳能（昼夜平均）	0.16	汽油	4.4×10^4

3. 储能的可能性

储能的可能性是指能源不用时是否可以储存起来，需要时是否又能立即供应。在这方面，化石燃料容易做到，而太阳能、风能则比较困难。由于大多数情况下，用能是不均衡的，比如白天用电多，深夜用电少；冬天需要热，夏天却需要冷。因此，在能量的利用中，储能是很重要的一环。

4. 供能的连续性

供能的连续性是指能否按需要和所需的速度连续不断地供给能量。显然，太阳能和风能就很难做到供能的连续性。太阳能白天有，夜晚无；风力则时大时小，且随季节变化大。因此，常常需要有储能装置来保证供能的连续性。

5. 能源的地理分布

能源的地理分布和能源的使用关系密切。能源的地理分布不合理，则开发、运输、基本建设等费用都会大幅度的增加。例如，我国煤炭资源多在西北，水能资源多在西南，工业区却在东部沿海，因此，能源的地理分布对使用很不利。带来“北煤南运”、“西电东送”等诸多问题。

6. 开发费用和利用能源的设备费用

各种能源的开发费用以及利用该种能源的设备费用相差悬殊。例如，太阳能、风能不需要任何成本即可得到。各种化石燃料从勘探、开采到加工却需要大量投资。但利用能源的设备费用则正好相反，太阳能、风能、海洋能的利用设备费按每千瓦计远高于利用化石燃料的设备费。核电厂的核燃料费远低于燃油电厂，但其设备费却高得多。因此，在对能源进行评价时，开发费用和利用能源的设备费用是必须考虑的重要因素，并需进行经济分析和评估。

7. 运输费用与损耗

运输费用与损耗是能源利用中必须考虑的一个问题。例如，太阳能、风能和地热能都很难输送出去，但煤、油等化石燃料却很容易从产地输送至用户。核电厂的核燃料运输费用极少，因为核燃料的能量密度是煤的几百万倍，而燃煤电厂的输煤就是一笔很大的费用。此外，运输中的损耗也不可忽视。

8. 能源的可再生性

在能源日益匮乏的今天，评价能源时不能不考虑能源的可再生性。比如，太阳能、风能、水能等都可再生，而煤、石油、天然气则不能再生。在条件许可和经济上基本可行的情况下，应尽可能地采用可再生能源。

9. 能源的品位

能源的品位有高低之分，例如，水能能够直接转变为机械能和电能，它的品位要比先由化学能转变为热能，再由热能转换为机械能的化石燃料必然要高些。另外，热机中，热源的温度越高，冷源的温度越低，则循环的热效率就越高，因此，温度高的热源品位比温度低的热源高。在使用能源时，特别要防止高品位能源降级使用，并根据使用需要适当安排不同品位能源。

10. 对环境的影响

使用能源一定要考虑对环境的影响。化石燃料对环境的污染大，太阳能、氢能、风能对环境基本上没有污染。在使用能源时应尽可能采取各种措施防止对环境的污染。

第二节 能源的作用和地位

一、能源更迭与社会发展

回顾人类的历史，可以明显地看出能源和人类社会发展间的密切关系。人类社会已经经历了三个能源时期，即薪柴时期、煤炭时期和石油时期。

古代从人类学会利用“火”开始，就以薪柴、秸秆和动物的排泄物等生物质燃料来烧饭和取暖，同时，以人力、畜力和一小部分简单的风力和水力机械作动力，从事生产活动。这个以薪柴等生物质燃料为主要能源的时代，延续了很长时间，当时生产和生活水平都很低，社会发展迟缓。

18 世纪的产业革命，以煤炭取代薪柴作为主要能源，蒸汽机成为生产的主要动力，于是工业得到迅速发展，劳动生产力有了很大的增长。特别是 19 世纪末，电力开始进入社会的各领域，电动机代替了蒸汽机，电灯代替了油灯和蜡烛，电力成为工矿企业的主要动力，成为生产动力和生活照明的主要来源。出现了电话、电影，不但社会生产力有了大幅度的增长，而且人类的生活水平和文化水平也有极大的提高，从根本上改变了人类社会的面貌。这时的电力工业主要是依靠煤炭作为主要燃料。

石油资源的发展，开始了能源利用的新时期。特别是 20 世纪 50 年代，美国、中东、北非相继发现了巨大的油田和气田，于是，西方发达国家很快地从以煤为主要能源转换到以石油和天然气为主要能源。汽车、飞机、内燃机车和远洋客货轮的迅猛发展，不但极大地缩短了地区和国家之间的距离，也大大地促进了世界经济的繁荣。近50年来，世界上许多国家依靠石油和天然气，创造了人类历史上空前的物质文明。

煤、石油和天然气等化石能源的大规模应用虽然极大地创造了人类历史上空前的繁荣，但也给全球环境带来严重的污染（关于能源对环境的具体影响见本章第三节）。为了解决能源对环境的污染以及化石能源日益枯竭的问题，人类不得不大力开发和发展太阳能、地热能、风能、海洋能、生物质能和核聚变能等新能源。

相对于传统常规能源，新能源普遍具有污染少、储量丰富的特点，不但对解决当今世界严重的环境污染问题和资源（特别是化石能源）枯竭问题具有重要意义，同时，由于很多新能源分布均匀，对于解决由能源引发的战争也有着重要意义。

显然，如果新能源取代了传统的常规能源，那么也意味着人们的生活将发生根本性的变革。传统常规能源的相对廉价、成熟以及其长时间形成的惯性力量，是新能源无法短时间内取代传统常规能源的根本制约。当然，这也表明新能源具有一些与生俱来的缺陷，还需要在技术层面上取得突破，从而大幅度降低成本。

当前，新能源和传统常规能源的角逐实际上也是一场能源的革命。而能源的革命，不仅带来能源的更迭，它还伴随着人类社会的向前迈进，以及与新能源相适应的人类新文明。例如，以新能源发电为主的分布式发电格局和以清洁生产为核心的“小循环”的循环经济模式将成为发展的新的驱动力，并构成和谐社会的一个有机部分。

二、能源与国民经济

能源是国民经济发展不可或缺的重要基础，是现代化生产的主要动力来源。现代工业和现代农业都离不开能源动力。

工业方面，各种锅炉、窑炉都要用油、煤和天然气作燃料；钢铁冶炼要用焦炭和电力；机械加工、起重、物料传送、气动液压机械、各种电机、生产过程的控制和管理都要用电力；交通运输需要动力、油和煤；国防工业也需要大量的电力和石油。能源还是珍贵的化工原料，从石油中可以提炼出五千多种有机合成原料，其中，最重要的基本原料有乙烯、丙烯、丁二烯、苯、甲苯、二甲苯、乙炔、萘等。由这些原料加工就可以得到塑料、合成纤维、人造橡胶、化肥、人造革、染料、炸药、医药、农药、香料、糖精等各种工业制品。

在现代化农业生产中，农产品产量的大幅度提高，也是和使用大量能源联系在一起的。例如，耕种、收割、烘干、冷藏、运输等都需要直接消耗能源；化肥、农药、除草剂又都要间接消耗能源。例如，美国1945～1975年的30年间，平均每吨谷类作物的总能源消耗量由20kg标准煤增加到67kg标准煤，而产量也由204kg增加到486kg。也就是说，每亩耕地产量增加1.4倍，能源消耗量则增加2.4倍。

世界各国经济发展的实践证明，在经济正常发展的情况下，能源消耗总量和能源消耗增长速度与国民经济生产总值和国民经济生产总值增长率成正比例关系。这个比例关系通常用能源消费弹性系数来表示。能源消费弹性系数是能源消费的年增长率与国民经济年增长率之比。这个数值越大，说明国民经济产值每增加1%，能源消费的增长率越高；这个数值越小，则能源消费增长率越低。能源弹性系数的大小与国民经济结构、能源利用效率、生产产品的质量、原材料消耗、运输以及人民生活需要等因素有关。

世界经济和能源发展的历史显示，处于工业化初期的国家，经济的增长主要依靠能源密集工业的发展，能源效率也较低，因此，能源弹性系数通常大于1。例如，发达国家工业化初期，能源增长率比工业产值增长率高一倍以上（见表1-5）。到工业化后期，一方面经济结构转向服务业，另一方面技术进步促使能源效率提高，能源消费结构日益合理，因此，能源弹性系数通常小于1。尽管各国的实际条件不同，但只要处于类似的经济发展阶段，它们就具有大致相近的能源弹性系数。发展中国家的能源弹性系数一般大于1，工业化国家能源弹性系数大多小于1；人均收入越高，弹性系数越低。我国的能源弹性系数见表1-6。

表1-5　几个发达国家工业化初期的能源弹性系数

国家	产业革命开始年份	初步实现工业化年份	工业化初期能源弹性系数	初步实现工业化时人均能耗（tce）	能源效率（%）	
					1860年	1950年
英国	1760年	1860年	1.96（1810～1860年）	2.93	8	24
美国	1810年	1900年	2.76（1850～1900年）	4.85	8	30
法国	1825年	1900年		1.37	12	20
德国	1840年	1900年	2.87（1860～1900年）	2.65	10	20

表1-6　我国能源生产弹性系数

年份	能源生产比上年增长（%）	电力生产比上年增长（%）	国内生产总值比上年增长（%）	能源生产弹性系数	电力生产弹性系数
1985	9.9	8.9	13.5	0.73	0.66
1990	2.2	6.2	3.8	0.58	1.63
1991	0.9	9.1	9.2	0.10	0.99
1992	2.3	11.3	14.2	0.16	0.80
1993	3.6	15.3	14.0	0.26	1.09
1994	6.9	10.7	13.1	0.53	0.82
1995	8.7	8.6	10.9	0.80	0.79
1996	2.8	7.2	10.0	0.28	0.72
1997	−0.2	5.0	9.3		0.54
1998	−6.2	2.9	7.8		0.37
1999	1.4	6.2	7.6	0.18	0.82
2000	2.4	9.4	8.4	0.29	1.12
2001	6.6	9.2	8.3	0.80	1.11
2002	4.6	11.7	9.1	0.51	1.29
2003	13.9	15.5	10.0	1.39	1.55
2004	14.3	15.3	10.1	1.42	1.51
2005	9.9	13.5	10.4	0.95	1.30
2006	7.4	14.6	11.1	0.66	1.32

注　国内生产总值增长速度按可比价格计算。

国内生产总值的能耗是衡量一个国家能量利用效率的一个重要指标。表 1-7 所示为世界各国国内生产总值的能耗。从表中可以看出，整体而言，世界大多数国家其单位产值的能耗是逐年降低的，但高、中、低收入国家其单位产值的能耗相差很大。对高收入国家而言，其经济发达，第三产业发展迅速，加之能源利用效率高，故单位产值的能耗约为低收入国家的 1/6。我国单位产值的能耗不但远高于发达国家，如日、美、英、德等，而且与发展中的大国如巴西、墨西哥相比，也差距很大，甚至高于印度。目前，我国一次能源消费量已超过俄罗斯，居世界第二位，但人均能耗水平低，单位产值的能耗高，因此，大力发展经济，提高能源利用率，全面建设小康社会仍然是我国人民面临的重要任务。

表 1-7　**世界各国国内生产总值能耗比较**　（t 标准油/万美元）

国家和地区	2000 年	2001 年	2002 年	2003 年	2004 年	2005 年
世界	3.08	3.12	3.06	2.82	2.62	2.49
低收入国家	13.09	13.32	12.53	11.83	10.58	9.42
中等收入国家	7.13	7.11	7.22	6.79	6.15	5.42
高收入国家	2.08	2.10	2.04	1.83	1.68	1.61
中国	9.22	8.33	8.22	8.29	8.19	7.65
中国香港	0.94	1.00	1.03	1.06	1.06	1.02
孟加拉国	3.97	4.35	4.41	4.23	4.03	4.01
文莱	4.24	4.23	3.98	4.09	3.42	2.77
印度	9.99	9.76	9.44	8.19	7.43	6.64
印度尼西亚	9.25	9.98	8.35	7.11	6.78	6.26
伊朗	11.71	10.77	11.19	10.28	9.24	8.46
以色列	1.59	1.69	1.83	1.79	1.69	1.49
日本	1.13	1.27	1.33	1.22	1.16	1.17
哈萨克斯坦	21.12	17.21	16.94	14.69	11.22	9.18
韩国	3.72	4.00	3.71	3.41	3.13	2.70
马来西亚	5.68	6.14	5.78	5.59	4.46	4.47
巴基斯坦	8.65	9.06	9.13	8.32	7.59	6.97
菲律宾	5.59	5.85	5.51	5.28	5.07	4.53
新加坡	2.40	2.68	2.77	2.37	2.33	2.51
斯里兰卡	4.95	5.03	4.66	4.58	4.52	3.84
泰国	6.08	6.77	6.57	6.22	6.02	5.67
越南	12.01	12.14	12.14	11.19	11.05	9.66
埃及	4.55	4.81	5.92	6.67	7.18	6.84
尼日利亚	19.41	19.21	16.15	14.42	11.30	9.25

续表

国家和地区	2000年	2001年	2002年	2003年	2004年	2005年
南非	8.36	9.21	9.49	7.09	5.97	5.27
加拿大	3.44	3.44	3.40	3.03	2.71	2.40
墨西哥	2.59	2.44	2.40	2.50	2.42	2.30
美国	2.36	2.24	2.20	2.09	2.00	1.89
阿根廷	2.18	2.18	5.50	4.61	4.13	3.48
巴西	2.88	3.38	3.78	3.51	3.09	2.37
委内瑞拉	4.84	4.73	6.22	6.36	5.08	4.19
白俄罗斯	19.31	19.99	17.28	14.58	11.59	8.80
捷克	7.12	6.69	5.57	4.88	4.18	3.62
法国	1.95	1.99	1.83	1.51	1.33	1.29
德国	1.81	1.87	1.71	1.42	1.27	1.24
意大利	1.58	1.55	1.42	1.20	1.06	1.05
荷兰	1.97	1.95	1.80	1.50	1.35	1.30
波兰	5.22	4.73	4.50	4.22	3.63	3.06
俄罗斯联邦	23.64	20.26	17.88	14.82	10.84	8.46
西班牙	2.15	2.10	1.92	1.54	1.36	1.29
土耳其	2.88	3.62	3.23	2.59	2.08	1.76
乌克兰	42.89	35.34	32.04	28.91	22.23	16.63
英国	1.62	1.63	1.45	1.28	1.08	1.05
澳大利亚	2.73	2.93	2.91	2.48	1.90	1.81
新西兰	3.53	3.46	2.73	2.02	1.75	1.57

资料来源：世界银行数据库。

值得注意的是，传统工业文明比农耕文明的发展程度高，但持续性差。随着世界人口的增加，经济的飞速发展，能源消费量持续增长，能源给环境带来的污染也日益严重。与此同时，由于人类的活动地球生态系统也受到破坏，森林锐减、物种毁灭、气候变暖、荒漠扩大、灾害频发。因此，如何使能源和环境协调，使社会可持续发展是摆在全人类面前的共同任务。

三、能源与人民生活

能源还与人民生活休戚相关。不但人们的衣、食、住、行处处离不开能源，而且文化娱乐、医疗卫生都与能源有着密切的关系。随着人们生活水平的提高，所需的能源也就越多。因此，从一个国家人民的能耗量就可以看出一个国家人民的生活水平。例如，生活最富裕的北美地区比贫穷的南亚地区每年每人的平均能耗要高出55倍。表1-8所示为美国家庭每户每年的能源消费概况，从表中可以看出能源与人民生活的关系是多么密切。

表 1-8 美国家庭每户每年的能源消费概况

能源项目	南方			北方		
	年消费量	折合标准煤（t）	费用（美元）	年消费量	折合标准煤（t）	费用（美元）
电	10 000kW·h	4.0	700	3000	1.2	200
天然气	1000m³	1.3	300	3000	3.8	500
汽油	2000L	2.4	600	2000	2.4	600
上下水	250m³		250	200		200
合计		7.7	1850		7.4	1500

现代社会生产和生活，究竟需要多少能源？按目前世界情况，大致有以下三种水平：

(1) 维持生存所必需的能源消费量（以人体需要和生存可能性为依据）为每人每年400kg 标准煤。

(2) 现代化生产和生活的能源消费量，即为保证人们能丰衣足食、满足起码的现代化生活所需的能源消费量为每人每年 1200～1600kg 标准煤（见表 1-9）。

(3) 更高级的现代化生活所需的能源消费量，以发达国家已有水平做参考，使人们能够享受更高的物质与精神文明，每人每年至少需要 2000～3000kg 标准煤。

表 1-9 现代化生产和生活的能源消费量

项目	国外提出的现代化最低标准［kg 标准煤/（年·人）］	中国式现代化标准［kg 标准煤/（年·人）］	项目	国外提出的现代化最低标准［kg 标准煤/（年·人）］	中国式现代化标准［kg 标准煤/（年·人）］
衣	108	70～80	行	216	100～120
食	323	300～320	其他	646	400～460
住	323	320～340	合计	1616	1190～1320

第三节 能 源 与 环 境

一、环境概述

地球是人类赖以生存的环境。地球上的生物和非生物物质则被视为环境要素，与人类息息相关。人类环境还有别于其他生物环境，它既包含自然环境，也包含社会和经济环境。自然环境包括人类赖以生存的环境要素，如大气圈、水圈、土壤圈和岩石圈等。社会和经济环境则指人类的社会制度等上层建筑条件，包括社会的经济基础、城乡结构以及同各种社会制度相适应的政治、经济、法律、宗教、艺术、哲学的观念和机构等，即所谓智慧圈。

世界经济发展和人类赖以生存的环境是不协调的，经济发展和人口增长给环境造成了巨大的压力，在发展中国家这种情况尤为突出。联合国最新公布的研究结果显示，在过去 30 年中，虽然国际社会在环保领域取得了一定成绩，但全球整体环境状况持续恶化。国际社会普遍认为，贫困和过度消费导致人类无节制地开发和破坏自然资源，这是造成环境恶化的罪魁祸首。

全球环境恶化主要表现在大气和江海污染加剧、大面积土地退化、森林面积急剧减少、淡水资源日益短缺、大气层臭氧空洞扩大、生物多样化受到威胁等多方面，同时，温室气体的过量排放导致全球气候变暖，使自然灾害发生的频率和程度大幅增加。

如果算一算地球一天的污染，则每天进入大气层的二氧化碳高达5600万t（地球“温室效应”与此有极大的关系）；每天有5.5万ha的森林被毁，161km^2土地荒漠化；每天有14万辆新汽车驶上公路，并排放出各种废气；此外，还有1.2万桶的石油泄漏入海洋。有些数字更令人触目惊心，如每分钟就有40ha的耕地消失，有85万t污水排入江河大海，有7种新物质被合成（它们中有些是不能被自然降解的），有28人死于环境污染。

特别需要指出的是，人口仅占世界1/4的发达国家消耗的能源占世界能源总消耗量的3/4，木材的85%，钢材的72%。过去20年，世界能源消耗增长了50%，而海洋渔业资源却减少了1/4以上。早在20世纪80年代初期，全世界32.57亿公顷生产用旱地已有61%受到荒漠化的影响，而且大量施用化肥、农药，不仅使土壤和地下水受污染，也使土地生产力下降，人们赖以生存的粮食和其他农产品也受到了污染的威胁。

我国的环境状况也不容乐观，除了国内资源难以支撑传统工业文明的持续增长外，我国的环境更难以支撑当前这种高污染、高消耗、低效益生产方式的持续扩张。我国现有荒漠化土地面积超过267.4万km^2，占国土总面积的27.9%，而且每年仍在增加超过1万km^2；我国18个省的471个县，近4亿人口的耕地和家园正受到不同程度的荒漠化威胁；我国目前的废水排放总量为439.5亿t，超过环境容量的82%；我国七大江河水系，劣五类水质占40.9%，75%的湖泊出现不同程度的富营养化；我国600多座城市中有400多座供水不足，其中100多个城市严重缺水；我国尚有3.6亿农村人口喝不上符合卫生标准的水；我国废气中二氧化硫排放量为1927万t，烟尘排放量为1013万t，工业粉尘排放量为941万t，人民身体健康受到严重损害。

人类从来没有像今天这样意识到和感受到生存环境所受的威胁，社会也从来没有像现在这样企盼生活空间质量的改善。

能源作为人类赖以生存的基础，在其开采、输送、加工、转换、利用和消费过程中，都直接或间接地改变着地球上的物质平衡和能量平衡，必然对生态系统产生各种影响，成为环境污染的主要根源。能源对环境的污染主要表现在温室效应、酸雨、破坏臭氧层、热污染、放射性污染等。

二、温室效应

全球气候正在变暖已是不争的事实。自1860年有气象仪器观测记录以来，全球平均温度升高了（0.6±0.2）℃。最暖的13个年份均出现在1983年以后。20世纪北半球温度的增幅可能是过去1000年中最高的。降水分布也发生了变化。我国尤其是中高纬地区降水增加，非洲等一些地区降水减少。有些地区极端天气气候事件（如厄尔尼诺、干旱、洪涝、雷暴、冰雹、风暴、高温天气和沙尘暴等）出现的频率与强度均有所增加。近百年来，我国气候也同样在变暖，气温上升了0.4～0.5℃，尤以冬季和西北、华北、东北地区最为明显。1985年以来，我国已连续出现了16个全国范围的暖冬。降水自20世纪50年代以后则逐渐减少，华北地区呈现出暖干化趋势。

地球为什么会变暖？是由于人类大量使用能源，其放出的热量使地球变暖的吗？目前，人类一年使用的全部能源约为33×10^{16}kJ，大约相当于80亿t石油。如果把这些热量全部用来加热海洋中的海水，则仅仅可以使海水温度上升6×10^{-5}℃，即加热一万年，海水的温度也只能上升 1℃。从另一方面看，人类使用能源一天所放出的热量约为 0.1×10^{16} kJ；而地球一天从太阳获得的热量却为 1500×10^{16} kJ。因此，地球变暖一定另有原因。

太阳射向地球的辐射能中约有 1/3 被云层、冰粒和空气反射回去；约 25%穿过大气层时暂时被大气吸收，起到增温作用，但以后又返回到太空；其余的大约 37%则被地球表面吸收。这些被吸收的太阳辐射能大部分在夜间又重新发射到天空。如果这部分热量遇到了阻碍，不能全部被反射出去，地球表面的温度就会增加。单原子气体和空气中的氮、氧、氢等双原子气体的辐射和吸收能力微不足道，均可看成是透明体。然而，二氧化碳、水蒸气、二氧化硫、甲烷、氟利昂（制冷剂）等三原子气体都有相当大的辐射能力和吸收能力。与固体不同，上述这些气体的辐射和吸收有选择性，即它们只能辐射和吸收某些波长区间的能量，对该波长区以外的能量则既不辐射也不吸收。对于二氧化碳这类气体，它们只能吸收长波，不能吸收短波。太阳表面的温度约为 6000K，辐射能主要是短波（可见光）；地球表面温度约为 288K，辐射能主要为长波（红外线）。因此，从太阳发射出来的短波辐射被地球表面吸收后变成低温，向宇宙空间发射的是长波的红外线。这样，二氧化碳这类气体能让太阳的短波辐射自由地通过，同时却吸收地面发出的长波辐射。其结果是，大部分太阳短波辐射可以通过大气层到达地面，使地球表面温度升高；与此同时，由于二氧化碳等气体强烈地吸收地面的长波辐射，使散失到宇宙空间的热量减少，于是地面吸收的热量多，散失的热量少，导致地球温度升高，这就是所谓“温室效应”。像二氧化碳这类会使地球变暖的气体就称之为温室气体。主要的温室气体及其来源如图 1-1 所示。

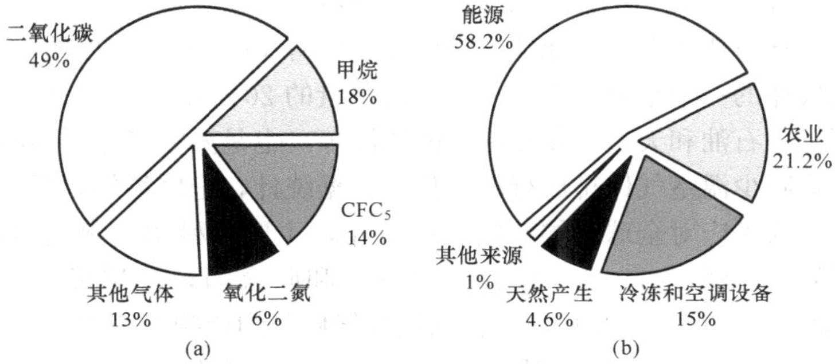

图 1-1 主要的温室气体及其来源
（a）含量；（b）来源

工业化时代开始以来，仅仅 200 年的时间，人类的活动已使地球上层的大气发生了很大的变化。在过去的一个世纪里，由于燃烧化石燃料和砍伐森林，二氧化碳的含量已经增加了 20%；大气中的 N_2O 也增加了 1/3，它主要来自化石燃料的燃烧以及肥料脱氮和森林破坏所释放的污染物质。此外，甲烷在上层大气中的含量也增加了 1 倍，这主要是由于油气井的喷发，森林和原野转变成牧场和耕地，以及海洋捕捞活动中产生的有机废弃物腐烂所引起的。如果这种趋势继续下去，全球平均地表气温到 2100 年将比 1990 年上升 1.4～5.8℃。这一增温值将是 20 世纪内增温值（0.6℃左右）的 2～10 倍。21 世纪全球平均降水将会增加，北半球雪盖和海冰范围将进一步缩小。2100 年全球平均海平面将比 1990 年上升 0.09～0.88m。一些极端事件（如高温天气、强降水、热带气旋强风等）发生的频率将会增加。

气候变化对自然生态系统已造成并将继续产生明显影响，它主要表现在以下几个方面：

（1）气候变化将改变植被群落的结构、组成及生物量，使森林生态系统的空间格局发生变化，同时也造成生物多样性减少等。

（2）冰川条数和面积减少，冻土厚度和下界会发生变化，高山生态系统对气候变化非常敏感，冰川规模将随着气候变化而改变，山地冰川普遍出现减少和退缩现象。

（3）气候变化将导致湖泊水位下降和面积萎缩。

（4）农业生产的不稳定性增加，产量波动大；农业生产布局和结构将出现变动；农业生产条件改变，农业成本和投资大幅度增加。

（5）气候变暖将导致地表径流、旱涝灾害频率以及水质等发生变化，水资源供需矛盾将更为突出。

（6）对气候变化敏感的传染性疾病的传播范围可能增加，与高温热浪天气有关的疾病和死亡率增加。

（7）气候变化将影响人类居住环境。

化石燃料燃烧和地球植被破坏是全球 CO_2 浓度增加的主要原因。能源工业同时也是甲烷气体的一个重要的产生源（约占总量的 20%）。此外，与化石燃料有关的产业（包括原煤开采、石油和天然气在输送时的泄漏等）也是温室气体增加的重要原因。因此，能源产业就成为减少温室气体排放行动的焦点。据统计，全球每年因燃烧而产生的 CO_2 就高达 6Gt。

为了应对全球气候变化，1979 年，主要由科学家参加的第一次世界气候大会呼吁保护气候。1988 年 11 月，世界气象组织和联合国环境署成立了政府间气候变化专门委员会（IPCC）。1991 年 2 月，联合国组成气候公约谈判工作组，并于 1992 年 5 月完成了公约的谈判工作。1992 年 6 月“联合国环境与发展大会”期间，153 个国家和区域一体化组织正式签署了气候变化框架公约。1994 年 3 月 21 日公约正式生效。截至 2001 年 12 月，共有 187 个国家和区域一体化组织成为缔约方。公约缔约方第一次大会于 1995 年 3 月在德国柏林召开。1997 年 12 月，在日本京都召开的公约第三次缔约方大会通过了《京都议定书》，为发达国家规定了到 2008～2012 年具体的温室气体减排义务，即发达国家在 2008～2012 年内要将其 CO_2 等温室气体排放水平比 1990 年平均减少 5.2%。《京都议定书》没有为广大发展中国家规定新的义务，只是重申了公约下的义务。

减缓温室效应的对策有以下几点：

（1）提高能源的利用率，减少化石燃料的消耗量，大力推广节能新技术。

（2）开发不产生 CO_2 的新能源，如核能、太阳能、地热能、海洋能。

（3）推广植树绿化，限制森林砍伐，制止对热带森林的破坏。

（4）减慢世界人口增长速度，在农村发展“能源农场”，利用种植薪柴树木通过光合作用固定 CO_2。

（5）采用天然气等低含碳燃料，大力发展氢能。

进入 21 世纪，为了减少 CO_2 的排放，CO_2 资源化已日益受到重视。目前，全球每年商品 CO_2 的量约为 800 万 t，占每年 CO_2 总消耗量的 20%。除直接利用外，将 CO_2 资源化是努力的方向。所谓资源化，是通过各种方法将 CO_2 转换成非 CO_2 的有用的有机物质。CO_2 资源化的方法有：加氢催化还原法、电化学还原法、光化学还原法等。图 1-2 所示为 CO_2 加氢催化还原法的示意，图 1-3 所示为 CO_2 电化学还原法的示意。

通常，燃烧烟气中的 CO_2 浓度低，回收成本高，新发展起来的富氧和纯氧燃烧技术可以使 CO_2 成为烟气中的主要成分，从而有利于 CO_2 的回收、利用和储存。图 1-4 所示为新型 O_2/CO_2 燃烧系统的示意。

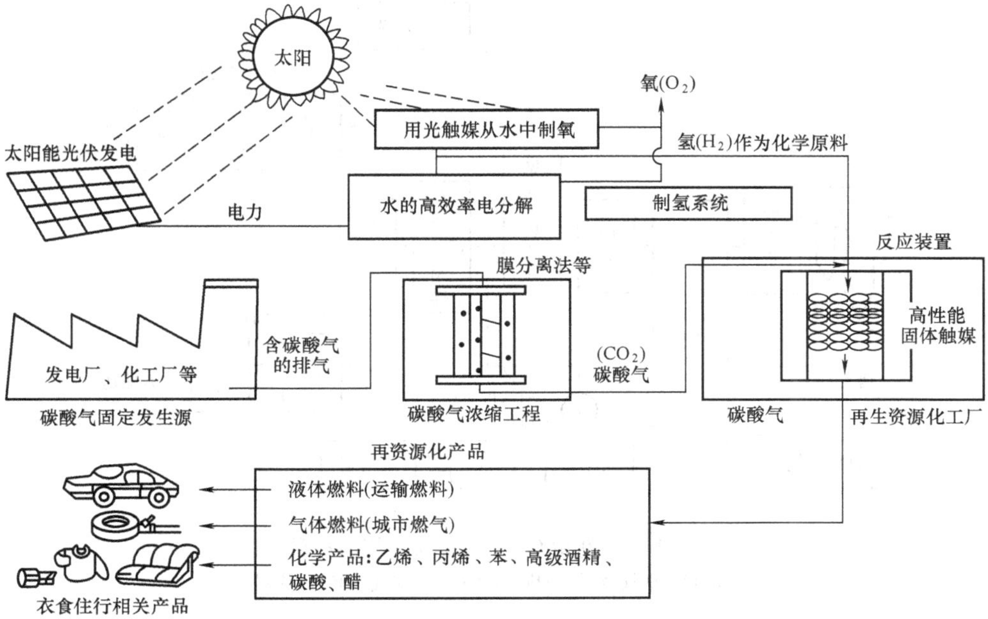

图 1-2　CO_2 加氢催化还原法的示意

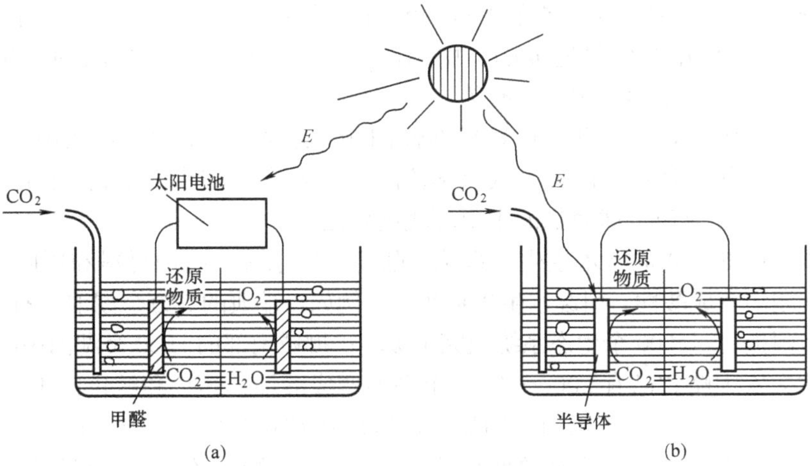

图 1-3　CO_2 电化学还原法的示意

目前我国的 CO_2 排放总量已超过美国，居世界第一位。CH_4、N_2O 等温室气体的排放量也居世界前列。由于技术和设备相对陈旧、落后，能源消费强度大，我国单位国内生产总值的温室气体排放量比较高。如果长期不减排，我国参与《联合国气候变化框架公约》活动时遭受的压力将会越来越大，如处置不当，有可能会影响我国的国际形象和地位。

此外，我国气候将继续变暖，而且增暖的速率将比过去 100 年更快。估计到 2020～2030 年，全国平均气温将上升 1.7℃；到 2050 年，全国平均气温将上升 2.2℃，变暖幅度由南向北增加。不少地区降水出现增加趋势，但华北和东北南部等一些地区将出现继续变干的趋势。因此，减少 CO_2 的排放已成为刻不容缓的重要工作。

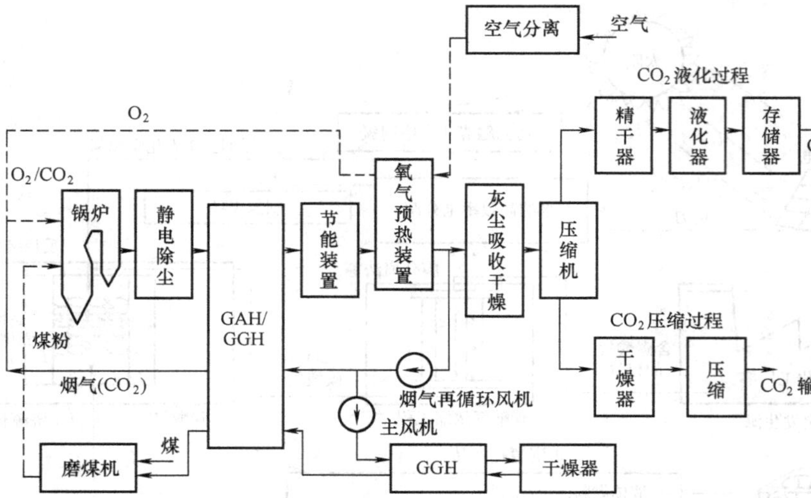

图 1-4 新型 O_2/CO_2 燃烧系统的示意

GAH—烟气/空气加热器；GGH—烟气/烟气加热器

三、酸雨

天然降水的本底 pH 值为 6.55，一般将 pH 值小于 5.6 的降雨称为酸雨。可能引起雨水酸化的主要物质是 SO_2 和 NO_x，它们形成的酸雨占总酸雨量的 90%以上。而上述两类物质的 90%以上都是燃烧化石燃料造成的。中国的酸雨以硫酸为主，硝酸的含量不到硫酸的 1/10，这与中国以煤为主的能源结构有关。

20 世纪 70 年代，酸雨在世界仍是局部性问题，进入 80 年代后，酸雨危害更加严重，并且扩展到世界范围。例如，欧洲大气化学监测网监测结果表明，欧洲雨水的酸度每年增加 10%。目前，酸雨已成为全球面临的主要环境问题之一。

酸雨会以不同的方式危害水生生态系统、陆生生态系统、腐蚀材料和影响人体健康。首先，酸雨会使湖泊变成酸性，引起水生生物死亡。例如，瑞典的 9 万个湖泊中有 2 万个已遭到某种程度的酸雨损害，4000 个生态系统被完全破坏；挪威南部的 5000 个湖泊中已有 1750 只鱼虾绝迹；加拿大安大略省已有 2000～4000 个湖泊变成酸性，鳟鱼和鲈鱼已不能生存。其次，酸雨是造成森林大面积死亡的原因。例如，德国巴伐利亚州山区的 12 000ha 森林有 1/4 因酸雨而坏死；捷克受害森林占森林总面积的 1/5。再次，酸雨还加速了建筑结构、桥梁、水坝、工业设备、供水管网和名胜古迹的腐蚀，影响人体健康。例如，酸雨使地面水呈酸性，地下水中的金属含量增加，饮用这种水或食用酸性河水中的鱼会对人体健康产生危害。

化石燃料燃烧，特别是煤炭燃烧所产生的 SO_2 和 NO_x 是产生酸雨的主要原因。一个多世纪以来，由于能源消耗的持续增长，全球的 SO_2 排放一直在上升。中国的能源消耗以煤为主，因此，SO_2 的排放更加严重。2004 年，全国 SO_2 排放量为 2254.9 万 t，其中，工业排放量为 1891.4 万 t，生活排放量为 363.5 万 t。2006 年，全国 SO_2 排放量 2594.4 万 t，比 2005 年增长 1.8%。2006 年，全国酸雨发生率在 5%以上的区域占国土面积的 32.6%，酸雨发生率在 25%以上的区域占国土面积的 15.4%。按照目前污染控制方式和力度，预计到 2020 年，全国 SO_2 排放量将达到 2800 万 t 左右，超过大气环境容量约 1600 万 t，将对生态环境和人体健康造成严重影响。我国目前每年因酸雨和二氧化硫污染对生态环境损害和人体健康影响造成的经济损失在1100亿元左右，今后这种污染损失还将持续不断地增加。我国酸雨覆盖四川、贵州、重庆、广东、广西、湖南、湖北、江西、浙江、江苏等省区市，面积超过200万km^2，是世界三大酸雨区之一。

针对上述情况，世界各国都在采取切实有效的措施控制SO_2的排放，其中，最重要的是推进洁净煤技术（有关洁净煤技术详见第三章第一节）。例如，1973年美国的SO_2排放量高达2895万t，1983年由于在燃煤电厂大力推广脱硫，SO_2排放量降至2070万t，即10年中尽管燃煤量增加，SO_2排放量却减少28.5%。为了控制酸雨和SO_2排放，我国1995年8月修订的《大气污染防治法》作出了划定酸雨控制区和二氧化硫控制区（简称两控区）的规定，1998年划定的“两控区”的面积为109万km^2，占国土面积的11.8%，其中，酸雨控制区面积为80万km^2，占国土面积的8.4%，SO_2污染控制区为29万km^2，占国土面积的8.4%。除了实行SO_2排放总量控制外，还采取了一系列的具体措施，例如，禁止新建煤层含硫大于3%的矿井；对已建成的煤层含硫大于3%的矿井逐步实行限产和关停；现有燃煤含硫量大于1%的电厂应在2010年前分期分批建成脱硫设施等。以上措施使我国酸雨控制区酸雨恶化的趋势得到了缓解。

四、臭氧层破坏

1984年，英国科学家首次发现南极上空出现了臭氧空洞，随后的气象卫星证实，由于人类的活动，这个臭氧洞已在迅速扩大（见图1-5）。目前不仅在南极，而且在北极也出现了臭氧层减少的现象，2000年1～3月间，北极上空18km处的臭氧洞温层里，臭氧含量累计减少了60%以上，这是近10年同一区域臭氧损失最严重的一次。造成臭氧层破坏的主要原因是人类过多地使用氟氯烃类物质和燃料燃烧产生的N_2O所致。预测今后几十年内，大气中臭氧总量还将继续减少。即使采取措施，自2000年起完全停止使用CFCs，大气臭氧总量也要到100年以后，即2100年才能恢复到1985年的水平。

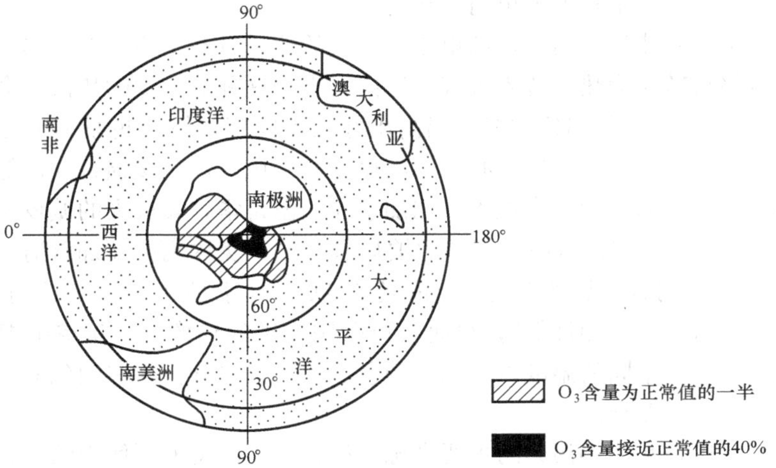

图1-5　南极上空的臭氧空洞

臭氧（O_3）是氧的同位素，它存在于地面10km以上的大气平流层中，吸收掉太阳辐射中对人类、动物、植物有害的紫外光中的大部分，为地球提供了一个防止太阳辐射的屏障。

研究表明，臭氧浓度降低1.0%，地面的紫外辐射强度将提高2.0%，皮肤癌患者的数量也将增加百分之几。

大气中的N_2O的浓度每年正以0.2%～0.3%的速度增长，而N_2O浓度的增加将引起臭氧层中NO浓度增加，NO和臭氧作用将生成NO_2和氧，最终导致臭氧层变薄。大气中的N_2O主要来源于自然土壤的排放和化石燃料及生物质燃料的燃烧。因此，发展低NO_x燃烧技术及烟气和尾气的脱硝是减少N_2O排放的关键。

五、热污染

人们一般认为环境污染是指有毒、有害的化学物、粉尘、电磁波、放射物质等空气和水造成的污染。其实，除此之外，“热污染”也是一种严重威胁人类生存和发展的新的环境污染。热污染是指日益现代化的工农业生产和人类生活中排放的各种废热所造成的环境污染。热污染可以污染水体和大气。例如，用江河、湖泊水作冷源的火力发电厂、核电厂和冶金、石油、化工、造纸等工业部门所使用的工业锅炉、工业窑炉等用热设备，冷却水吸收热量后，温度升高6～9℃，然后再返回自然水源。于是，大量的排热进入到自然水域，引起自然水温升高，从而形成热污染。在工业发达的美国，每天所排放的冷却用水高达4.5亿m^3，接近全美国用水量的1/3，废热水含热量约2500亿kcal。

热污染首当其冲的受害者是水生物。由于水温升高，一方面导致水中的含氧量减少，水体处于缺氧状态；另一方面水温升高又会使水生物代谢率增高而需要更多的氧。这样一来，水中鱼类和其他浮游生物的生长将受到影响。同时，水温升高还会使水中藻类大量繁殖，堵塞航道，破坏自然水域的生态平衡。此外，水体水温上升给一些致病微生物造成一个人工温床，使它们得以滋生、泛滥，引起疾病流行，危害人类健康。例如，1965年澳大利亚曾流行过一种脑膜炎，后经科学家证实，其祸根是一种变形原虫，由于发电厂排出的热水使河水温度增高，这种变形原虫在温水中大量孳生，当人们取河水食饮、烹菜、洗涤时，变形原虫便进入人体，引起了这次脑膜炎的流行。还有资料表明，流行性血热、伤寒、流感、登革热等许多疾病的发生，在一定程度上也与“热污染”有关。

随着人口的增加和能耗的增长，城市排入大气的热量日益增多。按照热力学原理，人类使用的全部能量终将转化为热，传入大气，逸向太空。这种对大气的热污染会造成大城市的所谓“热岛效应”，即城市气温比农村气温高出好几摄氏度，使一些原本十分炎热的城市变得更加炎热。城市气温过高会诱发冠心病、高血压、中风等，直接损害人体健康。世界上热岛效应最强的是中、高纬度的大中城市，如加拿大的温哥华，其最大的城乡温差（城市热岛强度）为11℃（1972年7月4日），德国的柏林13.3℃，美国阿拉斯加首府费尔班克斯市曾达14℃。我国观测到的城市热岛强度，上海是6.8℃，北京是9.0℃。美国航空航天局近年来实施了一个“城市热区监测计划”，科研人员采用先进的热像仪，从空中把一个城市的温度分布情况拍摄下来，不同的温度以不同的颜色表示，只要分析这些颜色的变化情况，就可以知道各个地方的温度差异。

火电厂和核电厂是水体热污染的主要来源。例如，美国发电厂使用的冷却水占全部冷却水用量的80%。一座1000MW的火电厂，每小时就有4.6×10^{12}J的热量排放到自然水域中。位于法国吉隆河入海口的布来埃核电厂装有4台900MW的机组，每秒钟产生的温水高达225m^3，致使吉隆河口几公里范围内的水温升高了5℃。法国巴黎塞纳河水也由于大量废热的涌入，使水温比天然温度高出5℃。另外，采用冷却塔的电厂，由于冷却水蒸发也会使周围空气温度增高，这种温度较高的湿空气对电厂周围的建筑物有强烈的腐蚀作用。例如，德国莱茵河畔的费森海姆核电厂，冷却水塔高达180m，直径100m，每小时耗水3600t，冷却水的蒸发使周围空气升高了15℃。

提高电厂和一切用热设备的热效率，不仅能量有效利用率提高，而且由于排热减少，对环境的热污染也可随之减轻。

六、放射性污染

核能的开发和核技术在医疗、农业、工业和科学研究中的应用，在带给人类巨大利益的同时也造成了对环境的污染，这种环境污染主要是放射性污染。从污染物对人和生物的危害程度看，放射性物质要比其他污染物严重得多。正因为如此，从核能开发以来，人们就对放射性污染的防治极其重视，采取了一系列严格的措施，并将这些措施用法律的形式进行明确。例如，对核电厂，国际原子能机构和我国国家核安全局都制定了核电厂厂址选择、设计、运行和质量保证四个安全法规。我国还制定了《中华人民共和国放射性污染防治法》，该法律已于2003年10月1日起正式实施。

七、能源对人体健康的影响

能源对环境的影响是一种综合的影响。表1-10所示为各种能源在生产、加工和利用中对三个环境要素的影响。化石燃料燃烧时排放的大量粉尘、SO_2、H_2S、NO_x 等除了污染环境外，还会影响人体健康。例如，过量的 SO_2 会导致呼吸道疾病，最典型的例子是1952年发生的伦敦烟雾事件。事件的污染源是进入大气的大量烟尘和 SO_2，这些污染物在当时特定的气候条件下聚集起来，浓度越来越大并长时间不消散。4天中死亡4000人，在发生事件的一周中，因支气管炎死亡704人，为事件发生前一周的9.3倍。后来的研究发现，煤尘中含有 Fe_2O_3 成分，它促使空气中的 SO_2 形成硫酸液沫，并附着在烟尘粒上进入人的呼吸道致病。

表1-10 各种能源在生产、加工和利用中对环境的影响

能源	对土地资源的影响			对水资源的影响			对空气资源的影响		
	生产	加工	利用	生产	加工	利用	生产	加工	利用
煤	地面破坏、侵蚀、沉降	固体废物	飞灰、渣的排放	酸性矿水、淤泥排出	废水、污染物排出	提高水温			氧化硫、氧化氮、颗粒物
油	废水排放			油泄漏、漏气、废水	油泄漏、漏气	提高水温	蒸发损失	蒸发损失	氧化硫、一氧化硫、氧化氮、烃类
天然气	废水排放					提高水温	泄漏	杂质	一氧化碳、氧化氮
铀	地面破坏、少量放射性固体废物	固体废物	放射性废物排放	排出物中很少量的放射性	放射性废物排放	提高水温、释放少量短半衰期核素	排放很少量的放射性		释放少量短半衰期核素
水电			淹没损失						

续表

能源	对土地资源的影响			对水资源的影响			对空气资源的影响		
	生产	加工	利用	生产	加工	利用	生产	加工	利用
地热			地面沉降、地震活动			废水排出、提高水温			硫化氢、氧化硫
油页岩	地面破坏、沉降	大批的废物			需要大量水，排放有机、无机污染物	提高水温		硫化氢	氧化氮、一氧化碳、烃类
煤的气化	地面破坏、侵蚀、沉降	固体废物	飞灰、渣的排放	酸性矿水、淤泥排出		提高水温			氧化氮、一氧化碳

另外，原煤中均含有微量重金属元素，这些微量重金属元素在燃烧过程中会随烟尘和炉渣排出，从而对大气、水和土壤产生污染，并影响人体健康。例如，砷会使人体细胞正常代谢发生障碍，导致细胞死亡；铅会影响神经系统，抑制血红蛋白的合成代谢；镉中毒会引起肾功能障碍；汞中毒会引起肾功能衰竭，并损害神经系统；镍是致癌物质；某些铬化合物可能致肺癌。因此，化石燃料燃烧中的重金属污染已日益引起人们的重视。

我国是发展中国家，改革开放以来，随着经济的迅速发展和人民生活水平的提高，环境污染也日趋严重。据中华人民共和国环境保护部公报，2008 年全国废水排放总量 571.7 亿 t，比上年增加 2.7%。其中，工业废水排放量 241.7 亿 t，比上年减少 2.0%。城镇生活污水排放量 330.0 亿 t，比上年增加 6.4%。废水中化学需氧量（COD）排放量 1320.7 万 t，比上年减少 4.4%。废水中氨氮排放量 127.0 万 t，比上年减少 4.1%。工业用水重复利用率 83.8%，比上年提高 1.8 个百分点。废气中 SO_2 排放量 2321.2 万 t，比上年减少 5.9%。烟尘排放量 901.6 万 t，比上年减少 8.6%。工业粉尘排放量 584.9 万 t，比上年减少 16.3%。氮氧化物排放量 1629.4 万 t，比上年减少 0.8%。工业 SO_2 排放达标率为 88.6%，比上年提高 2.3 个百分点。因此，在提高能源利用率的同时，大力治理能源所造成的环境污染仍是我国的当务之急。

第四节 能源的可持续发展

一、可持续发展的概念

1992 年 6 月，在巴西里约热内卢召开了联合国环境与发展大会（UN Conference on Environment and Development），该会议通常也称为地球峰会（Earth Summit）。地球峰会形成了若干重要的以保护环境为目的的方针性公约，其中包括《联合国气候变化框架公约》（UN Framework on Climate Change）、《生物多样性公约》（Convention on Biological Diversity）以及《二十一世纪议程》（Agenda 21）等。后者第一次正式提出了可持续发展的思想，是一份为实现人类社会的可持续发展而制定的长达 294 页的行动纲领。现在，可持续发展问题早已成为世界各国政府、学者和公众关注的热点。我国政府对此也非常重视，明确提出了实施可持续发展和科教兴国的两大战略，并于 1994 年率先制定了《中国二十一世纪议程——中国二十一世纪人口、环境与发展白皮书》。2003 年 1 月开始实施《中国二十一世纪初可持续发展行动纲要》。

朴素的可持续发展思想渊源已久。在春秋战国时代，中国就有“永续利用”的思想和封山育林、定期开禁的法令。19 世纪西方经济学界提出并分析了可再生资源的“可持续产量问题”。1987 年，世界环境与发展委员会在《我们共同的未来》长篇报告上首次采用了“可持续发展”的概念，但迄今为止，还没有统一严格的关于可持续发展的定义。比较通俗的提法是：可持续发展是既满足当代人的需求又不危害后代人满足自身需求能力的发展。这一定义强调了可持续发展的时间维，而忽视了其空间维。实际上可持续发展是有其深刻内涵的，它表现在以下四方面：

（1）“发展”是大前提，即发展是人类永恒的主题。为了实现全球范围的可持续发展，应把发展经济、消除贫困作为首要条件。

（2）“协调性”是核心。可持续发展是由于人与环境、资源间的矛盾引出的，因此，可持续发展的基本目标是人口、经济、社会、环境、资源的协调发展。

（3）“公平性”是关键。可持续发展的关键性问题是资源分配和福利分享，它追求在时间和空间上的公平分配，也就是代际公平和代内不同人群、不同区域和国家之间的公平。

（4）“科学技术进步”是必要保证。科学技术进步是对人类历史起推动作用的主导力量，是第一生产力。它不但通过不断创造、发明、创新、提供新信息为人类创造财富，而且还为可持续发展的综合决策提供依据和手段，加深人类对自然规律的理解，开拓新的可利用的自然资源领域，提高资源的综合利用效率和经济效益，提供保护自然和生态环境的技术。

“但存方寸地，留与子孙耕”。在经济日益全球化的今天，为了进一步推进可持续发展，并阻止人类生态环境的进一步恶化，2002 年 8 月 26 日至 9 月 4 日，在南非约翰内斯堡举行了联合国可持续发展世界峰会（UN World Summit on Sustainable Development）。会议通过的《约翰内斯堡实施计划》（Johannesburg Plan of Implementation）是以《二十一世纪议程》和联合国针对可持续发展所开展的其他工作为基础而制定的实施计划。该文件对五个领域：水与卫生设施、能源、卫生保健、农业、生物多样性和生态系统管理制定了实施日程。

此次会议认为，上述五个相互紧密关联的优先开展的领域是造成贫困的根源，也是实现可持续发展的障碍。这主要表现在以下几个方面：

（1）世界人口 1950 年为 25 亿，1980 年为 44 亿，而 2000 年则增加到 60 亿。预计 2025 年世界人口总数将达 80 亿，到 2050 年将增加到 93 亿。人口的急剧增加，给全球带来巨大的压力。

（2）高收入国家的人口仅占世界人口的 15%，却占了消费总量的 56%，而世界人口中最穷的 40%在低收入国家，他们仅占消费总量的 11%。非洲家庭的平均消费支出比 2002 年减少了 20%。

（3）按每天 1 美元收入的贫困线计算，发展中国家的总贫穷率从 1990 年的 29%减少到 1998 年的 23%。处于收入贫困线之下的总人数减少了 1 亿人，但仍达 12 亿。

（4）2002 年，有 11 亿人仍得不到安全饮用水，约 24 亿人没有适当的卫生设施。发展中国家有 8%以上的儿童仍活不到五岁，发展中国家还有 1.13 多亿适龄儿童上不了小学，其中 60%是女童。

（5）世界上营养不良的 8.15 亿人中，有 7.77 亿人生活在发展中地区。亚洲饥饿人数在减少，非洲却在增加。

(6) 发展中国家各类疾病中，有80%以上病因在于水污染、卫生设施不足和卫生条件差。仅疟疾一项每年就导致100多万人死亡。

(7) 需要增加供水。今后20年间，发展中国家淡水用量要增加17%，以为不断增加的人口种植粮食；用水总量将增加40%。到2025年，世界上可能会有三分之二的人口生活在中度或严重缺水地区。

为了全球的可持续发展，报告建议采取以下措施：

(1) 使全球化为可持续发展服务。

(2) 在城乡地区消除贫穷并改善生活。

(3) 改变不可持续的消耗和生产形态，在今后二三十年内，把能源效率提高两倍。

(4) 通过供应负担得起的淡水、减少汽油含铅量以及改进室内空气质量，增进健康。

(5) 发展和使用可再生程度和能效更高的技术、改变不可持续的能源消费形态，供应洁净能源并提高能效。

(6) 通过改进指标和管理制度，特别是解决过度捕捞、不可持续的林业做法以及海洋的污染问题，来实现对生态系统和生物多样性进行可持续管理。

(7) 更好地管理淡水供应、更公平地分配水资源。

(8) 提供财政资源和无害环境的技术。

(9) 实施大范围的新方案，建立可以应对饥饿、保健和环境保护及资源管理问题的机构和制度，从而支持非洲可持续发展。

(10) 加强对可持续发展的国际管理。

二、能源问题

能源是国民经济的命脉，与人民生活和人类的生存环境休戚相关，在社会可持续发展中起着举足轻重的作用。从20世纪70年代以来，能源就与人口、粮食、环境、资源被列为世界上的五大问题。人们要在越来越恶劣的环境下求得发展，并让子孙后代生活得更好，首先就要解决这五大问题。

1. 世界能源所面临的问题

世界性的能源问题主要反映在能源短缺及供需矛盾所造成的能源危机。第一次能源危机是20世纪70年代世界上的一次经济大危机，它使过去20年靠廉价石油发家的西方发达国家受到极大的冲击，严重地影响了那些国家的政治、经济和人民生活。例如，1973年中东战争期间，由于阿拉伯国家的石油禁运，当年美国由于缺少1.16亿t标准煤的能源，致使生产损失达930亿美元；日本由于缺少0.6亿t标准煤的能源，使生产损失达485亿美元，致使1974年日本国民经济总产值不但没有增长，而且下降了，此前，日本的生产总值每年递增10%。由此可见，20世纪70年代的能源危机，实质上是石油危机。

石油燃烧效率高、污染低，便于携带、使用、储存，又是多种化工产品的重要原料，特别在交通运输方面又是不可替代的燃料。20世纪50年代以来，长期的低油价更使石油主宰了50年代后的能源市场。由于政治和经济等多方面原因，20世纪70年代中期，石油经两次提价，廉价石油已成为珍贵石油。由于石油是一种非再生能源，储量有限。一方面，石油生产国为保持长期油价优势，采取限量生产的政策；另一方面，发达的用油国由于受到石油危机的冲击和价格的压力，多方面采取了节油政策并研究石油代用技术。与此同时，天然气工业也迅速崛起。尽管在近期内，世界上大多数国家还能依靠石油输出国供应石油，并更多地使用天然气，但需求的增加反过来又会刺激油价上涨。因此，从长远来看，无论如何依靠大量采用廉价石油作为主要能源，来促进国民经济迅速增长的情况将不会再度出现，而且继续依靠石油来满足不断增长的能源需求的日子也不会持续太长。这正是世界能源所面临的主要问题之一。

世界能源面临的另一问题是，随着经济的发展和生活水平的提高，人们对环境质量的要求也越来越高，相应的环保标准和环保法规也越来越严格。由于能源是环境的主要污染源，因此为了保护环境，世界各国不得不在能源开发、运输、转换、利用的各个环节上投入更多的资金和科技力量，从而使能源消费的费用迅速增加。

随着化石燃料资源的消耗，易于探明和开采的燃料，特别是石油和天然气，已逐渐减少。因此，能源资源的勘探、开采也越来越难，投入资金多，建设周期长，科技含量高，既是今后能源开发的特点，也是世界性的能源问题。

2. 我国能源面临的问题

我国的能源问题主要反映在以下几方面：

（1）人均能源资源相对不足，资源质量较差，探明程度低。我国常规能源资源的总储量就其绝对量而言，是较为丰富的，然而，由于我国人口众多，就可采储量而言，人均能源资源占有量仅相当于世界平均水平的二分之一，且化石能源勘探程度低，资源不足。

（2）能源生产消费以煤为主。我国煤炭资源有以下特点：①煤炭资源丰富，但人均占有量低；②煤炭资源的地理分布极不平衡；③各地区煤炭品种和质量变化较大，分布也不理想；④适合于露天开采的储量少（露天开采效率高，投资省，建设周期短）。这些特点都制约了我国煤炭工业的发展。

至今，在我国能源生产和消费中，煤炭仍然占主导地位。图 1-6 所示为 2009 年中国能源消费结构图。从图上可以看出，煤炭仍占我国一次能源的 70%以上。图 1-7 所示为 2008 年我国煤炭的消费结构图。从图上可以看出，我国煤炭主要用于发电。由于煤炭对环境的污染远高于石油和天然气，从而给我国环境保护带来极大的压力。

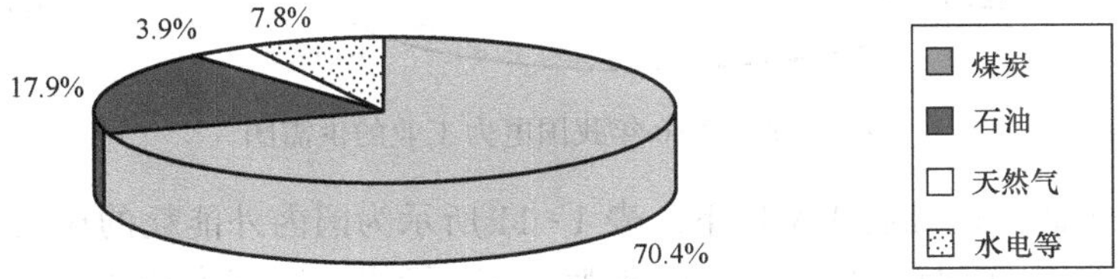

图 1-6　2009 年中国能源消费结构

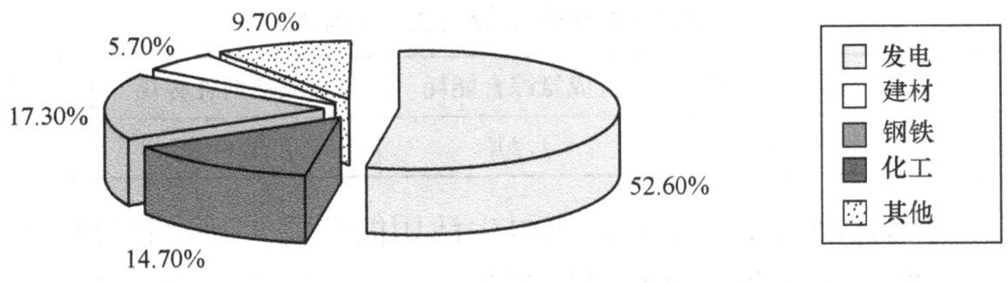

图 1-7　2008 年我国煤炭的消费结构图

(3) 能源资源分布不均，交通运力不足，制约了能源工业发展。我国能源资源西富东贫，大多远离人口集中、经济发达的东南沿海地区。这种格局大大增加了能源输运的压力，形成了西电东送、北煤南运的输送格局。

(4) 能源供需形势依然紧张，特别是洁净高效能源，缺口依然很大。由于改革开放后，我国经济持续高速发展，与此同时，人民生活水平迅速提高，能源消费总量一直增长迅速。图1-8所示为1980～2009年我国能源消费总量图，从图上可以明显看出能源消费的增长趋势。只是由于2005年后，国家大力提高能源利用率，同时深入开展节能工作，能源消费的增长速度才有所降低。目前以至今后一段时间，我国能源供需形势依然紧张。图1-9所示为2010年我国电力工业的供需图。从图上可以看出，我国电力缺口仍然高达6.4%。

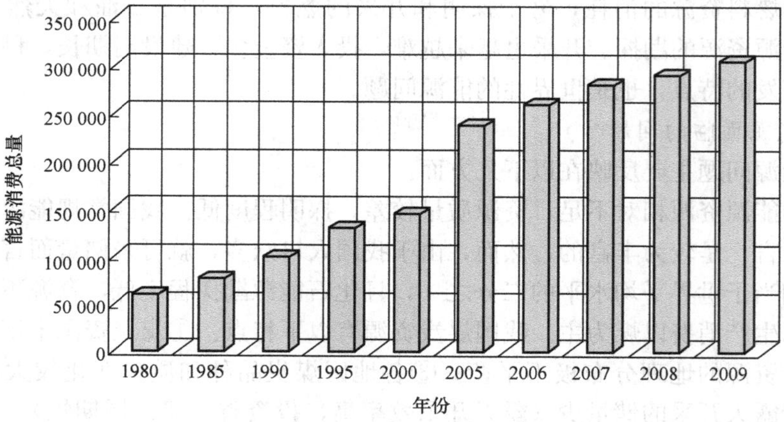

图1-8 1980～2009年我国能源消费总量图，万t标准煤

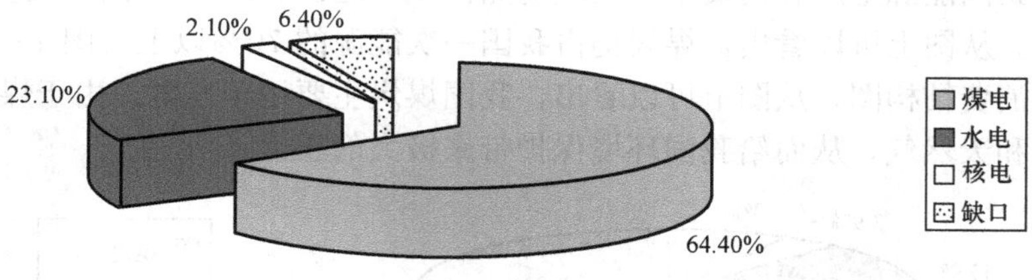

图1-9 2010年我国电力工业的供需图

(5) 能耗水平高，能源利用率低下。表1-11所示为国内外能耗的比较。目前，我国第一产业能耗水平为0.90t标准煤，第二产业为6.58t标煤，第三产业为0.91t标煤。产业结构的不合理、能源品质低下、管理落后等是造成能耗水平较高的重要原因。

表1-11 国内外能耗的比较（国内/国外） （倍）

原煤耗电	供电煤耗	吨钢可比能耗	合成氨综合能耗	水泥熟料耗标煤	铁路货运综合能耗
1.84	1.25	1.49	1.41	1.64	1.02

(6) 农村能源问题日趋突出。首先，农村生活用能严重短缺，过度的燃烧薪柴造成大面积植被破坏，引起了水土流失和土壤有机质减少；其次，随着农业生产机械化和化学化的发展，农业生产的能耗量急剧增长；此外，乡镇工业能耗直线上升，能源利用率严重低下。

(7) 能源对环境的影响日趋严重，制约了经济社会发展。目前，在污染环境的各因素中，70%以上的总悬浮颗粒物，90%以上的二氧化硫，60%以上的氮氧化合物，85%以上的矿物燃料产生的二氧化碳均来自煤炭。

(8) 能源开发逐步西移，开发难度和费用增加。随着中部地区能源资源的日渐枯竭，开发条件的逐步恶化，近年来，我国能源开发呈现出逐步西移的态势，特别是水能资源开发和油气资源的勘察更是如此。

(9) 能源安全面临严重挑战。能源安全是指保障能源可靠和合理的供应，特别是石油和天然气的供应。在国际风云变幻的世界上，保障石油的可靠供应对国家安全至关重要。这是我国能源领域面临的一项重大挑战。

(10) 能源建设周期长，投资超预算。能源建设是一种基础设施建设，建设时间长，难度大，投资多。这种建设周期拖长，投资超预算的情况，延缓了能源工业的发展。

(11) 能源价格未能反映其经济成本和能源资源的稀缺性。尽管我国能源较为紧张，资源相对贫乏，但能源价格却更类似于资源丰富的美国。在一些能源使用部门中，能源占生产成本的比例很小，不利于节能和提高能源利用率。

三、中国能源可持续发展的对策

为了实现中国能源的可持续发展，应充分运用以下三方面的手段：加强政府的宏观管理和行政管理，运用市场机制的调节作用，利用经济增长的机遇。

1. 加强政府的宏观管理和行政管理

政府行为在能源可持续发展中起着关键性的作用，它包括制定科学的能源政策和颁布相应的法规，采用行政手段进行能源管理。例如，根据国情制定开发与节约并重的能源工业的长期方针；确立优先发展水电、油气并举、大力开发天然气的能源政策；颁布《节约能源法》等。采用行政手段关闭能耗大、污染严重的小煤窑、土法炼油厂等。根据我国能源消费情况的变化，以及经济发展和当前的技术水平，对耗能越来越多的行业，如采暖行业、建筑行业、家电业制定或完善能源效率标准。

2. 运用市场机制的调节作用

运用市场机制包括很多方面，例如，取消煤炭运输补贴，降低铁路运输分配量的比例，以鼓励多运优质煤炭；逐步放开天然气供应价格，使其真正反映消费者的支付意愿；取消煤气及区域集中供热的补贴，调整其价格，使之完全反映生产成本；建立一个透明的石油和天然气的价格体系，允许国外投资者进入石油和天然气工业的全过程，以加快发展煤炭的替代燃料；根据煤炭的含硫量及灰含量在试点省份征收煤炭污染税等。

3. 利用经济增长的机遇

利用经济增长的关键在于要保证新的增长是由能源集约型投资和低污染的清洁投资所推动。例如，增加对洁净煤技术的研究、开发及其商业化应用的投资；大力开发国内天然气资源，投资天然气或液态天然气进口设施的建设，以尽快提高天然气的供应量；逐步关闭以煤为原料的小化肥厂，代之以天然气和石油为原料的化肥厂，同时，废除对小化肥厂建设和运行的优惠政策；取消对洗煤项目进行商业投资的障碍，允许非国有制部门经营洗煤。正是由于经济的增长才有可能在投资、技术、人力、物力等方面给能源可持续发展以更多更大的支持。

当前，为了解决我国能源所面临的问题，应当采取以下对策：

(1) 努力改善能源结构。为了解决我国一次能源以煤为主的结构，减轻能源对环境的压力，必须努力改善能源结构，包括优先发展优质、洁净能源，如水能和天然气；在经济发达而资源短缺的地区，适当建设核电厂；进口一部分石油和天然气等。

(2) 提高能源利用率，厉行节约。提高能源利用率、厉行节约的范围十分广泛，主要措施如下：

1) 对一次能源生产，应降低自身能耗。对一次能源使用，应合理加工、综合利用，以达到最大经济效益。

2) 开发和推广节能的新工艺、新设备和新材料，如连续铸钢、平板玻璃浮选法生产、化纤高温湿法纺织、连续蒸煮造纸等。

3) 发展煤矿、油田、气田、炼油厂、电厂的节能技术，提高生产过程中的余热、余压利用。

4) 加强节能技术改造工作，如限期淘汰低效率、高能耗的设备；更新工业锅炉、风机、水泵、电动机、内燃机等量大面广的机电产品；改造工业炉窑和中、低压发电机组；改造城市道路、减少车辆耗油。

5) 调整高耗能工业的产品结构。

6) 设计和推广节能型的房屋建筑。

7) 节约商业用能，推广冷冻食品、冷库储藏的节能新技术。

8) 制定并实施鼓励和促进节能的经济政策，包括能源价格、节能信贷、税收优惠、节能奖罚等。

(3) 加速实施洁净煤技术。洁净煤技术是旨在减少污染和提高效率的煤炭加工、燃烧、转换和污染控制新技术的总称，是世界煤炭利用技术的发展方向。由于煤炭在相当长一段时间内仍是我国最主要的一次能源，因此，除了发展煤坑口发电，以输送电力来代替煤的运输外，加速实施洁净煤技术是解决我国能源问题的重要举措。

(4) 合理利用石油和天然气，改造石油加工和调整油品结构。石油和天然气不仅是重要的化石燃料，而且是宝贵的化工原料，因此，应合理利用石油和天然气，禁止直接燃烧原油并逐步压缩商品燃料油的生产。石油炼制和加工应大型化，要根据油品轻质化的趋势调整油品结构，进行油品的深加工，提高经济效益。

(5) 加快电力发展速度。在国民经济中，电力必须先行。应根据区域经济的发展规划，建立合理的电源结构，提高水电的比重。加强区域电网，增加电网容量，扩大电网之间的互联和大电网的优化调度。

(6) 积极开发利用新能源。我国应积极开发利用太阳能、地热能、风能、生物质能、潮汐能、海洋能等新能源，以补充常规能源的不足。在农村和牧区，应逐步因地制宜地建立新能源示范区。有关新能源的论述，详见本书第四章。

(7) 建立合理的农村能源结构，扭转农村严重缺能局面。因地制宜地发展小水电、太阳灶、太阳能热水器、风力发电、风力提水、沼气池、地热采暖、地热养殖，种植快速生长的树木等是解决我国农村能源的主要措施。此外，提高农村生活用能的质量也是非常重要的，如推广节柴灶和烧民用型煤，前者可使热效率提高15%～30%，后者除热效率可比烧散煤节约20%～30%以外，还可使烟尘和SO_2减少40%～60%，CO减少80%。

(8) 改善城市民用能源结构，提高居民生活质量。煤气是今后城市生活能源的主要形式，供暖、供热水也将是城市居民的普遍要求，因此，大力发展城市的煤气、实现集中供热和热电联产是城市能源的发展方向。

（9）重视能源的环境保护。防止能源对环境的污染将是能源利用中长期的，也是最困难的任务。为此，必须从现在起就做出不懈的努力。

改革开放以来，我国经济迅猛发展，综合国力大大增强，基础设施日趋完善，科技水平不断提高，这些都为 21 世纪我国能源可持续发展创造了良好的条件。

第二章 能量的转换与储存

第一节 能量的基本性质

一、能量的性质

能量的性质主要有状态性、可加性、传递性、转换性、做功性和贬值性。

1. 状态性

能量取决于物质所处的状态，物质的状态不同，所具有的能量也不同（包括数量和质量)。对于热力系统而言，其基本状态参数可以分为两类：一类与物质的量无关，不具有可加性，称之为强度量，例如，温度、压力、速度、电势和化学势等；另一类与物质的量相关，具有可加性，称为广延量，例如，体积、动量、电荷量和物质的量等。对能量利用中常用的工质，其状态参数为温度 T、压力 P 和体积 V，因此，它的能量 E 的状态可表示为 $E=f(p,T)$ 或 $E=f(p,V)$ 等。

2. 可加性

物质的量不同，所具有的能量也不同，即可相加；不同物质所具有的能量也可相加，即一个体系所获得的总能量为输入该体系多种能量之和，故能量的可加性可表示为

$$E=E_1+E_2+\cdots+E_n=\sum E_i \tag{2-1}$$

3. 传递性

能量可以从一个地方传递到另一个地方，也可以从一种物质传递到另一种物质。例如，对传热来讲，能的传递性可表示为

$$Q=KA\Delta t \tag{2-2}$$

式中：Q 为传递的热量；K 为传热系数；A 为传热面积；Δt 为传热平均温差。

4. 转换性

各种形式的能可以互相转换，其转换方式、转换数量、难易程度不尽相同，即它们之间的转换效率是不一样的。研究能量转换方式和规律的科学是热力学，其核心的任务就是如何提高能量转换的效率。有关能量转换的基本规律将在本章第二节中详细论述。

5. 做功性

利用能量来做功，是利用能量的基本手段和主要目的。这里所说的功是广义功，但通常主要是针对机械功而言的。各种能量转换为机械功的本领是不一样的，转换程度也不相同。通常，按其转换程度可以把能量分为无限制转换（全部转换）能、有限制转换（部分转换）能和不转换（废）能，又分别称为高质能、低质能和废能，显然，这一分类也是以转换为功的程度来衡量的。能的做功性通常也以能级 ε 来表示，即

$$\varepsilon=\frac{E_X}{E} \tag{2-3}$$

式中：E_X 为㶲。

6. 贬值性

根据热力学第二定律（本章第二节将详细论述)，能量不仅有量的多少，还有质的高低。

能量在传递与转换等过程中，由于多种不可逆因素的存在，总伴随着能量的损失，表现为能量质量和品位的降低，即做功能力的下降，直至达到与环境状态平衡而失去做功本领，成为废能，这就是能的质量贬值。例如，最常见的有温差的传热与有摩擦的做功，就是两个典型的不可逆过程，在这两个不可逆过程中，能量都会贬值。能的贬值性，即能的质量损失（或称内部损失、不可逆损失），其贬值程度可用参与能量交换的所有物体熵的变化（熵增）来反映，即能的贬值性 E_0 可表示为

$$E_0 = T_0 \Delta s \tag{2-4}$$

式中：T_0 为环境温度；Δs 为系统的熵增。

二、能量的转换

能量转换是能量最重要的属性，也是能量利用中的最重要的环节。人们通常所说的能量转换是指能量形态上的转换，如燃料的化学能通过燃烧转换成热能，热能通过热机再转换成机械能等。广义地说，能量转换还应当包括以下两项内容：

（1）能量在空间上的转移，即能量的传输。

（2）能量在时间上的转移，即能量的储存。

任何能量转换过程都必须遵守自然界的普遍规律——能量转换和守恒定律，即

输入能量 − 输出能量 ＝ 储存能量的变化

在国民经济和日常生活中用得最多、最普遍的能量形式是热能、机械能和电能。它们都可以由其他形态的能量转换而来，它们之间也可以互相转换。显然，任何能量转换过程都需要一定的转换条件，并在一定的设备或系统中实现。表 2-1 所示为能量转换过程及实现转换所需的设备或系统。对不同能源与热能的转换及热能的利用情况如图 2-1 所示。

表 2-1 能量转换过程及实现转换所需的设备或系统

能　源	能量形态转换过程	转换设备或系统
石油、煤炭、天然气等化石燃料 氢和酒精等二次能源	化学能→热能 化学能→热能→机械能 化学能→热能→机械能→电能 化学能→热能→电能 化学能→电能	炉子、燃烧器 各种热力发动机 热机、发电机、磁流体发电、压电效应 热力发电、热电子发电 燃料电池
水能，风能 潮汐能，海流能 波浪能	机械能→机械能 机械能→机械能→电能	水车、水轮机、风力机 水轮发电机组、风力发电机组、潮汐发电装置、海流能发电装置、波浪能发电装置
太阳能	辐射能→热能 辐射能→热能→机械能 辐射能→热能→机械能→电能 辐射能→热能→电能 辐射能→电能 辐射能→化学能 辐射能→生物能 辐射能→电能	热水器、采暖、制冷、太阳灶、光化学反应 太阳热发动机 太阳热发电 热力发电、热电子发电 太阳电池、光化学电池 光化学反应（水分解） 光合成
海洋温差能	热能→机械能→电能	海洋温度差发电（热力发动机）
海洋盐分（能）	化学能→电能 化学能→机械能→电能 化学能→热能→机械能→电能	浓度发电 渗透压发电 浓度差发电

续表

能源	能量形态转换过程	转换设备或系统
地热能	热能→机械能→电能 热能→电能	热力发电机-发电机 热电发电
核能	核分裂→热能→机械能→电能 核分裂→热能 核分裂→热能→电能 核分裂→电磁能→电能 核聚变→热能→机械能→电能	核发电、磁流体发电 核能炼钢 热力发电、热电子发电 光电池 核聚变发电

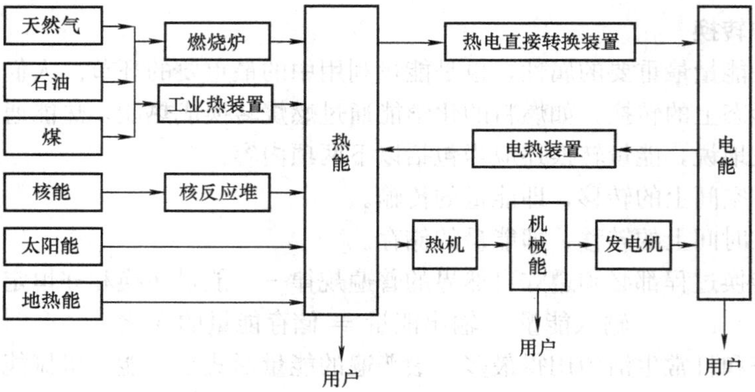

图 2-1　不同能源与热能的转换及利用情况

三、能量的传递

能量的利用是通过能量传递来实现的，故能量的利用过程通常也是一个能量的传递过程。能量的传递过程有如下一些特点。

1. 能量的传递条件

能量传递是有条件的，其传递的推动力是所谓“势差”。如传热要有温差、导电要有电位差、流动要有压差或势差、扩散要有浓度差、化学反应要有化学势差等。

2. 能量传递的规律

能量传递遵循一定的规律，即能量传递的速率正比于传递的动力而反比于传递的阻力，由此有

$$传递速率 = \frac{传递动力}{传递阻力} \tag{2-5}$$

例如，对导电，有 $I = U/R$；对于传热，则有 $Q = \Delta t/R_t$；其中，I 为电流强度；R 为电阻；R_t 为热阻。

3. 能量传递的形式

能量的传递包括转移与转换两种形式。转移是某种形态的能，从一地到另一地，从一物到另一物；转换则是由一种形态变为另一形态。这两种形式往往是一起或交替存在共同完成能量的传递。

4. 能量传递的途径

能量传递的途径基本有两条：由物质交换和质量迁移而携带的能量称为携带能，在体系边界面上的能量交换称为交换能。对开口系这两种途径同时存在，对封闭系则主要靠交换。

5. 能量传递的方法

在体系边界面上的能量交换，通常主要以两种方法进行：传热——由温差引起的能量交换，这是能量传递的微观形式；做功——由非温差引起的能量交换，这是能量传递的宏观形式。这里的功是指广义功。

6. 能量传递的方式

通过能量交换而实现的能量传递，即传热和做功，其具体方式为：传热的三种基本方式是热传导、热对流和热辐射；做功（这里指机械功）的三种基本方式是容积功、转动轴功和流动功（推动功）。

7. 能量传递的结果

能量传递的结果主要体现在两方面，即能量使用过程中所起的作用以及能量传递的最终去向。例如，以生产为例，能量在使用过程中的作用主要是用于物料并最终成为产品的一部分；或用于某一过程，包括工艺过程、运输过程和动力过程，并成为过程的推动力，使过程能够进行，生产得以实现。能量传递的最终去向通常只有两条：或转移到产品，或散失于环境，包括直接损失和用于过程后再进入环境这两种情况。

8. 能量传递的实质

能量传递的实质实际上就是能量利用的实质。如果把产品的使用也包括在内，能量的最终去向只能是唯一的，即最终进入环境。即能量的利用是通过能量的传递，使能量由能源最终进入环境。其结果是能量被利用了，能源被消耗了。而作为能量而言，它是守恒的，不会消失；故就能量利用的本质而言，人类利用的不是能量的数量而是能量的质量（品质、品位），即能的质量逐渐降低，直至进入环境，最终成为废能。

第二节 能量转换的基本原理

一、概述

研究能量属性及其转换规律的科学称为热力学。从热力学的角度看，能量是物质运动的度量，运动是物质的存在的形式，因此，一切物质都有能量。物质的运动可以分为宏观运动和微观运动。度量物质宏观运动能量的是宏观动能和位能。度量物质微观运动能量的是热力学能。热力学能广义上讲包括分子热运动形成的内动能、分子间相互作用所形成的内位能、维持一定分子结构的化学能和原子核内部的核能。温度越高，分子的内动能就越大；内位能取决于分子之间的距离，距离越小，内位能就越大。在没有化学反应和核反应的物理过程中，化学能和核能都不变，所以，热力学能的变化只包括内动能和内位能的变化。只要物质运动状态一定，物质拥有的能量就一定。所以，物质的能量仅仅取决于物质的状态，是状态参数。

尽管物质的运动多种多样，但就其形态而论，只有有序（有规则）运动和无序（无规则）运动两类。人们常将量度有序运动的能量称为有序能，量度无序运动的能量称为无序能。显然，一切宏观整体运动的能量和大量电子定向运动的电能都是有序能；而物质内部分子杂乱无章的热运动则是无序能。大量事实证明，有序能可以完全、无条件地转换为无序能；相反的转换却是有条件的、不完全的。能量和能量转换这一特性，导致能量不仅有“量”的多少，而且有“质”的高低，而这正是能量转换中两个最重要的方面。

二、能量守恒与转换定律

众所周知，能量在量方面的变化，遵循自然界最普遍、最基本的规律，即能量守恒与转换定律。这一定律和细胞学说及进化论，被称为19世纪自然科学的三大发现。能量守恒和转换定律指出：自然界的一切物质都具有能量；能量既不能创造，也不能消灭，而只能从一种形式转换成另一种形式，从一个物体传递到另一个物体；在能量转换与传递过程中能量的总量恒定不变。

热能是自然界广泛存在的一种能量，其他形式的能量（机械能、电能、化学能）都很容易转换成热能。热能与其他形式能量之间的转换也必然遵循能量守恒和转换定律——热力学第一定律。热力学第一定律指出：热能作为能量，可以与其他形式的能量相互转换，在转换过程中能量总量保持不变。在热力学第一定律提出前，许多人曾幻想制造一种不消耗任何能量却能连续获得机械能的永动机。热力学第一定律发现后，制造这种违背热力学第一定律的永动机（后人称之为第一类永动机）的企图最终被科学理论所否定。因此，热力学第一定律也常表述为“第一类永动机是不可能制成的”。

三、能量贬值原理

能量不仅有量的多少，还有质的高低。热力学第一定律只说明了能量在量上要守恒，并没有说明能量在“质”方面的高低。事实上，能量有品质上的差别。比如一大桶水，所含热量可谓很多，却不足以煮熟一个鸡蛋；而一勺沸水所含热量可能很少，却可以烫伤人。所以，一样多的两个热量，如果它们的温度不同，产生的客观效果也不同，因此有加以区分的必要。

另外，热力学第一定律只告诉我们某一个变化过程中的能量关系，并没有告诉我们这个变化过程进行的方向。比如，在两个温度不同物体所组成的孤立系统中，热力学第一定律只告诉我们，如果它们之间有热交换的话，则一个所得的热量必然等于另一个所失的热量。但热力学第一定律并不能告诉我们是哪一个失去热量或哪一个得到热量。事实上我们都知道，温度高的物体失去热量，温度低的物体得到热量。永远不会有这样一个孤立系统，其中热者得到热量变得更热；冷者失去热量变得更冷。热力学第一定律没有包含这个尽人皆知的事实。

上述例子说明，自然界进行的能量转换过程是有方向性的。不需要外界帮助就能自动进行的过程称之为自发过程，反之为非自发过程。自发过程都有一定的方向。前述温差传热就是典型的例子，即热量只能自发地（即不花代价的）从高温物体传向低温物体，却不能自发地由低温物体传向高温物体。

热能和机械能之间的转换也是有方向性的。因为机械能是有序能，热能是无序能。实践证明，机械能可以不花代价地全部转换成热能（如摩擦生热），而热能却不可能全部转变为机械能。可见，机械能转换成热能是自发过程，反之则为非自发过程。

自由膨胀是另一个过程方向性的例子。一个刚性绝热容器分隔成两室，分别储有同类的高压和低压气体，若在隔板上开一个小孔，高压气体就会自动流入低压室，直到两室压力相等时宏观流动才停止。这种自由膨胀过程也是自发过程。若要恢复到初始状态，则必须花费一定的代价。

在上例中，若隔板两侧有不同种类的气体，则不论两侧的温度、压力是否相等，当抽去隔板后两侧的气体会互相扩散、混合，最后成为均匀一致、处处状态相同的混合气体。显然，这种扩散混合过程也是自发的。若要使过程反向进行，并恢复到初始状态，可要花费代价。

由此可见，自发过程都朝着一定方向进行的，若要使自发过程反向进行并回到初始状态则需花费代价，所以，自发过程都是不可逆过程。产生过程不可逆的原因有很多，如有序的机械能通过摩擦转换为无序的热能，有序的电能通过电阻转换为无序的热能。这种通过摩擦或电阻使有序能不可逆转换为无序能的现象称之为耗散效应。而温差传热、扩散混合等过程是在温度差、浓度差的推动下进行的过程，它们虽然没有耗散效应，但也是不可逆过程。因此，有耗散效应以及在有限的势差推动下的过程都是不可逆过程。

过程的方向性反映在能量上，就是能量有品质的高低。由于能量可以区分为有序能和无序能，有序能之间可以无条件的转换，但当能量转换或传递过程有无序能参与时，就会产生转换的方向性和不可逆问题。由此可以看出，有序能比无序能更宝贵和更有价值。正如能量“量”的属性遵循热力学第一定律一样，能量“质”的属性则遵循热力学第二定律。

考察一种普通的自然现象：摩擦生热。由于摩擦，机械能转换为热能，即有序能变成了无序能。从能量的数量上看没有变化，但从品质上看却降低了，即它的使用价值变小了。这种情况称为能量贬值。因此，从能量的品质上看，摩擦使高品质的能量贬值为低品质的能量。

能量贬值是自然界的普遍现象。例如，在发电机中由于摩擦、内电阻等耗散结构，输入的机械能除绝大部分变成电能外，总有一小部分机械能要变成热能，使总的能量品质下降。只有在完全理想的可逆条件下才能使机械能全部变成电能，能量品质保持不变，但这只是一种理想的情况。

就像热力学第一定律一样，热力学第二定律也是长期实践经验的总结。尽管有许多不同的表达方式，热力学第二定律的实质就是能量贬值原理。他指出，能量转换过程总是朝着能量贬值的方向进行。高品质的能量可以全部转换成低品质的能量。能量传递过程也总是自发地朝着能量品质下降的方向进行。能量品质提高的过程不可能自发地单独进行。一个能量品质提高的过程必定伴随有另一个能量品质下降的过程，并且这两个过程是同时进行的，即这个能量品质下降的过程就是实现能量品质提高过程的必要的补偿条件。在实际过程中，作为代价的能量品质下降过程必须足以补偿能量品质提高过程，因为某一系统中实际过程之所以能进行，都是以该系统中总的能量品质必定下降为代价，即任何实际过程的进行都会产生能量贬值。因此，在以一定的能量品质下降作为补偿的条件下，能量品质的提高也必定有一个最高的理论限度。显然这个最高的理论限度是：能量品质的提高值正好等于能量品质的下降值。此时，系统总的能量品质不变。

上述热力学第二定律深刻地指明了能量转换过程的方向、条件及限度。以热能和机械能之间的转换为例，机械能可以自发地无条件地转换为热能；热能转换为机械能或电能则是有条件的。即使在理想的完全可逆的条件下，也不可能连续不断地把热能全部地转换成机械能，总有一部分热能不可避免地要传给低温热源，而无法转换成机械能，即必须以部分热能从高温传向低温作为补偿条件才能实现热能转换为机械能这一能量品质提高的过程。因此，任何实现热能转换成机械能的热机的效率都不可能是100%。在完全可逆的条件下，可以算出热能转变为机械能的最高理论限度。在实际的转换过程中，由于不可逆因素的存在，热能转换成机械能的数量必定低于这个理论极限。两者之间的差距可以用来量度实际转换过程的不可逆损失，也可反映在改进转换过程时可能具有的潜力。

热力学第二定律也指明了能量传递过程的方向、条件和限度。当存在有限势差（温差、浓度差等）时，自发过程总是朝着消除势差的方向进行，在势差消除时自发过程即终止（过程的极限）。例如，当物体之间存在温差时，就会发生热量的传递过程，热量总是自发地从高温物体传向低温物体；当两物体温度相等时，热量的传递过程就结束。当热量从高温物体传给低温物体时，能量在数量上是守恒的，但能量品质却下降了。又如，水总是自动地从高处流向低处；电流总是自发地由高电动势流向低电动势；气体总是自发地由高压膨胀到低压；气体分子总是自由地从高浓度向低浓度扩散；不同气体可以自动地混合，相变过程和化学反应过程能自动地向一定的方向进行等，这些都是司空见惯的自发过程的例子。它们进行的方向都朝着消除势差的方向，即朝着能量品质贬值的方向。虽然它们的反向过程并不违反热力学第一定律，但却是不可能自发进行的。

可以从概率论的角度来阐述过程存在方向性的原因。例如，一个刚性绝热容器被隔板分成左、右两室，其中，左室充满气体，右室为真空。当隔板抽出后气体分子必定均匀地充满全部容器。若无外力作用，气体分子决不会自动地回到左室中去。从概率论的角度分析，若容器中只有一个分子，因为分子运动的不规则性，分子出现在左室和右室的可能性完全一样，其概率都是1/2；若容器中有4个分子，则4个分子同时出现在左室或右室的概率也相同，但只有 $(1/2)^4=1/16$。这时，左、右室中可能出现的分子分布情况共有16种。从微观的角度看，每一种分布的可能性都是一样的，均为1/16。所以，4个分子均集中在左室的概率为1/16；而左室中3个分子，右室中1个分子的概率就为4/16；左室2个分子右室也是2个分子的均匀分布的概率则为6/16。由此可见，均匀分布的状态有最大的概率，较不均匀的状态有较小的概率，而最不均匀的状态概率最小。

实际上，一个宏观容器中所包含的气体分子数目是非常巨大的，所以，气体集中分布在左室或右室的概率极小，实际上是不可能，而出现均匀分布的概率则极大。所以，容器抽出隔板后的自由膨胀过程就是气体分子从概率小的状态变到概率大的状态的过程。由此可以得出：从概率较小的状态变化到概率较大的状态是自发过程，反之是非自发过程。显然，自发过程是不能自动恢复的。

实践证明，在付出一定代价的条件下，自发过程的反向过程也是可以实现的。例如，通过制冷装置，以机械能转换成热能的过程为代价，或者以热量从高温传给低温的过程作为补偿条件，可以实现把热量从低温区传给高温区的过程。又如，利用压气机，以消耗一定的机械能为代价可以实现对气体的压缩；应用水泵，也以消耗机械能为代价，可以把水由低处输向高处；利用气体分离装置，以消耗机械能为代价，可以把混合气体中的组成气体分离出来。可见，这些非自发的过程（能量品质提高的过程）不可能自发地单独进行；一种能量品质提高的非自发过程必定有一个能量品质下降的自发过程作补偿；在一定的补偿条件下，非自发过程进行的程度不能超过一定的最大的理论限度。

热力学第二定律有各种不同的说法。例如，克劳修斯的说法是："不可能把热量从低温物体传到高温物体而不引起其他变化"。它指出了热量传递过程的单向性。开尔文的说法是："不可能从单一热源吸取热量使之完全转变成功而不产生其他影响"。它说明了热能与机械能转换的方向性。显然，这些说法都是等效的。

人们常把能够从单一热源取热，使之完全变为功而不引起其他变化的机器叫做第二类永动机。人们设想的这种机器并不违反热力学第一定律。它在工作过程中能量是守恒的，只是这种机器的热效率是100%，而且可以利用大气、海洋和地壳作热源，把其中无穷无尽的热能完全转换为机械能，机械能又可变为热，循环使用，取之不尽，用之不竭。这种机器显然违反开尔文的说法。因此，热力学第二定律又可表述为：第二类永动机是不可能制成的。

值得指出的是，热力学第一定律和热力学第二定律是两条互相独立的基本定律。前者揭示在能量转换和传递过程中，能量在数量上必定守恒。后者则指出在能量转换和传递过程中，能量在品质上必然贬值。一切实际过程必须同时遵守这两条基本定律，违背其中任何一条定律的过程都是不可能实现的。

能量从“量”的观点看，只有是否已利用、利用了多少的问题，而从“质”的观点看，还有个是否按质用能的问题。所谓提高能量的有效利用，其实质就是在于防止和减少能量贬值发生。

四、能量转换的效率

根据能量贬质原理，不是每一种能量都可以连续地、完全地转换为任何一种其他的能量形式。从转换的角度，可以把能量分为㶲（exergie）和\u70c0（anergie）两部分。㶲是这样一种能量，即在给定的环境条件下，它可以连续地完全转换为任何一种其他形式的能量；所以，㶲又称之为可用能或有效能。\u70c0则是一种不可以转换的能量，称之为无用能或无效能。由此，对于一切形式的能量都可以表示为

$$能量=㶲+\u70c0 \tag{2-6}$$

或用符号表示为

$$E=E_X+A_n \tag{2-7}$$

正如第一章第一节中指出的，各种不同形式的能量，按其转换能力可分为三大类。

(1) 无限转换能（全部转换能）。它可以完全转换为功，称为“高质能”。高质能全部都是㶲，即$E=E_X$，$A_n=0$，因此，它的数量和质量是统一的，如电能、机械能、水能、风能、燃料储存的化学能等。从本质上讲，高质能是有序运动所具有的能量，而且各种高质能理论上可以无限地相互转换。

(2) 有限转换能（部分转换能）。它只能部分地转换为功，称为“低质能”，其$E_X<E$，$A_n>0$，因此，它的数量和质量是不统一的。如热能、流动体系的总能（通常用焓表示总能的大小）等。

(3) 非转换能（废能）。它受环境限制不能转换为功，称为“废能”。如处于环境条件下的介质的热力学能、焓等。根据能量贬值原理，尽管废能有相当的数量，但从技术上讲，无法使之转换为功，所以，对废能而言，$E_X=0$，$E=A_n$。

根据㶲和\u70c0的概念，热力学第一定律也可表述为：“在孤立系统的任何过程中，㶲和\u70c0的总和保持不变。”热力学第二定律则可表述为：“一切实际过程均朝着总㶲减少的方向进行，也就是说，由\u70c0转换为㶲是不可能的。”

热力学的这两个基本定律告诉我们：欲节约能源，必须综合考虑能的量和质两方面。

对于能源利用中最重要的热能利用而言，可用能㶲可理解为，处于某一状态的体系可逆

地变化到与基准态（周围环境状态）相平衡时，理论上能对外界所作出的最大有用功。采用周围环境作为基准态，是因为它是所有能量相关过程的最终冷源。

然而，实际上由于各种过程都不可避免地存在各种损失，都是不可逆过程，因此，即使对高品质能量而言，其传递和转换的效率也不可能是100%。例如，在机械能的传递过程中，由于传动机构（如变速箱）或支撑件（如轴和轴承）之间的摩擦必然会损失一部分能量，即部分机械能被转换成热能。这部分热能不但毫无用处，而且还需设置专门的冷却装置以带走变速箱和轴承中热量。在机械能转换成电能的装置（如汽轮发电机组、水轮发电机组）中，由于摩擦、电阻和磁耗等因素，发电的效率也不是100%。

对热能利用而言，热设备存在的能量损失更多，它通常包括：

（1）从设备的壁面，由于辐射、对流、导热而损失的能量。

（2）被从设备排出的物质带走的能量。

（3）设备内由于发生不可逆过程所损失的可用能。

对第一类损失，其引起的原因有：设备的保温性能不好，密封不严，有空隙；设备内的温度和压力波动，设备的频繁启动、停车等。

对第二类损失，有烟气、冷却水、炉渣等带走的热量，以及燃烧不完全，漏入的空气过多，传热不好，设备设计不完善，烟气旁通等原因。

第三类损失通常是没有注意到的，其特点是热量完全没有损失，而是发生了无益的能量质的降低。例如，燃料具有的化学可用能，通过燃烧转换为燃烧气体的热可用能时，一部分可用能发生了损失，这相当于传热时由于温度降低而引起的可用能减少一样。此外，因冷空气侵入而产生的炉内温度降低，并不表现为热量的损失，而是可用能减少了。蒸汽由于节流作用而产生的压力损失，也不是热量损失，而是可用能损失。

概括起来说，以下几种情况都会带来可用能的损失：

（1）热量从高温传向低温，直至接近环境温度。

（2）流体从压力高处流向压力低处，直至接近与环境相平衡的压力。

（3）物质从浓度高处扩散转移到浓度低处，直至接近与环境相平衡的浓度。

（4）物体从高的位置降落到稳定的位置。

（5）电荷从高电位迁移到接近于环境的电位。

在能量利用中，热效率和经济性是非常重要的两个指标。由于存在着耗散作用、不可逆过程以及可用能损失，在能量转换和传递过程中，各种热力循环、热力设备和能量利用装置，其效率都不可能是100%的。根据热力学原理，对于一切热工设备有

$$\text{经济性指标} = \frac{\text{获得的收益}}{\text{花费的代价}} \tag{2-8}$$

如对热设备

$$\text{热效率}\ \eta = \frac{\text{有效利用热}}{\text{供给热}} \tag{2-9}$$

对动力循环

$$\text{热效率}\ \eta = \frac{\text{输出功}}{\text{供给热}} \tag{2-10}$$

对理想的卡诺循环

$$\eta = 1 - \frac{T_2}{T_1} \tag{2-11}$$

式中：T_2 为低温热源的温度；T_1 为高温热源的温度。

对制冷循环

$$制冷系数\ \varepsilon_c = \frac{从低温热源“抽”走的热}{消耗功} \tag{2-12}$$

对理想的逆向卡诺制冷循环

$$\varepsilon_c = \frac{T_2}{T_0 - T_2} \tag{2-13}$$

式中：T_0、T_2 分别为高温热源（如大气）、低温热源（如冷库）的温度。

对供热循环

$$供暖系数\ \varepsilon_n = \frac{供给高温热源的热}{消耗功} \tag{2-14}$$

对理想的逆向卡诺热泵循环

$$\varepsilon_n = \frac{T_1}{T_1 - T_0} \tag{2-15}$$

式中：T_1、T_0 分别为高温热源（如室温）和低温热源（如大气）的温度。

以上 η、ε_c、ε_n 不仅指出了在同样温度范围内实际的动力循环、制冷循环和供暖循环的经济指标的极限值，同时也指明了提高其经济性指标的途径。

第三节 主要的能量转换过程

一、概述

在能源利用中最重要的能量转换过程是将燃料的化学能通过燃烧转换为热能，热能再通过热机转换成机械能。机械能既可直接利用（例如，驱动汽车和各种运输机械），也可通过发电机再将机械能转换为更便于应用的电能。

将燃料的化学能转变为热能是在燃烧设备中实现的。主要的燃烧设备有锅炉和各种工业炉窑。有关各种燃料的知识将在第三章中介绍。

将热能转换为机械能是目前获得机械能的最主要的方式。这一转换通常是在热机中完成的。因为热机能为各种机械提供动力，故通常又将其称为动力机械。应用最广的热机是内燃机、蒸汽轮机、燃气轮机等。内燃机主要为各种车辆、工程机械提供动力，也用于可移动的发电机组。蒸汽轮机主要用于发电厂中，用它带动发电机发电，也作为大型船舶的动力，或拖动大型水泵和大型压缩机、风机。燃气轮机除用于发电外，还是飞机的主要动力来源，也用作船舶的动力。

根据能量贬值原理（热力学第二定律），热能不可能全部转换为机械能，任何企图制造一种能将热能 100%的转换为机械能的热机是不可能实现的。换句话说，依靠单一热源做功的热机是没有的。因此，所有的热机都是工作在一个高温热源和一个低温冷源之间。高温热源的温度越高，低温冷源的温度越低，热机将热能转换为机械能的数量就越多，也就是说热机的效率越高。

下面介绍主要的能量转换过程。

二、化学能转换为热能

1. 燃料燃烧

燃料燃烧是化学能转换为热能的最主要方式。能在空气中燃烧的物质称为可燃物，但不能把所有的可燃物都称作燃料（如米和砂糖之类的食品）。所谓燃料，就是能在空气中容易燃烧并释放出大量热能的气体、液体或固体物质，是能在经济上值得利用其发热量的物质的总称。燃料通常按形态分为固体燃料、液体燃料和气体燃料。

天然的固体燃料有煤炭和木材；人工的固体燃料有焦炭、型煤、木炭等。其中，煤炭应用最为普遍，是我国最基本的能源。天然的液体燃料有石油（原油）；人工的液体燃料有汽油、煤油、柴油、重油等。通常所说的燃料油一般是指重油而言，它实际上是渣油、裂化残油及燃料重油的通称。燃料重油则是将渣油、裂化残油或其他油品按一定比例混合调制而成。天然的气体燃料有天然气，人工的气体燃料则有焦炉煤气、高炉煤气、水煤气和液化石油气等。

为了使燃料高效的燃烧，必须了解各种燃料的成分和化学组成，因此，需要对燃料进行分析。通常，燃料分析有元素分析、工业分析和成分分析。对固体燃料主要进行元素分析和工业分析，对液体燃料使用元素分析，气体燃料多用成分分析。

燃料的燃烧反应是一个氧化反应。燃料中的可燃元素碳、氢、硫和空气中的氧急剧化合时就会发出显著的光和热。同氢和硫相比，碳的氧化较为缓慢和困难，因此，在任何燃烧过程中，氢和硫都是在碳之前完全燃烧，其中氢燃烧最为激烈。

任何燃料的燃烧过程都有“着火”和“燃烧”两个阶段。由缓慢的氧化反应转变为剧烈的氧化反应（即燃烧）的瞬间叫做着火，转变时的最低温度称为着火温度。燃烧的着火温度主要取决于燃料的组成，此外，还与周围介质的压力、温度有关。各种燃料的着火温度见表2-2。

表 2-2　各种燃料的着火温度　（℃）

燃料种类		着火温度
固体燃料	硬木	250～300
	木炭（黑炭）	320～370
	木炭（白炭）	350～400
	褐煤（风干）	250～450
	烟煤	325～400
	无烟煤	440～500
	半焦炭	450～500
	焦炭	500～600
	泥煤（风干）	225～280

燃料种类		着火温度
液体燃料	汽油	300～320
	石油（原油）	400～450
	重油	530～580
	焦油	580～650
气体燃料	焦炉煤气	650～750
	水煤气	700～800
	高炉煤气	700～800
	煤层气	650～750

汽油、酒精之类的液体燃料极易挥发，即使在较低温度下，其挥发物也能够与空气混合而形成可燃的混合气体。当它们与火焰或火花接近时，即使在低温下也可被引着火而燃烧起来，这种现象称为闪火或引火。使燃料引火的最低温度称为闪点或引火点。各种液体燃料的闪点见表2-3。

表 2-3 各种液体燃料的闪点 (℃)

燃料	闪点	燃料	闪点
石油（原油）	一般 0 以下	轻油	60～80
汽油	−50～0	重油	60～120
煤油	30～70	乙醇	9～32

2. 燃烧所需的空气量

(1) 理论空气量。燃烧过程是一种激烈的氧化反应过程，燃烧过程所需的氧气通常来自空气，空气可以看作是主要由氧和氮所组成的混合气体，两种气体的体积比为 21∶79。提供充足的空气是完全燃烧的必备条件。

根据燃烧的化学反应式，单位燃料完全燃烧时理论上所需的干空气量就称为理论空气量。理论空气量的单位对固体及液体燃料为 m^3/kg 燃料，对气体燃料为 m^3/m^3 燃料。可以由燃料的化学反应式算出各种元素完全燃烧时的理论空气量，1kg 碳完全燃烧时需要的理论空气量为 8.89m^3。1kg 硫完全燃烧时所需要的理论空气量为 3.33m^3。1kg 氢完全燃烧时所需要的理论空气量为 26.7m^3。对于各种不同的燃料，由于燃料中所含碳、硫、氢的比例不同，因而其燃烧时的理论空气量也不相同。表 2-4 所示为各种燃料的理论空气量的大致范围。理论空气量的准确值则需依据燃料的工业分析结果再加以计算。

表 2-4 各种燃料的理论空气量的大致范围 (m^3/kg 燃料或 m^3/m^3 燃料)

燃料类型	燃料名称	理论空气量	燃料类型	燃料名称	理论空气量
固体燃料	褐煤	3.5～6.5	气体燃料	焦炉煤气	4.0～4.8
	烟煤	7.5～8.5		高炉煤气	0.6～0.8
	无烟煤	9～10		水煤气	2.1～2.2
	焦炭	8.5～8.8		城市煤气	4.0
液体燃料	重油	10～11		液化天然气	11.0
	轻油	11.2		液化石油气	21.5～31

(2) 实际空气量。实际燃烧时，燃料中的可燃元素与空气中的氧不可能有理想的混合、接触和化合，因此，对于任何燃料都要根据其特性和燃烧方式供应比理论空气量更为多些的空气，使燃料完全燃烧。为了使燃料完全燃烧而实际供应的空气量称为实际空气量。

实际空气量与理论空气量的比值称之为过量空气系数（或空气系数）。表 2-5 所示为锅炉中常采用的过量空气系数的大致数值。显然，过量空气系数的大小与燃料的种类及燃烧方式有关。知道了过量空气系数即可由理论空气量求出实际燃烧时所需供应的空气量。通常，燃烧设备中的过量空气系数均大于 1，只有对陶瓷窑炉，由于工艺上的需要，有时要求烟气中含有 CO，以采取还原焰烧成作业，此时过量空气系数小于 1。

3. 燃烧产生的烟气量

(1) 理论烟气量。燃烧过程产生的热能都包含在烟气中，因此，燃烧所产生的烟气是热能的携带者，烟气量则是热力计算中的基础数据。如供给燃料以理论空气量，燃料又达到完全燃烧，烟气中只含有 CO_2、SO_2、水蒸气及 N_2 四种气体，这时烟气所具有的容积就称为理论烟气量，其单位，对固体和液体燃料为 m^3/kg 燃料，对气体燃料为 m^3/m^3 燃料。

表 2-5 锅炉中常采用的过量空气系数的大致数值

燃料种类		燃烧方法		
		手烧炉	机械炉排炉	室燃炉
固体燃料	无烟煤 烟煤 煤粉	1.5 1.5～2.0	1.3～1.4 1.3～1.7	1.2～1.4
液体燃料				1.1～1.3
气体燃料				1.05～1.2

若已知燃料的化学组成，则可根据燃烧的化学反应式计算出理论烟气量，即理论烟气量等于燃烧所产生的 CO_2、SO_2、H_2O 及 N_2 四种气体之和。当缺少燃料的化学组成资料时，可利用经验公式近似地计算理论烟气量。

(2) 实际烟气量。实际燃烧过程是在不同的过量空气系数下进行的。当完全燃烧时，实际烟气量可按下式计算：

$$V_a = V_0 + (\alpha - 1)L_0 \quad m^3/kg \text{ 燃料或 } m^3/m^3 \text{ 燃料} \tag{2-16}$$

式中 V_a——实际烟气量；

V_0——理论烟气量；

α——过量空气系数；

L_0——理论空气量。

4. 燃烧温度

燃料燃烧时，燃烧产物达到的温度称为燃烧温度。燃烧温度与燃料的种类和成分、燃烧条件、传热情况等多种因素有关。实际的燃烧温度 T 可由热平衡方程求出，即

$$T = \frac{Q_{ar,net} + Q_a + Q_r + Q_{ch} + Q_b - Q_f}{V_a c_p} \tag{2-17}$$

式中：$Q_{ar,net}$ 为燃料低位发热量；Q_a 为空气带入的物理热；Q_r 为燃料带入的物理热；Q_{ch} 为燃烧产物传给周围物体的热量；Q_b 为未完全燃烧的热损失；Q_f 为某些气体热分解消耗的热量；c_p 为烟气的平均比定压热容。

根据不同燃料燃烧的特点，采用各种措施提高燃料的燃烧效率是节能的重要途径。此外，燃料燃烧时会产生严重的环境污染问题，因此，发展和推广高效低污染的燃烧技术既是节能的需要，也是保护环境实现可持续发展的重要措施。

有关煤、油和气体燃料的燃烧特点以及先进的燃烧技术请参看第五章第五节中的高效低污染燃烧技术。

5. 燃烧设备

将燃料燃烧的化学能转变为工质热能的设备称为锅炉。锅炉产生的蒸汽或热水也是一种优质的二次能源，除用于发电外，也广泛用于冶金、化工、轻工、食品等工业部门，而且是采暖的热源。锅炉本体由“锅”和“炉”两部分组成。炉是指锅炉的燃烧系统，它通常包括

炉膛、燃烧器、烟道、炉墙构架等，其作用是完成燃料（煤、重油、天然气或固体废弃物）的燃烧放热过程。而锅是指锅炉的汽水系统，由汽包、下降管、集箱、导管及各种受热面组成。其作用是吸收燃烧系统放出的热量，完成由水变成高温高压蒸汽的吸热过程。

吸收燃烧产物——高温烟气热量的锅炉受热面是由直径不等、材料不同的管件组成的。根据受热面作用的不同，可以分为水冷壁、过热器、再热器、省煤器及空气预热器。

（1）水冷壁。布置在炉膛四周，吸收炉膛的辐射热，用于加热其内的工质，并对炉墙起保护作用。

（2）过热器。饱和蒸汽在过热器内加热成具有额定温度的过热蒸汽。

（3）再热器。它将汽轮机高压缸的排汽再加热到较高的温度，然后送入汽轮机的中、低压缸做功，借以提高发电厂的热效率。

（4）省煤器。布置在锅炉尾部，利用尾部烟气的余热加热给水，以降低排烟温度，节约燃料。

（5）空气预热器。布置在锅炉尾部，利用尾部烟气的余热加热助燃空气，用以强化着火和燃烧，同时使排烟温度进一步降低以提高锅炉效率。

为了保证锅炉能正常运行，锅炉还有许多辅助装置：储存和运输燃料的燃料供应装置；将煤磨成很细的煤粉并将煤粉送入炉膛燃烧的磨煤装置；将空气送入预热器和炉膛的送风装置；将锅炉烟气排至大气的引风装置；把符合标准的给水送入锅炉的给水装置；将锅炉中灰渣排走的除灰装置；除去烟气中飞灰以保护环境的除尘装置；还有对锅炉运行进行自动检测、自动控制和自动保护的自控装置。图 2-2 所示为燃煤锅炉设备的示意。

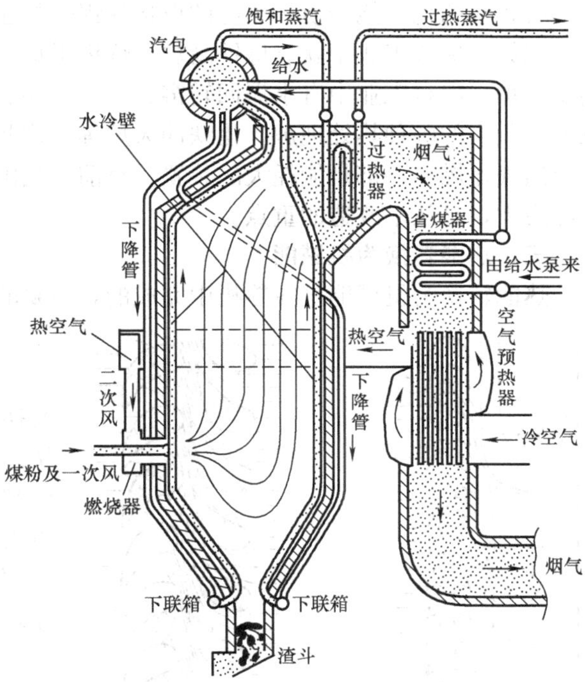

图 2-2　燃煤锅炉设备的示意

通常用以下指标描述电厂锅炉的特性：

（1）蒸发量。它表示锅炉的容量，是指锅炉每小时能连续提供的蒸汽量，单位为 t/h。

（2）蒸汽参数。它是指过热器出口过热蒸汽的压力和温度，以及再热器出口再热蒸汽的温度。

（3）给水温度。它是指省煤器入口处的水温。

（4）锅炉效率。它是指锅炉生产蒸汽的吸热量和锅炉输入燃料发热量之比，它表示锅炉中燃烧热量的有效利用程度。

电厂锅炉的分类方法很多，例如，按燃料种类可分为燃煤锅炉、燃油锅炉和燃气锅炉。我国能源以煤为主，因此煤锅炉多，发达国家则燃油和燃气锅炉占优势。通常，电厂锅炉多按蒸汽的参数（主要指压力）来分类。表 2-6 所示为我国电厂锅炉按压力的分类。

表 2-6 我国电厂锅炉分类（按压力）

锅炉类别	蒸汽压力（MPa）	蒸汽温度（℃）	锅炉容量（t/h）	发电机组的额定功率（MW）
高压锅炉	9.8	510 540	220、230 410	50 100
超高压锅炉	13.7	555/550 540/540	400 670	125 200
亚临界压力锅炉	18.3	540/540	1025	300
超临界压力锅炉	25.3	543/569	1968	600

将燃料的化学能转换为热能的设备除锅炉外还有工业炉窑。工业炉窑量大面广，类型繁多。例如，冶金工业中就有炼铁高炉、炼钢平炉、转炉、轧钢连续加热炉、罩式退火炉、炼铜反射炉；建材工业中有水泥回转窑、立窑、砖瓦焙烧窑、陶瓷和砖瓦隧道窑、玻璃池窑；机械工业中的各种热处理炉、化铁冲天炉等。这些工业炉窑有的烧煤，有的采用重油、焦炭或天然气作燃料，都是能耗大的装置。目前，我国大多数工业炉窑技术落后，热效率低，节能潜力大，是技术改造的重点。

三、热能转换为机械能

热能转换为机械能是在热机中完成的，主要的热机有蒸汽轮机、燃气轮机、内燃机。

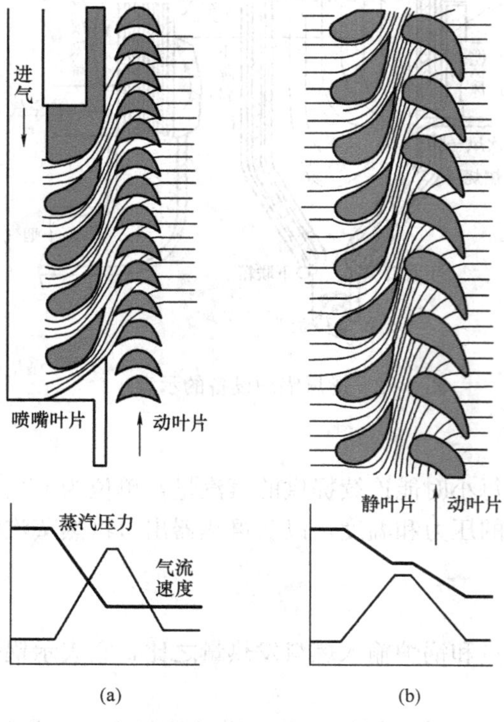

图 2-3 汽轮机的工作原理
(a) 冲动式汽轮机；(b) 反动式汽轮机

1. 蒸汽轮机

蒸汽轮机，简称汽轮机，是将蒸汽的热能转换为机械功的热机。汽轮机单机功率大、效率高、运行平稳，在现代火力发电厂和核电厂中都用它驱动发电机。汽轮发电机组所发的电量占总发电量的80%以上。此外，汽轮机还用来驱动大型鼓风机、水泵和气体压缩机，也用作舰船的动力。

汽轮机的工作原理如图 2-3 所示，其中(a) 为冲动式汽轮机。其工作原理是：锅炉产生的具有一定压力和温度的蒸汽通过汽轮机的喷嘴后，压力降低，速度增高，这股高速气流冲到装在叶轮上的动叶片，方向有了改变，动量发生变化，从而对动叶片产生作用力，推动转子转动，便将热能转换成由主轴输出的机械功。

在上述冲动式汽轮机中，蒸汽的压降主要是在喷嘴叶片中。另外一种汽轮机，蒸汽同时在定叶片（喷嘴）和动叶片产生压降，此时，除了从定叶片出口的高速气流冲击动叶片转动外，气流还在动叶片中加速，从而产生反作用力，推动动叶片转动，这种汽轮机就称为反动式汽轮机，如图 2-3（b）所示。

为了充分利用高温高压蒸汽膨胀的能量，大型汽轮机通常有多级叶片，并将汽轮机分为高压缸和低压缸。根据汽轮机的排汽压力，通常有凝汽式汽轮机和背压式汽轮机之分。前者汽轮机带有凝汽器，它的排汽压力低于大气压；后者无凝汽器，其排汽压力高于或等于大气压力。显然，从热机的热效率公式可知，进入汽轮机的高温蒸汽参数一定时，凝汽式汽轮机由于其排汽压力低，其排汽温度也低，所以，它的热效率高于背压式汽轮机；但背压式汽轮机排出的低压蒸汽还可作其他用途。

汽轮机还可根据是否从中抽汽，分为抽汽式汽轮机和非抽汽式汽轮机。抽汽式汽轮机抽出的蒸汽既可供其他热用户使用，也可用来加热给水，以提高整个电厂的循环效率。在大型火力发电厂中，汽轮机通常分成高压缸和低压缸，锅炉来的新蒸汽在高压缸中做功后，其排汽先被送到再热器，使蒸汽温度提高后再进入汽轮机的低压气缸做功。这种汽轮机就称为再热式汽轮机。采用再热方式可以提高循环的热效率。表 2-7 所示为火力发电厂用的国产大型凝汽式汽轮机的技术参数。

表 2-7　国产发电用大型凝汽式汽轮机的技术参数

型　号	形　式	额定功率（MW）	额定转速（r/min）	进汽参数		给水温度（℃）	排汽压力（MPa）
				压力（MPa）	温度（℃）		
N200-12.75	三排汽	200	3000	12.75	535	240.0	0.004 9
N200-12.75	双排汽	200	3000	12.75	535	243.3	0.005 39
N300-16.7	双缸双排汽	300	3000	16.67	537	272.4	0.005 4
N600-16.7	双缸双排汽	600	3000	16.67	537	273.0	0.005 39

2. 燃气轮机

燃气轮机和蒸汽轮机最大的不同是，它不是以水蒸气作工质而是以气体作工质。燃料燃烧时所产生的高温气体直接推动燃气轮机的叶轮对外做功，因此，以燃气轮机作为热机的火力发电厂不需要锅炉。图 2-4 就是最简单的燃气轮机发电装置示意。它包括三个主要部件：压气机、燃烧室和燃气轮机。空气进入压气机，被压缩升压后进入燃烧室，喷入燃油即进行燃烧，燃烧所形成的高温燃气与燃烧室中的剩余空气混合后进入燃气轮机的喷管，膨胀加速而冲击叶轮对外做功。做功后的废气排入大气。燃气轮机所做的功一部分用于带动压气机，其余部分（称为净功）对外输出，用于带动发电机或其他负载。和汽轮机相比，燃气轮机具有以下优点：

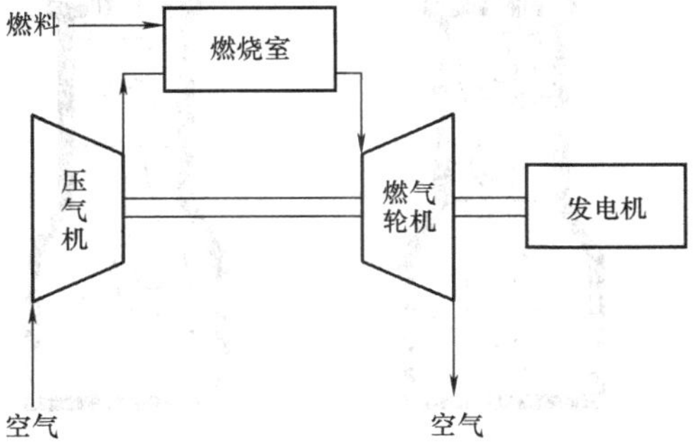

图 2-4　燃气轮机发电装置示意

（1）重量轻、体积小、投资省。燃气轮机的重量及所占的容积只有汽轮机装置的几分之一或几十分之一，因此，它耗材少，投资费用低，建设周期短。

(2) 启动快、操作方便。从冷态启动到满载只需几十秒或几十分钟，同时，由于燃气轮机结构简单、辅助设备少，运行时操作方便，能够实现遥控，自动化程度可以超过汽轮机。

(3) 水、电、润滑油消耗少，只需少量的冷却水或不用水，因此，可以在缺水的地区运行；辅助设备用电少，润滑油消耗少，通常只占燃料费的1%左右，而汽轮机要占6%左右。

鉴于燃气轮机的上述优点，以燃气轮机作热机的火力发电厂主要用于尖峰负荷，对电网起调峰作用。但燃气轮机在航空和舰船领域却是最主要的动力机械。由于燃气轮机小而轻，启动快，功率大，目前，飞机上的涡轮喷气发动机、涡轮螺旋桨发动机、涡轮风扇发动机都是以燃气轮机作为主机或启动辅机。高速水面舰艇、水翼艇、气垫船也广泛采用燃气轮机作动力。

从热力学理论可知，提高热源温度和降低冷源温度是提高热功转换效率的关键。由于燃气轮机平均吸热温度远高于蒸汽轮机，因此，其热功转换效率也比蒸汽轮机高许多。但燃气轮机的功率却远远小于蒸汽轮机，而且可靠性也不够高，故难以成为火力发电的主力机组。但是20世纪80年代以来，燃气轮机技术迅速发展，例如，寻求耐高温材料，改进冷却技术，使燃气初温进一步提高，提高压比，充分利用燃气轮机余热，研制新的回热器等。现在燃气轮机的初温已超过1400℃，单机功率已高达250MW，循环效率达37%～42%，可靠性也大大提高。这些发展已使燃气轮机逐渐成为发电的主力机组。例如，美国自1987年以来，燃气轮机的产量已超过蒸汽轮机的产量，现在美国新建纯凝汽式火电厂已经得不到许可证。为了推动大功率、高效低污染燃气轮机发电技术的发展，美国能源部制定了发展先进燃气轮机系统的十年计划。

3. 内燃机

内燃机包括汽油机和柴油机，是应用最广泛的热机。大多数内燃机是往复式，有气缸和活塞。内燃机有很多分类方法，但常用的是根据点火顺序分类或根据气缸排列方式分类。按点火或着火顺序可将内燃机分成四冲程发动机和二冲程发动机。

四冲程发动机的工作过程如图2-5所示。它完成一个循环要求有四个完全的活塞冲程。

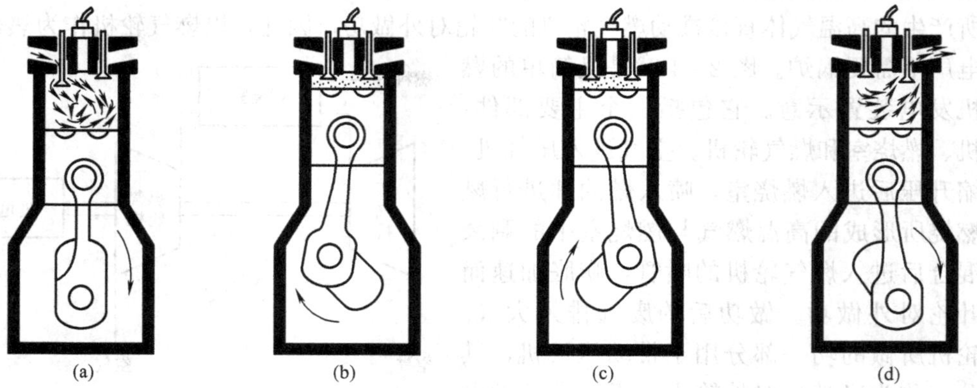

图2-5 压燃式四冲程发动机的工作原理

(a) 进气；(b) 压缩；(c) 膨胀；(d) 排气

(1) 进气冲程。活塞下行，进气门打开，空气被吸入而充满气缸。

(2) 压缩冲程。所有气门关闭，活塞上行压缩空气，在接近压缩冲程终点时，开始喷射燃油。

(3) 膨胀冲程（即下行冲程）。所有气门关闭，燃烧的混合气膨胀，推动活塞下行，此冲程是四个冲程中唯一做功的冲程。

(4) 排气冲程。排气门打开，活塞上行将燃烧后的废气排出气缸，开始下一个循环。

二冲程发动机是将四冲程发动机完成一个工作循环所需要的四个冲程纳入二个冲程中完成。图 2-6 所示为二冲程发动机的工作原理。当活塞在膨胀冲程中沿气缸下行时，首先开启排气口，高压废气开始排入大气。当活塞向下运动时，同时压缩曲轴箱内的空气——燃油混合气；当活塞继续下行时，活塞开启进气口，使被压缩的空气——燃油混合气从曲轴箱进入气缸。再压缩冲程（活塞上行），活塞先关闭进气口，然后关闭排气口，压缩气缸中的混合气。在活塞将要到达上止点之前，火花塞将混合气点燃。于是活塞被燃烧膨胀的燃气推向下行，开始另一膨胀做功冲程。当活塞在上止点附近时，化油器进气口开启，新鲜空气—燃油混合气进入曲轴箱。在这种发动机中，润滑油与汽油混合在一起对曲轴和轴承进行润滑。这种发动机的曲轴每转一周，每个气缸点火一次。

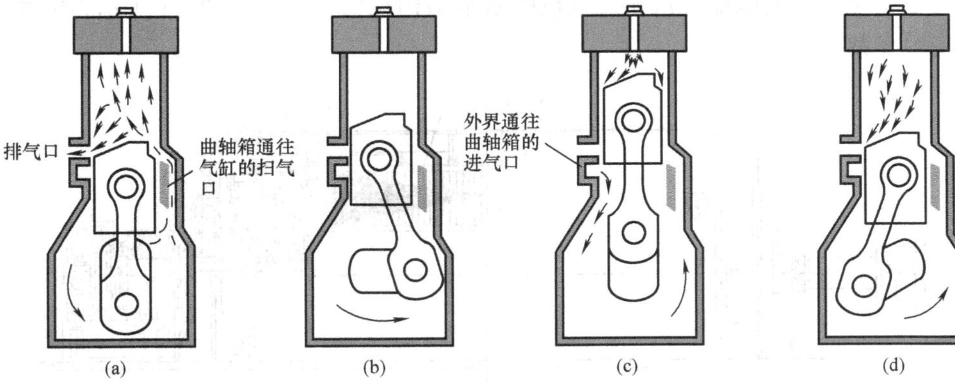

图 2-6　二冲程发动机的工作原理

(a) 进气；(b) 压缩；(c) 膨胀；(d) 排气

四冲程发动机和二冲程发动机相比，经济性好，滑润条件好，易于冷却；但二冲程发动机运动部件少，重量轻，发动机运动较平稳。

目前，四缸和六缸汽车发动机一般采用直列布置，八缸汽车发动机一般采用 V 形布置。还有一种对置活塞发动机，它由两个活塞、两根曲轴和一个气缸组成。两根曲轴由齿轮结合在一起，以保证同步运转。这种对置活塞布置一般用于大型柴油机。在石油工业中还采用一种三角形发动机，它是由三个对置活塞发动机组成，按三角形布置。

内燃机只能将燃料热能中的 25%～45%转换成机械能，其余部分大多被排气或冷却介质带走。因此，如何利用内燃机排气中的能量就成了提高内燃机动力性和经济性中的主要问题。早在 20 世纪初，瑞士工程师就提出了涡轮增压的设想，即利用废气涡轮增压器给进入气缸的气体增压，使进入气缸的空气密度增加，从而大大提高缸内的平均指示压力，使内燃机的功率显著增加。近百年来，内燃机废气涡轮增压技术得到了迅速发展。现在，国外 60%以上车用柴油机都采用涡轮增压技术，车用汽油机采用增压技术也日益增多。由于废气涡轮增压能回收 25%～40%的排气能量，所以，采用增压技术不但能提高发动机的功率，而且还能降低油耗和改善内燃机的排放性能。目前，增压技术的发展主要表现在两方面：一方面是增压比和增压器效率不断提高；另一方面是增压系统向多种形式发展，使得变工况和低负荷下发动机都具有良好的运行特性。

随着科学技术的发展，绝热柴油机、全电子控制内燃机、燃用天然气、醇类代用燃料和氢的新型发动机都相继问世。进入21世纪，由于环境问题日益突出，因此，研制新一代高效低排放的发动机已成为科学家们共同努力的目标。

四、机械能转换为电能

将蒸汽轮机或燃气轮机的机械能转换成电能是通过同步发电机。同步发电机由定子（铁心和绕组）、转子（钢芯和绕组）、机座等组成。转子绕组中通入直流电并在汽轮机的带动下高速旋转，此时，转子磁场的磁力线被定子三相绕组切割，定子绕组因感应会产生电动势。当定子三相绕组与外电路连接时，则会有三相电流产生。这一电流又会同步产生一个顺转子转动方向的旋转磁场，带有电流的转子绕组在该旋转磁场的作用下，将产生一个与转子旋转方向相反的力矩，这一力矩将阻止汽轮机旋转，因此，为了维持转子在额定转速下旋转，汽轮机一定要克服该力矩而做功，也就是说汽轮机的机械能通过同步发电机中的电磁相互作用而转变为定子绕组中的电能。汽轮发电机的基本结构见图2-7。表2-8所示为大型汽轮发电机的主要参数。

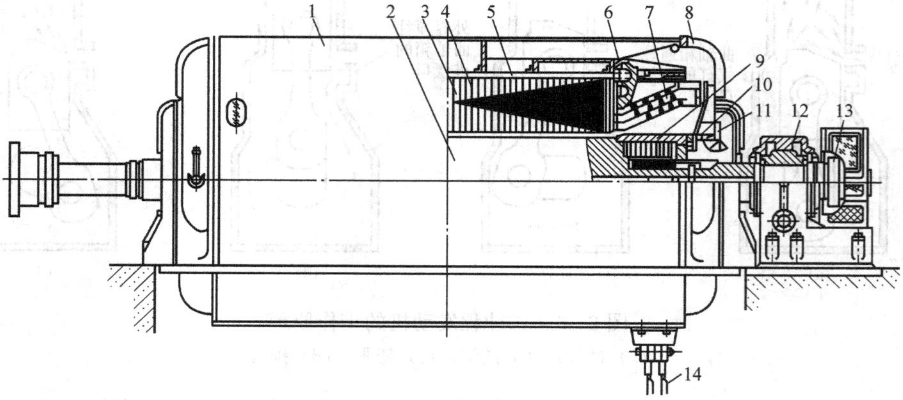

图2-7 汽轮发电机的基本结构

1—定子；2—转子；3—定子铁芯；4—定子铁芯的径向通风沟；5—定位筋；6—定子压圈；7—定子绕组；8—端盖；9—转子护环；10—中心环；11—离心式风扇；12—轴承；13—集电环；14—定子电流引出线

表2-8 大型汽轮机发电机的主要技术参数

型号	QFSS-200-2	QFQS-200-2	QFS-300-2	QFSN-600-2
额定容量（MV·A）	235	235	353	670
额定电压（kV）	15.75	15.75	18	20
额定功率因数	0.85	0.85	0.85	0.90
额定电流（kA）	8.625	8.625	11.32	19
额定转速（r/min）	3000	3000	3000	3000

第四节　能量的储存

一、概述

无论在日常生活或工业生产中，能量的储存都是非常重要的。这是因为对大多数能量转换或利用系统而言，获得的能量和需求的能量常常是不一致的，因此，为了使该利用能量的过程能连续地进行，就必须有某种形式的能量储存措施或专门设置一些储能设备。只是从某种程度上讲，能量的储存有时是如此的平常，以至常常被人们忽略。例如，汽车的油箱、飞机和飞行器的燃料储箱、燃煤电厂的堆煤场、储气罐中的天然气、水电站大坝后的水以及飞轮所储存的动能，儿童玩具中弹簧所蓄的势能都是能量储存中最常见的例子。即使是建筑物的墙壁、地板和其他结构也都具有蓄热的功能，它们白天吸收太阳能，晚上又将所吸收的太阳能释放出来。

对电力工业而言，电力需求的最大特点是昼夜负荷变化很大，巨大的用电峰谷差使峰期电力紧张，谷期电力过剩。如我国东北电网最大峰谷差已达最大负荷的37%，华北电网峰谷差更大，达40%。如果能将谷期的电能储存起来供峰期使用，将大大改善电力供需矛盾，提高发电设备的利用率，节约投资。另外，在太阳能利用中，由于太阳昼夜的变化和受天气和季节的影响，也需要有一个储能系统来保证太阳能利用装置的连续工作。

化石燃料如煤、石油、天然气以及由它们加工而获得的各种燃料油、煤气等，它们本身就是一种含能体，因此，将这些含能体（或含能的物质）储存起来就能达到能量储存的目的，因此，这种储能相对简单，因为对上述含能体而言，其本身就可以看作是一种化学能的储能材料。但是电能、太阳能、热能等储存就比较困难，常常需要储能材料和储能装置来实现。

衡量储能材料及储能装置性能优劣的主要指标有：储能密度、储存过程的能量损耗、储能和取能的速率、储存装置的经济性、寿命（重复使用的次数）以及对环境的影响。表2-9所示为某些储能材料和装置的储能密度。显然，作为核能和化学能的储存者，即核燃料和化石燃料有很大的储能密度，而电容器、飞轮等储能装置的储能密度就非常小。

在实际应用中涉及的储能问题主要是机械能、电能和热能的储存。本节仅介绍机械能和热能的储存。

表2-9　某些储能材料和装置的储能密度　(kJ/kg)

储能材料	储能材料的储能密度	储能装置	储能装置的储能密度
反应堆燃料（2.5%浓缩UO_2）	7.0×10^{10}	银氧化物—锌蓄电池	437
烟煤	2.78×10^{7}	铅—酸蓄电池	112
焦炭	2.63×10^{7}	飞轮（均匀受力的圆盘）	79
木材	1.38×10^{7}	压缩气（球形）	71
甲烷	5.0×10^{4}	飞轮（圆柱形）	56
氢	1.2×10^{5}	飞轮（轮圈—轮辐）	7

续表

储能材料	储能材料的储能密度	储能装置	储能装置的储能密度
液化石油气	5.18×10^{7}	有机弹性体	20
一氢化锂	3.8×10^{3}	扭力弹簧	0.24
苯	4.0×10^{7}	螺旋弹簧	0.16
水（落差100m）	9.8×10^{3}	电容器	0.016

二、机械能的储存

机械能能以动能或势能的形式储存。动能通常可以储存于旋转的飞轮中。一个旋转飞轮的动能可以用下式计算：

$$E_k = 2\pi^2 n^2 I \tag{2-18}$$

式中：n 为飞轮的转速；I 为飞轮的惯性矩。

在许多机械能和动力装置中常采用旋转飞轮来储存机械能。例如，在带连杆曲轴的内燃机、空气压缩机及其他工程机械中都利用旋转飞轮储存的机械能使气缸中的活塞顺利通过上死点，并使机器运转更加平稳；曲柄式压力机也是依靠飞轮储存的动能工作。在核反应堆中的主冷却剂泵也必须带一个巨大的重约 6t 的飞轮，这个飞轮储存的机械能即使在电源突然中断的情况下仍能延长泵的转动时间达数 10min 之久，而这段时间是确保紧急停堆安全所必需的。

机械能以势能方式储存则是最古老的能量储存形式之一，包括弹簧、扭力杆和重力装置等。这类储存装置大多数储存的能量都较小，常被用来驱动钟表，玩具等。需要更大的势能储存时，则只有采用压缩空气储能和抽水储能。

压缩空气是工业中常用的气源，除了吹灰、清砂外，还是风动工具和气动控制系统的动力源。现在大规模利用压缩空气储存机械能的研究已非常普遍。它利用地下洞穴（例如，废弃的矿坑、废弃的油田或气田、封闭的含水层、天然洞穴等）来容纳压缩空气。供电需要量少时，利用多余的电能将压缩空气压入洞穴；当供电需求时，再将压缩空气取出，混入燃料并进行燃烧，然后利用高温烟气推动燃气轮机做功，所发的电能供高峰时使用。与常规的燃气轮机相比，因为省去了压缩机的耗功，故可使燃气轮机的功率提高50%。

利用谷期多余的电能，通过抽水蓄能机组（同一机组兼有抽水和发电的功能）将低处的水抽到高处的上池（水库）中，这部分水量以势能形式储存，待电力系统的用电负荷转为高峰时，再将这部分水量通过水轮机组发电。这种大规模的机械能的储存方式已成为世界各国解决用电峰谷差的主要手段。有关抽水蓄能水电站的情况见第三章第四节。

三、热能的储存

热能是最普遍的能量形式，热能储存就是把一个时期内暂时不需要的多余的热量通过某种方式收集并储存起来，等到需要时再提取使用。从储存的时间来看，有三种情况：

（1）随时储存。以小时或更短的时间为周期，其目的是随时调整热能供需之间的不平衡，例如，热电站中的蒸汽蓄热器，依靠蒸汽凝结或水的蒸发来随时储热和放热，使热能供需之间随时维持平衡。

（2）短期储存。以天或周为储热的周期，其目的是维持一天（或一周）的热能供需平衡。例如，对太阳能采暖，太阳能集热器只能在白天吸收太阳的辐射热，因此，集热器在白天收集到的热量除了满足白天采暖的需要外，还应将部分热能储存起来，供夜晚或阴雨天采暖使用。

(3) 长期储存。以季节或年为储存周期，其目的是调节季节（或年）的热量供需关系。例如，把夏季的太阳能或工业余热长期储存下来，供冬季使用；或者冬季将天然冰储存起来，供来年夏季使用。

（一）热能储存的方法

1. 显热储存

显热储存是通过蓄热材料温度升高来达到蓄热的目的。蓄热材料的比热容越大，密度越大，所蓄的热量也就越多。表 2-10 所示为若干蓄热材料的蓄热性质。从表中可以看出，水的比热容最大，单位体积的热容也最大，因此，水是一种比较理想的蓄热材料。在蓄热材料的选择方面，价格便宜且易大量取得，无疑也是一个重要因素。在太阳能采暖系统中都必须配备蓄热装置，对于采用空气作为吸热介质的太阳能采暖系统，通常选用岩石床作为热储存装置中的蓄热材料（见图 2-8），对采用水作为吸热介质的太阳能采暖系统则选用水作为蓄热材料（见图 2-9）。

表 2-10　若干蓄热材料的蓄热性质

材　料	密度（kg/m³）	比热容（J/kg·℃）	单位体积热容（MJ/m³·℃）	
			无空隙	30%的空隙
水	1000	4180	4.18	
碎铁块	7830	460	3.61	2.53
碎铝块	2690	920	2.48	1.74
碎混凝土块	2240	1130	1.86	1.78
岩石	2680	879	2.33	1.63
砖块	2240	879	1.97	1.38

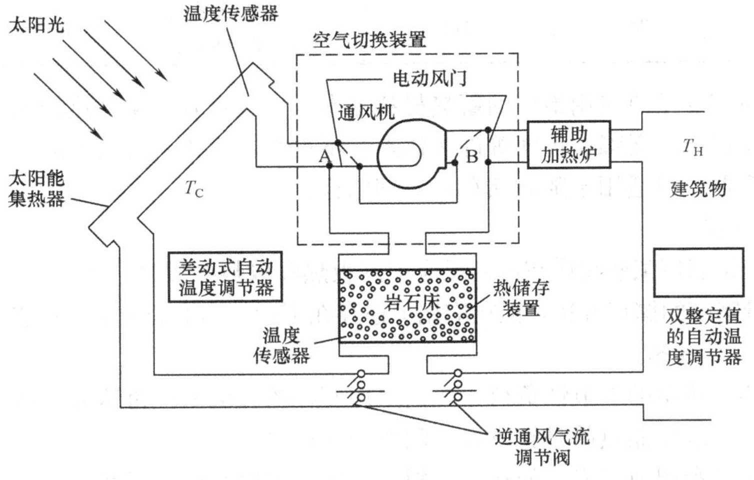

图 2-8　以空气作工质的太阳能采暖系统

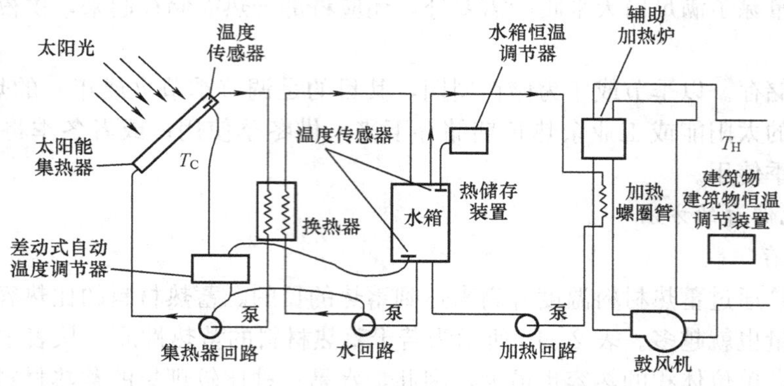

图 2-9 以水作工质的太阳能采暖系统

2. 潜热储存

潜热储存是利用蓄热材料发生相变而储热的。由于相变的潜热比显热大得多，因此，潜热储存有更高的储能密度。通常，潜热储存都是利用固体——液体相变蓄热，因此，熔化潜热大、熔点在适应范围内、冷却时结晶率大、化学稳定性好、导热系数大、对容器的腐蚀性小、不易燃、无毒、价格低廉，是衡量蓄热材料性能的主要指标。表 2-11 所示为常用的低温潜热蓄热材料的性质。

表 2-11　　常用的低温潜热蓄热材料的性质

材　料	熔点（℃）	融化热（kJ/kg）	材　料	熔点（℃）	融化热（kJ/kg）
六水氯化钙	29.4	170	正二十烷	36.7	247
十水碳酸钠	33	251	聚乙二醇 600	20～25	146
十二水磷酸二钠	36	280	硬脂酸	69.4	199
十水硫酸钠	32.4	253	水	0.0	333.4
五水硫代硫酸钠	49	200	甘油三硬脂酸	56	190.8
正十八烷	28.0	243	十水硫酸钠/氯化钠/氯化铵/低熔共晶盐	13	181.3

液体—气体相变蓄热应用最广的蓄热材料是水，因为水有汽化潜热较大、温度适应范围较大、化学性质稳定、无毒、价廉等许多优点。不过水在汽化时有很大的体积变化，所以需要较大的蓄热容器，只适用于随时储存或短期储存。

3. 化学能储存

化学能储存是利用某些物质在可逆反应中的吸热和放热过程来达到热能的储存和提取的。这是一种高能量密度的储存方法，但在应用上还存在不少技术上的困难，目前尚难实际应用。

4. 地下含水层储热

采暖和空调是典型的季节性负荷，如何采用储存的方法来应付这类负荷一直是科学家关注的问题。地下含水层储热就是解决这一问题的途径之一。

含水层储热是利用地下岩层的孔隙、裂隙、溶洞等储水构造以及地下水在含水层中流速慢和水温变化小的特点，用管井回灌的方法，冬季将冷水或夏季将热水灌入含水层储存起来。由于灌入含水层的冷水或热水有压力，它们推挤原来的地下水而储存在井周围的含水层里。随着灌入水量的增加，灌入的冷水或热水不断向四周迁移，从而形成“地下冷水库”或“地下热水库”。当需要提取冷水或热水时，再通过管井抽取。

地下含水层储能可以分为储冷和储热两大类型（见图 2-10）。

含水层储冷：冬季将净化过的冷水用管井灌入含水层里储存，到夏季抽取使用，称为“冬灌夏用”。

含水层储热：夏季将高温水或工厂余热水经净化后用管井灌入含水层储存，到冬季时抽取使用，称为“夏灌冬用”。

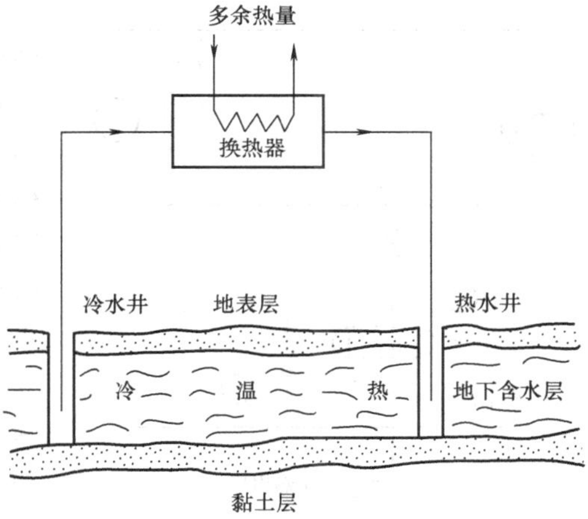

图 2-10 含水层储热、储冷示意

储热含水层必须具备灌的进、存得住、保温好、抽得出等条件，才能达到储能的目的。因此，适合储热的含水层必须符合如下水文地质条件：

（1）含水层要具备一定的渗透性，含水的厚度要大，储水的容量要多。

（2）含水层中地下水热交换速度慢，无异常的地温梯度现象。

（3）含水层的上下隔水层有良好的隔水性，能形成良好的保温层。

（4）含水层储热后，不会引起其他不良的水文地质和工程地质现象，如地面沉降、土壤盐碱化等。

用作含水层储能的回灌水源，主要有地表水、地下水和工业排放水。地表水是指江河、湖泊、水库或池塘等水体。工业排放水则可分为工业回水和工业废水两类。前者如空调降温使用过的地下水，它一般不含杂质，是含水层回灌的理想水源。工业废水含有多种盐类和有害物质，不能作为回灌水源。回灌水源的水质必须符合一定要求，否则会使地下水遭受污染。

除了地下水含水层储热外，大规模的土壤库储热、岩石库储热等地下储能方法也有较大的发展。

（二）储热的工业应用

在工业生产和日产生活中有许多储热应用的例子。例如，地下水含水层储热技术已广泛地用于纺织、化工、制药、食品等工业部门，也用于影院和宾馆等建筑物的夏季降温空调、冷却和洗涤用水，冬季采暖及锅炉房供水等。这里仅介绍另外几种重要的储热应用。

1. 蒸汽蓄热器

蒸汽蓄热器是最典型的利用液体—气体相变潜热的蓄热器。这种蓄热器是一个巨大的能承受压力的罐体，有立式和卧式。其上部为汽空间，下部为水空间，通常连接于蒸汽锅炉和需要蒸汽的热用户之间。当热用户对蒸汽的需求减小时，多余的蒸汽通过控制阀进入蓄热器的水空间。由于汽温高于水温，蒸汽会迅速凝结并放出热量，使水空间的水温升高，水位也因蒸汽的凝结而升高。于是上部的汽空间也随之减小，蒸汽压力也随之增高，多余蒸汽的热能就储存在蒸汽蓄热器中；反之，当热用户对蒸汽的需求增加时，锅炉的供汽不足，这时蓄热器上部汽空间的蒸汽会通过控制阀向热用户提供蒸汽。由于蒸汽从汽空间排出，蓄热器内

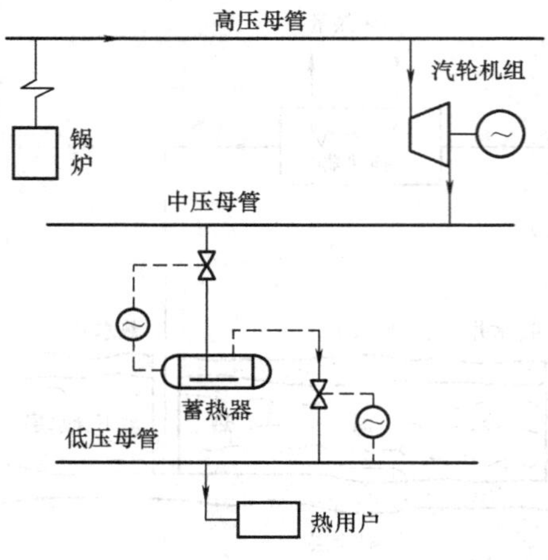

图2-11 蒸汽蓄热器在热电厂中的应用

的压力下降，当压力低于高温水的饱和温度所对应的压力时，水空间中的饱和水就会迅速汽化成蒸汽来补充汽空间的蒸气，以维持对热用户的稳定供汽。由于设置了蒸汽蓄热器，消除了热用户负荷变动对锅炉运行产生的不良影响，使锅炉的燃烧稳定、效率高。运行实践证明，一台10t/h的锅炉，配备蒸汽蓄热器后，可供最大负荷为15～20t/h的不均衡负荷使用，经济效益显著。

蒸汽蓄热器还广泛地用于热电厂中。通常在高、低压蒸汽母管之间串联或并联着背压式汽轮机和蒸汽蓄热器（见图2-11），汽轮机组的排汽负担热负荷的基本部分，热负荷的变动部分则借助于蒸汽蓄热器来保证。蒸汽蓄热器的并入不但能使供热系统更加稳定，而且还能节约燃料。

2. 蓄冷空调

随着生活水平的提高，空调发展十分迅速，不但大商场、超市、影剧院需要安装空调设备，就是普通家庭也大量使用各种空调器，而且空调用电负荷是典型的与电网峰谷同步的负荷。据统计，其年峰谷负荷差达80%～90%，日峰谷差可达100%。据报道，发达地区大中城市空调负荷已达电网总负荷的25%以上，并以每年20%的速度递增，远远超过发电量的增长速度。因此，如何平衡空调用电的峰谷负荷变得十分重要。

采用“蓄冷空调”是平衡空调用电峰谷最好的办法，所谓“蓄冷空调”就是利用深夜至凌晨用电低谷时的电能，采用电动压缩制冷机制冷的方式，将制取的冷量储存在冷水（温度通常为4～7℃）、冰或共晶盐中，到白天用电高峰时则停开制冷机，利用储存的冷量供建筑物空调或用于需要冷量的生产过程。

蓄冷空调系统有很多划分方式，按蓄冷材料可分为水蓄冷、冰蓄冷、共晶盐蓄冷三类。水蓄冷是利用冷水的显热来储存冷量，冰蓄冷则是利用水相变的潜热来储存冷量，所谓共晶盐蓄冷又称为“高温”相变蓄冷，它是利用相变温度为6～10℃的相变材料来蓄冷。这类相变材料通常是一种复合盐类，称为共晶盐。例如，以十水硫酸钠为主要成分的优态盐，水蓄冷的冷水温度为4～7℃，而空调用水的实际使用温度为5～11℃。因此，这种蓄冷方式系统简单，可以直接使用现有的冷水机组，操作方便，制冷与储冷之间无传热温差损失，节能效果显著。其缺点是蓄冷能力小，因此，蓄冷装置体积大，占地多。这种蓄冷方式早期使用很多，目前随着地价上升，已较少应用。

因为水在结冰和融化时吸收和放出的潜热通常要比水的显热大80倍左右，因此，冰蓄冷系统蓄冷装置体积小，蓄冷量大，是目前蓄冷中应用最广的一种方式。冰蓄冷的缺点是，在制冷与储冷，储冷和取冷之间存在传热温差损失，特别是储冷和取冷之间存在更大的温差，传热温差损失更大。因此，冰蓄冷的制冷性能系数（COP）比水蓄冷低。

冰蓄冷的制冰方法主要有两种：

（1）静态制冰法，即在冷却管外或盛冰容器内结冰，冰本身始终处于相对静止状态。

（2）动态制冰法，该方法中生成的是冰晶和冰浆，且冰晶和冰浆都处于运动状态。

目前，冰蓄冷系统大多采用静态制冰方式，但这种制冰方式有其固有的缺点，即随着冰层增厚，其传热热阻力增大，致使制冷机的性能系数下降；另外，冰块还会造成水路堵塞。动态制冰由于冰晶和冰浆随水一起流动，单位时间内可携带更多的冷量。因此，可减少冰蓄冷系统的体积和投资，是一种很有前途的冰蓄冷方式，目前正在发展之中。

共晶盐的蓄冷系统正是为了克服水蓄冷和冰蓄冷的缺点而研发的，其特点是既利用相变潜热大的优点，又尽量减少传热温差。例如，日本九州电力公司开发的优态盐蓄冷材料，其长期使用后融解热仍有 122kJ/kg，融点 9.5～10℃，凝固点 8℃，密度 1.47kg/L，导热系数 0.93W/（m·K）。采用优态盐蓄冷系统，其充冷水温度为 3～4℃，因此，可用现有的冷水机组。当蓄冷槽放水的上限温度为 12℃时，蓄冷槽的蓄冷密度是水蓄冷槽的 3～4 倍。目前，各种新型的蓄冷相变材料和新的蓄冷系统已成为世界各国研发的热点。例如，以 R134a 为主体的水合物，以及所谓水/油蓄冷系统（水作为传热流体，油如石蜡则作为相变蓄冷介质）都显示出良好的应用前景。

国外蓄冷空调已有很大发展，在美国，有的州已规定大型建筑物（商场、剧院、体育馆等）的空调系统，其能源的 60%必须来自蓄冷。在能源短缺的日本，对蓄冷空调更是十分重视，1998 年已有大型蓄冷空调 4500 套，转移高峰电力 7420MW。我国从 1992 年开始发展水蓄冷和冰蓄冷空调，目前已有上百座大型建筑物采用了蓄冷空调系统。

3. 建筑物蓄热供暖

建筑物蓄热通常有两种含义，一种是指建筑物的围护结构（墙体、屋顶、地板等）本身的蓄热作用，另一种含义是指为了减少城市用电的峰谷差，充分利用夜间廉价的电能加热相变材料，使其产生相变，以潜热的形式储存热能。白天这些相变材料再将储存的热能释放出来，供房间采暖。此处只讨论后一种情况。

在利用相变蓄热的采暖方式中，应用最广的是电加热蓄热式地板采暖（见图 2-12）。和传统的散热器采暖相比，其优点如下：

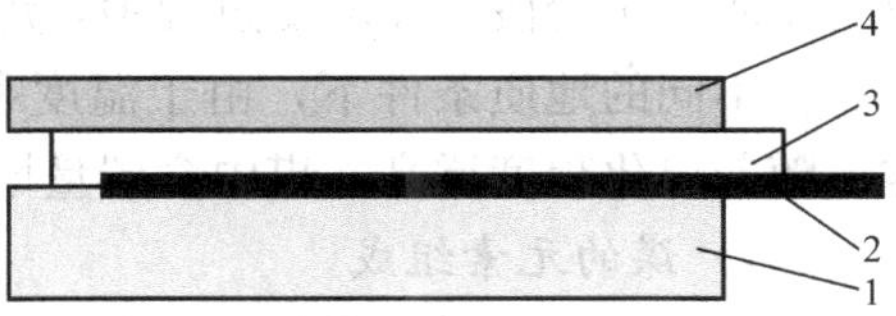

图 2-12　相变蓄热地板

1—绝热层；2—电热层；3—相变层；4—覆盖层

（1）舒适性好。普通散热器一般布置在窗下，主要靠空气对流散热。地板采暖主要利用地面辐射，人可同时感受到辐射和对流加热的双重效应，更加舒适。

（2）清洁无污染。减少了空气对流引起的浮灰，使室内空气更清洁。

（3）容易布置。较理想地解决了大跨度空间散热器难以合理布置的问题，可用于旅馆大厅、体育场馆等大空间供暖。

（4）运行管理简单。无需设置供暖锅炉房，减轻了锅炉对城市环境的污染。

（5）适于家居和办公室供暖。清洁美观，安装灵活，没有噪声。

（6）运行费用远低于无蓄热的电热供暖方式。通常其费用仅为无蓄热的电热供暖方式的 50%。

随着峰谷电价分计政策的实施，这种建筑物蓄热供暖方式将会有很大的发展。此外，吸收太阳能辐射热的相变蓄热地板，利用楼板蓄热的吊顶空调系统，以及相变蓄能墙等建筑物蓄能的新方法也正在开发研究之中，有的已获得了初步应用。

第三章 常规能源

第一节 煤 炭

煤炭是世界上储量最多、分布最广的化石燃料。截至2006年底，世界煤炭探明可采储量为9090亿t。煤炭分布于76个国家和地区，60多个国家进行了规模性开采。2006年，世界煤炭年产量为3079.7百万t油当量，比2005年增长了5.6%，在世界一次能源生产和消费总量中占25%～30%。煤炭是世界经济发展的重要支柱。

一、煤的形成与分类

（一）煤的形成

煤是最丰富的化石原料，它是原始植物经过复杂的生物化学作用和物理化学作用转变而成，这一演变过程称为成煤作用。高等植物经过成煤作用形成腐植煤，低等植物经过成煤作用形成腐泥煤。绝大多数煤为腐植煤。高等植物在地壳的上升和下降运动中被埋入地下，在一定的地理环境下经过复杂的生物、化学和物理作用，最终变为煤。其间经历了泥炭化阶段和煤化作用两个阶段。首先是泥炭化阶段，在此阶段，死亡的高等植物在生化作用下变成泥炭。当泥炭由于地壳下降被其他沉积物覆盖时，成煤作用就进入第二阶段，也称煤化作用阶段。煤化作用包括两个连续过程，即成岩作用和变质作用。在成岩作用中，泥炭在沉积物的压力作用下，发生了压紧、失水、胶体老化、固结等一系列变化，生化作用逐渐消失，化学组成也发生缓慢的变化，最后变成密度较大，较为致密的褐煤。当褐煤变成烟煤时，就进入煤的变质作用阶段。在转变过程中，煤的内部分子结构、物理性质和化学性质均发生重大变化。在不同的地质条件下，由于温度和压力的差异，变质作用的程度（煤化程度）也不一样，随着煤化程度增高，煤中含碳量增加，氢和氧的含量减少，密度增大。

（二）煤的元素组成

煤是由有机物质和无机物质混合组成的。煤中有机物质主要由碳（C）、氢（H）、氧（O）、氮（N）四种元素构成，还有一些元素则组成煤中的无机物质，主要有硫（S）、磷（P）以及稀有元素等。

碳是煤中有机物质的主导成分，也是最主要的可燃物质。一般来说，煤中碳含量越多，煤的发热量也越大。煤中碳含量的规律是随煤的变质过程的加深而增加。例如，在泥炭中碳含量50%～60%，褐煤中碳含量60%～75%，而在烟煤中则增为75%～90%，在变质程度最高的无烟煤中则高达90%～98%。

碳完全燃烧时生成二氧化碳（CO_2），因此，每千克碳可放出32 866kJ热量；碳在不完全燃烧时生成一氧化碳（CO），此时，每千克碳放出的热量仅为9270kJ。由于碳的着火与燃烧都比较困难，因此，含碳量高的煤难以着火和燃尽。

氢也是煤中重要的可燃物质。氢的发热量最高，燃烧时每千克氢的低位发热量可高达120 370kJ，是纯碳发热量的4倍。煤中氢含量多少的规律一般是随煤的变质程度加深而减少。正因为如此，变质程度最深的无烟煤，其发热量还不如某些优质的烟煤。此外，煤中氢含量多少还与原始成煤植物有很大的关系，一般由低等植物如藻类等形成的煤，其氢含量较高，有时可以超过10%，而由高等植物形成的煤，其氢含量较低，一般均小于6%。

氧是煤中不可燃的元素。煤的氧含量也随变质过程的加深而减少。例如，在泥炭中氧含量高达30%～40%，褐煤中含量为10%～30%，而在烟煤中为2%～10%，无烟煤中则更少，小于2%。

煤中氮含量较少，仅为1%～3%。煤中氮主要来自成煤植物。在煤燃烧时，氮常呈游离状态逸出，不产生热量，但在炼焦过程中，氮能转化成氨及其他含氮化合物。

硫是煤中的有害物质。煤中的硫可以分为无机硫和有机硫两大部分。前者多以矿物杂质的形式存在于煤中，可进一步按所属的化合物类型分为硫化物硫和硫酸盐硫。有机硫则是直接结合于有机母体中的硫。煤中有机硫主要由硫醇、硫化物以及二硫化物三部分组成。近年来，随着分析技术的进步，许多学者还在煤中检出了硫的另一种存在形态，即单质硫。

据统计，我国煤中有60%～70%的硫为无机硫，30%～40%为有机硫，单质硫的比例一般很低，在无机硫中绝大多数是黄铁矿，因此，煤中黄铁矿的治理对于煤的清洁燃烧、减少硫的危害具有十分重要的意义。

大量的煤样资料表明，含硫率低于0.5%的低硫煤中的硫以有机硫为主，黄铁矿硫较少，硫酸盐硫含量甚微；而含硫量大于2%的高硫煤中，主要为黄铁矿硫，少部分为有机硫，硫酸盐硫一般不超过0.2%。

根据煤中含硫的多少常将煤分成不同的级别（见表3-1），便于用户选用。

表3-1 煤炭硫分等级划分标准

代 号	等级名称	技术要求 S_{td}（%）	代 号	等级名称	技术要求 S_{td}（%）
SLS	特低硫煤	≤0.50	MS	中硫分煤	1.51～2.00
LS	低硫分煤	0.51～1.00	MHS	中高硫煤	2.01～3.00
LMS	低中硫煤	1.01～1.50	HS	高硫分煤	>3.00

磷也是煤中有害成分。磷在煤中的含量一般不超过1%。炼焦时煤中的磷可全部转入焦炭之中，炼铁时焦炭中的磷又转入生铁中，这不仅增加溶剂和焦炭的消耗量，降低高炉生产率，还严重影响生铁的质量，使其发脆。因此，一般规定炼焦用煤中的磷含量不应超过0.01%。

煤中含有的稀有元素有锗（Ge）、镓（Ga）、铍（Be）、锂（Li）、钒（V）以及放射性元素铀（U）等，一般含量甚微。

（三）常用的煤质指标

在煤的利用中，常用的煤质指标有水分、灰分、挥发分和发热量。

水分是煤中不可燃成分，其来源有三种，即外部水分、内部水分和化合水分。煤中水分含量的多少取决于煤内部结构和外界条件。含水分高的煤发热量低，不易着火、燃烧，而且在燃烧过程中水分的汽化要吸取热量，降低炉膛的温度，使锅炉的效率下降，还易在低温处腐蚀设备，煤的水分高还易使制粉设备难以工作，需要用高温空气或烟气进行干燥。

灰分是指煤完全燃烧后，其中矿物质的固体残余物。灰分的来源，一是形成煤的植物本身的矿物质和成煤过程中进入的外来矿物杂质，二是开采运输过程中掺杂进来的灰、沙、土等矿物质。煤的灰分几乎在煤的燃烧、加工、利用的全部场所都带来不利影响。灰分含量高的煤不仅使发热量减小，而且影响煤的着火和燃烧。灰分每增加1%，燃料消耗即增加1%。

由于燃烧的烟气中飞灰浓度大，使受热面易受污染而影响传热，降低效率，同时使受热面易受磨损而减少寿命。为了控制排烟中粉尘的排放浓度，保护大气环境，对烟气中的尘粒必须进行除尘处理。

根据煤中灰分含量的多少又可将煤分成不同的级别，其等级划分标准见表 3-2。

表 3-2　煤炭灰分等级划分标准　（%）

代　号	等级名称	技术要求 A_d	代　号	等级名称	技术要求 A_d
SLA	特低灰煤	≤5.00	MA	中灰分煤	20.01～30.00
LA	低灰分煤	5.01～10.00	MHA	中高灰煤	30.01～40.00
LMA	低中灰煤	10.01～20.00	HA	高灰分煤	40.0～50.00

在隔绝空气的条件下，将煤加热到 850℃左右，从煤中有机物质分解出来的液体和气体产物称之为挥发分。煤的挥发分常随煤的变质程度而有规律地变化，变质程度越高的煤，挥发分就越少。挥发分高的煤易着火、燃烧。由于挥发分是表征煤炭性质的主要指标，因此，通常也根据挥发分的多少对煤炭进行分级，其分级标准见表 3-3。

表 3-3　煤的挥发分分级标准　（%）

名称	低挥发分	中挥发分	中高挥发分	高挥发分
V_{daf}（%）	≤20.0	20.01～28.00	28.01～37.00	＞37.00

煤单位质量完全燃烧时所放出的热量称为煤的发热量。煤的发热量分为高位发热量 $Q_{gr.p}$ 和低位发热量 $Q_{net.p}$。煤的发热量因煤种不同而不同，含水分、灰分多的煤发热量较低。煤炭发热量等级划分标准见表 3-4。

表 3-4　煤炭发热量等级划分标准

代　号	等级名称	技术要求 $Q_{net,ar}$（MJ/kg）	代　号	等级名称	技术要求 $Q_{net,ar}$（MJ/kg）
LC	低热值煤	8.50～12.50	MH	中高热值煤	21.01～24.00
ML	中低热值煤	12.51～17.00	HC	高热值煤	24.01～27.00
MC	中热值煤	17.01～21.00	SH	特高热值煤	＞27.00

（四）煤的分类

煤的科学分类为煤炭的合理开发和利用提供了基础，通常最简单的分类方法是根据煤中干燥无灰基挥发分含量（V_{daf}）将煤分成褐煤、烟煤和无烟煤三大类，见表 3-5。根据不同用途，每大类中又可细分为几小类。我国动力用煤则将烟煤中 V_{daf} 小于 19%的煤称为贫煤，将 V_{daf} 大于 20%的分为低挥发分烟煤和高挥发分烟煤，见表 3-6。我国现行煤炭分类标准是将煤炭分为十大类，如下所述。

（1）褐煤。褐煤是煤中埋藏年代最短，炭化程度最低的一类。颜色大多呈褐色，因此称为褐煤。褐煤密度最小的在 0.9～1.25 之间，由于含水分较多，在空气中极易风化，碎裂成小块。碳含量低，C_{daf}＝60%～75%；挥发分含量高，V_{daf}＝40%～60%；氧含量高，O_{daf}＝20%～25%。褐煤的水分、灰分含量都较高，煤质松，发热量低，无黏结性，一般多作为化工、气化或民用煤。

表 3-5 煤的分类方法

煤　　种	干燥无灰基挥发分含量 V_{daf}（%）	低位发热量 $Q_{ar,net,p}$（MJ/kg）
无烟煤	≤9	26～33
烟煤	9～45	20～33
褐煤	40～66	10～17

表 3-6 我国动力煤的分类方法

煤　　种	干燥无灰基挥发分含量 V_{daf}（%）	低位发热量 $Q_{ar,net,p}$（MJ/kg）
无烟煤	≤9	>20.9
贫煤	9～19	>18.4
低挥发分烟煤	19～30	>16.3
高挥发分烟煤	30～40	>15.5
褐煤	40～50	>11.7

（2）长焰煤。长焰煤的煤化程度仅稍高于褐煤，是最年轻的烟煤，常呈褐黑色，因燃烧时发出较长的火苗而得名。它的挥发分高，V_{daf}大于 42%～45%，黏结性差，在低温干馏时能析出较多的焦油，所以除作动力用煤外，还常作气化及低温干馏用。

（3）不黏煤。不黏煤的煤化程度仅高于长焰煤，也属于年轻烟煤。煤质特征为几乎不具任何黏结性，故称之为不黏煤。不黏煤的化学反应活性好，煤灰熔点低，其燃点也低，有的用火柴即可点燃，一般作气化、动力或民用煤。

（4）弱黏煤。弱黏煤是煤化程度较低，又具有弱黏性的烟煤。该煤种胶质层厚度 Y 值在 0～9mm 之间。挥发分较高，灰分较低，灰熔点也较低，主要作气化、动力和民用煤。

（5）贫煤。贫煤是煤化程度最高的烟煤。主要煤质特征是干燥无灰基挥发分 V_{daf}仅高于无烟煤，一般大于 10%～16%，胶质层厚度Y 值为 0。我国贫煤含硫含灰均高。燃点高，燃烧时火焰短，但热值较高。一般对贫煤经洗选加工后多用作动力用煤。

（6）气煤。气煤属于煤化程度低的煤种，颜色黑，弱玻璃光泽，挥发分较高，V_{daf}为 28%～37%，胶质层 Y 值大于 5～25mm。加热时产生大量气体和较多焦油，是制造城市用煤气和工业用煤气的良好原料，因此称为气煤。黏结性较强，是良好的炼焦配煤，也可作为低温干馏或动力用煤。

（7）肥煤。肥煤属于中等煤化程度的煤种，黑色，玻璃光泽，胶质层厚 Y 值大于 25mm，黏结性最强，加热时能产生比焦煤更多的胶质体，所以称为肥煤，是炼焦配煤中的主要成分。

（8）焦煤。焦煤也是属于中等煤化程度的煤种，黑色，玻璃光泽，是结焦性最好的煤种。由于以往单一煤种炼焦时用这种煤能炼出强度大、块度大的优质焦煤，是最好的炼焦用煤，因此称为焦煤。

（9）瘦煤。瘦煤是属高煤化程度的煤种，黑色，玻璃光泽，黏结性较弱，与焦煤相比在加热时仅能产生少量的胶质体，所以称为瘦煤。一般作为炼焦配煤。

（10）无烟煤。无烟煤是煤化程度最高的煤种，颜色呈带有银白或古铜色彩的灰黑色，似金属光泽，因其燃烧时无烟而得名。它的硬度和比重在煤中是最大的，干燥无灰基挥发分的含量最少，V_{daf}小于9%，挥发分析出的温度也较高，因此着火困难，着火后也难以燃尽。无烟煤燃烧时出现的青蓝色火焰没有烟，它的结焦性差，储藏时稳定不易自燃，可作民用煤和化工用煤。

我国煤炭分类中，各种煤的具体分类指标在GB 5751—2009《中国煤炭分类标准》中都有具体规定。世界各产煤国多根据各自煤炭资源的情况颁布有不同的煤炭分类方法。表3-7所示为美国煤的分类方法。

表3-7　　美国ASTM煤的分类方法

煤　种	干燥基固定碳 FC_d（%）	干燥基高位发热量 $Q_{d,gr,p}$（MJ/kg）	干燥无灰基元素分析（%）		
			C_{daf}	H_{daf}	O_{daf}
褐煤	25～30	15～19	70～75	4～5	20～25
半烟煤		19～17	75～85	5	10～25
低挥发分烟煤	68～86	—	85～90	4～5	5～10
中挥发分烟煤A	69～78	—	85～90	4～5	5～10
高挥发分烟煤A	<69	<33	85～90	4～5	5～10
高挥发分烟煤B	30～33	30～33	85～90	4～5	5～10
高挥发分烟煤C		27～30	85～90	4～5	5～10
无烟煤	86～98	—	90～97	3～5	1～3

为了正确使用煤炭资源，对不同产地和矿井的煤都需要进行煤的工业分析、元素分析及发热值测定，并将测定结果提供给用户。工业分析主要是测定煤的水分、灰分、挥发分并据以计算固定碳。元素分析主要包括碳、氢、氮、硫等元素分析。对于动力、冶金和气化用煤还需要进行专门的试验，如对动力用煤需进行与燃烧有关的性能测定，主要包括：煤对二氧化硫的化学反应性、煤的稳定性、煤的结渣性、煤灰熔融性等。对于冶金炼焦用煤需进行烟煤焦质层指数测定。

二、煤炭资源、生产与消费

（一）煤炭资源

世界煤炭资源十分丰富，世界煤炭探明储量见表3-8。

表3-8　　2006年底世界煤炭探明储量　　（百万t）

国　家	无烟煤与烟煤	亚烟煤与褐煤	总　计	占总量比例%
美国	111 338	135 305	246 643	27.1
俄罗斯	49 088	107 922	157 010	17.3
中国	62 200	52 300	114 500	12.6
印度	90 085	2630	92 445	10.2
澳大利亚	38 600	39 900	78 500	8.6
南非	48 750		48 750	5.4
世界	478 771	430 293	909 064	100

我国煤炭资源丰富，成煤时代多，分布广，煤种齐全。据 1997 年完成的全国第三次煤炭资源预测与评估，埋深小于 2000m 的煤炭资源总量为55 663.02亿 t。其中，预测资源量45 521.04亿 t，发现煤炭储量为10 142.02亿 t。在已发现煤炭储量中，已查证的煤炭储量为7241.15 亿 t，找煤资源量 2900.87 亿 t。在已查证的煤炭储量中，生产和在建煤矿已利用的储量 1868.21 亿 t，尚未利用的精查储量 841.13 亿 t，详查储量 1829.61 亿 t，普查储量2702.2 亿 t。煤炭可采储量为 1145 亿 t。

中国煤炭资源分布极不平衡，从南北看，昆仑山—秦岭—大别山一线以北地区，煤炭资源量占全国的 90.3%，其中，太行山—贺兰山之间地区占北方地区的 65%；昆仑山—秦岭—大别山一线以南的地区，只占全国的 9.7%，其中，90.6%又集中在川、云、贵、渝等省市。从东西看，大兴安岭—太行山—雪峰山一线以西地区煤炭资源量占全国的 89%，该线以东地区仅占全国的 11%，是煤炭贫乏地区。我国各大区煤炭储量分布概况见表 3-9。

若按煤种分类，我国炼焦煤类占 27.65%，非炼焦煤类占 72.35%。此外，我国虽然煤炭资源丰富，但适于露天开采的煤炭储量少，仅占总储量的 7%左右，其中 70%是褐煤，主要分布在内蒙古、新疆和云南。

表 3-9 我国各大区煤炭储量分布概况 (%)

地区名称	占全国煤炭总储量	占全国炼焦煤总储量	占全国无烟煤储量	占全国褐煤储量
华北	55.67	62.49	49.84	72.01
东北	2.45	4.05	0.33	3.15
华东	5.34	15.08	2.35	0.87
中南	3.08	2.75	10.72	0.85
西南	8.92	6.61	35.47	11.28
西北	24.54	9.02	1.30	11.85

中国煤炭资源总量虽然较多，但探明程度低，人均占有储量较少，按 2006 年人均探明储量对比，中国人均探明储量仅为 87.1t，约为世界人均探明储量的 50%。此外，中国煤炭资源和现有生产力呈逆向分布，造成了“北煤南运”和“西煤东调”的被动局面。大量煤炭自北向南、由西到东长距离运输，给煤炭生产和运输造成了极大的压力。

（二）煤炭生产

1950～2006 年世界煤炭的生产情况见表 3-10。从表中可以看出，在 1950～2006 年间，世界煤炭生产的发展呈大幅度波动。20 世纪 50 年代是煤炭生产的黄金时代，1960 年煤炭产量比 1950 年增长 41.4%，在一次能源的生产结构中占 49%。20 世纪 60 年代在中东廉价石油的竞争下，煤炭生产速度下降，1970 年煤炭产量仅比 1960 年增长 13.9%，石油于 1966 年首次超过煤炭成为世界第一能源。20 世纪 70 年代，由于石油危机使煤炭工业重现生机，产量加速增长，1980 年煤炭产量比 1970 年增长 29.3%。20 世纪 80 年代煤炭工业继续发展，1990 年煤炭产量比 1980 年增长 24.5%。20 世纪 90 年代煤炭工业面临世界能源市场的激烈竞争和环境要求的双重压力，再加上苏联经济的严重滑坡，煤炭生产发展停滞不前，2003 年以来，世界煤炭产量增长迅速。2006 年，煤炭继续成为全世界增长最快的碳氢燃料。

表 3-10　1950～2006 年世界煤炭产量　(亿 t)

年份	总计	年份	总计	年份	总计	年份	总计
1950	18.182	1999	45.445	1990	47.167	2003	51.876
1960	25.716	2000	46.066	1996	46.300	2004	55.853
1970	29.299	2001	48.192	1997	47.021	2005	58.867
1980	37.890	2002	48.523	1998	45.557	2006	61.951

目前，全世界共有 60 多个产煤国家。世界五大产煤国产量及其位次变化见表 3-11。从表中可以看出，从 1990 年以后，我国已成为世界上产煤最多的国家。

表 3-11　1980～2006 年世界五大产煤国产量及其位次变化　(亿 t)

位次	1981 年		1991 年		2001 年		2006 年	
1	美国	7.473	中国	10.874	中国	14.546	中国	23.8
2	苏联	7.164	美国	9.035	美国	10.23	美国	10.536
3	中国	6.165	俄罗斯	3.533	印度	3.419	印度	4.473
4	德国	4.928	德国	3.459	澳大利亚	3.332	澳大利亚	3.738
5	波兰	2.300	印度	2.399	俄罗斯	2.696	俄罗斯	3.092

我国煤炭生产从 1990～2006 年增长了 2.2 倍，表 3-12 所示为 1990～2006 年我国原煤生产情况。

表 3-12　1990～2006 年我国原煤生产情况　(万 t)

项目	1990 年	1995 年	2000 年	2004 年	2005 年	2006 年
可供量	102 221.0	133 461.7	128 297.1	192 265.5	214 462.1	235 781.1
生产量	107 988.3	136 073.1	129 921.0	199 232.4	220 472.9	237 300.0
进口量	200.3	163.5	217.9	1861.4	2617.1	3810.5
出口量（一）	1729.0	2861.7	5506.5	8666.4	7172.4	6327.3

（三）煤炭消费

全球一次能源消费量如图 3-1 所示。世界一次能源消费量增长减缓，但仍高于过去 10 年的平均水平。煤炭的增长最迅速而石油的增长最慢。尽管石油仍然是全球最重要的能源，它的市场份额已经部分让位给煤炭和天然气。

我国煤炭消费按行业划分的情况见表 3-13。从表中可见，煤炭消费逐年递增，在 1990～2006 年间，煤炭消费增长了 2.27 倍，其中，工业一直是煤炭消费大户。煤炭消费的用途见表 3-14。图 3-2 所示为 2005～2010 年我国煤炭供需趋势。

在我国煤炭消费中，煤炭的加工转换和洗选损耗增长迅速，而煤炭终端消费增长缓慢，它充分说明中国煤炭消费结构正趋合理，煤炭的利用率也在逐步提高。

三、煤炭的开采

埋藏在地下的煤层，由于成煤条件不同，地质情况各异，有的埋藏很深，有的埋藏较浅，因此，开采方法也不一样。煤的开采方法有两类，即露天开采和矿井开采。露天开采的

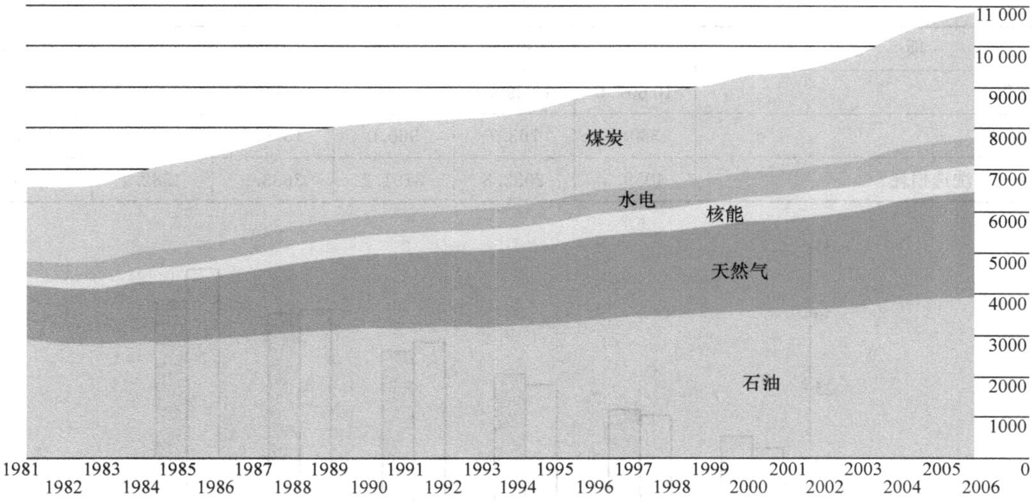

图 3-1 全球一次能源消费量（百万吨油当量）

优点是开采效率高，生产成本低，建设周期短，劳动条件好，安全性高。缺点是易受气候和季节影响，矸石占地面积大。只有适宜的地质条件，即煤层较厚，覆盖层较薄才适合采用露天开采。

表 3-13 **我国煤炭按行业消费情况** （万 t）

项　目	1990 年	1995 年	2000 年	2004 年	2005 年	2006 年
消费总量	105 523.0	137 676.5	132 000.0	193 596.0	216 722.5	239 216.5
1. 农、林、牧、渔、水利业	2095.2	1856.7	1647.7	2251.2	2315.2	2309.6
2. 工业	81 090.9	117 570.7	119 300.7	180 135.2	202 609.1	225 539.4
3. 建筑业	437.6	439.8	536.8	601.5	603.6	582.0
4. 交通运输、仓储和邮政业	2160.9	1315.1	1132.2	832.1	815.3	724.8
5. 批发、零售业和住宿、餐饮业	1058.3	977.4	814.6	871.8	874.4	891.5
6. 其他	1980.4	1986.7	661.0	731.0	765.9	782.9
7. 生活消费	16 699.7	13 530.1	7907.2	8173.2	8739.0	8386.3

表 3-14 **1990～2006 年我国的煤炭消费构成** （万 t）

项　目	1990 年	1995 年	2000 年	2004 年	2005 年	2006 年
消费总量	105 523.0	137 676.5	132 000.0	193 596.0	216 722.5	239 216.5
（一）终端消费	60 205.9	66 156.1	46 821.4	59 543.7	62 154.1	61 683.7
工业	35 773.8	46 050.3	34 122.0	46 083.0	48 040.7	48 006.5
（二）中间消费（用于加工转换）	41 257.8	69 487.6	85 178.6	134 052.3	154 568.4	177 532.8
发电	27 204.3	44 440.2	55 811.2	91 961.6	103 263.5	118 763.9
供热	2995.5	5887.3	8794.1	11 546.6	13 542.0	14 561.4

续表

项　目	1990 年	1995 年	2000 年	2004 年	2005 年	2006 年
炼焦	10 697.6	18 396.4	16 496.4	25 349.6	31 667.1	37 450.1
制气	360.4	763.7	960.0	1316.4	1277.0	1257.1
（三）洗选损耗	4059.3	2032.8	3191.2	3633.9	4582.1	5279.3

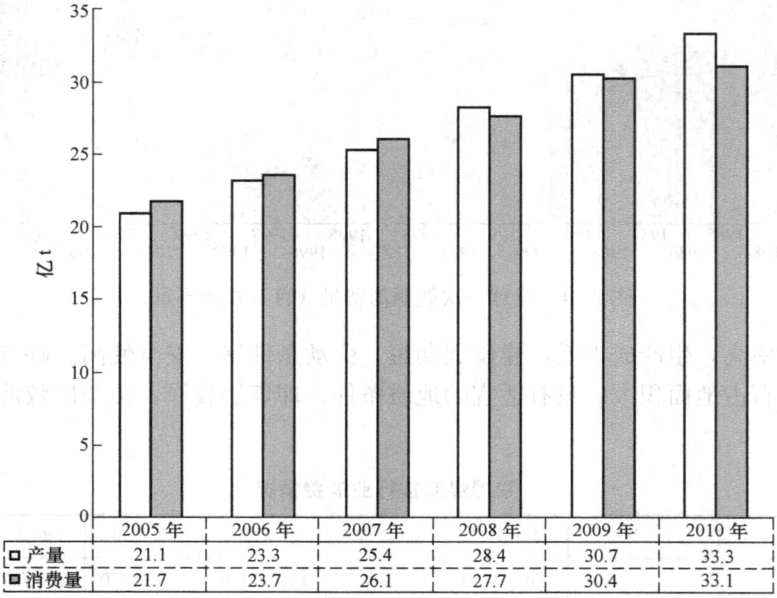

图 3-2　2005～2010 年我国煤炭供需趋势

凡是不经济或不适合露天开采的煤田就必须采用矿井开采。矿井开采又可分为平峒开拓、斜井开拓和竖井开拓。凡是条件允许，首先应采用平峒，其次再选用斜井，即由地表沿一定坡度建斜井到井底。只有地质条件限制不能采用平峒和斜井时才考虑竖井。

我国适合采用露天开采的煤炭资源不多，煤炭生产以地下开采为主。我国露天煤矿主要分布在辽宁、内蒙古、山西、云南、新疆、陕西等省（自治区），储量达 531 亿 t，约占原煤总储量的 5.56%。1992 年，我国第一座自行设计、建设的大型露天煤矿——霍林河一号露天煤矿建成投产，随后我国相继开发建设了伊敏河、元宝山、准格尔、平朔大型露天矿区。“十一五”期间，我国将重点建设 10 个千万吨级的现代化露天煤矿。

随着科学技术的发展，煤炭开采也在迅速发展之中。首先，露天开采进一步扩大，目前，露天开采量约占世界煤炭产量的 40%以上，美、俄、德、澳等发达国家其露天矿的产量更高达 60%～80%。露天开采技术的发展趋势是露天矿规模和设备的大型化，开采工艺的多样化，生产过程及设备监控的计算机化。其次，提高设备的可靠性，提高工时利用率，依照有关法规要求，尽量减少开采对生态环境的不良影响也是各国露天矿努力的目标。

由于目前矿井开采仍是硬煤开采的主要方法，所以，提高矿井开采规模和效率一直是各国努力的目标。中国、俄罗斯、欧洲采用长壁采煤法；美国、澳大利亚、印度等国则以短壁采煤法为主。长壁采煤法产量约占世界矿井总产量的 70%。20 世纪 60 年代以来，多数产煤国家开采条件进一步恶化，又面临石油、天然气的竞争和环保压力，这些因素促进了各国煤炭工业依靠科技进步来提高其竞争力。当前矿井开采技术的发展趋势有如下特点：

（1）扩大规模。加大矿井开采强度是提高规模经济效益的主要途径，而综采设备能力的提高，为扩大矿井规模创造了条件。目前，一套综采设备的最大小时生产能力达 3500t 以上，长壁综采工作面的快速推进，促使采区长度不断加大，1996 年美国平均长度达 2570m，澳大利亚平均 1874m，世界最长的采区长度在美国，长 5365m，工作面长度也加大到 200m 以上，1996 年美国平均为 251m，德国 277m，最长 354m。

（2）集中生产。矿井生产集中化是提高生产效率和效益的关键因素，主要途径是合并、改建现有矿井，关闭不经济矿井，新建高产高效矿井。例如，德国在 1965～1995 年期间，生产矿井数由 107 个减少到 19 个，每矿平均年产量也从 126 万 t 增至 279 万 t。目前，一个矿井、一个采区、一个工作面是国内外共同的发展趋势。

（3）简化生产系统。简化生产系统包括：实行采掘合一，进一步简化开采工艺；厚煤层一次采全高；应用大功率胶带运输机实现全矿连续运输；采用各种辅助运输技术把设备、材料直接运到工作面；减少岩巷，简化巷道布置。

（4）采用先进矿井采煤设备。井下采煤设备和控制系统有很大的进步，主要表现在：采煤机已能开采厚 0.55～6.0m，倾角 60°以下的各种煤层，且可靠性好，便于维修；采煤机械大型化，如胶带运输机最大功率已达 3500t/h，最大运距 2000m；采煤设备的遥控和自动化，预计未来计算机化的矿井可减少 2/3 以上的工作人员。

（5）采用高产高效工作面。目前，年产百万吨的综采面已很普遍。美国综采工作面的平均年产量达 250 万 t，平均效率为 281.2t/工。中国 1997 年有 76 个综采队年产超过 100 万 t，有 12 个队超过 200 万 t。1996 年，英、德两国所有矿井全部采用综采工作面，1997 年 6 月，美国创综采工作面月产 90 万 t 的世界新纪录，该工作面长 256m，采高超过 3m，采区长 5363m，采用的采煤机每小时生产能力为 5000t。

（6）进一步提高矿井的安全性。20 世纪 80 年代以来，世界各主要产煤国的煤矿安全状况都有很大改善。例如，美国 1996 年生产煤炭 9.585 亿 t，事故死亡人数仅 39 人。美国煤矿千人事故死亡率已低于冶金、制造、运输、建筑、农业等 20 个行业，成为比较安全的一个部门。英国煤矿百万吨事故死亡率已降到 0.01 人，接近实现消灭煤矿死亡事故的长期愿望。

中国煤矿的安全状况也有很大改善，中国煤矿事故的死亡人数已从 20 世纪 90 年代平均每年 7000 多人，下降到 2006 年的 4746 人；百万吨死亡率从 2000 年的 5.77 下降到 2005 年的 2.041。煤矿安全状况趋于好转，但与国际先进水平有很大差距。中国煤矿百万吨死亡率是印度、俄罗斯的 7 倍，是美国的 70 倍。

矿井安全技术的进展反映在如下几方面：

（1）在瓦斯防治方面，各国注意完善通风系统，发展智能化通风技术，重视瓦斯抽放和煤层气开采技术、瓦斯监控技术、瓦斯预测预报及防治技术。

（2）在井下防火方面，采用色谱分析法测定煤层自燃倾向，用多参数监测系统进行预测预报，发展隐蔽火源探测技术及各种灭火技术。

（3）在防尘技术及瓦斯、煤尘爆炸的预防与控制技术方面，发展综合防尘技术、火源的预防与控制技术，爆炸的预防与控制技术。

(4) 在水害的防治方面，研究突水规律，发展预测预报技术、带压开采技术及注浆堵水综合配套技术。

四、洁净煤技术

(一) 概述

煤炭是主要的能源，但正如第一章中指出，煤炭的开发利用严重地污染了人们赖以生存的环境，因此，煤炭的清洁开发和利用是摆在全人类面前的紧迫问题。

洁净煤技术（clean coal technology）是旨在减少污染和提高效益的煤炭加工、燃烧、转换和污染控制等新技术的总称。洁净煤技术于 20 世纪 80 年代中期兴起于美国，迄今美国已投入 51 亿美元，已经完成或正在进行几十个洁净煤技术的研究、开发与示范项目，并在先进的燃煤发电系统和液体燃料替代方面取得了重大进展。欧共体、日本、澳大利亚也相继推出各自的洁净煤研究开发与实施计划。

洁净煤技术的构成如图 3 - 3 所示。从燃烧前、中、后三阶段净化技术看，越往后难度越大，投资及成本也越高。因此，世界各国在分阶段发展各环节净化技术的同时，也都分阶段进行技术经济效益优化。

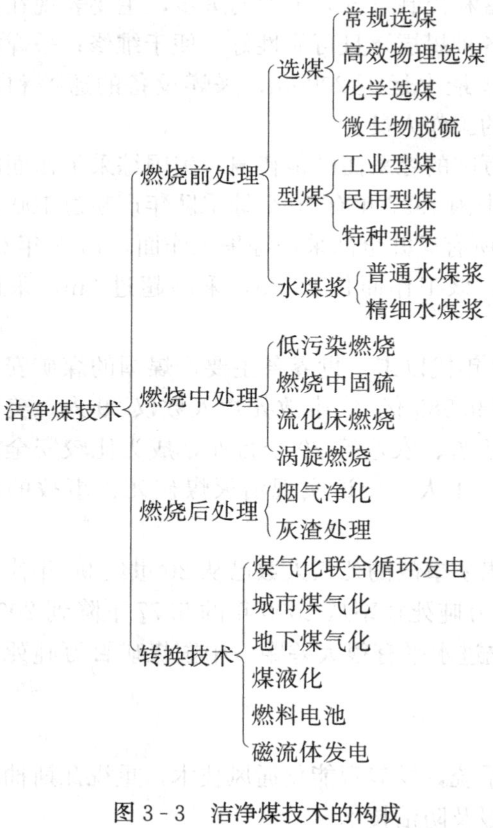

图 3 - 3 洁净煤技术的构成

中国煤炭消费量大，能源利用率低，造成的环境污染十分严重。为此，我国政府 1997 年批准《中国洁净煤技术“九五”计划和 2010 年发展纲要》，按照该纲要，洁净煤技术包括 4 个领域，14 项技术，分别如下：

(1) 煤炭加工：洗选、型煤、水煤浆。

(2) 煤炭高效洁净燃烧：循环流化床发电技术、增压流化床发电技术、整体煤气化联合循环发电技术。

(3) 煤炭转化：气化、液化、燃料电池。

(4) 污染排放控制与废弃物处理：烟气净化、电厂粉煤灰综合利用、煤层气开发利用、煤矸石和煤泥水综合利用、工业锅炉和窑炉技术改造。

(二) 燃烧前的处理

1. 选煤

燃烧前的处理主要是选煤、型煤和水煤浆三项措施。选煤的目的是降低原煤中的灰分、硫分等杂质的含量，并将原煤加工成质量均匀能适应用户需要的不同品种及规格的商品煤。它是煤炭进一步深加工的前提。选煤方法很多，包括物理洗选、化学洗选、生物洗选以及超纯煤制备。常规的物理选煤只能利用物理性质的不同，从煤中分离出矸石、异物或硫化铁，而不能分离以化学态存在于煤中的硫，也不能分离出另一种污染物氮化物。常规物理选煤技术有重介质选煤、淘汰选煤和浮选等。他们一般可除去煤中60%的灰分和40%的黄铁矿硫。

新型的物理选煤技术是把煤粉磨得比以前更细，从而能使更多的杂质从煤中分离出来。超细粉的新技术可以除去90%以上的硫化物及其他杂质。新的物理洗选方法很多，图3-4所示为一种处理超细煤粉的微泡浮选柱的示意，其气泡发生器可以产生小至0.05mm的气泡，每小时可处理煤15t，分选后煤的灰分可降至10%以下，热值回收率达55%～60%。图3-5所示为一种喷气水力旋流浮选装置，它利用泡沫浮选，处理能力比普通浮选设备高100倍。

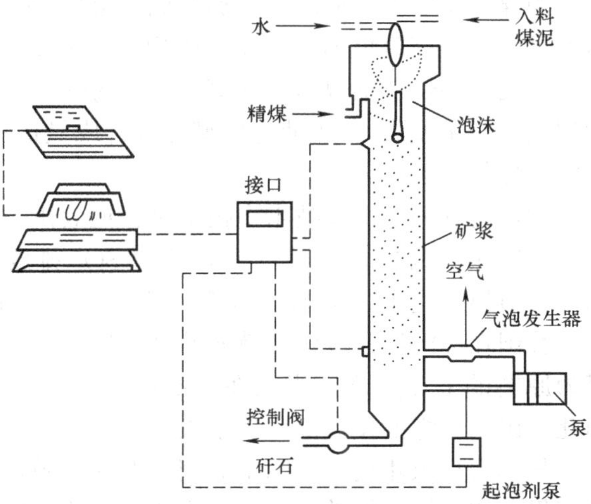

图3-4 处理超细煤粉的微泡浮选柱的示意

在物理洗选排除大部分矿物质后即可对煤进行化学脱硫。常采用的脱硫方法如下：

（1）热解法脱硫。它是将煤加热至焦化温度，使含硫的气体组分（如H_2S等）释出，并降低残碳中的含硫量，主要是脱除FeS_2，但温度较高（1100℃）时也可使有机硫减少。

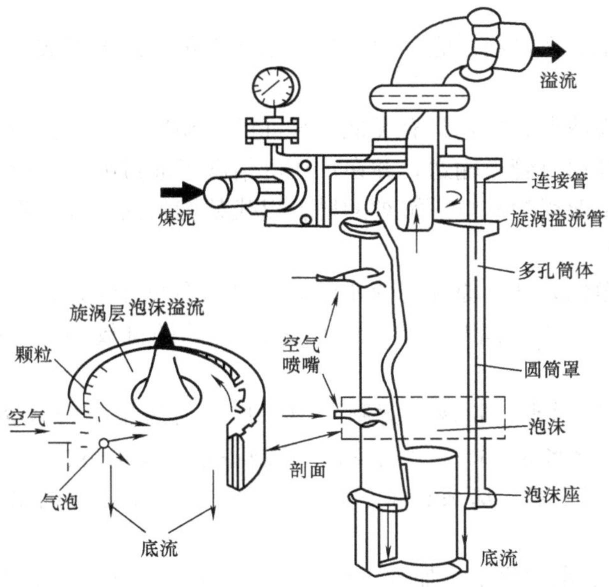

图3-5 喷气水力旋流浮选装置

（2）碱法脱硫。它是将烟煤用熔融碱在200～400℃下进行处理，然后用水洗，可脱除全部黄铁矿硫和一半的有机硫。

（3）气体脱硫。它是利用黄铁矿硫和有机硫化合物能与某些气体反应，生成挥发性含硫产物而脱硫；采用水蒸气和空气在350～550℃可脱除30%的黄铁矿硫，用氮和氢气处理在900℃时可脱除80%的硫。

（4）氧化脱硫。它是利用氧化剂从煤中脱硫，特别是脱黄铁矿硫。

对煤中有机硫采用生物脱硫方法特别合适，因为生物脱硫反应都是在常温下进行，且脱硫过程中煤损失少。生物脱硫主要利用脱硫细菌，如硫杆菌属、硫化叶菌属、假单胞菌属等。更新的方法是采用酶来脱除煤中的有机硫。生物脱硫作用时间长，需要很大的反应容器，生产工艺也很复杂，脱硫成本高，这些因素都制约了生物脱硫的大规模工业应用。

就选煤能力而言，中国仅次于美国，居世界第二位，但总的来说，煤炭入选率很低，仅有1/4煤炭入选。

2. 型煤

型煤是将粉煤或低品位煤加工成一定形状、尺寸和有一定理化性能的煤制品。型煤一般需加黏结剂。高硫煤加入固硫剂成型，可减少 SO_2 排放。型煤分为民用型煤和工业型煤两大类。民用型煤包括煤球、蜂窝煤、烧烤碳等；工业型煤包括工业燃料型煤（锅炉型煤、窑炉型煤、机车型煤），工业造气型煤（合成氨造气型煤、燃料气造气型煤）和用于炼铁、铸造的型焦等。

型煤是各种洁净煤技术中投资小、见效快、适宜普遍推广的技术。它与直接燃烧原煤相比，可以减少烟尘50%～80%，减少 SO_2 排放40%～60%，燃烧热效率可以提高20%～30%，节煤率达15%，具有节能和环境保护的双重效益。

我国在20世纪50年代就开始全面推广以无烟煤为原料的下点火蜂窝煤，而以烟煤、褐煤为原料的上点火蜂窝煤仅在局部地方推广应用，而后者比前者的热效率高15%～25%。因此，民用型煤的发展潜力仍很大。

与民用型煤相比，我国工业型煤发展很慢，特别是供锅炉用的工业型煤更是如此。大量炉窑仍在烧原煤，热效率低，污染严重。若将粉煤制成型煤，并加入不同的添加剂，以增加型煤的反应活性、易燃性、热稳定性，提高灰熔点和固硫功能，则将大大提高煤炭的利用率。初步估计，我国工业锅炉中有90%以上属层燃式，适于块状燃料。若将全国4t/h以下的锅炉改烧型煤，约需2亿t工业型煤，若将工业炉窑半数改烧型煤，约需型煤5000万t，加上化工用的造气型煤，我国型煤市场前景广阔。

3. 水煤浆

水煤浆是20世纪70年代兴起的煤基液态燃料。它是由煤粉、水和少量添加剂组成。水煤浆有以下特点：

（1）水煤浆为多孔隙的煤粉和水的固液混合物，具有类似6号油的流动性，它既保留了煤原有的物理特性，又可以像燃料油那样通过管道输送，并在加压的情况下通过喷嘴雾化和燃烧。所以，煤浆可以作为工业炉窑、工业锅炉和电厂锅炉的燃料以代替燃料油，也可作为民用燃料。水煤浆的价格比燃料油更便宜。

（2）水煤浆在制造过程中可以进行净化处理。原煤制成水煤浆，其灰分低于8%，硫分低于1%，且燃烧时火焰中心温度较低，燃烧效率高，烟尘、SO_2、NO_x 等的排放都低于燃油和燃散煤。

水煤浆的制备以浮选精煤为原料，经脱水、脱灰、磨制，加添加剂后与水混合成浆。水煤浆中煤粉颗粒的质为65%～70%，含水30%～35%。有三种制备水煤浆的方法：

1）干法。它是将制浆煤用磨煤机进行干磨，磨成粉末后在成浆中加入一定比例的水和化学添加剂进行搅拌成浆。

2）湿法。它是将制浆煤加一定比例的水和化学添加剂之后在磨煤机中磨制和混合成浆。

3）混合法。它是将制浆煤的一部分进行干磨，一部分进行湿磨，然后两部分在成浆器中加入一定比例的化学添加剂进行混合成浆。

制备好的水煤浆在储运过程中应保持很好的稳定性，以避免在储存罐底部及运输管道内产生沉淀物。在燃烧过程中，水煤浆的雾化特性对着火性能和稳燃性都有很大影响。因此，对采用水煤浆的喷嘴要精心设计，而且由于煤浆的磨损性比燃油高，喷嘴应采用耐磨的材料。由于水煤浆中的水分会大量吸热，因此，在燃烧器出口火焰的根部处还要维持一个高温热源，以保证水煤浆的雾化炬具有很高的升温速度，使水煤浆液滴中的水分迅速蒸发，进而使煤粉中的挥发分快速析出和着火。总之，只有针对水煤浆的特点，采取一系列的措施，才能使水煤浆的应用取得良好的效果，以真正解决众多燃油锅炉和工业炉窑对石油的过度依赖。

（三）燃烧中处理

为达到环保目的，工厂企业通常采用高烟囱排放。它是将燃烧装置产生的有害烟气排放到远离地面的大气层中，并通过大气的运动使污染物浓度降低，以改善污染源附近的大气质量，但这种方法并不能减少 SO_2 和 NO_x 等有害物的排放总量，因此，燃烧过程中处理，即炉内脱硫、脱硝是十分重要的。

炉内脱硫通常是在燃烧过程中向炉内加入固硫剂，如石灰石等，使煤中硫分转化为硫酸盐并随炉渣排出。实践证明，最佳的脱硫温度是 800～850℃，温度高于或低于该温度范围，脱硫效率均会降低。因此，炉内加石灰石脱硫的最佳燃烧方式是流化床燃烧，层燃和煤粉燃烧加石灰脱硫效果均不理想。本书第五章第五节中介绍了有关流化床燃烧。

煤燃烧过程中产生的氮氧化物（NO_x）与煤的燃烧方式，特别是燃烧温度和过量空气系数等燃烧条件有关，因此，炉内脱硝主要是采用低 NO_x 的燃烧技术，包括空气分级燃烧，燃料分级燃烧和烟气再循环技术等。本书第五章第五节中也对这些技术进行了简要介绍。此外，向炉内喷射吸收剂，例如，尿素也是一种可行的办法，因为尿素和 NO_x 反应会生成 N_2 和水。

（四）燃烧后处理

1．烟气脱硫

燃烧后处理主要是烟气净化和除尘。由于炉内脱硫往往达不到环保要求，所以还需对燃烧后的烟气进行脱硫处理。有多种已经商业化的烟气脱硫技术，图 3-6 所示为燃煤锅炉中各种不同的脱硫方案。通常烟气脱硫技术按其方法可以分为干法脱硫和湿法脱硫；按反应产物的处理方法可以分为回收法和抛弃法；按脱硫剂的使用情况分，则有再生法和非再生法。在各种脱硫工艺中，湿法烟气脱硫应用最广。湿法烟气脱硫的特点是，整个脱硫系统位于烟道的末端，在除尘器之后，其脱硫剂、脱硫过程、反应副产品及其再生和处理均在湿态下进

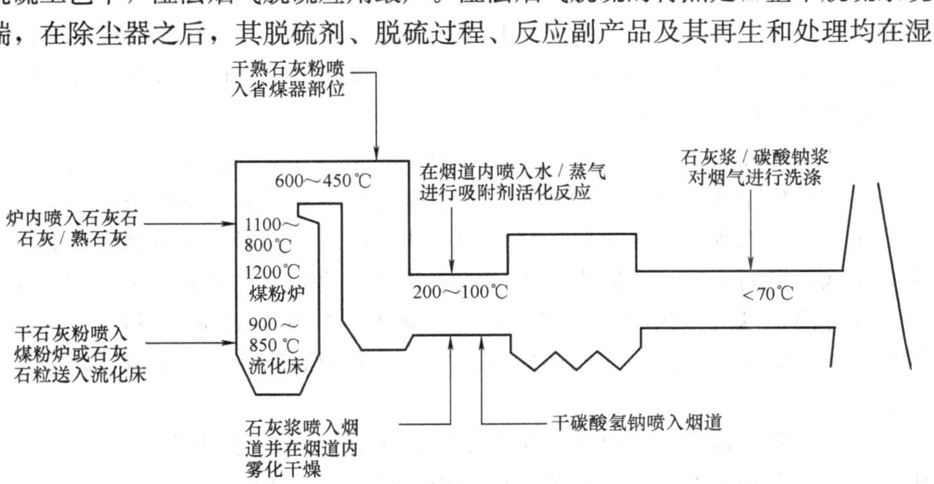

图 3-6　燃煤锅炉中各种不同的脱硫方案

行，因而烟气脱硫过程的反应温度低于露点，所以，脱硫以后烟气需经再加热后才能从烟窗排出。由于湿法烟气脱硫过程是气液反应，其脱硫反应快、效率高、钙利用率也高。在钙硫比例为1时，脱硫效率可达90%以上，适合于大型燃煤电站锅炉的烟气脱硫，但湿法脱硫有废水处理问题，因此，其费用很高，通常它的投资占电厂投资的11%～18%，年运行费用占电厂总运行费用的8%～18%。

2. 烟气脱硝

因为低NO_x燃烧技术最多只能降低NO_x排放值的50%，因此，还需考虑烟气脱硝。通常，烟气脱硝也分为干法和湿法。干法烟气脱硝主要有选择性催化还原法和选择性非催化还原法。前者是采用催化剂来促进NH_3和NO_x的还原反应，其反应温度取决于催化剂的种类。例如，采用钛和铁氧化物作催化剂时，反应温度为300～400℃；当采用活性焦炭作为催化剂时，其反应温度为100～150℃。采用NH_3的好处是它只与于NO_x发生反应，而不与烟气中的氧反应；如果采用其他还原剂（如CH_4、CO、H_2等），它们还会与氧反应，一方面会使还原剂消耗量增大，另一方面还会使烟气温度升高，这种方法在西欧和日本有广泛应用，它的脱硝率达80%～90%。

选择性非催化还原法又称热力脱除NO_x法，与选择性催化还原法不同之处是，它是在烟气高温区加入NH_3且不用催化剂，此法脱硝率不太高，约50%，但设备和运行费用较少。

干法脱硝存在氨泄漏问题和硫酸氢铵的沉积腐蚀问题。湿法脱硝是先将烟气NO_x中含量最多的NO通过氧化剂（如O_3、ClO_2等）氧化生成NO_2，NO_2再被水或碱性溶液吸收，这种方法的脱硝效率可达90%以上，而且可以和湿法脱硫结合起来实现同时脱硫脱硝，其缺点是系统复杂，用水量大并且有水二次污染的问题。

3. 烟气除尘

燃煤产生的大气污染物占我国烟尘排放总量的60%，粉尘的70%以上，因此，烟气除尘是一个突出的问题。常用的烟气除尘器如下：

（1）离心分离除尘器。离心分离除尘器的工作原理是，使烟气做旋转运动，依靠离心力作用将烟气中粉尘分离出来。这种离心力要比单独靠重力获得的分离力大得多，因而除尘较有效。常用旋风除尘器是利用离心分离作用的一种除尘装置，它结构简单，运行操作方便，可以分离捕集较细的尘粒，除尘效率在85%左右，因此，它被广泛用作独立的除尘装置，也可作其他除尘装置的前处理装置。

（2）洗涤式除尘器。洗涤式除尘器是用液滴、液膜、气泡等洗涤含尘烟气，使尘粒黏附和相互凝集，从而使尘粒得到分离的装置。其中应用较多的是文丘里洗涤除尘器，它的主要部件是文丘里管。压力水从文丘里管的喉口的小孔中进入，高速的含尘烟气流通过喉口将水雾化成无数水滴，同时尘粒会黏附在所生成的水滴上。将这种气液混合物引入气液分离器，使水滴与尘粒分离，烟气得到净化。文丘里洗涤除尘器的除尘效率一般在95%以上，这种除尘器结构简单，除尘效率高，水滴还能吸附烟气中的SO_2和SO_3，缺点是阻力大，需要有污水处理装置。

（3）袋式过滤除尘器。袋式过滤除尘器是使含尘烟气通过滤料将尘粒分离捕集的装置。袋式除尘器是用滤布作为滤料，将最初形成的粉尘层作为过滤层来捕集粉尘的。滤布起着形成粉尘层和支撑它的骨架的作用，过滤布袋一般用涂有聚四氯乙烯料层的玻璃纤维织成。袋式过滤除尘器具有较高的除尘效率，但其阻力较大。

（4）静电除尘器。静电除尘器是利用静电力实现尘粒与烟气流分离的一种除尘装置。静电除尘器是在放电极与平板状集尘极之间加以较高的直流电压，使放电极发生电晕放电。当含尘烟气低速［（0.5～2.0）m/s］流过放电极与集尘极之间时，烟气中的气体分子首先发生电离，使原来呈中性的气体分子变为带正电荷的离子和带负电荷的电子。由于含尘烟气中大部分气体（N_2，H_2，CO_2）与电无亲和力，故会带负电成为负离子，它在向正极移动中遇到随烟气流动的大部分粉尘，会使粉尘取得负电荷而转向阳极板上，使粉尘所带的电荷得到中和。集尘板上粉尘集到一定厚度后，可用机械振打的方法使之落入灰斗。

静电除尘器具有很高的除尘效率（最高可达 99.99%），可捕集 0.1μm 以上的尘粒。它阻力损失小，运行费用不高，处理烟气量的能力大，运行操作方便，可完全实现自动化。缺点是设备庞大，投资费用高。目前，我国各大电厂已普遍采用静电除尘器。

五、煤的气化与液化

1. 煤的气化

煤的气化和液化也是清洁煤技术的重要组成部分。煤的气化和液化不但能解决直接燃烧时燃烧效率低、燃烧稳定性差的缺点，而且能够极大地改善煤直接燃烧所造成的环境污染。

煤气化是将煤与气化剂起反应，使之转化为煤气的技术。随着工艺操作条件和所加入的气化剂的不同（主要是空气、氧气、水蒸气等），可以得到不同种类的煤气产品：供大、中、小城市民用的燃料气；供合成氨和合成甲醇用的化工合成原料气；供冶金和电力等工业作工艺燃料或发电燃料的工业燃料气。

煤气化技术的研发已有 200 多年历史。按照煤在气化剂中的流体力学条件，可以将煤气化方法分为移动床气化、流化床气化、气流床气化和熔融床气化。根据使用气化剂的种类，煤的气化可以分为空气—蒸汽气化、氧—蒸汽气化和氢气气化。按气化炉操作压力的高低煤的气化又可分为常压气化、中压气化和高压气化。根据残渣排出的方式，煤的气化还可以分为固态排渣气化和液态排渣气化。常用的煤气化炉如图 3-7 所示。氧气和水蒸气从气化炉的下部吹进炉内，在 2.0～3.0MPa 和 900～1000℃下进行煤的氧化还原反应。生产的粗煤气从炉子上侧经过出气口进入冷却、净化系统，灰分

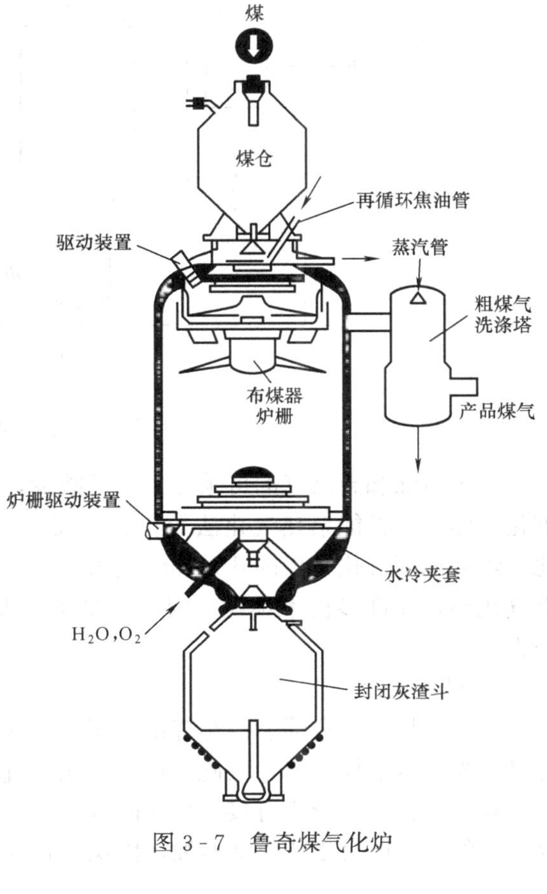

图 3-7 鲁奇煤气化炉

从炉子下部排出。粗煤气中的主要成分是二氧化碳、一氧化碳、氢和甲烷，它脱除焦油、酚、含硫化合物及降低二氧化硫后，可制得中等热值的煤气，供民用、工业用或作合成气。

煤气化技术大致经历了三个发展阶段：第一代是已工业化的早期煤气化技术，如各种常压固定床气化炉、流化床气化炉（温克勒炉）和气流床气化炉（T-K炉）等；第二代是目前正处于小试、中试、示范工程阶段或实现工业应用的各种加压新气化方法，如Texaco法、Shell法和液态排渣鲁奇炉气化方法等；第三代是仍处于实验室研究阶段的催化气化、等离子体气化和太阳能气化。其中，第二代煤气化应用先进的水煤浆燃烧技术，并可同时产生蒸汽，从而可为蒸汽—燃气联合循环发电提供最理想的燃料气，使煤气化技术进入了一个新的阶段。图3-8所示的德士古气化炉就是第二代煤气化炉的代表。原煤先磨细到0.1mm，制成悬浮状态并可用泵输送的水煤浆，浆中煤的浓度达70%。氧气和水煤浆由气化炉顶部烧嘴喷入炉膛，着火燃烧，反应温度为1400～1500℃，反应压力为4.0MPa。生成的灰渣呈熔融状态，以液态排出。气化炉中产生的粗煤气温度很高，再通过废热锅炉使粗煤气冷却到200℃左右，然后在洗涤器中去灰和进一步冷却后即可送往用户。废热锅炉产生的蒸汽也可同时供用户使用。

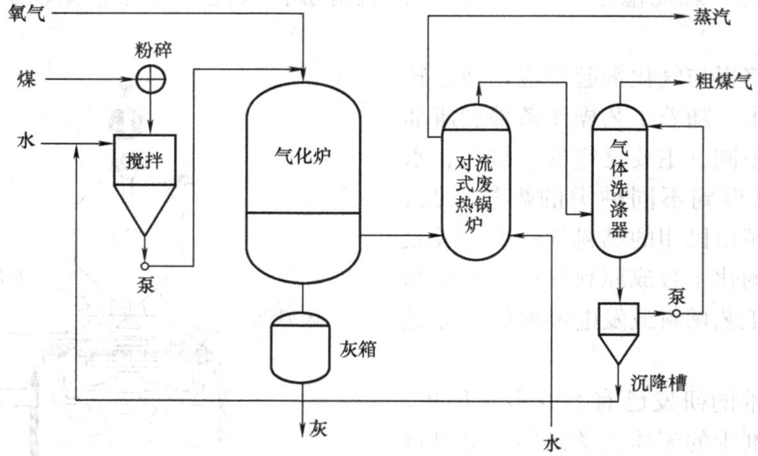

图3-8 德士古气化炉流程图

由于石油和天然气的可采储量日益减少，发展煤的气化技术也显得越来越重要，先进的催化气体法、核能余热气化法等正在开发研究之中，然而，最有吸引力的仍是煤的地下气化。煤的地下气化集煤的开采和转化为一体，其经济性将大大优于地面气化，但目前煤的地下气化还存在许多技术难题。因此，要实现大规模的工业化的煤地下气化，尚需作很大的努力。

2. 煤的液化

飞机、坦克、火箭、汽车等都使用液体燃料，石油的储量又比煤少得多；其他水能、核能又不能代替液体燃料，因此，煤的液化一直是人们努力的目标。

煤的液化可以分为直接液化和间接液化。从理论上讲，煤要转化成石油，只需改变煤中氢元素的含量即可生成人造石油，因煤和石油的主要成分都是碳和氢，不同之处在于煤中氢元素的含量只有石油的一半。煤的碳氢重量比越小越容易液化，因此，褐煤、煤化程度较低的烟煤易于液化。煤的直接液化主要采用加氢法和抽取法。煤的加氢液化法的流程如图 3-9 所示。加氢抽取液化的工艺流程如图 3-10 所示。煤的间接液化通常采用合成法，合成法的流程如图 3-11 所示。它是将煤气化，制出以一氧化碳和氢气为主的煤气，再经过变换和净化送入反应器，在催化剂的作用下，生产出汽油和烃类产物。

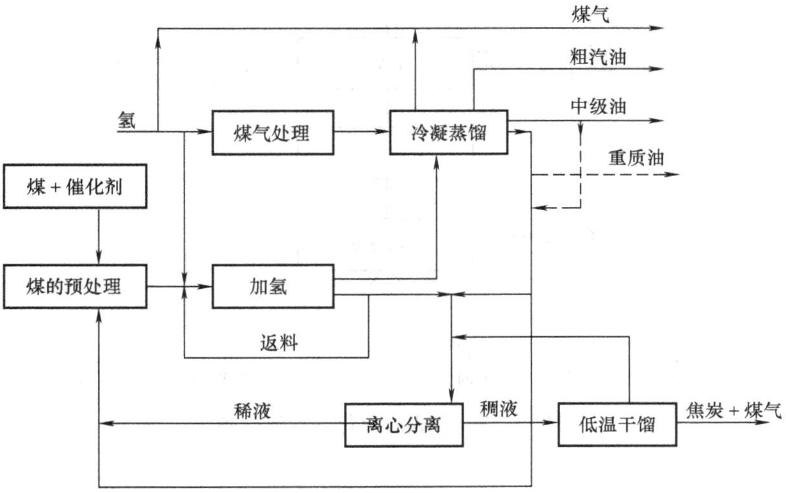

图 3-9 煤的加氢液化法流程图

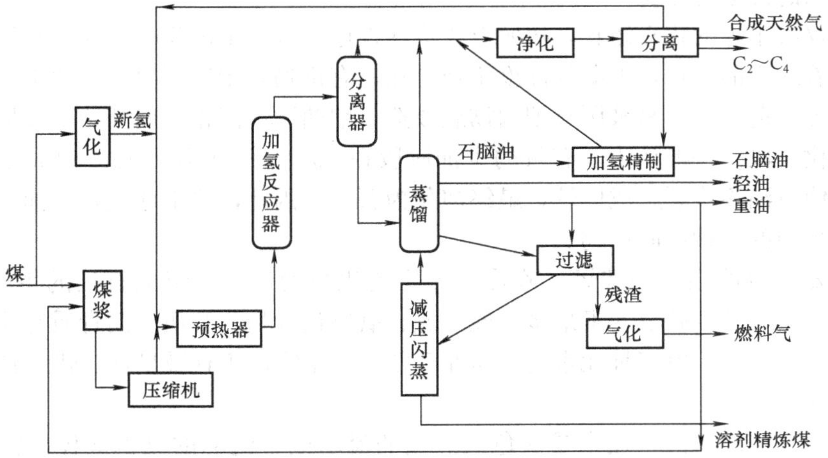

图 3-10 煤加氢抽取液化工艺流程图

煤的液化必须形成大的规模才有经济效益，因此，建造煤液化厂投资十分巨大，如建一座日处理 3 万 t 煤的液化厂需投资 20 亿美元。煤液化工艺中，氢使用量大，约占成本的 30%，原煤成本仅占 40%～50%，因此，煤制油的价格高于石油。只有进一步改进液化工艺，降低成本，才能使煤的液化具有市场竞争力。

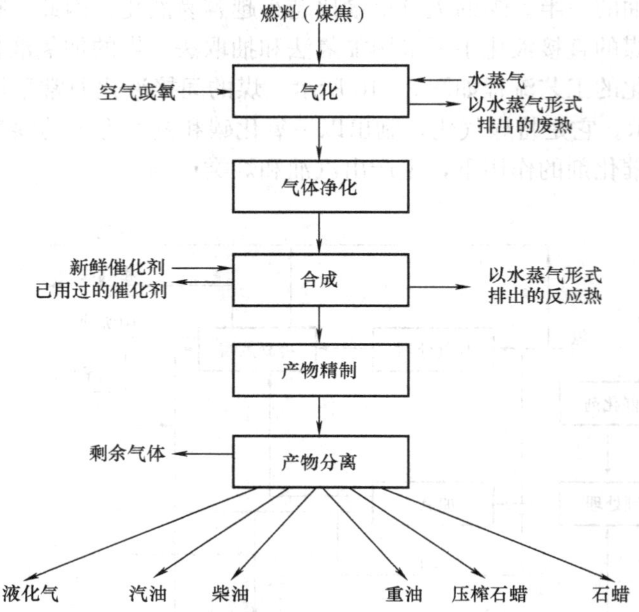

图 3-11 合成法液化煤的流程图

第二节 石油及其制品

一、石油的形成与分类

石油是仅次于煤的化石燃料，按照有机成油理论，水体中沉积于水底的有机物和其他淤积物一起随着地壳的变迁，埋藏的深度不断增加，有机物开始经历生物和化学转化阶段。先是被喜氧细菌改造，然后是被厌氧细菌彻底改造。细菌活动停止后便开始了以地温为主导的地球化学转化阶段。一般认为，有效的生油阶段在 50～60℃开始，150～160℃时结束。过高的地温将使石油逐步裂解成甲烷，最终演化为石墨。因此，严格地说，石油只是有机物在地球演化过程中的一种中间产物。

石油主要是由烷烃、环烷烃、芳香烃等烃类化合物组成。组成石油的主要元素是碳、氢、硫、氧、氮，其中碳氢元素最多。硫、氮、氧以化合物、胶质、沥青质等非烃类物质形态存在。一般硫、氧、氮三种元素的含量小于 1%，此外，还有微量钠、铅、铁、镍、钒等金属元素存在。

天然石油（又称原油）通常是淡色或黑色的流动或半流动的黏稠液体，密度为0.65～0.85t/m^3。通常有许多物性指标用以说明石油的特性，包括黏度、凝点、盐含量、硫含量、蜡含量、胶质、沥青质、残碳、沸点和馏程等。

石油的组成极其复杂，确切的分类相当困难。在市场上通常有以下三种分类方法：

(1) 按石油的密度分类。根据密度由小到大相应地将石油分为轻质石油、中质石油、重质石油和特重质石油。

(2) 按石油中的硫含量分类。硫含量小于 0.5%的为低硫石油，硫含量为 0.5%～2.0%的为含硫石油，硫含量大于 2.0%的称为高硫石油。世界石油总产量中，含硫石油和高硫石油约占75%。石油中的硫化物对石油产品的性质影响较大，加工含硫石油时应对设备采取防腐蚀措施。

(3) 按石油中的蜡含量分类。蜡含量为0.5%～2.5%的称低蜡石油，蜡含量在2.5%～10%之间的为含蜡石油，含量大于10%的为高蜡石油。

二、石油资源、生产与消费

1. 石油资源

石油的利用使得人类社会进入异乎寻常的发展阶段，特别是从石油消费超过煤炭成为世界第一大能源以来，世界经济得到迅猛发展，科学技术也达到空前水平，人类从工业社会进入信息社会。目前，世界上已找到近30 000个油田和7500个气田，这些油气田遍布于地壳上六大稳定板块及其周围的大陆架地区。在156个较大的盆地内几乎均有油气田发现，但分布极不平衡。例如，世界上石油储量超过10亿t和天然气储量超过10 000亿 m^3 的特大油、气田共42个（我国除外），他们仅分布于10个盆地内，波斯湾盆地即占20个，西伯利亚盆地占10个，这两个盆地的储量为650亿t，占世界总储量的近一半。沙特阿拉伯的加瓦尔油田和科威特的布尔干油田，两个油田的石油储量占目前世界储量的1/5。世界石油储量分布见图3-12。2006年部分国家石油储量见表3-15。

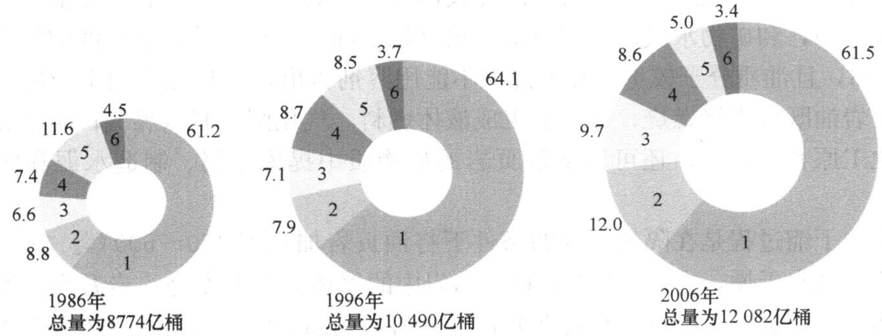

图3-12 世界石油储量分布（%）

1—中东；2—欧洲及欧亚大陆；3—非洲；4—中南美洲；5—北美洲；6—亚太地区

表3-15 **2006年部分国家石油储量** （亿t）

国家	石油储量	国家	石油储量	国家	石油储量
加拿大	2.4	尼日利亚	4.9	伊拉克	15.5
美国	3.7	中国	2.2	沙特阿拉伯	36.3
利比亚	5.4	伊朗	18.9	哈萨克斯坦	5.5
俄罗斯	10.9	科威特	14	卡塔尔	2.0
委内瑞拉	11.5	阿拉伯联合酋长国	13		

我国石油资源集中分布在渤海湾、松辽、塔里木、鄂尔多斯、准噶尔、珠江口、柴达木和东海陆架八大盆地，其可采资源量172亿t，占全国的81.13%；天然气资源集中分布在塔里木、四川、鄂尔多斯、东海陆架、柴达木、松辽、莺歌海、琼东南和渤海湾九大盆地，其可采资源量18.4万亿 m^3，占全国的83.64%。

我国的石油资源还有以下特点：从资源深度分布看，我国石油可采资源有80%集中分布在浅层（小于2000m）和中深层（2000～3500m），而深层（3500～4500m）和超深层（大于4500m）分布较少；天然气资源在浅层、中深层、深层和超深层分布却相对比较均匀。从地理环境分布看，我国石油可采资源有76%分布在平原、浅海、戈壁和沙漠，天然气可采资源有74%分布在浅海、沙漠、山地、平原和戈壁。从资源品位看，我国石油可采资源中优质资源占63%，低渗透资源占28%，重油占9%；天然气可采资源中优质资源占76%，低渗透资源占24%。

我国沉积盆地广阔，宜于进行石油勘探的盆地有500多个，沉积岩面积有670万km^2，其中，陆上面积520万km^2，近海大陆架面积150万km^2。目前，我国石油资源的探明程度远低于其他产油国，特别是对近海大陆架可采储资源比仅为0.145。而以上盆地和大陆架中很可能存在丰富的油气资源，因此，在油气方面我国尚有巨大的资源潜力。

值得指出的是，2006年世界探明石油总储量为1208.2亿t，比2005年的1209.5亿t减少1%，但全球石油总产量却增长0.7%，即从全球来说，新发现的储量跟不上石油开采量。目前专家们比较一致的看法是，在石油资源严重短缺前，现有的石油资源还可维持30～40年。

由于石油资源日益匮乏，人们就把眼光投向另一类烃类资源：油页岩和油砂。油页岩是埋藏于沉积岩中，和矿物水成岩一层层地交错沉积。油页岩是一种含有机油的岩石，其灰分常常超过1/3，且油质分子较重，在室温下不能用溶剂析出，而只能采用干馏的方法。干馏后得到的页岩油既可直接燃烧，也可加工成液体燃料，气化则可制取煤气；高温裂解加氢干馏可获得化工原料。此外，还可以从油页岩的矿物质中提炼金属、制造水泥和陶粒等建筑材料。

油页岩的干馏过程是在隔绝空气的条件下将油页岩加热到450～600℃。在105℃之前，油页岩主要是脱水干燥，在180℃左右释放出岩中的气体。当温度进一步升高，油页岩内的有机质即热解生成蒸汽—气体混合物及残留在灰渣中的固定碳。蒸汽—气体混合物冷却至常温时会分离成气相和液相产物。气相产物主要是煤气，液相产物上层为页岩油、下层为NH_3、CO_2及H_2S和水溶性酶及有机碱的水溶液。

油砂也称沥青砂，是一种含有很黏沥青油的砂石，其中80%～90%为无机质，3%～6%为水，6%～20%为沥青油。沥青油是黏稠的半固体，常温下密度比水大，温度较高时可浮于水面。其性质介于最重的天然沥青和最轻的天然原油之间。沥青油可以通过延迟焦化、流化焦化、加氢裂化等方法提炼出重质和轻质油品。

地球上油页岩储量很大，油砂更是遍及世界各地，是可观的烃类能源，具有很大的开发潜力。

2. 石油生产与消费

石油工业是一个以石油勘探、开采、储运、炼制为主的工业，由于其工作的对象是深埋于地下的石油矿藏，因此有较高的不确定性，也就是说具有较大的风险。世界主要国家和地区石油的生产量和消费量见表3-16。

在世界一次能源的消费中，目前石油仍处在第一位，但是各地区情况却不相同。除了亚太地区、欧洲和欧亚大陆以外，石油仍然是各地区最主要的能源来源。在亚太地区，煤炭占据主导地位，而在欧洲和欧亚大陆天然气占领先位置。2006年，世界各地区的消费格局如

图 3 - 13 所示。

表 3 - 16　世界主要国家和地区石油的生产量和消费量　（百万 t）

国家和地区	2006 年		2007 年		2008 年	
	产量	消费量	产量	消费量	产量	消费量
美国	310.2	943.8	309.8	942.3	305.1	884.5
加拿大	153.4	99.6	159.5	102.8	156.7	102.0
墨西哥	183.1	86.8	172.7	89.4	157.4	90.0
北美小计	646.7	1130.2	642.0	1134.5	619.2	1076.6
巴西	89.2	92.8	90.4	99.8	93.9	105.3
委内瑞拉	144.2	27.4	133.9	30.0	131.6	32.5
中南美小计	345.0	243.0	332.7	260.0	335.6	270.3
挪威	128.7	10.0	118.8	10.2	114.2	9.8
英国	76.6	82.3	76.8	79.2	72.2	78.7
俄罗斯	480.5	127.1	491.3	126.2	488.5	130.4
欧洲和苏联	848.0	968.5	860.0	947.6	851.0	955.5
伊朗	208.0	80.8	209.7	81.3	209.8	83.3
科威特	132.7	13.6	129.9	13.6	137.3	15.3
沙特阿拉伯	514.3	87.4	494.2	96.1	515.3	104.2
阿拉伯联合酋长国	139.0	19.5	136.4	20.7	139.5	22.9
中东小计	1221.0	278.3	1202.2	290.1	1253.7	306.9
阿尔及利亚	86.2	11.5	86.5	12.9	85.6	14.0
非洲小计	473.3	41.4	488.5	41.7	488.1	42.5
中国	183.7	346.1	186.7	362.8	189.7	375.7
印度	35.8	120.4	36.2	128.5	36.1	135.0
印度尼西亚	49.9	55.2	47.4	56.4	49.1	57.4
亚太小计	375.0	1147.7	377.0	1177.4	381.2	1183.4

虽然在世界一次能源的消费中石油已取代煤的地位，但在我国能源消费结构中，石油的比重却远远小于煤炭，只占我国一次能源消费总量的 17％～18％，而煤炭的比重却大于 70％。2006 年我国能源消费中，原煤占 76.7％，原油占 11.9％，天然气占 3.5％，水电、核电、风电占 7.9％。

我国自 1993 年开始成为石油净进口国，是世界上石油产品需求量最大的国家之一，每年需要进口石油 1.45 亿 t，石油进口依存度高达 44％，是第五大石油进口国。2010 年，我国石油进口量大幅增长，原油净进口量首次突破 2 亿 t，对外依存度超过 55％；预计到 2020 年，石油进口的依存度可能超过 60％。1990～2006 年我国石油进出口情况见表 3 - 17。图 3 - 14所示为 2008 年 1 月至 2009 年我国原油进口量和价格走势。

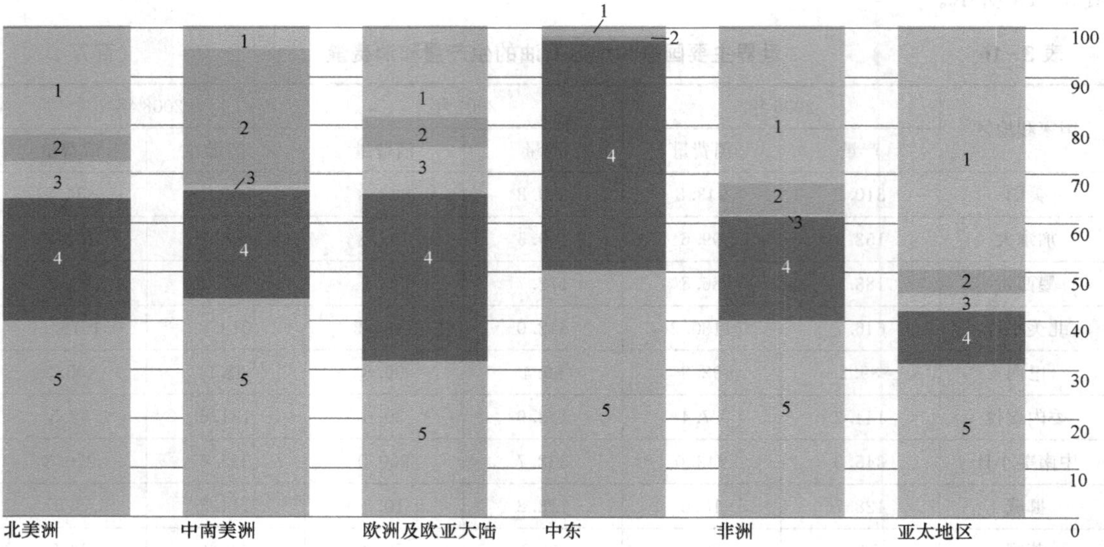

图 3-13 2006 年各地区的消费格局（%）

1—煤炭；2—水电；3—核能；4—天然气；5—石油

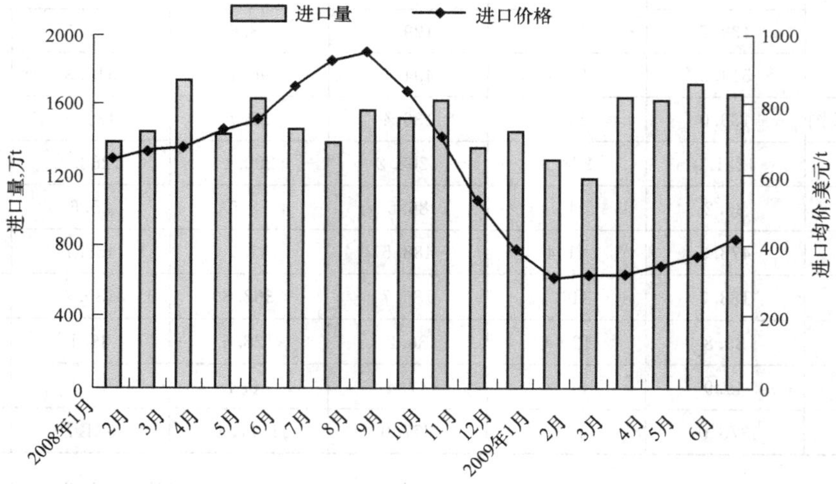

图 3-14 2008 年 1 月至 2009 年我国原油进口量和价格走势

表 3-17 **1990～2006 年我国石油进出口情况** （万 t）

项 目	1990 年	1995 年	2000 年	2004 年	2005 年	2006 年
可供量	11 435.0	16 072.7	22 631.8	32 116.2	32 539.1	34 889.8
生产量	13 830.6	15 005.0	16 300.0	17 587.3	18 135.3	18 476.6
进口量	755.6	3673.2	9748.5	17 291.3	17 163.2	19 453.0
出口量（一）	3110.4	2454.5	2172.1	2240.6	2888.1	2626.2
年初年末库存差额	−40.8	−151.0	−1244.6	−521.9	128.8	−413.5

进入 21 世纪，由于地缘政治的关系，油价波动很大，各国都将石油供需作为能源安全战略的一个重要的组成部分，我国也在开始建立自己的石油储备体系。因此，在今后一段相当长的时间内，石油仍将和 20 世纪一样，对世界经济产生举足轻重的影响。

三、油田的开发与石油的炼制

1. 油田的开发

油田开发包括石油勘探、钻井和油田的开采。石油勘探是石油开发中最重要的基础环节，它包括油田的寻找、发现和评估。通常，石油勘探分为区域普查、构造详查、预探和详探等四个阶段。区域普查的任务是：研究大区域内的地质情况，寻找有利的沉积盆地，研究盆地的区域构造和沉积特征，圈定石油聚集的有利地带。构造详查，是研究生油层、储油层的分布和埋深，查明构造面积、形态特征、发育历史，进行构造评价并选定最有利的局部构造。预探，是在最有利的构造上进行钻探，以证实构造上有无工业油气流并进行初步测试，了解初步的油层参数，做出油气资料的评价。详探，是最后通过钻井或地震调查查明油层的数量、分布和变化规律，取得详细的油层资料和参数，确定油藏类型，计算高级储量。石油勘探投资巨大，特别是海上石油勘探，据估计，其费用相当于油田开采和石油炼制的总和。近百年来，石油勘探迅速发展，石油地质理论日益成熟，勘探手段更加先进，除地震勘探外，地球化学勘探、遥感、遥测、资源卫星等先进技术也引入到石油勘探中，使勘探效率和成功率大大提高。

钻井，就是从地面打开一条通往油、气层的孔道，以获取地质资料和油气能源。最古老的钻井方法是绳钻，即用绳端的铲头掷向井下打井取泥。现代则使用井架钻台，油井深度平均为 1700m，有的大于10 000m。钻到油气后，用泥浆压力或别的方法压井，再退出钻管。油被溶解气或四周水压压出岩砂流向孔道，形成自喷井。再通过装在井口的“圣诞树”阀门输出油、气。

海上油田的大量发现使海上石油钻井得到了迅速发展。海上钻井与陆上钻井有很多不同，它易受海水腐蚀及海浪、海流和潮汐的影响。由于从陆地到大洋海底的坡度是逐渐变化的，因此，海上钻井装置也应随海深而变化。图 3 - 15 所示为适应不同海深的各种海上钻井装置示意。他们通常分为固定式和移动式，前者适于浅海，后者适用于深海。海上钻井装置

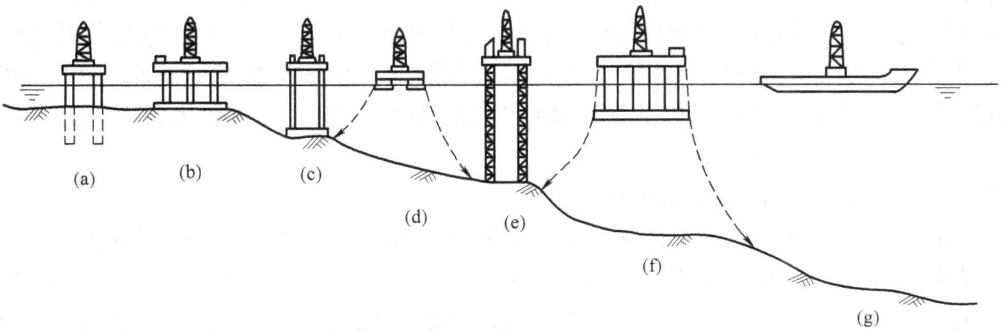

图 3 - 15 适应不同海深的各种海上钻井装置示意

(a) 固定式；(b) 底座式；(c) 自升式（桩腿为柱形）；(d) 双船体；
(e) 自升式（桩腿为桁架形）；(f) 半潜式；(g) 动力定位

实际上是一座海上小城市，除了钻井设备和辅助设备外，还有各种生活和娱乐设施及直升机的停机坪。

油井都有个衰老问题。当自喷井产油一段时间后，油压降低，产量下降。当衰老到不能自喷时，就需用抽油泵或深井泵采油。再过一段时期后，抽油泵也不能连续采油了，需要间歇一段时期，让地下远处的石油聚集过来，再抽一段时间。依靠地下自然压力把油集中到油井的采油期称为一次采油期，它只能采出油藏的15%～25%。为了增加采收率，可以向地下油藏注水或气体，以保持其压力，这时称二次采油。二次采油可提高采收率，平均可到25%～33%，个别高达75%。如果加注蒸汽或化学溶剂以加热或稀释石油后再开采，称为三次采油。当然三次采油的成本很高，还需消耗大量能源。当采油成本过高及耗能过大时，就关闭油井。

2. 石油的炼制

开采出来的石油（原油）虽然可以直接作燃料，但价格便宜。若在炼油厂中进行深加工，则经济效益可增加许多倍，而且飞机、汽车、拖拉机等也不能直接燃用原油，必须把原油炼制成燃料油才能使用。因此，石油的炼制是石油利用中非常重要的一环。

根据所需产品的不同，炼油厂的加工流程大致分为三种类型：燃料型，以汽油、煤油、柴油等燃料油为主要产品；燃料—润滑油型，除生产燃料油外，还生产各种润滑油；石油化工类，它是提供石脑油、轻油、渣油用作生产石油化工产品的原料。

石油炼制的方法可以归结为两类。一类是分离法，如溶剂法、固体吸附法、结晶法和分馏法等，其中最常用的是分馏法。其工艺是先将原油脱盐，以免分馏设备腐蚀，然后把脱盐原油加热到385℃左右，送至高30多米的常压分馏塔底。塔内设有许多层油盘。石油蒸汽上升时，逐层地通过这些油盘，并逐步冷却。不同沸点的成分便冷凝在不同高度的油盘上，并可按所需的成分用管子引出。如塔底是不能蒸发的油渣、重油，中层为柴油等馏分，上层为汽油、石脑油等。常压分馏塔底的常压剩余油通常再送到减压塔快速蒸发。减压塔利用蒸汽喷射泵降低油气分压，使重油气化，与沥青分离。不同产地的原油分馏所得的各类轻、重油比例相差很大。常压减压蒸馏是炼油厂加工原油的第一道工序。

石油炼制的另一类方法是转化法。转化法是利用化学的方法对分馏的油品进行深加工，例如，可以把重油、沥青等分解成轻油，也可以把轻馏分气聚合成油类。常用的转化法有热裂化、催化裂化、加氢裂化和焦化等。油品经过深加工后经济效益大大增加。图3-16所示为燃料型炼油厂的流程图，它包括常压减压蒸馏、催化裂化、加氢裂化、焦化等多道炼油工序。

四、主要石油产品的种类与用途

石油由许多组分组成，每一组分都各有其沸点。通过炼制加工，可以把石油分成几种不同沸点范围的组分。一般情况下，沸点范围为40～205℃的组分作为汽油；180～300℃的组分作为煤油；250～350℃的组分作为柴油；350～520℃的组分作为润滑油（或重柴油）；高于520℃的渣油作为重质燃料油。

按石油产品的用途和特性，可将石油产品分成14大类，即溶剂油、燃料油、润滑油、电器用油、液压油、真空油脂、防锈油脂、工艺用油、润滑脂、蜡及其制品、沥青、油焦、石油添加剂和石油化学品。主要石油产品的用途简述如下。

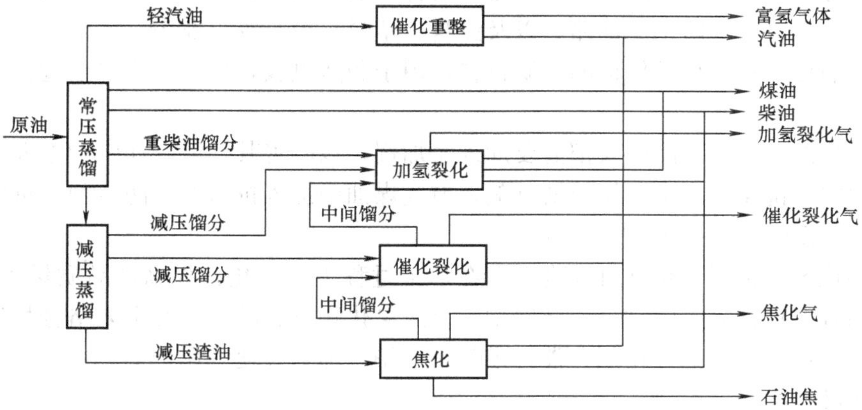

图 3-16 燃料型炼油厂的流程图

（1）溶剂油。按用途可分为石油醚、橡胶溶剂油、香花溶剂油等。可用于橡胶、油漆、油脂、香料、药物等工业作溶剂、稀释剂、提取剂；在毛纺工业中作洗涤剂。

（2）燃料油。按燃料油的馏分组成可分为：石油气、汽油、煤油、柴油、重质燃料油。柴油以前的各种油品通称为轻质燃料油。各种燃料油按使用对象或使用条件又可分成不同的级别，如煤油可分为灯用、信号灯用和拖拉机用三个级别。柴油可分为轻级、重级、船用级和直馏级。重油可分为陆用级和船用级。

石油气可用于制造合成氨、甲醇、乙烯、丙烯等。汽油分车用汽油和航空汽油，前者供各种形式的汽车使用，后者供螺旋桨式飞机使用。煤油分航空煤油和灯用煤油，前者作喷气式飞机燃料，后者供点灯用，也可作洗涤剂和农用杀虫药溶剂。柴油又分轻柴油和重柴油，前者用于高速柴油机，后者用于低速柴油机。

（3）润滑油。润滑油品种很多，几种典型的润滑油如下：

1）汽油机和柴油机油。前者用于各种汽油发动机，后者用于柴油机，主要是供润滑和冷却。

2）机械油。用于纺织缝纫机及各种切削机床。

3）压缩机油、汽轮机油、冷冻机油和气缸油。

4）齿轮油。齿轮油可分为工业齿轮油和拖拉机、汽车齿轮油，前者用于工业机械的齿轮传动机构，后者用于拖拉机、汽车的变速箱。

5）液压油。液压油可用作各类液压机械的传动介质。

6）电器用油。电器用油可分为变压器油、电缆油，其用途并不是润滑，主要起绝缘作用。因其原料属润滑油馏分范围，通常也将其包括在润滑油中。

（4）润滑脂。润滑脂是在润滑油中加入稠化剂制成的。根据稠化剂的不同又可分为皂基脂、烃基脂、无机脂和有机脂四大类。用于不便于使用润滑油润滑的设备，如低速、重负荷和高温下工作的机械，工作环境潮湿、水和灰尘多且难以密封的机械。

（5）石蜡和地蜡。石蜡和地蜡是不同结构的高分子固体烃。石蜡分成精白蜡、白石蜡、黄石蜡、食品蜡等，可分别用于火柴、蜡烛、蜡纸、电绝缘材料、橡胶、食品包装、制药工业等。

（6）沥青。沥青可分为道路沥青、建筑沥青、油漆沥青、橡胶沥青、专用沥青等多种类型。主要用于建筑工程防水、铺路，以及涂料、塑料、橡胶等工业中。

（7）石油焦。石油焦是优良的碳质材料，用于制造电极，也可作为冶金过程的还原剂和燃料。

（8）添加剂。石油产品中大都需要加入添加剂，以改善其性能。如汽油中大多加入抗爆剂，柴油中加入抗氧剂、十六烷值增进剂，航空煤油中加入抗氧剂、防冰剂，重质燃料油中加入抗凝剂，沥青中加入抗老化剂等。

（9）催化剂。采用催化剂可促进石油在加工过程中的变化，提高产品质量和生产效率。炼油催化剂有上百种之多，常分成金属型、金属氧化物型、酸碱型和金属络合物型。如催化裂化采用硅酸铝或分子筛催化剂，催化重整采用铂，加氢裂化采用钯等。

五、油品结构

20世纪80年代后期，世界石化产业结构进行了重大调整，资本重组、资产优化、机构改革、科技开发、产品结构调整成为此次世界石化产业结构调整的主旋律。由于经济发展的需要，环境保护的要求，节能技术的进步以及替代能源的采用等因素的影响，使世界油品需求的构成发生了很大的变化，加上产油国之间的激烈竞争，世界油品结构也随之发生变化。目前，世界油品需求构成继续向轻质化发展，加热用的燃料油和重质油品将显著减少，更多的重油将通过深加工用以增加运输燃料和石化原料，如石脑油。

亚太地区油品需求构成变化见表3-18。由表中可看出，亚太地区各种油品需求的年平均增长率有逐步下降的趋势，但从油品需求的构成来看，除燃料油比例逐年迅速下降外，其他各种油品都有不同程度的增加，尤以柴油需求比例增加较大，柴油和汽油之比也呈不断增加的趋势。2010年亚太地区的柴汽比将达到1.8左右，远远高于世界平均水平。

表3-18　1985～2010年亚太地区石油产品需求构成变化　（%）

年份	1985	1990	1995	2000	2005	2010	年均增长率		
							1985/1995	1995/2000	2000/2010
液化气	8.0	7.6	8.1	8.5	8.7	9.2	6.6	5.1	4.1
石脑油	7.5	7.5	9.2	8.9	9.0	8.5	10.1	3.3	2.8
车用汽油	16.0	16.4	16.8	17.2	18.0	18.3	5.6	4.8	3.9
灯煤/喷气燃料	11.7	11.1	11.1	11.2	11.3	11.6	4.6	4.3	3.6
柴油	24.7	27.0	29.2	31.1	32.3	33.1	6.6	5.4	3.9
燃料油	27.9	26.5	22.2	19.7	17.5	16.2	2.6	1.6	1.2
其他	4.1	3.9	3.7	3.4	3.3	3.2	4.4	2.7	2.5
柴汽比	1.54	1.65	1.74	1.8	1.8	1.8	—	—	—

经济发展和环境保护对油品质量也提出了越来越严格的要求。例如，环境保护要求降低有害物质的排放，包括CO、NO_x、SO_x、碳氢化合物（特别是苯、芳烃等致癌物质）以及抗爆剂四乙基铅燃烧后的铅化合物等。许多国家已规定气缸排量大于1.4L的汽车均需安装尾气催化转化器，把尾气中排放的有害物降低到最低值。当前，汽油、柴油这两大油品质量

的发展趋势如下所述。

1. 汽油

当今世界车用汽油质量的发展趋势是在维持高辛烷值的前提下向无铅化、洁净化方向发展。汽油含铅不仅对人体健康有害，而且会使汽车尾气净化器的催化剂中毒。但是汽油无铅化会引起汽车阀座磨损，需要相应的新型汽车代替原有汽车；同时，还必须有足够数量的高辛烷值调和组分取代铅，因此，国外汽油无铅化是分阶段进行的。美国在 20 世纪 70 年代开始分阶段推行低铅化，1995 年起禁止销售含铅汽油；德国 1995 年无铅汽油占 96%，意大利占 52%，韩国 1995 年也实现了无铅化。

汽油含硫量直接关系到尾气的排放，早在几年前，欧盟就公布了 2000～2005 年的燃油标准，汽油含硫量由 2000 年的 0.035%以下降至 2005 年的 0.005%以下。欧盟还通过提案，规定在 2010 年之前汽油含硫量要达到 0.001%以下。美国环境保护署的新联邦法规规定汽油含硫量在 2006 年 7 月以前降至 0.015%以下。我国也将淘汰硫含量为 0.05%以的汽油，国家规定从 2005 年 7 月 1 日起车用无铅汽油中的含硫量不得大于 0.05%。

此外，国外汽油的其他质量指标也有很大的提高。例如，美国从改善环境质量出发，开始分步实施新配方汽油。其目标是把汽车尾气中的烃化合物减少 15%，氮氧化物减少 60%，更加严格控制汽油中芳烃（特别是苯）和烯烃含量，并进一步降低汽油蒸汽压。新配方汽油规定芳烃含量不大于 27%（体积分数），苯含量不大于 1%（体积分数），蒸汽压根据地区要求不大于 49～57kPa，氧含量的质量分数大于 2%。

2. 柴油

柴油中硫化物燃烧后产生的硫氧化物排入大气将造成环境污染。20 世纪 80 年代末，美国开始研制带铂催化剂捕集器的柴油车，以减少柴油机尾气排放中的有害颗粒物。为了保证铂催化剂能长期运行，要求柴油的含硫量在 0.05%以下，因此，美国颁布的柴油规格是含硫量不大于 0.05%。1994 年，美国已有 90%的柴油达到低硫规格。日本 1994 年柴油含硫量已控制在 0.2%以下，1997 年即全部供应低硫柴油。欧洲标准化委员会规定从 1994 年 10 月 1 日起柴油的含硫量应小于 0.05%，欧Ⅱ排放标准则规定柴油含硫量要小于 0.05%，欧Ⅲ标准中柴油含硫量小于 0.035%，欧Ⅳ标准柴油硫含量已降至 0.005%。我国从 2005 年 7 月 1 日起执行新的成品油质量标准，柴油的供应标准要达到欧Ⅱ标准。因此，我国的优质柴油在质量标准上与国外先进水平存在差距。

在芳烃含量方面，1992 年美国柴油国家标准即规定芳烃不大于 35%（体积分数），其主要目的是为了控制柴油中芳烃对尾气排放浓度和颗粒物的影响。

2006 年我国按行业分主要石油产品的消费量见表 3-19。和 2005 年相比，2006 年我国原油消费增长 10.28%，汽油消费增长 7.17%，煤油增长 4.44%，柴油消费增长 7.87%，燃料油消费增长 2.9%。从表中可以看出，我国原油消费主要用于工业，占消费总量的 71.1%，其次为生活消费和交通业。汽油主要用于各类汽油车和摩托车，交通运输、仓储和邮政业的汽油消费量占总消费量的 51.9%。煤油的消耗也主要用于交通运输、仓储和邮政业，占总消费量的 88.9%，其中，煤油主要用在民航用油，约占煤油总消费量的 65%左右。柴油的主要消费领域有柴油车和农用车、铁路和水运、农业、渔业、电力、其他工业用途以及民用消费。中国燃料油消费主要集中在电力（约占 1/4）、运输（约占 1/4）、化工、建材以及钢铁等领域。国内包括化工、建材、钢铁等领域的快速发展，造成燃料油需求增加，当然，考虑燃料油的需求走势还须注意燃料油的替代问题。

表 3-19　　2006 年我国按行业分主要石油产品的消费量构成

行　业	能源消费总量（万 t 标准煤）	原油消费量（万 t）	汽油消费量（万 t）	煤油消费量（万 t）	柴油消费量（万 t）	燃料油消费量（万 t）
消费总量	246 270.15	32 245.20	5241.73	1124.74	11 835.94	4368.32
农、林、牧、渔、水利业	8395.10	0.00	239.64	1.54	1965.04	0.69
工业	175 136.64	32 081.54	468.50	48.19	1961.58	3036.11
建筑业	3715.24	0.00	180.75	0.00	428.66	16.34
交通运输、仓储和邮政业	18 582.72	163.66	2722.35	1000.54	5747.32	1280.60
批发、零售业和住宿、餐饮业	5522.44	0.00	323.34	3.77	529.77	21.44
其他行业	9530.15	0.00	964.11	47.97	1032.96	13.14
生活消费	25 387.87	0.00	343.04	22.73	170.59	0.00

进入 21 世纪，随着我国经济的继续高速度发展以及人民生活水平的迅速提高，我国对各类油品的需求将持续增长。为了适应这一形势，我国在石油产品结构调整上应采取以下措施：

（1）增加进口原油的加工量，缓和石油产品的供需矛盾。

（2）提高石油产品质量，加快石油产品的升级换代步伐。

（3）调整产品生产结构，增加生产柴油等中间馏分的灵活性。

（4）调整柴油消费结构，严格限制不合理的柴油消费，如严格限制柴油发电机发电、严格限制拖拉机跑运输。

（5）继续贯彻压缩柴油政策，重油适度深加工，减少燃料油进口。

21 世纪世界需要更多的石油作为能源。发达国家需要，发展中国家更需要。争夺石油的斗争会更加激烈。面对这种形势，我国石油工业除加大石油勘探和开发力度外，扩大集资力度，走资本化之路，加大重组力度，走集约化之路，才是增强我国国际竞争力的关键举措。

第三节　天然气及其他气体燃料

一、概述

以天然气为代表的气体燃料通常包括四大类：天然气、人工煤气、液化石油气和沼气。天然气是一种重要的一次能源，燃烧时有很高的发热值，对环境的污染也较小，而且还是一种重要的化工原料。天然气的生成过程同石油类似，但比石油更容易生成。天然气主要由甲烷、乙烷、丙烷和丁烷等烃类组成，其中甲烷占 80%～90%。通常，天然气可以分为纯天然气、石油伴生气、凝析气和矿井气四种。纯天然气是从矿井中开采出来的干天然气，也称气田气；石油伴生气是开采石油时的副产品；凝析气是指当地下压力、温度超过临界条件时，液态烃逆蒸发而生成的气体；矿井气又称煤层气，是伴随煤矿开采而产生的，俗称瓦斯。通常，60%的天然气为气田气，40%的为伴生气，煤层气则可能附于煤层中或另外聚集，在7～17MPa和40～70℃时，每吨煤可吸附13～30m^3的甲烷。

天然气的勘探、开采同石油类似，但收采率较高，可达60%～95%。大型稳定的气源常用管道输送至消费区，每隔80～160km需设一增压站，加上天然气压力高，故长距离管道输送投资很大。

天然气中主要的有害杂质是CO_2、H_2O、H_2S和其他含硫化合物。因此，天然气在使用前也需净化，即脱硫、脱水、脱二氧化碳、脱杂质等。从天然气中脱除H_2S和CO_2一般采用醇胺类溶剂。脱水则采用二甘醇、三甘醇、四甘醇等，其中三甘醇用得最多，也可采用多孔性的吸附剂，如活性氧化铝、硅胶、分子筛等。

最近10年液化天然气技术有了很大发展，液化后的天然气体积仅为原来体积的1/600。因此，可以用冷藏油轮运输，运到使用地后再进行气化。另外，天然气液化后，可为汽车提供方便的污染小的天然气燃料。

人工煤气是人为地利用固体燃料或液体燃料加工而得到的二次能源，按制气原料和制气工艺不同又可分为干馏煤气、气化煤气和油制气。

1. 干馏煤气

煤在隔绝空气的条件下，加热分解而成煤气、焦油和焦炭等，此过程称煤的干馏，产生的煤气称为干馏煤气。干馏煤气主要是由氢气、甲烷、一氧化碳、碳氢化合物及氮气、二氧化碳组成。标准状态下热值为17 000kJ/m^3左右。我国城市煤气主要气源是由焦炉、连续式直立炭化炉等提供。焦炉是以一定配比的炼焦煤、气煤、肥煤为原料，干馏温度为900～1100℃。主要产品为焦炭，副产品为煤气，即为焦炉煤气。直立炭化炉是以肥煤或气煤为原料，干馏温度800～850℃，主要产品是煤气，即为炭化炉煤气，标准状态下热值为16 000kJ/m^3。

2. 气化煤气

气化煤气是以固体燃料为原料，以空气、水蒸气或氢气为气化剂。在高温条件下，气化剂与固体燃料通过化学反应，转化为气体燃料，即气化煤气。主要成分有一氧化碳、氢气和少量甲烷。由于气化剂不同，生成的煤气也有区别，主要有发生炉煤气和水煤气两种。这两种煤气热值低，且毒性大，多作为工业上用气，不可单独作为城市煤气气源，与热值高的天然气、油制气、液化石油气掺混后作为城市气源。

3. 油制气

油制气是用石油系列产品为制气原料，在压力、温度和催化剂作用下，使原料油分子发生裂解反应，生成可燃气体。裂解方法不同则得不同煤气。重油蓄热裂解制得的油制气，主要成分有甲烷、乙烯、丙烯等，可直接作为城市气源，也可与其他煤气掺混作为城市气源。而用重油蓄热催化裂解得到的油制气，主要成分有氢气、甲烷、一氧化碳等，可直接供城市气源。油制气投资少、成本低，生产自动化程度高。

液化石油气是呈液体状态石油气，简称液化气。主要由丙烷、丁烷等碳氢化合物组成，它是从气田或油田开采中获得，也可从石油炼制过程中作为副产品提取。前者为天然石油气，后者为炼油石油气。在常温环境中呈气体状态，在一定压力下或低温条件下，呈液体状态。液化后体积缩小，气态与液态体积相差约250倍。液化石油气是城市主要气源之一。

沼气是生物质能源，由各种有机物如粪便、垃圾、杂物、酒糟等，其中，蛋白质、纤维素、淀粉在隔绝空气条件下，因微生物发酵作用产生的可燃气体。主要成分是甲烷，占60%左右。沼气在农村应用较为广泛。

我国常用气体燃料的特性见表3-20。

表3-20 我国常用气体燃料的特性

煤气种类	相对分子质量	密度 (kg/m³)	体积定压热容 [kJ/(m³·℃)]	标准状态下高热值 (kJ/m³)	标准状态下低热值 (kJ/m³)	标准状态下理论空气量 (m³)	标准状态下理论烟气量 (m³)	理论燃烧温度 (℃)
炼焦煤气	10.496 6	9.468 6	1.390	19 820	17 618	4.21	4.88/3.76	1998
直立炉煤气	12.380 5	0.552 7	1.383	18 045	16 136	3.80	4.44/3.47	2003
混合煤气	14.996 8	0.669 5	1.369	15 412	13 858	3.18	3.85/3.06	1986
发生炉煤气	20.142 1	1.162 7	1.319	6003.8	5744	1.16	1.98/1.84	1600
水煤气	15.691 2	0.700 5	1.329	11 451	10 383	2.16	3.19/2.19	2175
催化油煤气	12.035 5	0.537 4	1.390	18 472	16 521	3.89	4.55/3.54	2009
热裂油煤气	17.716 2	0.790 9	1.618	37 953	34 779	8.55	9.39/7.81	2038
干井天然气	16.654 4	0.743 5	1.560	40 403	36 442	9.64	10.64/8.65	1970
油田伴生气	23.329 6	1.041 5	1.812	52 833	48 383	12.51	13.73/11.33	1986
矿井气	22.755 7	1.010 0		20 934	18 841	4.6	5.90/4.80	1900
液化石油气	56.609 3	2.527 2	3.519	123 678	115 061	28.28	30.67/26.58	2050
液化石油气	56.600 3	2.526 8	3.425	122 284	113 780	28.94	30.04/25.87	2060
液化石油气	52.651 2	2.350 5	3.335	177 498	108 375	27.37	29.62/25.12	2020

二、天然气资源

天然气是蕴藏量丰富，最清洁而便利的优质能源。但由于天然气储运难、上市难、投资大、回收周期长等特点，许多国家的天然气工业普遍比石油工业落后30～40年，并经历了先慢后快的发展过程。例如，加拿大早期以石油为钻探目标，发现天然气也视为无用产品而烧掉。经过30多年，才建成由西向东的输气管道，将气送到东部经济发达地区和美国市场，很快便成为世界第三大产气国。荷兰发现格罗宁根气田后，前10年的巨大投入和外汇赤字也曾引发失望，到1965年才稍有盈利，但到1988年，气田收入已占全国财政总收入的16.7%，成为国家的支柱产业。

世界上天然气资源丰富，2006年底，天然气探明储量为$181.46\times10^{12}m^3$。表3-21所示为2006年底天然气剩余探明可采储量超过$2\times10^{12}m^3$的国家或地区。与石油一样，世界天然气资源分布也很不均匀，主要集中在中东、欧洲和欧亚大陆，两者之和约占世界天然气总储量的75.8%。

值得指出的是，随着天然气开发的发展，被探明的天然气储量也逐渐增加，图3-17所示为1980～2007年世界天然气储量变化。和2006年相比，天然气储量增长最快的国家为哈萨克斯坦、中国和土库曼斯坦。

目前，天然气资源的探明率还很低，展望未来，世界天然气的发展前景是诱人的。预计到2015年，世界天然气的产量将超过石油产量；2020年，能源结构中天然气将占29%～

30%，石油占27%，煤占24%，核电为8%，其他能源为4%。

表3-21 2006年底世界天然气剩余探明可采储量超过$2\times10^{12}m^3$的国家或地区

位次	国家（地区）	储量（$10^{12}m^3$）	占总量（%）	位次	国家（地区）	储量（$10^{12}m^3$）	占总量（%）
1	俄罗斯	47.65	26.3	10	伊拉克	3.17	1.7
2	伊朗	28.13	15.5	11	哈萨克斯坦	3	1.7
3	卡塔尔	25.36	14	12	挪威	2.89	1.6
4	沙特阿拉伯	7.07	3.9	13	土库曼斯坦	2.86	1.6
5	阿拉伯联合酋长国	6.06	3.3	14	印度尼西亚	2.63	1.5
6	美国	5.93	3.3	15	澳大利亚	2.61	1.4
7	尼日利亚	5.21	2.9	16	马来西亚	2.48	1.4
8	阿尔及利亚	4.5	2.5	17	中国	2.45	1.3
9	委内瑞拉	4.32	2.4		世界总计	181.46	100.0

值得指出的是，随着天然气勘探开发技术的发展，被探明的天然气储量也逐渐增加，按热值计算，天然气探明储量1970年和1985年分别相当于石油探明储量的50%和80%，而到1995年基本上与石油持平，到2010年，天然气储量已超过石油储量。按照目前开采速度，石油仅能开采45.7年，天然气能够开采62.8年。

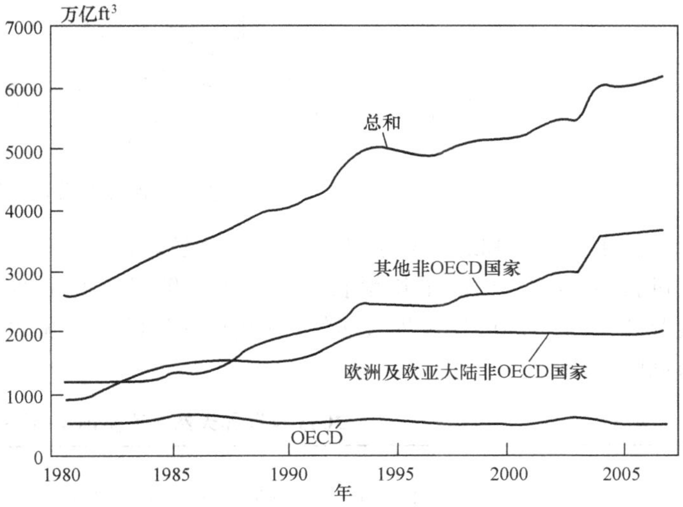

图3-17 1980～2007年世界天然气储量变化

我国天然气资源丰富，并且探明天然气储量大幅增长。“十五”期间，我国累计探明天然气地质储量2.6万亿m^3，比“九五”期间增加1.4万亿m^3，增长117%。天然气产量由2000年的272亿m^3增加到2005年的500亿m^3，年均增加45亿m^3，年均增长13%。共发现苏里格、大牛地、普光、子洲—清涧、庆深等5个探明地质储量大于1000亿m^3的气田。目前，根据国家新一轮油气资源评价结果，天然气可采资源量已增加到22万亿m^3。

目前，我国已形成了鄂尔多斯盆地上古生界、四川盆地川东地区、塔里木盆地库车地区、柴达木盆地三湖地区和莺—琼盆地五大气区。五大气区天然气地质特征的共性是：①大面积分布的高丰度、具有一定成熟度的气源岩；②大面积分布的多套叠置的孔隙性储集层；③构造相对稳定区或具有区域塑性盖层的构造活动区；④规模较大的圈闭。

我国中西部地区普遍发育的前陆盆地具备上述大气区形成的基本地质条件，是今后天然气勘探的主攻方向。

我国天然气的分布与石油有相当大的差别，其分布较为均衡，但仍显示出北富南贫、西多东少的天然气分布格局，因此，天然气的流向仍然是西气东输和海气上岸。我国西气东输工程的实施，为改变我国东部发达地区的能源结构和环境污染状况提供了坚实的物质基础。

三、天然气生产

回顾和预测世界能源的发展可以发现，煤、石油、天然气三种能源先后分别形成三个高峰期：20 世纪 20 年代是煤炭高峰期，煤炭占能源的比例超过 70%；70～90 年代石油接替煤炭，石油占能源的比例为 30%～40%；到 21 世纪早期，天然气将逐步代替石油，天然气占能源的比例有望超过 50%。图 3 - 18 所示为世界一次能源替代趋势图。

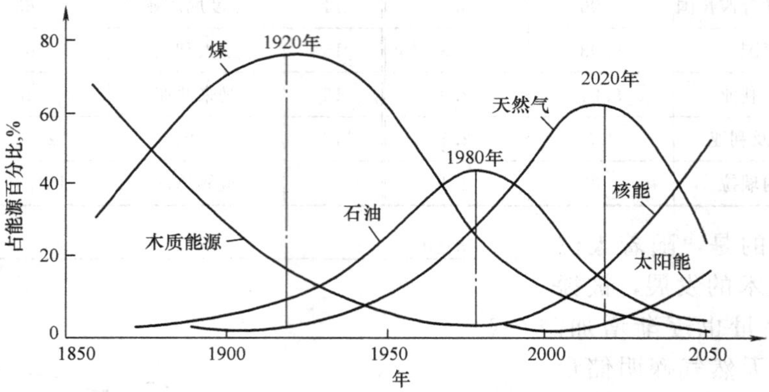

图 3 - 18 世界一次能源替代趋势图

由于俄罗斯和北美高于平均水平的增长，世界天然气产量在 2006 年增长了 3.0%，高于过去 10 年 2.5%的平均增长率。其中，俄罗斯产量增长最为迅速，紧随其后的是美国、埃及和中国。2006 年世界天然气产量前 10 位的国家见表 3 - 22。世界天然气分区域产量分布见图 3 - 19。

表 3 - 22 2006 年世界天然气产量前 10 位的国家 （10 亿 m^3）

国 家	1980 年	1985 年	1990 年	1995 年	2000 年	2005 年	2006 年	2005～2006 年变化	2006 年占总量比例
美国	549.4	465.9	504.3	526.7	543.2	511.8	524.1	2.3%	18.5%
加拿大	74.8	84.2	108.9	158.7	183.2	185.9	187.0	0.6%	6.5%
挪威	25.1	26.2	25.5	27.8	49.7	85.0	87.6	3.1%	3.0%
俄罗斯	n/a	431.0	597.9	555.4	545.0	598.0	612.1	2.4%	21.3%
土库曼斯坦	n/a	77.6	81.9	30.1	43.8	58.8	62.2	5.9%	2.2%
英国	34.8	39.7	45.5	70.8	108.4	87.5	80.0	−8.6%	2.8%
伊朗	7.1	14.6	23.2	35.3	60.2	100.9	105.0	4.1%	3.7%
沙特阿拉伯	9.7	18.8	33.5	42.9	49.8	71.2	73.7	3.5%	2.6%
阿尔及利亚	14.2	34.3	49.3	58.7	84.4	88.2	84.5	−4.3%	2.9%
印尼	18.5	32.3	45.4	63.4	68.5	73.8	74.0	0.3%	2.6%
世界	1448.5	1666.7	1991.8	2134.7	2425.2	2779.8	2865.3	3.0%	100.0%

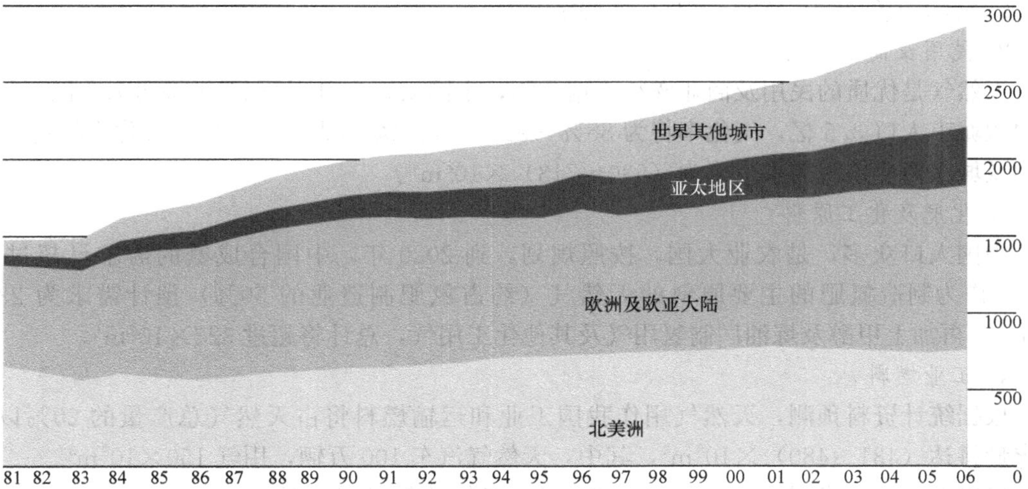

图 3-19 世界天然气分区域产量分布（10 亿 m^3）

图 3-20 所示为我国近几年天然气的生产量和消费量。从图上可以看出，两者都保持了两位数以上的增长幅度。同时，我国也加快了天然气管网的建设和布局。将产自四川普光气田的天然气输送到长三角地区的川气东送工程建设于 2007 年 8 月底正式启动。我国第二条西气东输管线已于 2008 年全线开工。2010 年中亚天然气首次进入华中地区，有效缓解了区域供热紧张的矛盾。

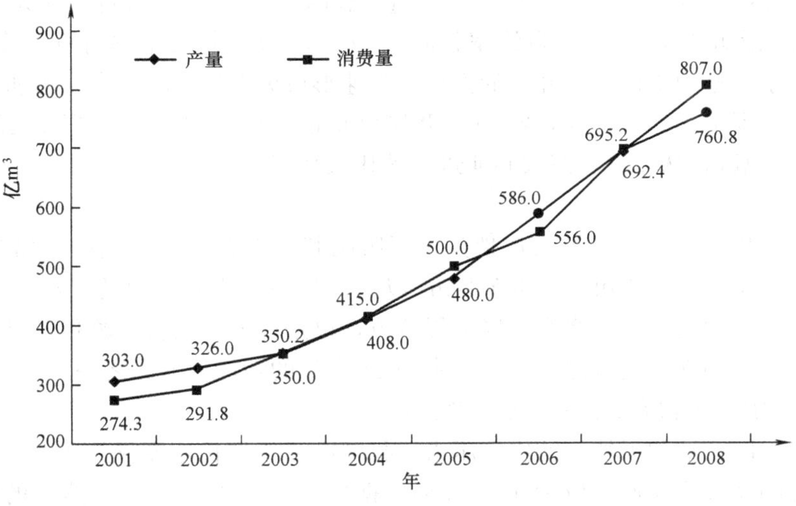

图 3-20 我国近几年天然气的生产量和消费量

四、天然气市场

天然气市场非常广阔，它主要用于发电、民用及商业燃料、化肥及化工原料、工业燃料几方面。

1. 发电

天然气联合循环发电既经济又污染少，在国外已大量采用。印度到 2010 年天然气发电已占6.8%～10.3%。我国气电也将加快发展，预计到2020年将占到总发电量的5.6%～7.1%，需求天然气为（533～627）$\times 10^8 m^3$。

2. 民用及商业燃料

天然气是优质的民用及商业燃料，据预测，中国城镇人口到2020年将达7.3亿。其中，大中型城市人口3.5亿，气化率将为85%～95%，其他城镇人口3.8亿，气化率将达45%。民用及城市商业用气需求量将为（630～713）$\times 10^8 m^3$。

3. 化肥及化工原料

中国人口众多，是农业大国，按照规划，到2020年，中国合成氨的需求量超过$4\times 10^7 t$，作为制造氮肥的主要原料的天然气（约占氮肥制造业的50%）预计需求为$230\times 10^8 m^3$，再加上甲醇及炼油厂制氢用气及其他化工用气，总计将超过$322\times 10^8 m^3$。

4. 工业燃料

根据统计资料预测，天然气用作我国工业和运输燃料将占天然气总产量的20%以上，需求量将达（431～480）$\times 10^8 m^3$，其中，天然气汽车100万辆，用气$150\times 10^8 m^3$。

仅以上几项需求量合计，中国2020年天然气的需求量将达（1877～2088）$\times 10^8 m^3$。有的学者预测，2020年中国天然气的储量/产量将分别达到：（7.42～8.15）$\times 10^{12} m^3$/（970～1200）$\times 10^8 m^3$。届时，天然气的产量将可满足全国需求量的55%～67%，不足的部分将从丰富的国际天然气资源中获得，以实现供需平衡。据估计，我国2020年将进口天然气600亿m^3，进口液化天然气212亿m^3，共计进口天然气约800亿m^3。

目前，中国的天然气工业与石油工业相比也落后约30年，长期困扰天然气产业的勘探、基础设施建设、市场及价格等各种矛盾仍十分突出。据统计，许多国家在国内总产值人均达1000美元以后必须大幅度地增加天然气消费量。我国2010年天然气自给率为75%，由于天然气消费量将大大增加，2015年自给率将降至64%，2020年自给率将进一步下降。因此，在我国油气供求战略中贯彻油气并举的方针，加速形成天然气市场，大力增加天然气产量是十分必要的。为保障天然气供应，2010年我国已从俄罗斯、中亚三国进口天然气（通过管道）。东南沿海地区将从印尼和澳大利亚进口液化天然气。

五、煤层气

煤层气（俗称瓦斯）是一种与煤伴生，以吸附状态储存于煤层内的非常规天然气，其中，甲烷含量大于95%，热值$33.44 MJ/m^3$以上，是一种优质洁净的能源。中国是世界上主要的煤炭生产大国之一，煤炭生产居世界首位，也是世界上煤炭资源和煤层气资源最丰富的国家之一。丰富的煤层气资源有望成为中国21世纪的替代性能源之一。

21世纪大力发展煤层气工业有如下意义：

（1）减轻我国石油和天然气的供应压力。我国原油年增长速度仅为1.7%，而与国民经济增长相适应的能源增长速度应为4%～5%。据估计，2020年我国天然气的缺口将达650亿m^3，煤层气开发将缓解这一状况。

（2）能有效地改善煤矿安全生产条件。据统计，在我国各类煤矿事故中，瓦斯事故最多，约占每年煤矿死亡事故人数的58%，造成的直接经济损失每年达200亿元以上，煤层气的开采将从根本上解除矿井瓦斯灾害的隐患。

（3）将有效地保护大气环境。甲烷是一种温室气体，其排放对全球大气变暖有很重要的影响。目前，我国煤矿开采向大气排放的甲烷量为世界第一，1997年为60亿m^3，约为美、俄等国排放量的 7 倍。因此，开发煤层气将有利于保护大气环境。

我国煤层气资源分布广泛，他们分布在不同的含煤盆地、不同的成煤时代，其埋藏深度和勘探程度也相差很大。据初步预测，我国煤层气的资源量为 31 万亿 m^3，高于我国陆上常规天然气的资源量。其中，探明储量为 754 亿 m^3，控制储量大于 3000 亿 m^3。特别值得指出的是，我国煤层气资源的 74.6%分布在我国中部和东部地区，这里人口密集，经济发达，是能源用户集中之地，这正好与天然气资源主要集中在西部（约占天然气资源的 66%），而形成良好的互补关系。煤层气的开发将缓解我国发达地区能源紧张状况。

煤层气资源的埋藏深度对开发利用有重要影响。根据美国的经验，深度在 1000m 以内的煤层气资源具有较好的经济效益，反之，经济效益明显下降。我国目前具有经济开采价值（小于 1000m）的资源约占总资源的 1/3，应优先考虑开发利用。目前，已有煤层气井 200 余口，煤层气试验井组 10 组，为煤层气的大规模开发打下了良好的基础。

抽放煤层气是减少瓦斯涌出量、防止瓦斯爆炸和突发事故的根本性措施。到目前为止，全国已有 146 个煤层气抽放矿井，年抽放量 6 亿～7 亿 m^3，利用量达 4.8 亿 m^3。主要用于民用、发电、作化工原料和锅炉炉窑的燃料等，抚顺和阳泉矿区煤层气的抽放量和利用率一直居全国首位。从实践和国内需求看，只有广泛采用煤层气的地面回收技术，煤层气才能实现商业化的大规模生产和利用。

煤层气的勘探和开发与天然气有很大的不同，这是因为天然气是以单相气体游离状态存在于地层的孔隙和裂缝中的，而煤层气则以气—水两相的状态被吸附在煤层孔隙的内表面。因为煤层具有特殊的双孔隙特征，很强的吸附能力，孔隙和割理都发育较好，储层压力低，机械强度低，对压力敏感性强，易发生井漏。因此，煤层气井的钻井、完井、固井、取芯、压裂技术都必须采用一些特殊的技术；否则，不但直接影响煤层气的产气效果，而且容易发生复杂的井下事故，使储层受到永久性伤害，同时，煤层易破碎，致使取芯困难。为此，在钻开煤层时应尽量使用低伤害的钻井液，如雾化空气或泡沫钻井液，低固相或无固相的钻井液。使用欠平衡或近平衡的钻井技术；固井中使用空心微球低密度水泥浆固井技术；取芯时使用绳索式取芯工具，以保证取芯完整；压裂时采用冻胶压裂液、清水压裂液、泡沫压裂处理等措施，只有这样才能保证钻井的成功率。

因为煤层气是吸附在煤层中的，所以其生产通常采用排水降压法，即通过排水降压使吸附于煤基质表面的气体解吸，并通过割理、裂隙扩散，渗流到达井筒并排出地面。因此，煤层气的开采过程是一个不断排水降压的过程。一般讲，从开始排采到产气，通常需要几个月至两年的时间，产水量由多到少，产气量则由少到多，产气时间可以延续很长时间，有的可达十年以上，这是与天然气产出特征很不相同的地方。

我国煤层气的地质条件远比国外复杂，成煤时代、煤阶、构造环境以及水动力条件也与国外相差甚远。因此，国外的成藏富集理论不完全适合于中国煤层气的勘探，此外，我国煤层气开发时间短，其勘探理论不成熟，开发试验选区不理想，钻井成功率低，而且试验气井产量普遍较低，产量递减快。目前，我国一方面正在加强有关中国煤层气成藏机制及经济开采的基础研究，此研究已获得《国家重点基础研究发展规划》的支持；另一方面也在加紧引进国外的先进技术，例如丛式钻井技术。在各方面的努力下，2010 年我国煤层气探明的储量已达 5000 亿 m^3，生产能力也达到 60 亿 m^3/年。

第四节 水 能

一、中国水能资源的特点

水能资源最显著特点是可再生、无污染。开发水能对江河的综合治理和综合利用具有积极作用，对促进国民经济发展，改善能源消费结构，缓解由于消耗煤炭、石油资源所带来的环境污染有重要意义。因此，世界各国都把开发水能放在能源发展战略的优先地位。

世界上一些国家可能开发的水能资源如表 3 - 23 所示。从表中可以看出，我国水能资源的可能开发量居世界首位，但以国土面积平均，每平方公里的可能开发容量，我国仅居第 11 位，瑞士第一。如以人口平均，我国位次更低，挪威居世界第一。

表 3 - 23　　世界上一些国家可能开发的水能资源

国　家	可能开发的水能总容量（MW）	可能开发的水能资源（$\times 10^8$kW·h）	国土面积（$\times 10^4$km^2）	每平方公里可能开发的水电容量（kW）
中国	378 000	19 200	1045	36.2
苏联	269 000	10 950	2240	12.0
巴西	213 000	12 000	851	25.0
美国	178 600	7015	936	19.1
加拿大	152 900	5352	998	15.3
扎伊尔	132 000	6600	235	56.1
印度	70 000	2000	328	21.4
哥伦比亚	50 000	3000	114	43.9
日本	49 600	1280	37.2	133.3
阿根廷	48 100	1910	278	17.3
印度尼西亚	30 000	1500	190	15.8
挪威	29 600	1210	32.4	91.4
西班牙	29 320	675	50.5	58.0
法国	21 000	650	54.7	38.4
墨西哥	20 300	994	202	10.0
瑞典	20 100	950	45.0	44.6
意大利	19 200	506	30.1	63.7
奥地利	18 520	492	8.4	220.5
前南斯拉夫	16 960	636	25.6	66.2
瑞士	11 000	320	4.1	268.0
罗马尼亚	8030	241	23.8	33.8
德国	4410	218	24.7	17.9
英国	2460	42	24.4	10.1
世界各国总计	2 214 700	97 000	13 493	16.4

河流是形成水能的主体，而构成水能资源的两大要素是径流和落差。我国具有河流众多，径流丰沛，落差巨大等优越的自然条件。我国水系庞大而复杂，主要大河大都是自西向东流入太平洋。其中，长江全长 6380km，是中国第一大河，世界第三大河。包括澜沧江、怒江、雅鲁藏布江、额尔齐斯河等我国汇入海洋的水系占全国面积的 63.8%，径流总量占全国的 95.5%。据初步统计，我国境内流域面积在 100km^2 以上的河流共 5000 千多条，其中，河长在 1000km 以上也有 20 余条，流域面积在 1000km^2 以上者有 1600 多条，水能资源蕴藏量在10 000kW 以上者有 3019 条。外流水系是中国河流的主体，其河流的条数、水量、水能资源均占全国 90%以上。

我国气候大致以秦岭为界，年降水量自东南向西北递减。海南岛、华南、西南局部山区年降水量为 2000～2500mm，长江以南各省为 1500～2000mm，华东和西南大部分地区为 800～1500mm，东北和华北各省为 400～800mm，西北各省则仅为 50～500mm。这种降雨格局决定了河流的径流量。例如，我国东部和南部属太平洋流域，面积仅占全国 56.8%，产生的径流量却占全国 80%以上。其中，长江流域的年平均径流量为 9282 亿 m^3，居全国第一。西南部属印度洋流域，面积占全国 36.2%，产生的径流量不到全国的 5%。

我国地势西高东低，从号称“世界屋脊”的青藏高原，平均海拔 4000m 以上，一直降至沿海平原的海拔 50m。在这样的地势下，我国河流大都是从高山和高原上奔腾而下流向海洋。因而河道陡峭，落差巨大。根据普查，中国许多河流的落差都在 1000m 以上，主要大河的落差，有的达 2000～3000m，有的达 4000～5000m，这是世界上其他国家所没有的。

我国水能的理论蕴藏量按 10 个流域统计见表 3-24。在上述理论蕴藏量中，已经过初步勘测的可能开发的水能资源按流域计见表 3-25。

表 3-24　　我国分水系水能资源的理论蕴藏量

水　系	水能资源的理论蕴藏量		
	万 kW	万 kW·h	占全国比重（%）
长江	268 011.70	23 478.4	39.6
黄河	4054.80	3552.0	6.0
珠江	3348.34	2933.2	5.0
海滦河	294.40	257.9	0.4
淮河	144.86	127.0	0.2
东北诸河	1530.60	1340.8	2.3
东南沿海诸河	2066.78	1810.5	3.1
西南国际诸河	9690.15	8488.6	14.3
雅鲁藏布江及西藏其他河流	15 974.55	13 993.5	23.6
北方内陆及新疆诸河	3698.55	3239.9	5.5
全国总计	67 604.71	59 221.8	100

我国水能资源的特点有三个。

1. 资源总量丰富，但人均资源量并不富裕

我国可开发的水能资源约占世界总量的 15%，但人均资源只有世界平均值的 70%。据

估计，到2050年我国达到中等国家发展水平时，如果人均装机容量从2006年的0.252kW增加到1kW，总装机容量约为15亿kW。即使是6.76亿kW的水能蕴藏量开发完毕，水电装机容量也只占总装机容量的30%～40%。当然，由于水电的特点，对电网的安全性和调峰而言，其重要性远高于此比例。

表3-25　　我国分水系可开发的水能资源

水　系	装机容量（万kW·h）	年发电量（万kW·h）	占全国比重（%）
长江	19 724.33	10 274.89	63.4
黄河	2800.39	1169.91	6.1
珠江	2485.02	1124.78	5.8
海滦河	213.48	51.68	0.3
淮河	66.01	18.84	0.1
东北诸河	1370.75	439.42	2.3
东南沿海诸河	1389.68	547.41	2.9
西南国际诸河	3768.41	2098.68	10.9
雅鲁藏布江及西藏其他河流	5038.23	2968.58	15.4
北方内陆及新疆诸河	996.94	538.66	2.8
全国总计	37 853.24	19 233.04	100

2. 水电资源分布不均匀，与经济发展的现状不匹配

我国水能资源主要集中在经济发展相对落后的西部地区。西南、西北11省区的水能资源约为4.26亿kW，占全国水能资源量的78%，其中，云、川、藏三省区共2.974 3亿kW，占57%；而经济相对发达、人口相对集中的东部沿海11省、市水能资源仅占6%。这种格局就要求必须加大我国西部水能资源的开发力度，加快“西电东送”的步伐。

3. 江河来水量年内和年际变化大

中国是世界上季风最多的国家之一。受季风影响，降水时间和降水量在年内高度集中。一般雨季2～4个月的降水量达到全年降水量的60%～80%。降水量年际间的变化也很大，最大年径流量与最小量之比，长江、珠江、松花江为2～3倍，淮河达15倍，海河更达20倍之多。这些不利的自然条件要求在水电规划和水电建设中，优先发展具有年调节和多年调节水库的水电站，以提高水电的供电质量，保证系统的整体效益。

二、水电站概述

水能利用是一项巨大的系统工程，因为它是和水资源的综合利用联系在一起的。河流的开发除可建水电站外，还有多种水利经济效益，如防洪、灌溉、航运、供水、旅游、水产等。水能利用的理论基础是系统规划论，它的任务是根据国民经济发展的需要和水能资源条件，在河流规划和电力系统规划的基础上制订出最优的水资源利用方案。

与火力发电不同之处是，水能换成电能不需要经过热能转换的中间环节。因此，对水电建设而言，其一次能源建设和二次能源建设是同时完成的。

将水能直接转换成电能的过程是在水电站中完成的。水电站主要由水库、引水道和电厂

组成。水库具有储存和调节河水流量，取得最大发电效率的功能。拦河筑坝形成水库，以提高水位，集中河道落差是水电站发电的必备条件。水库工程除拦河大坝外，还有溢洪道、泄水孔等安全设施。引水道主要功能是传输水量至电厂，冲动水轮机发电。电厂则主要由水轮发电机组及相应的控制设备和保护装置、输配电装置等组成。

水电站水轮发电机组的理论功率 P_t 与水的流量和落差（水头）有关，即

$$P_t = \rho MHg = 9.81MH \quad kW \tag{3-1}$$

式中：M 为水的流量，m^3/s；H 为高低水位之间的落差，m；ρ 为水的密度，kg/m^3；g 为重力加速度（m/s^2）。

实际上，在水力发电的过程中，水轮发电机组（水轮机、传动设备、发电机等）也不可避免地存在功率损失，设机组的效率为 η，则水电站水轮发电机组的实际功率 P_a 为

$$P_a = \eta\rho MHg = 9.81\eta MH \quad kW \tag{3-2}$$

由于集中河道落差是水电站发电的必备条件，因此，按集中河道落差方式的不同，水电站有四种不同的形式。

1. 堤坝式水电站

堤坝式水电站是在河道上拦河筑坝，抬高上游水位，造成坝上、下游的水位差，然后建电厂。根据坝基地形、地质条件的差别，坝和电厂相对布置也不同。因此，堤坝式水电厂又可分为河床式和坝后式两种基本形式。河床式多建在平原地区河床中下游、河床纵向坡度比较平坦的河段上。图 3-21 所示为河床式电厂布置的示意。因受地形限制，为避免淹没面积过多，只能修筑不高的拦河坝。由于水头不高，电厂的厂房可以直接和大坝并排建在河床中。厂房本身的重量足以承受上游的水压力。在这种电厂中，引用的流量均较大，多选用大直径、低转速的轴流式水轮发电机组。它是一种低水头、大流量的水电站，葛洲坝水电站就是我国目前最大的河床式水电站。

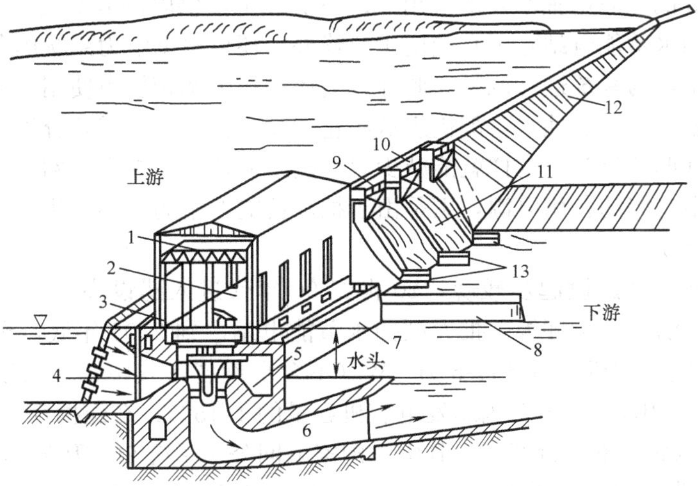

图 3-21 河床式电厂布置的示意

1—起重机；2—主机房；3—发电机；4—水轮机；5—蜗壳；6—尾水管；7—水电厂厂房；8—尾水导墙；9—闸门；10—桥；11—混凝土溢流坝；12—土坝；13—闸墩

坝后式多建在河流中上游的峡谷中。由于淹没相对较小，坝可以建得较高，以获得较大的水头。此时，上游水压力大，厂房重量不足以承受水压，因此，不得不将厂房与大坝分开，将电厂移到坝后，让大坝来承受担上游的水压。坝后式水电站不仅能获得高水头，而且能在坝前形成可调节的天然水库，有利于发挥防洪、灌溉、发电、水产等几方面的效益，因此，是我国目前采用最多的一种厂房布置方式。

2. 引水式水电站

在地势险峻、水流湍急的河流中上游或坡度较陡的河段上，可以采用人工修建的引水建筑物（如明渠、隧道、管道等）引水以集中落差发电，这种水电站称为引水式水电站。这种水电站不存在淹没，不仅可沿河引水，而且可以利用两条河流的高程差进行跨河引水发电。例如，我国川滇交界处，金沙江和以礼河高程相差1400m，两河最近点相距仅12km，完全可以实现跨河引水发电。引水式水电站多建在山区河道上，受天然径流的影响，发电引用流量不会太大，故多为中、小型水电站。

3. 混合式水电站

水电站的水头是由筑坝和引水道共同形成的，这种水电站称为混合式水电站。它多建在上游，地势平坦宜于筑坝，形成水库，而下游坡度又较陡或有较大河湾的地方。我国鲁布格水电站（装机60万kW，水头372m）就是目前最大的混合式水电站。

4. 抽水蓄能式水电站

抽水蓄能式水电站是特殊的水电站。在整个电力系统中，它既是电源（发电厂），又是负荷（用电设备）。当电网中电力负荷处于低谷时（例如深夜至凌晨），它利用电网内（主要是核电或火电）富裕的电能，采用水泵运行方式，将下游（低水池）水抽到高水池，以抽水蓄能的方式将能量储存在高水池中。当电力系统处于高峰负荷时，机组改为水轮机运行方式，将高水池储存的水能用来发电。由于能量转换过程中的损失，在水能的蓄放过程中，大体上是用4kW·h的低谷电抽水，能发出3kW·h的电能供电网调峰之用。

实践表明，抽水蓄能电站除了直接用于调峰外，还可根据电力系统内负荷的变化，随时调整其出力的大小，为系统进行调频。此外，它还可作为调相机组使用，多带无功功率，以保持电网电压的稳定。由于抽水蓄能机组从静止到满负荷运行仅需几分钟，有抽水蓄能机组的电网可以依靠其调节负荷，这样就能减少火电机组的调峰，提高电网的经济性。抽水蓄能机组还可作电网中良好的备用电源，正是由于抽水蓄能电站的上述作用，世界各国对发展抽水蓄能电站十分重视。

我国抽水蓄能电站建设起步较晚，20世纪90年代进入建设高潮，兴建了广州抽蓄一期、北京十三陵、浙江天荒坪等一批大型抽水蓄能电站。到2005年底，全国建成投产的抽水蓄能电站共13座，装机容量584.5万kW（不含台湾省，其中，北京密云抽水蓄能电站2.2万kW机组已停用），仅占全国总发电装机容量的1.15%；在建抽水蓄能电站11座，装机规模为1230万kW（不含台湾省，其中，国家电网公司系统990万kW，南方电网公司系统240万kW）。到2010年，我国抽水蓄能电站占全国发电装机总量的比例已提高到2.6%。因此，根据我国电力工业飞速发展的需要，在电网中配备一批大、中、小型抽水蓄能电站是十分必要的。

一条长数百公里或数千公里的河流，其落差通常达数百米数千米，不可能将所有的落差都集中在一个水电站上。因此，必须根据河流的地形、地貌和地质条件，合理的分段进行开发利用，即河段上的开发工程自上而下，一个接一个，如同一级的阶梯。这种梯级开发的水电站又称为梯级电站。显然，同一河流的多个梯级电站之间在水资源和水能的利用上是互相制约的，在进行梯级开发时，必须做好规划，运行时也要根据来水和用水的情况做好各级电站之间的协调工作，以发挥总体效益。

与火力发电相比，水力发电有以下的特点：

(1) 水力发电的发电量易受河流的天然径流量的影响。这是因为河流的天然径流量在年内和年际间常有较大的变化，而水库的调节能力常不足以补偿天然水量对水力发电的影响。因此，水电站在丰水年发电多，在枯水年发电少。这种发电量受自然条件的制约是水力发电的最重要的特点。为了克服水力发电出力的变化，电网中必须有一定数量的火电厂与之配套。

(2) 电站在运行中不消耗燃料，天然径流量多时，发电量多，但运行费用并不因此增加。此外，水电站厂用电少。根据这一特点，对电网而言，应让水电机组在丰水期多发电，以减小火力发电煤耗，提高电网的经济性。

(3) 水电机组启停方便，机组从静止状态到满负荷运行仅需几分钟。因此，宜在电网中担负调峰、调频、调相任务，并作为事故备用容量。

(4) 水电站主要动力设备简单，辅机数量少，易于实现自动化。因此，运行和管理人员少，运行成本低。

(5) 水电站因不消耗燃料，没有有害气体、粉尘和废渣排放。

我国水电事业发展很快，表 3-26 所示为我国已建和在建的装机容量在百万千瓦级以上的大型水电站。大型水电站的建设因常和防洪、灌溉、供水、航运等联系在一起，因此，工程量大、投资强度高、建设周期长。随着电力工业的发展，水电站的规模、利用水头和单机容量都越来越大。目前，世界上装机容量最大的水电站是巴西和巴拉圭合建的伊泰普水电站，装机容量 1260 万 kW。世界上最大的抽水蓄能电站是美国巴斯康蒂电站，装机容量 210 万 kW。水头最高的水电站是瑞士的马吉亚蓄能电站，水头 2117m。而我国建设的三峡水利枢纽工程其各项规模都堪称世界之最。

表 3-26　　我国已建和在建的装机容量在百万千瓦级以上的大型水电站

水电站名称	所在河流	所在省份	装机容量（MW）	年发电量（GW·h）	建设情况
三峡	长江	湖北	18 200	84 600	2009 年建成
二滩	雅砻江	四川	3300	17 000	1999 年建成
葛洲坝	长江	湖北	2715	15 700	1988 年建成
广州	流溪河	广东	4890	2400	2000 年建成
李家峡	黄河	青海	2000	5920	1999 年建成
小浪底	黄河	河南	1800	5830	2001 年建成
天荒坪	西苕溪	浙江	1800	3160	2000 年建成
白山	松花江	吉林	1500	1920	1994 年建成
水口	闽江	福建	1400	4950	1996 年建成

续表

水电站名称	所在河流	所在省份	装机容量（MW）	年发电量（GW·h）	建设情况
大朝山	澜沧江	云南	1350	5930	2003年建成
天生桥二级	南盘江	贵州、广西	1320	4920	1998年建成
龙羊峡	黄河	青海	1280	5940	1989年建成
漫湾	澜沧江	云南	1250	6300	1995年建成
五强溪	沅水	湖南	1200	5370	1996年建成
隔河岩	清江	湖北	1200	3040	1994年建成
天生桥一级	南盘江	云南、贵州、广西	1200	5226	2000年建成
岩滩	红水河	广西	1200	5370	1994年建成
刘家峡	黄河	甘肃	1160	5580	1974年建成
万家寨	黄河	山西、内蒙古	1080	2750	2000年建成
丰满	松花江	吉林	1004	1965	1998年建成
合计			48 359	196 441	

三峡水利枢纽工程位于长江三峡西陵峡中段的湖北省宜昌市三斗坪，下距葛洲坝水利枢纽38km。坝址控制流域面积100万km^2，多年平均年径流量4510亿m^3，多年平均年输沙量5.3亿t，大坝坝顶高程185m，总长2335m，设计正常蓄水位175m。水库面积108.4万m^2，水库库容393亿m^3，防洪库容221.5亿m^3。水轮机每台容量70万kW，共26台，电站装机总容量1820万kW。多年平均发电量847亿kW·h。三峡水利枢纽工程建成后不但可以抵御百年一遇的洪水，还能改善570～650km的长江航道。三峡水利枢纽工程建设工期17年，已于2003年下闸蓄水到135m高程，四台机组开始发电。

三、水电站的主要参数

水电站的情况可以通过若干参数，如水库的特征水位及相应的库容，水电站的特征水头及流量，水电站动能参数以及水电站的经济指标来加以说明。

1. 水库的特征水位及相应的库容

由于天然来水流量不均匀以及发电和综合用水量的变化，水库的特征水位及相应的库容也是变化的。一般用水库的特征水位来表示其变化特性（见图3-22）。由于水库的全部容积并不能都用于径流调节。因此，水库在运行中存在一个最低水位，即死水位。死水位以下的库容称之为死库容，它不参与径流调节。死水位是由水库泥沙淤积情况，保障自流灌溉的引水高程、航运水深及鱼类栖息等多方面因素决定的。死水库中的水量是不能被利用的。死水位也是最低的发电水头。

水库正常运行时，为满足各部门在枯水期的正常用水，水库在丰水期末将蓄水到正常高水位，高水位与死水位之间的库容称为有效库容。这部分库容将参与正常的径流调节。有效库容所对应的水层深度为水库的工作深度。正常高水位是水库设计中的重要参数之一，也直接关系到一些主要水工建筑物（如大坝、溢流坝、水闸门等）的尺寸、投资、水库回水的淹没量、水力发电的正常最高水头及综合利用效益等指标。此外，大坝的结构设计、强度的稳定性分析计算也以此为依据。水库的工作深度的大小直接关系到水电站调节性能出力的大小。

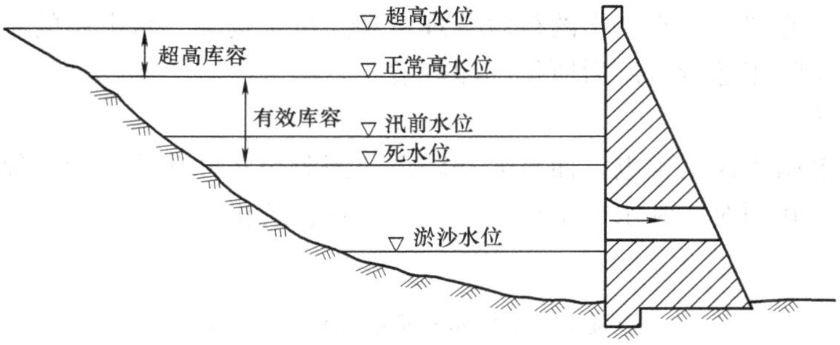

图 3-22 水库的特征水位示意

主要用于防洪和发电的水库汛期前都要加大发电用水量，以腾空一部分库容，使水库的水位降低到汛前水位，作为汛期拦蓄洪水之用。当出现特大洪水时，水库将被迫蓄水到超高水位。正常水位到超高水位之间的库容，称为超高库容，它起着对水库下游流域的滞洪和削减洪峰的作用。

2. 水电站的特征水头及流量

由于水泵径流调节和水电站的负荷都是变化的，因此，水电站的水头和流量也是变化的，水电站的特征水头有最大水头、最小水头和加权平均水头等，它们都可以由气象和水能计算资料中获得。水电站的特征流量则包括最大引用流量、平均引用流量和最小引用流量等，它们可以由水轮机的特性和水电站的出力确定。

3. 水电站的动能参数

水电站的规模、运行情况和工程效益用水电站的动力参数来表征。其中，设计保证率是指水电站正常发电的保证程度。它是正常发电总时段与计算期总时段的比值；水电站设计保证率与电网中水电的比重、水库的调节性能、水电站的规模等诸多因素有关，表 3-27 所示为水电站设计保证率的参照值。与设计保证率有关的保证出力则是指水电站相应于设计保证率的枯水时段发电的平均出力。另一重要的动力参数装机容量是指水电站内全部机组额定出力的总和，它表征了水电站的规模。说明水电站运行情况和工程效益的两个动能参数是多年平均发电量和水电站装机年利用小时数。前者指水电站各年发电量的平均值，后者和火电厂类似，是将水电站的多年平均发电量除以装机容量，它相当于全部装机满载运行时的多年平均工作小时数，集中的反映了设备的利用程度。

表 3-27 水电站设计保证率的参照值

电力系统中水电容量的比重（%）	25 以下	25～50	50 以上
水电站设计保证率（%）	80～90	90～95	95～98

4. 水电站的经济指标

水电站的经济指标包括水电站的总投资、年运行费用和年效益。水电站的总投资是指水电站在勘测、设计、施工、安装过程中投入资金的总和，包括水工建筑物和电厂的投资。为了表示水电站投资的经济性和合理性，常采用单位千瓦的投资或每度电能的投资，前者为总投资除以装机容量，后者为总投资除以多年平均发电量。

水电站的年运行费用是指水电站在运行过程中每年支出费用的总和，它通常包括建筑物和设备折旧费、大修费、经常支出的行政管理费和人员工资等。水电站的年效益则为水电站每年的售电收入扣除年运行费用后所得的净收益。

5. 水电站工程等级

由于许多水电站不仅是发电，而且兼有防洪、灌溉等多种功能，为了保证工程和下游的安全，便于管理，我国对水利水电工程实行分等，根据装机容量的大小，将其分为五等，其分等指标见表 3-28。

表 3-28　以发电为主的水利枢纽工程分等指标

工程等级	工程规模	水电站装机容量（万 kW）	工程等级	工程规模	水电站装机容量（万 kW）
一	大（1）型	>75	四	小（1）型	2.5～0.05
二	大（2）型	75～25	五	小（2）型	<0.05
三	中型	25～2.5			

四、水电站的运行和水库调度

水电站的运行以安全经济为前提，水库调度则要综合考虑防洪、发电、灌溉、航运、供水等方面的要求。水库调度包括发电调度和洪水调度，水电站的运行则是依据水库调度图以及电力系统运行调度命令进行。

发电调度的任务是增强计划性和预见性，做到少弃水多发电，充分利用水头和不蓄水水量，以获取最多的发电量。发电调度的原则是丰水年应以发电为主，发蓄兼顾；平水年发蓄并举，充分利用水头水量；枯水年细水长流，以水定电，提高水量利用率。对多年调节的水库，应以丰补枯，尽量做到年际发电量相差不大。

汛期的洪水调度是根据洪水调度计划和短期预报对每次实际洪水进行具体调度。洪水调度的原则是在确保大坝安全和满足上、下游防洪的前提下，最大限度地减少放泄流量，充分利用水库，保障上、下游安全。水库调度要做到发蓄并举，汛期中多考虑防洪，汛期末要注意蓄水，使水库在防洪、发电上发挥最大效益。

在水电站的经济运行中，要合理选择好机组运行的台数和机组间负荷的经济分配，用较少的水发较多的电。另外，水轮机在不同水头运行，其耗水率是不同的；在同一水头下，不同开度的耗水率也不同。因此，在一定的负荷下，合理地选择开机台数，控制机组在高效率区运行，可以获得较经济的运行效果。利用计算机实行水电站的运行优化是目前的发展方向。

对不同调节性能的水电站应有不同的运行方式，例如，对无调节水电站，其任何时刻的出力主要决定于河中天然流量的大小，在整个枯水期，天然流量变化不大，所以水电站可发出的出力变化也甚小。显然，在这种情况下，水电站应承担电力负荷的基荷部分，若用于调峰，那将有相当一部分水量会无益地去掉。对于日调节水电站，其特点是：除洪水期发生弃水外，在任何一日内所生产的电量是与该日天然来水量所发出的电量相等。这样，水电站可以根据来水的大小，在日负荷图上承担峰荷或基荷。年调节水电站，在一年中可按来水的情况分为四个时期：供水期、蓄水期、不蓄水工作期、弃水期，因此，对这种电站应是蓄水期可担任峰荷或基荷，不蓄水工作期担任腰荷或基荷，弃水期担任基荷。

对于由多个水库组成的水库群的联合调度是一个十分复杂的系统工程问题，也是目前国内外研究的热点。随着现代数学和计算技术的发展，以及它们在水库群联合调度中的应用，水库群将获得更大的经济效益和社会效益。

五、水工建筑物

水能利用中的水工建筑物包括拦河坝，泄水、进水、输水建筑物，发电厂房和过坝设施等。

拦河坝是堤坝式水电站的主要水工建筑物。坝的种类和形式很多，按建筑材料可分为混凝土坝、土石坝；按坝顶可否泄洪分为溢流坝、非溢流坝；按坝轴线形状分为直线形坝、拱坝；按坝体静作用的情况分为重力坝、拱坝。大多数大中型水电站都是采用混凝土坝。混凝土坝的优点是结构简单，施工容易，耐久性好，便于设置泄水建筑物，但体积大，水泥用量多，施工温度控制要求高，施工期长。

泄水建筑物的功能是：当水库容纳不下汛期洪水时，使多余的水量从泄水建筑物排走；非常时期用于放空水库或降低水库水位以清理和维护水下建筑物；用于某些特殊用途，如冲沙、排放漂木、排冰等。

进水建筑物主要是指进水口处的拦污栅和闸门。拦污栅的作用是阻拦污物进入输水道，以防水轮机、阀门、管道受损或堵死。水电站的闸门有工作闸门和检修闸门。进水口工作闸门在平压状态下开启，在动水中关闭，它们都由启闭机控制。

输水建筑有明渠、渡槽、隧洞，还有连接压力引水道与高压管道之间的调压井，以及连接尾水管出口与下游河道的尾水建筑物。

发电厂房的型式取决于水电站的机组参数（水头、流量、装机容量、机组台数、机型等）和自然条件（水文、气象、地形、地质），常见的厂房型式有岸边式、河床式、坝下式、地下式、坝内式等。岸边式是发电厂房位于河道的岸边，发电用水用隧洞和管道自水库引来，发电以后水流回到下游河道中去。河床式是将厂房建于河床上，厂房本身作为整个壅水建筑物的一部分。坝下式是最常见的一种布置型式，引水钢管自坝体内穿出，发电厂房紧靠挡水重力坝后面。地下式是将厂房全部或部分布置在地下，适于在山区峡谷河流上修建。坝内式的厂房布置在挡水坝（或溢流坝）体的空腔内，不占据河床前沿长度，特别适合流量大、河床窄的水电枢纽。

水电站的拦河建筑物截断了天然河道，使上游水位高于下游水位，给航运和鱼类溯游带来困难，为此需设置船闸、过木设施和鱼道等过坝设施。船闸由上、下游闸门、闸室、导航墙等组成。船只进入闸室以后，关闭上、下游闸门，开动输水孔阀门使闸室水位与上游（或下游）水位持平，打开闸门，船只即可驶出。对于上、下游水位差很大的水电站，为节省耗水量，往往采用双级或多级船闸。对于小型船只和木排、竹筏等，不一定采用船闸过坝的形式，而是采用直接提升，吊入滑道内曳引而下或由下游沿筏道牵引提升入水库。鱼道是拦河坝上专门为鱼类通过而设的建筑物。进、出口都有灯光诱鱼装置，鱼类进入鱼梯内，通过道板蜿蜒而行。

六、水轮机

水轮机是将水能转换成机械能的水力原动机，主要用于带动发电机发电，是水电站厂房中主要的动力设备，通常将它与发电机一起统称为水轮发电机组。

水流的能量包括动能和势能，而势能又包括位置势能和压力势能。根据水轮机利用水流能量的不同，可将水轮机分为两大类，即单纯利用水流动能的冲击式水轮机和同时利用动能和势能的反击式水轮机。

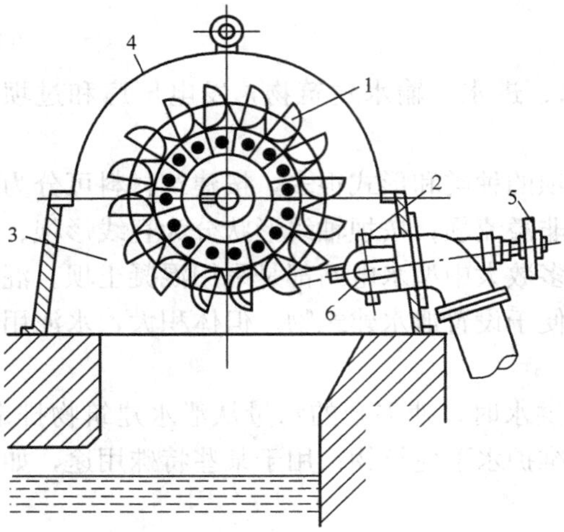

图 3-23 水斗式水轮机

1—转轮；2—喷嘴；3—转轮室；4—机壳；5—调节手轮；6—针阀

冲击式水轮机主要由喷嘴和转轮组成。来自压力钢管的高压水流通过喷嘴变为极具动能的自由射流。它冲击转轮叶片，将动能传给转轮而使转轮旋转。按射流冲击转轮方式的不同，又可分为水斗式、斜击式和双击式三种。后两种形式结构简单，易于制造，但效率低，多用于小水电站中。水斗式水轮机是目前应用最广的一种冲击式水轮机，其结构特点是在转轮周围布置有许多勺形水斗（见图 3-23）。这种水轮机适用于高水头、小流量的水电站，其应用水头范围大多在 400～1000m 之间。

反击式水轮机的转轮是由若干具有空间曲面形状的刚性叶片组成。当压力水流过转轮时，弯曲叶片迫使水流改变流动方向和流速，水流的动能和势能则给叶片以反作用力，迫使转轮转动做功。按转轮区的水流相对于水轮机主轴方位的不同，反击式水轮机又可分为混流式、轴流式、斜流式和贯流式。

混流式水轮机是广泛应用的一种反击式水轮机。水流沿径向从四周进入转轮，而后沿轴向流出（见图 3-24）。它的结构简单，运行稳定，效率高，其水头适用范围为 2～670m。

轴流式水轮机是另一种采用较多的反击式水轮机，其特点是水流从转轮的轴向进和出。根据转轮的特点，轴流式水轮机又可分为转桨式和定桨式两种。定桨式水轮机运行时，叶片是固定不动的，其结构简单，但水头和流量变化时，其效率相差较大，不适宜于水头和负荷变化较大的水电站，多用于负荷变化不大、流量和水头比较固定的小水电站。水头适用范围为 3～50m。转桨式水轮机在运行时叶片可以转动，故能适应负荷的变化，且平均效率比混流式水轮机高，适用水头范围为 2～88m。它多用在低水头和负荷变化大的水电站。我国葛洲坝水电站的 12.5 万 kW 和 17 万 kW 的机组就采用这种水轮机。

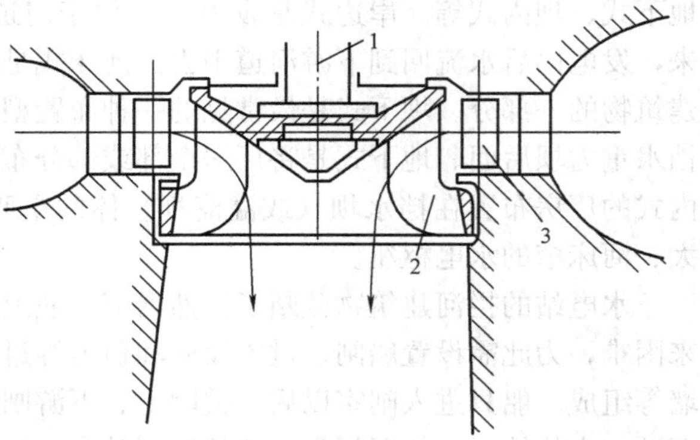

图 3-24 混流式水轮机

1—主轴；2—转轮；3—导叶

适用于低水头水电站的另一类反击式水轮机是贯流式水轮机。当轴流式水轮机主轴水平或倾斜放置，且没有蜗壳，使水能直贯转轮，这种形式的水轮机就是贯流式水轮机。根据水轮机与发电机的装配方式，它又可分为全贯流式和半贯流式。全贯流式发电机转子安装在转轮外缘，由于转轮外缘线速度大，且密封困难，目前已较少采用。在半贯流式水轮机中以所谓灯泡贯流式应用最广。它是将发电机布置在灯泡形壳体内，并与水轮机直接连接（见图3-25）。这种形式结构紧凑，流道平直，效率高。贯流式水轮机的适用水头一般在25m以下，潮汛电站因为水头低也多采用贯流式。

斜流式水轮机也是一种新型水轮机。它的叶轮轴线与主轴线斜交，进出叶轮的水流与叶轮主轴线也是斜交的。其转轮结构可做成转桨式或定桨式。它兼有轴流式水轮机运行效率高和混流式水轮机强度高、抗汽蚀的优点，适于高水头下工作。其适用水头范围为40～200m，而且斜流式水轮机是可逆机组，既能作为水轮机，又能作水泵，因此，特别适宜于在抽水蓄能电站中应用。

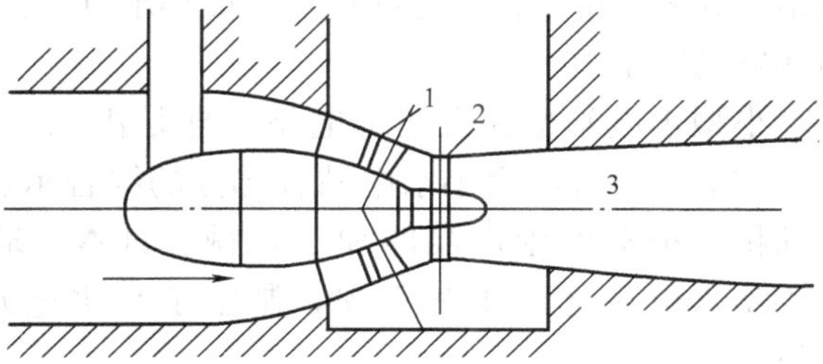

图3-25 灯泡贯流式水轮发电机组

1—导向叶片；2—转轮叶片；3—尾水管

在生产和使用中，常按照水轮机的单机出力及转轮直径大小，将水轮机分为小型、中型和大型。大型水轮机一般是指出力大于30MW的水轮机，大型混流式水轮机和大型轴流式水轮机的转轮直径在2.25～3m以上；单机出力小于30MW的水轮机一般称作中、小型机组，其中，混流式水轮机的转轮直径为1.0～2.25m，轴流式水轮机的转轮直径为1.2～3.0m。各类水轮机的机型见表3-29。

表3-29 各类水轮机的机型

型式			代号	比转速范围	适用水头范围
反击式	贯流式	贯流定桨式	GD	500～900	<20
		贯流转桨式	GZ	500～900	<20
	轴流式	轴流定桨式	ZD	250～700	<70
		轴流转桨式	ZZ	200～850	30～80
	斜流式		XL	100～350	40～120
	混流式		HL	50～300	<700
冲击式	水斗式		CJ	10～15	100～1700
	斜击式		XJ	30～70	20～300
	双击式		SJ	35～150	5～100

七、小水电

兴建小型水电站是解决我国以及发展中国家农村和边远地区能源问题的重要途径。所谓小水电资源，通常是指装机容量在2.5万kW以下的水电资源。根据普查，我国小水电站的理论蕴藏量为1.8亿kW，技术可开发量为7540万kW。1998年，我国小水电资源已开发利用33%，待开发的资源仍有很大的潜力。我国小水电资源几乎遍及全国各地，其资源分布可分为南北两大资源带，其中，长江以南的滇、黔、川、渝、粤、桂、鄂、湘、琼、闽、浙、赣、藏、青、新15个省、自治区、直辖市拥有可开发资源的85%，主要蕴藏在雨量充沛、河床陡峭的山区。

小水电站工程简单、建设工期短，一次基建投资小，水库的淹没损失、移民、环境和生态等方面的综合影响甚小。由于小水电接近用户，故输变电设备简单、线路输电损耗小。而且在小水电的建设中能充分发挥地方政府和群众办电的积极性，并与当地的防洪、灌溉、供水结合起来。由于以上这些优点，使小水电在我国和发展中国家发展迅速，成为农村和边远山区发电的主力。

小型水电站也和大型水电站一样是由水工建筑物、水轮机及相应的电气设备等组成的。图3-26所示为小水电站各部分的综合示意。对于农村的小水电站，水轮机也可作为原动机，拖动农副产品的加工机械。日本、瑞士、奥地利等国，由于缺乏巨大的河流，对小型水电站建设十分重视，制定了小水电站的统一标准，有力地推动了小水电站的建设。

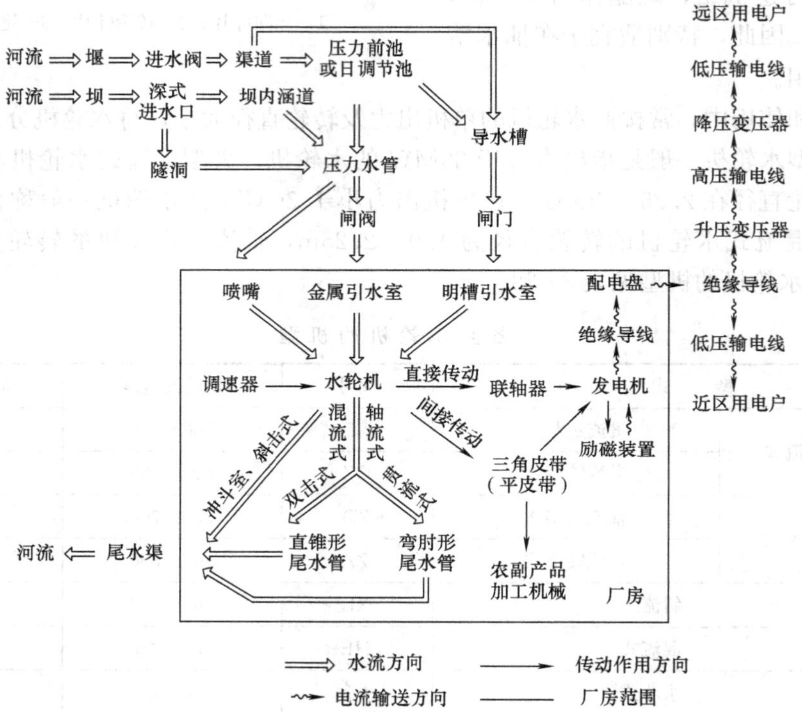

图3-26　小水电站各部分的综合示意

我国对小水电的发展十分重视。到2006年底，全国农村小水电总装机容量达到5000万kW，约占全国水电总装机容量的37%，年发电量超过1500亿kW·h。中国小水电装机容量和发电量增长情况以及在全部水电中的比重见图3-27。小水电的发展首先促进了县、乡、村的工业发展，活跃了农村经济。其次，由于电力排灌的发展，提高了农田抗旱排涝能力，促进了当地的农业生产。随着电力问题的解决，农副产品得以进行深加工；农民的生活得到改善；农村文化活动也日益活跃；减少了薪柴、秸秆的燃烧，保护了环境。小水电的发展还为地方经济的发展积累了资金，也促进了我国发电和用电设备制造业的进步，为解决我国农村能源短缺作出了贡献。

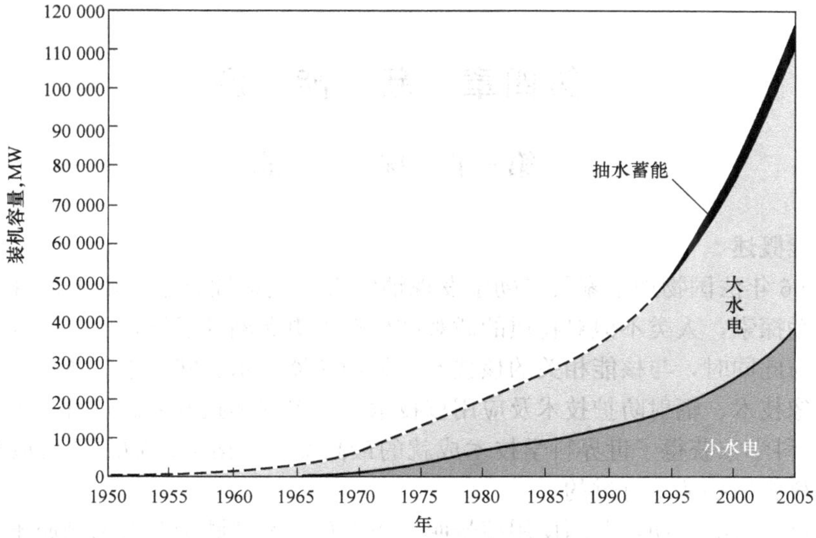

图 3-27　水电装机容量曲线

第四章　新　能　源

第一节　核　　能

一、核能概述

自从1896年法国物理学家贝可勒尔发现铀的天然放射性以来，由于近百年来世界各国科学家的辛勤探索，人类不但对物质的微观结构有了更深刻的了解，而且还开发出了威力无比的核能。与此同时，与核能相关的核技术，如加速器技术、同位素制备技术、核辐射探测技术、核成像技术、辐射防护技术及应用核技术等也得到迅猛发展。近百年来，在这个领域已有40多位科学家获得了世界科学技术成就的最高奖——诺贝尔物理学奖或化学奖，这是其他任何学科领域都从未有过的。

第二次世界大战末期，美国使用绰号叫“小男孩”和“胖子”的两颗原子弹在日本广岛和长崎造成了人间灾难。从此，人们一听到“原子弹”三个字就不寒而栗，甚至“原子能”或“核能”也被曲解为核武器的代名词。直至今天，还有不少人对核电厂害怕得很，以为核电厂出事故时也会像原子弹一样爆炸，公众对核能和核技术充满恐惧感和神秘感。

然而，核能的发现和应用也与古代“火药”的发明和应用一样，它既能用来作为杀伤武器，又能移山填海，造福人类。事实上，第二次世界大战结束后，热爱和平的各国科学家就在和平利用核能方面进行了卓有成效的工作。原子弹爆炸9年后，世界上第一座核电厂在苏联建成发电，它标志着人类大规模利用核能时代的开始。然而，直到今天，核能的利用仍然在两个领域中同时展开、同时发展。一方面在建设更多的不同堆型的核电厂——轻水堆电厂、重水堆电厂、快堆电厂，另一方面又在制造大规模的杀伤核武器——原子弹、氢弹、中子弹；一方面在建造核动力破冰船，另一方面又在建造核动力航空母舰和核潜艇。以至直至今天人类仍处在核威胁和核恐怖之中。为此，热爱和平的人们一直在呼吁禁止核武器，直至彻底销毁全部核武器。

进入21世纪，和平和发展已成为世界主流，人们既期望核能作为最具潜力的新能源在解决人类面临的能源危机中能发挥主力军的作用，又希望核武器永远在地球上消失，让人类赖以生存的地球成为美丽的乐园。

1. 原子与原子核

人类对客观世界的认识是逐步深化的。从宏观上讲，宇宙浩瀚无穷；从微观上讲，又存在一个肉眼看不见的，难以捉摸的无限渺小的世界。

两千多年前人们就提出：世界是由什么构成的？鉴于当时的科学技术水平，人们只能靠猜测和臆想来解释丰富多彩的自然现象。时至今日，对这个问题人们可以毫不犹豫地回答：宇宙间浩瀚的万物都是由元素构成的。

构成元素的最小单位是原子。原子非常小，其直径大约只有1×10^{-8}cm。1911年，卢瑟福通过用α粒子轰击金属薄片的散射实验证实这么小的原子也是有核的。原子核更小，约为10^{-13}cm，只占原子大小的十万分之一。原子核带正电，它周围是数目不等的带负电的电子。每个电子都在自己特定的轨道上绕着原子核运动，就像太阳系的行星绕太阳运动一样。

原子核又由质子和中子两种粒子组成，质子带正电，中子不带电。质子所带正电荷的多少和电子所带负电荷的多少正好相等，因此，整个原子是中性的。现代科学家测出质子的质量为1.007 277原子质量单位，中子的质量为1.008 665原子质量单位，而电子质量仅为0.000 548 6原子质量单位，可见，原子的质量主要集中在核上。质子所带正电荷的电量为$1.602\ 192\times10^{-19}$C。

如果原子核由Z个质子和N个中子组成，则Z就是该原子核所属元素的原子序数。$Z+N=A$，A就是原子核的核子数，也称为原子核的质量数。因此，如果知道了某元素的原子序数和质量数，就可以知道原子核里的质子数和中子数。通常用如下符号表示元素的核状态：

$$_{Z}^{A}\text{元素符号}^{N}$$

质子数相同的原子具有相似的化学性质，处在元素周期表的同一位置，但它们的中子数可能不同，我们就把质子数相同而中子数不同的元素称为同位素。例如，氢原子核只有一个质子，没有中子（$_{1}^{1}$H），而它的同位素氘则有一个质子和一个中子（$_{1}^{2}$H），氚有两个中子和一个质子（$_{1}^{3}$H）。同位素在化学性质方面虽然相似，但其他性质就相差甚远。如氢和氘都是稳定的同位素，而氚却带放射性。

1896年，法国科学家贝可勒尔发现铀元素能自动地放射出一种穿透力很强的射线，它能透过黑纸使底片感光，这就是放射现象。随后，1900年居里夫妇在研究镭射线时发现，镭射线通过磁场后被分为两束。1906年，卢瑟福在重复居里夫妇的实验时采用更高强度的磁场，结果镭射线被分成了三束（见图4-1）。后来，科学家就把这三束射线分别称为α射线、β射线和γ射线。其中，α射线由带正电的高速度的氦原子核组成；β射线由速度很大的电子组成；而γ射线则是一种波长极短，不带电荷的穿透力极强的射线。

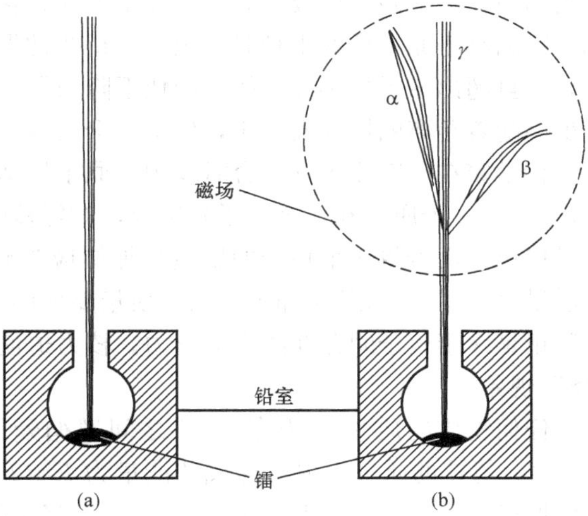

图4-1　镭的放射性试验

(a) 不加磁场；(b) 加强磁场

现在科学家们已经知道，每一种元素的同位素在受到中子轰击后，多半都会变成一种特定的放射性元素，都会放出α、β和γ射线，这些射线都具有一定的穿透力。因此，人们可以在一种元素的原子核上人为地添加中子或质子，使它们变成别的原子。这样的原子常常是有放射性的，通常就称之为放射性同位素。通过加速器或核反应可以获得大量的放射性同位素。

放射性同位素的原子核是不稳定的，它能自发地放射出α、β、γ射线而转为另一种元素或转变到另一种状态，这一过程称之为衰变。衰变是放射性原子核的基本特征，但放射性同位素的每个核的衰变并不是同时发生的，而是有先有后。为了描述衰变过程的快慢，科学家定义放射性元素的原子核数因衰变而减少到原有原子核数一半时所需的时间为半衰期。因此，衰变越快的元素，半衰期越短。半衰期是放射性同位素的一个特定常数，它基本上不随外界条件的变动和元素所处状态的改变而改变。

2. 核能的来源

人类生活中利用的大多是化学能。化石燃料燃烧时，燃料中的碳原子和空气中的氧原子结合，同时放出一定的能量。这种原子结合和分离使得电子的位置和运动发生变化，从而释放出的能量称为化学能。显然它与原子核无关。

如果设法使原子核结合或分离，是否也能释放出能量呢？近百年来，科学家持之以恒的努力给予的答案是肯定的。这种由于原子核变化而释放出的能量，早先通俗地称为原子能。因为所谓原子能，实际上是由于原子核发生变化而引起的，因此，应该确切地称之为原子核能。经过科学家们多年的宣传，现在广大公众已了解原子能实际上是“核”的功劳，于是，现在简洁的称呼“核能”取代了“原子能”；“核弹”、“核武器”取代了“原子弹”和“原子武器”。

“核能”来源于将核子（质子和中子）保持在原子核中的一种非常强的作用力——核力。试想，原子核中所有的质子都是带正电的，当它们拥挤在一个直径只有 10^{-13}cm 的极小空间内时，其排斥力该有多么大！然而，质子不仅没有飞散，相反地还和不带电的中子紧密地结合在一起。这说明在核子之间还存在一种比电磁力要强得多的吸引力，称为“核力”。核力和人们熟知的电磁力以及万有引力完全不同，它是一种非常强大的短程作用力。当核子间的相对距离小于原子核的半径时，核力显得非常强大；但随着核子间距离的增加，核力迅速减小，一旦超出原子核半径，核力很快下降为零。而万有引力和电磁力都是长程力，它们的强度虽会随着距离的增加而减小，但却不会为零。

科学家在研究原子核结合时发现，原子核结合前后核子质量相差甚远。例如，氦核是由4个核子（2个质子和2个中子）组成，对氦核的质量测量时发现，其质量为4.002 663原子质量单位；而若将4个核子的质量相加则应为4.032 980原子质量单位。这说明氦核结合后的质量发生了“亏损”，即单个核的质量要比结合成核的核子质量数大。这种“质量亏损现象”正是缘于核子间存在的强大核力。核力迫使核子间排列得更紧密，从而引发质量减少的“怪”现象。

任何物质的质量 m 和能量 E 之间遵循爱因斯坦的质能关系，即式（1-1）。根据式（1-1），氦核的质量亏损所形成的能量为 $E=28.30$MeV。当然，就单个氦核而言，质量亏损所形成的能量很小，但对1g氦而言，它释放的能量就大得惊人，达 6.78×10^{11}J，即相当于19万 kW·h的电能。由于核力比原子核与外围电子之间的相互作用力大得多，因此，核反应中释放的能量就要比化学能大几百万倍。科学家将这种由核子结合成原子核时所放出的能量称之为原子核的总结合能。由于各种原子核结合的紧密程度不同，原子核中核子数不同，因此，总结合能也会随之变化。由于结合能上的差异，于是产生了两种利用核能的不同途径：核裂变和核聚变。

核裂变又称核分裂，它是将平均结合能比较小的重核设法分裂成两个或多个平均结合能大的中等质量的原子核，同时释放出核能。重核裂变一般有自发裂变和感生裂变两种方式。自发裂变是重核本身不稳定造成的，因此，其半衰期都很长。如纯铀自发裂变的半衰期约为45亿年，因此，要利用自发裂变释放出的能量是不现实的。例如，100万 kg的铀自发裂变发出的能量一天还不到1kW·h。感生裂变是重核受到其他粒子（主要是中子）轰击时裂变成两块质量略有不同的较轻的核，同时释放出能量和中子。一个铀核受中子轰击发生感生裂变时所释放的能量见表 4-1。核感生裂变释放出的能量才是人们可以加以利用的核能。

图 4-2 所示为核裂变链式反应示意。从图上可以看出，每个铀核裂变时会产生2、3 个中子，这些中子又会轰击其他铀核，使其裂变并产生更多的中子，这样一代一代发展下去就会形成一连串的裂变反应，这种连续不断的核裂变过程就称之为链式反应。显然，控制中子数的多寡就能控制链式反应的强弱。最常用的控制中子数的方法就是用善于吸收中子的材料制成控制棒，并通过控制棒位置的移动来控制维持链式反应的中子数目，从而实现可控核裂变。镉、硼、铬等材料吸收中子能力强，常用来制作控制棒。

表 4-1　铀核裂变时所放出的能量

能量组成	能量	
	MeV	%
裂变碎片的动能：重核	67	32.9
轻核	98	48.1
瞬发 γ 射线的能量	7.8	3.8
裂变中子的动能	4.9	2.4
裂变碎片及其衰变产物的 β 粒子的能量	9	4.4
裂变碎片及其衰变产物的 γ 射线的能量	7.2	3.5
中微子的能量	10	4.9
总计	203.9	100

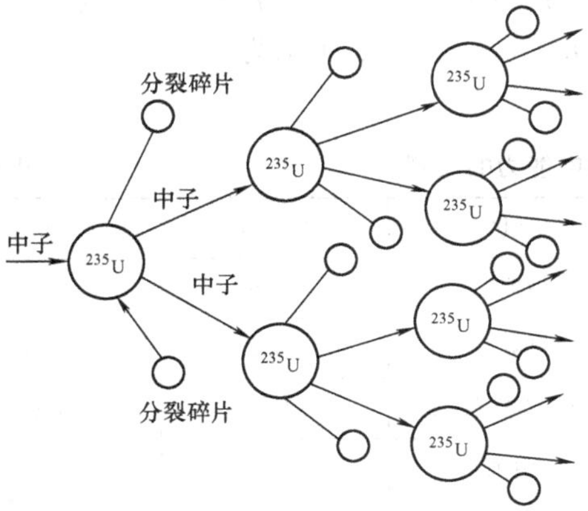

图 4-2　核裂变链式反应示意

核聚变又称热核反应，它是将平均结合能较小的轻核，例如，氘和氚在一定条件下将它们聚合成一个较重的平均结合能较大的原子核，同时释放出巨大的能量。由于原子核间有很强的静电排斥力，因此，一般条件下发生核聚变的几率很小，只有在几千万度的超高温下，轻核才有足够的动能去克服静电斥力而发生持续的核聚变。由于超高温是核聚变发生必须的外部条件，所以又称核聚变为热核反应。

由于原子核的静电斥力同其所带电荷的乘积成正比，所以，原子序数越小，质子数越少，聚合所需的动能（即温度）就越低。因此，只有一些较轻的原子核，如氢、氘、氚、氦、锂等才容易释放出聚变能。最有希望的聚合反应是氘和氚的反应：

$$^{2}_{1}\text{H}+^{3}_{1}\text{H}\longrightarrow ^{4}_{2}\text{He}+^{1}_{0}n$$

它释放的能量是铀裂变反应的 5 倍。由于核聚变要求很高的温度，目前，只有在氢弹爆炸和由加速器产生的高能粒子的碰撞中才能实现。因此，使聚变能能够持续地释放，让其成为人类可控制的能源，即实现可控热核反应仍是 21 世纪科学家奋斗的目标。

3. 世界核能利用的现状

从苏联建成第一座核电厂至今，世界核电得到了迅速发展。特别是 20 世纪 70 年代后，核电技术的成熟和中东战争引发的石油危机，更促成了核电发展的高潮。截至 2002 年，全世界有 441 座核电厂在运行，其中，美国 104 座，法国 59 座，日本 54 座分别居前三位。从核电占电能的比例看，法国以77.07%居首位，超过40%的国家还有立陶宛、比利时、保加利亚、斯洛伐克、瑞典、乌克兰。目前，全世界核电提供的电能占世界电力供应的16%，为此，每年可以减少23亿t CO_2 的排放量，这意味着如果不使用核电，全世界 CO_2 的排放量将增加10%。

然而在过去10年中，核电变成了一个备受争议的话题，它已从世界发展最快的能源沦为发展最慢的能源，远远落后于石油甚至煤炭之后。例如，在欧洲许多国家不但不建核电厂，而是讨论如何迅速关闭核电厂。究其原因，主要是美国三哩岛和苏联切尔诺贝利核电厂事故引起公众对核的恐惧。但是这种恐核心理导致的核电发展停滞，已带来严重的负面影响，例如，1999年瑞典核电占47%，因为关闭核电厂，只能被迫向丹麦燃煤电厂购电，不但电费上涨，而且导致西欧 CO_2 的排放总量超标。现在德国、瑞士等国也不得不暂缓关闭核电厂。由于电力紧张，美国也中止了暂停建核电厂的规定，重新启动核电厂建设计划。

与欧美发达国家相反，亚洲由于经济迅速崛起，核电发展方兴未艾，亚洲目前共有90座核电厂在运行，其中2/3集中在日本。韩国、中国大陆和台湾、印度、巴基斯坦等仍有许多座新核电厂在建设之中。由于先进堆型的开发，核电技术的不断完善，核安全程度越来越高，加上全球经济的迅速发展，以及为了解决温室气体排放及酸雨等环境问题，核电在未来20年将又有一个新的发展，对发展中国家更是如此。美国能源部估计，工业化国家、前东欧和苏联各国、发展中国家占世界核电的比例1999年底分别为79.7%、13.0%、7.3%，而到2020年这一比例将变为70.1%、10.8%、19.0%。表4-2所示为2015～2020年世界核电能力的预测。

表4-2　2015～2020年世界核电能力的预测　(10^6 kW)

地区	2015年	2020年	地区	2015年	2020年
美国	79.5	71.6	俄罗斯	17.6	13.1
其他北美国家	14.9	14.9	乌克兰	13.1	13.1
日本	56.6	56.6	其他前苏联国家	1.0	1.0
法国	64.3	63.1	中国	11.6	18.7
英国	8.1	5.3	韩国	19.4	22.1
其他西欧国家	42.8	35.7	其他发展中国家	22.7	25.0
东欧	10.6	10.6	世界总计	362.3	350.9

二、反应堆

（一）反应堆的分类

实现大规模可控核裂变链式反应的装置称为核反应堆，简称为反应堆，它是向人类提供核能的关键设备。根据反应堆的用途、所采用的燃料、冷却剂与慢化剂的类型以及中子能量的大小，反应堆有许多分类的方法。

1. 按反应堆的用途分类

(1) 生产堆。这种堆专门用来生产易裂变或易聚变物质，其主要目的是生产核武器的装料钚和氚。

（2）动力堆。这种堆主要用作发电和舰船的动力。

（3）试验堆。这种堆主要用于试验研究，它既可进行核物理、辐射化学、生物、医学等方面的基础研究，也可用于反应堆材料，释热元件、结构材料以及堆本身的静、动态特性的应用研究。

（4）供热堆。这种堆主要用作大型供热站的热源。

2. 按反应堆采用的冷却剂分类

（1）水冷堆。它采用水作为反应堆的冷却剂。

（2）气冷堆。它采用氦气作为反应堆的冷却剂。

（3）有机介质堆。它采用有机介质作反应堆的冷却剂。

（4）液态金属冷却堆。它采用液态金属钠作反应堆的冷却剂。

3. 按反应堆采用的核燃料分类

（1）天然铀堆。以天然铀作核燃料。

（2）浓缩铀堆。以浓缩铀作核燃料。

（3）钚堆。以钚作核燃料。

4. 按反应堆采用的慢化剂分类

（1）石墨堆。以石墨作慢化剂。

（2）轻水堆。以普通水作慢化剂。

（3）重水堆。以重水作慢化剂。

5. 按核燃料的分布分类

（1）均匀堆。核燃料均匀分布。

（2）非均匀堆。核燃料以燃料元件的形式不均匀分布。

6. 按中子的能量分类

（1）热中子堆。堆内核裂变由热中子引起。

（2）快中子堆。堆内核裂变由快中子引起。

（二）动力堆

在核能的利用中，动力堆最为重要。动力堆主要有轻水堆、重水堆、气冷堆和快中子增殖堆。

1. 轻水堆

轻水堆是动力堆中最主要的堆型。在全世界的核电厂中轻水堆约占 85.9%。普通水（轻水）在反应堆中既作冷却剂又作慢化剂。轻水堆又有两种堆型：沸水堆和压水堆。前者的最大特点是作为冷却剂的水会在堆中沸腾而产生蒸汽，故称为沸水堆。后者反应堆中的压力较高，冷却剂水的出口温度低于相应压力下的饱和温度，不会沸腾，因此，这种堆又叫压水堆。

现在压水堆以浓缩铀作燃料，是核电厂应用最多的堆型，在核电厂的各类堆型中约占 61.3%。图 4-3 所示为压水堆结构的示意。由燃料组件组成的堆芯放在一个能承受高压的压力壳内。冷却剂从压力壳右侧的进口流入压力壳，通过堆芯筒体与压力壳之间形成的环形通道向下，再通过流量分配器从堆芯下部进入堆芯，吸收堆芯的热量后再从压力壳左侧的出口流出。由吸收中子材料组成的控制棒组件在控制棒驱动装置的操纵下，可以在堆芯上下移动，以控制堆芯的链式反应强度。

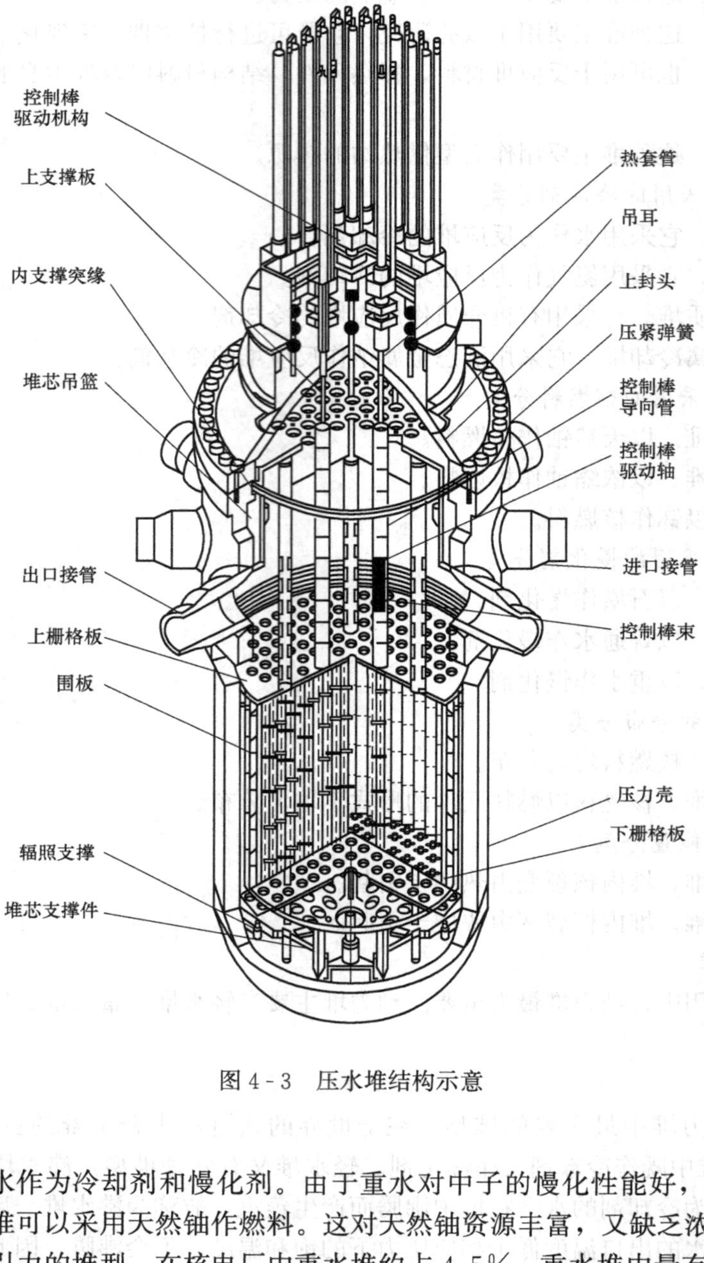

图 4-3 压水堆结构示意

2. 重水堆

重水堆以重水作为冷却剂和慢化剂。由于重水对中子的慢化性能好，吸收中子的几率小，因此，重水堆可以采用天然铀作燃料。这对天然铀资源丰富，又缺乏浓缩铀能力的国家是一种非常有吸引力的堆型。在核电厂中重水堆约占 4.5%。重水堆中最有代表性的加拿大坎杜堆如图 4-4 所示。

3. 气冷堆

气冷堆是以气体作冷却剂，石墨作慢化剂。气冷堆经历了三代。第一代气冷堆是以天然铀作燃料，石墨作慢化剂，二氧化碳作冷却剂。这种堆最初是为生产核武器装料钚，后来才发展为产钚和发电两用。这种堆型早已停建。第二代称为改进型气冷堆，它是采用低浓缩铀作燃料，慢化剂仍为石墨，冷却剂也是二氧化碳，但冷却剂的出口温度已由第一代的 400℃

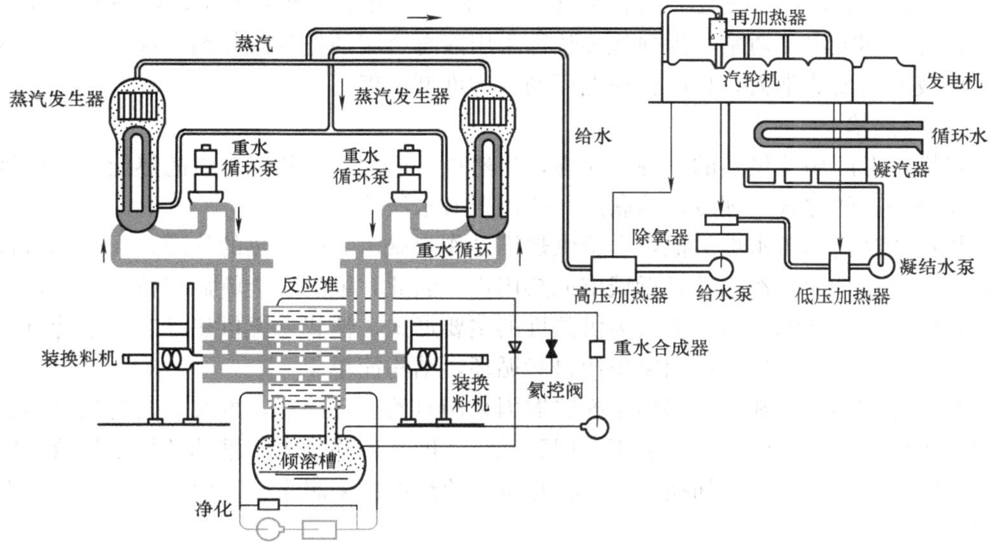

图 4-4 加拿大坎杜堆示意

提高到 650℃。第三代为高温气冷堆，与前两代的区别是采用高浓缩铀作燃料，并用氦作为冷却剂。由于氦冷却效果好，燃料为弥散型无包壳，堆芯石墨又能承受高温，所以，堆芯气体出口温度可高达 800℃，故称为高温气冷堆。核电厂的各种堆型中，气冷堆约占 2%～3%。除发电外，高温气冷堆的高温氦气还可直接用于需要高温的场合，如炼钢、煤的气化和化工过程等。图 4-5 所示为发电的高温气冷堆示意。

4. 快中子增殖堆

前述的几种堆型中，核燃料的裂变主要是依靠能量比较小的热中子，都是热中子堆。在这些堆中，为了慢化中子，堆内必须装有大量的慢化剂。快中子反应堆不用慢化剂，裂变主要依靠能量较大的快中子。如果快中子堆中采用 Pu（钚）作燃料，则消耗一个 ^{239}Pu核所产生的平均中子数达 2.6 个，除维持链式反应用去一个中子外，因为不存在慢化剂的吸收，故还可能有一个以上的中子用于再生材料的转换。例如，可以把堆内天然铀中的 ^{238}U 转换成 ^{239}Pu，其结果是新生成的 ^{239}Pu核与消耗的 ^{238}U 核之比（所谓增殖比）可达 1.2 左右，从而实现了裂变燃料的增殖。所以，这种堆也称为快中子增殖堆。它所能利用的铀资源中的潜在能量要比热中子堆大几十倍，这正是快堆突出的优点。

由于快堆堆芯中没有慢化剂，故堆芯结

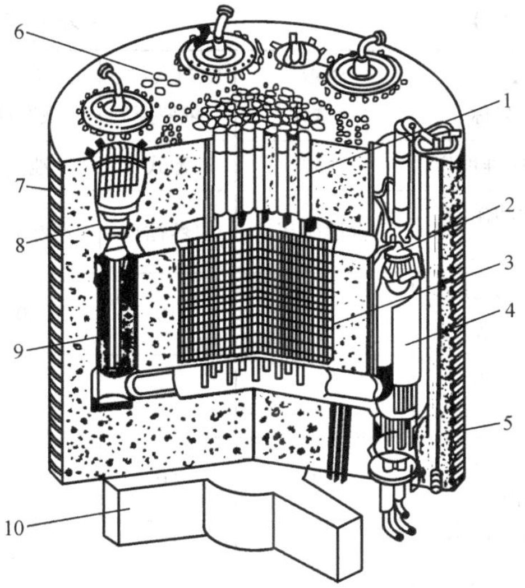

图 4-5 发电的高温气冷堆的示意

1—装卸料通道；2—循环鼓风机；3—反应堆堆芯；4—蒸汽发生器；5—垂直预应力钢筋；6—氦气净化阱；7—预应力混凝土壳；8—辅助循环鼓风机；9—辅助热交换器；10—压力壳支座

构紧凑、体积小，功率密度比一般轻水堆高4～8倍。由于快堆体积小，功率密度大，故传热问题显得特别突出。通常，为强化传热都采用液态金属钠作为冷却剂。快中子堆虽然前途广阔，但技术难度非常大，目前在核电厂的各种堆型中仅占0.7%。

（三）供热堆

供热堆是专门用于供热的一种反应堆，当然也可以利用供热堆提供的热能，采用吸收式制冷或喷射制冷的方式实现冷、热联产，或用于海水淡化。

供热堆的结构和压水堆类似，由于供热堆是作为城市集中供热的热源，而受热力管网散热的限制，供热堆通常都比较靠近城市或热用户，因此，堆的安全就显得特别重要，基于以上原因，所谓池式低温供热堆就成为供热堆的主要形式，池式低温供热堆有以下特点：

（1）堆芯通常为常压，一回路采用自然循环，结构简单。

（2）反应堆的堆芯和一回路的主换热器因采用自然循环冷却，堆芯不会有失水的危险。

（3）为保证热用户的安全，采用三回路系统，即一回路的水将堆芯的热量传给二回路的水，而二回路的水则通过中间换热器再将热量传给热网的采暖水，从而可有效防止放射性物质的泄漏。

（4）余热排放系统完全依靠自然循环，无须动力电源，可确保停堆后排出余热。

此外，池式低温供热堆也和压水堆一样，配有控制棒驱动系统、注硼停堆系统、各种控制和监视系统等，以保证供热堆的安全运行。池式供热堆除安全性特别好外，造价也比动力堆低得多，投资仅为动力堆的1/10，其经济性已可和燃煤及燃油供热站相比较，而对环境的影响却小得多。

我国5MW的供热堆，1989年已开始在清华大学运行，至今已取得良好的经济效益。200MW的供热站也正在建设之中。表4-3所示为国外池式供热堆的主要参数。

表4-3 国外池式供热堆的主要参数

反应堆名称	SDR（加拿大）	RUTA-10（俄罗斯）	RUTA-50（俄罗斯）	反应堆名称	SDR（加拿大）	RUTA-10（俄罗斯）	RUTA-50（俄罗斯）
反应堆堆型	池式	池式	池式	燃料组件数	4	19	61
冷却循环方式	自然循环	自然循环	自然循环	组件内元件数	49	—	—
反应堆功率（MW）	2	10	50	元件直径（mm）	13.1	—	—
堆芯出口水温（℃）	92.7	95	95	平均燃耗（MWd/kg）	15	23	23
堆芯入口水温（℃）	62	60	60	二回路出口水温（℃）	77	85	85
堆芯压力（MPa）	0.16	0.22	0.22	二回路入口水温（℃）	52	55	55
堆芯流量（t/h）	—	250	1250	二回路压力（MPa）	—	0.14	0.14
池水温度（℃）	62	60	60	二回路流量（t/h）	—	280	1400

续表

反应堆名称	SDR（加拿大）	RUTA-10（俄罗斯）	RUTA-50（俄罗斯）	反应堆名称	SDR（加拿大）	RUTA-10（俄罗斯）	RUTA-50（俄罗斯）
水池直径（m）	4.3	4.3	6.0	热网出口水温（℃）	70	80	80
池水深度（m）	9.04	13	13	热网入口水温（℃）	45	50	50
堆芯高度（m）	0.49	—	1.0	热网流量（t/h）	—	290	1450
堆芯直径（m）	0.384×0.284	—	1.19	单位功率水量（m^3/MW）	51	16.6	7.48

三、核电厂

（一）核电厂的组成

核能最重要的应用是核能发电。核能能量密度高，其热值比煤的热值约高出 250 万倍。作为发电燃料，其运输量非常小，发电成本低。例如，一座 1000MW 的火电厂，每年约需三、四百万吨原煤，相当于每天需 8 列火车用来运煤。同样容量的核电厂，若采用天然铀作燃料只需 130t，采用 3%的浓缩铀^{235}U 作燃料则仅需 28t。利用核能发电还可避免化石燃料燃烧所产生的日益严重的温室效应。作为电力工业主要燃料的煤、石油和天然气又都是重要的化工原料。基于以上原因，世界各国对核电的发展都给予了足够的重视。

核电厂和火电厂的主要区别是热源不同，而将热能转换为机械能，再转换成电能的装置则基本相同。火电厂靠烧煤、石油或天然气来取得热量，而核电厂则依靠反应堆中的冷却剂将核燃料裂变链式反应所产生的热量带出来。

核电厂的系统和设备通常由两大部分组成：核的系统和设备，又称核岛；常规的系统和设备，又称常规岛。目前，核电厂中广泛采用的是轻水堆，即压水堆和沸水堆。表 4-4 给出了截至 2002 年底世界核电厂中各种堆型发电机组的概况。

表 4-4　世界核电机组概况

堆　型	运行机组	运行净功率（MW）	全部机组	全部净功率（MW）
压水堆	262	236 236	293	264 169
沸水堆	93	81 071	98	87 467
各种气冷堆	30	10 614	30	10 614
各种重水堆	44	22 614	54	27 818
石墨慢化轻水堆	13	12 545	14	13 470
液态金属快中子增殖堆	2	793	5	2573
合计	444	363 844	494	406 136

1. 压水堆核电厂

图 4-6 所示为压水堆核电厂的示意。压水堆核电厂的最大特点是整个系统分成两大部分，即一回路系统和二回路系统。一回路系统中压力为 15MPa 的高压水被冷却剂泵送进反应堆，吸收燃料元件的释热后，进入蒸汽发生器下部的 U 形管内，将热量传给二回路的水；

然后再返回冷却剂泵入口，形成一个闭合回路。二回路的水在U形管外部流过，吸收一回路水的热量后沸腾，产生的蒸汽进入汽轮机的高压缸做功。高压缸的排汽经再热器再热提高温度后，再进入汽轮机的低压缸做功。膨胀做功后的蒸汽在凝汽器中被凝结成水，然后再送回蒸汽发生器形成另一个闭合回路。一回路系统和二回路系统是彼此隔绝的，万一燃料元件的包壳破损，只会使一回路水的放射性增加，而不致影响二回路水的品质，这样就大大增加了核电厂的安全性。

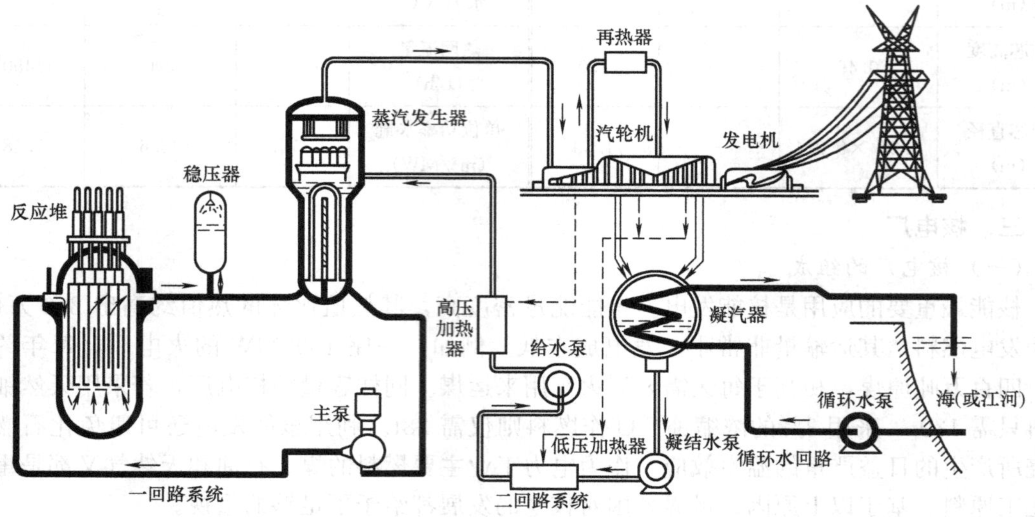

图4-6 压水堆核电厂的示意

稳压器的作用是使一回路水的压力维持恒定。它是一个底部带电加热器，顶部有喷水装置的压力容器，其上部充满蒸汽，下部充满水。如果一回路系统的压力低于额定压力，则接通电加热器，增加稳压器内的蒸汽，使系统的压力提高；反之，如果系统的压力高于额定压力，则喷水装置喷冷却水，使蒸汽冷凝，从而降低系统压力。

通常，一个压水堆有2～4个并联的一回路系统（又称环路），但只有一个稳压器。每一个环路都有一台蒸发器和1～2台冷却剂泵。压水堆的主要参数见表4-5。

压水堆核电厂由于以轻水作慢化剂和冷却剂，反应堆体积小，建设周期短，造价较低，加之一回路系统和二回路系统分开，运行维护方便，需处理的放射性废气、废液、废物少，因此，在核电厂中占主导地位。

2. 沸水堆核电厂

图4-7所示为沸水堆核电厂的示意。在沸水堆核电厂中，堆芯产生的饱和蒸汽经分离器和干燥器除去水分后直接送入汽轮机做功。与压水堆核电厂相比，这种系统省去了既大又贵的蒸汽发生器，但有将放射性物质带入汽轮机的危险。另外，对沸水堆而言，堆芯下部含汽量低，堆芯上部含汽量高，因此，下部核裂变的反应性高于上部。为使堆芯功率沿轴向分布均匀，与压水堆不同，沸水堆的控制棒是从堆芯下部插入的。

在沸水堆核电厂中，反应堆的功率主要由堆芯的含汽量来控制，因此，在沸水堆中配备有一组喷射泵。通过改变堆芯水的再循环率来控制反应堆的功率。当需要增加功率时，可增加通过堆芯的水的再循环率，将气泡从堆芯中去除，从而提高反应堆的功率。另外，万一发生事故，如冷却循环泵突然断电时，堆芯的水还可以通过喷射泵的扩压段对堆芯进行自然循环冷却，保证堆芯的安全。

表 4-5　　压水堆的主要参数

主要参数	环路数		
	2	3	4
堆热功率（MW）	1882	2905	3425
净电功率（MW）	600	900	1200
一回路压力（MPa）	15.5	15.5	15.5
反应堆入口水温（℃）	287.5	292.4	291.9
反应堆出口水温（℃）	324.3	327.6	325.8
压力容器内径（m）	3.35	4	4.4
燃料装载量（t）	49	72.5	89
燃料组件数	121	157	193
控制棒组件数	37	61	61
回路冷却剂流量（t/h）	42 300	63 250	84 500
蒸汽量（t/h）	3700	5500	6860
蒸汽压力（MPa）	6.3	6.71	6.9
蒸汽含湿量（%）	0.25	0.25	0.25

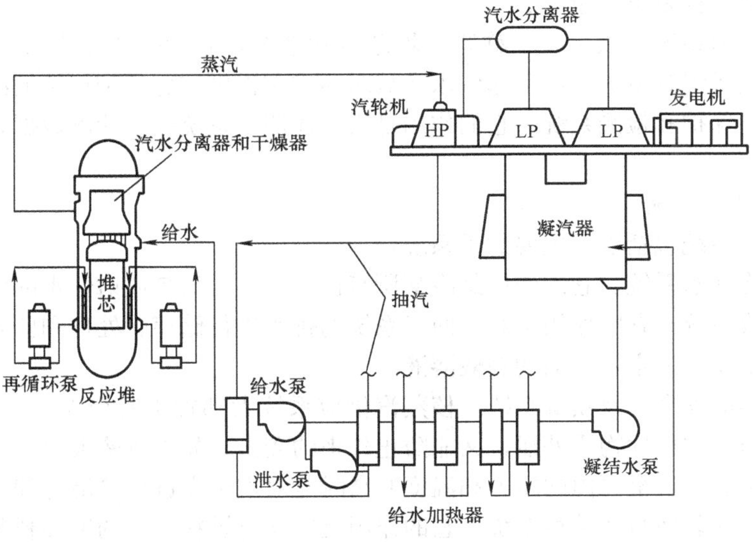

图 4-7　沸水堆核电厂示意

由于沸水堆中作为冷却剂的水在堆芯中会产生沸腾，因此，设计沸水堆时一定要保证堆芯的最大热流密度低于所谓沸腾的“临界热流密度”，以防止燃料元件因传热恶化而烧毁。表 4-6 所示为德国主要沸水堆核电厂的参数。

表 4-6 沸水堆核电厂的主要参数

主要参数名称	参数值	主要参数名称	参数值
净热功率（MW）	3840	控制棒数目（根）	193
净电功率（MW）	1310	一回路系统数目	4
净效率（%）	34.1	压力容器内水的压力（MPa）	7.06
燃料装载量（t）	147	压力容积的直径（m）	6.62
燃料元件尺寸（外径×长度）（mm）	12.5×3760	压力容器的总高（m）	22.68
燃料元件的排列	8×8	压力容器的总重（t）	785
燃料组件数	784		

（二）核电厂系统

核电厂是一个复杂的系统工程，它集中了当代的许多高新技术。为了使核电厂能稳定、经济地运行，以及一旦发生事故时能保证反应堆的安全和防止放射性物质外泄，核电厂设置有各种辅助系统、控制系统和安全设施。下面以压水堆核电厂为例介绍核电厂的主要系统。

1. 核岛的核蒸汽供应系统

核蒸汽供应系统包括以下子系统：

（1）一回路主系统。它包括压水堆、冷却剂泵、蒸汽发生器、稳压器和主管道等设备。

（2）化学和容积控制系统。它的作用是实现对一回路冷却剂的容积控制和调节冷却剂中的硼浓度，以控制压水堆的反应性变化。

（3）余热排出系统。该系统又称停堆冷却系统，它的作用是在反应堆停堆、装卸料或维修时，导出燃料元件发出的余热。

（4）安全注射系统。该系统又称紧急堆芯冷却系统，它的作用是在反应堆发生严重事故，如一回路主系统管道破裂而引起失水事故时为堆芯提供应急的和持续的冷却。

（5）控制、保护和检测系统。它的作用是为上述四个系统提供检测数据，并对系统进行控制和保护。

2. 核岛的辅助系统

核岛的辅助系统包括以下主要的子系统：

（1）设备冷却水系统。它的作用是冷却所有位于核岛内的带放射性水的设备。

（2）硼回收系统。它的作用是对一回路系统的排水进行储存、处理和监测，将其分离成符合一回路水质要求的水及浓缩的硼酸溶液。

（3）反应堆的安全壳及喷淋系统。核蒸汽供应系统大都置于安全壳内，一旦发生事故，安全壳既可以防止放射性物质外泄，又能防止外来的袭击，如飞机坠毁等；安全壳喷淋系统则保证事故发生引起安全壳内的压力和温度升高时能对安全壳进行喷淋冷却。

（4）核燃料的装换料及储存系统。它的作用是实现对燃料元件的装卸料和储存。

（5）安全壳及核辅助厂房通风和过滤系统。它的作用是实现安全壳和辅助厂房的通风，同时防止放射性外泄。

（6）柴油发电机组。它的作用是为核岛提供应急电源。

3. 常规岛的系统

常规岛系统与火电厂的系统相似，它通常包括以下几个系统：

(1) 二回路系统。该系统又称汽轮发电机系统，它由蒸汽系统、汽轮发电机组、凝汽器、蒸汽排放系统、给水加热系统及辅助给水系统等组成。

(2) 循环冷却水系统。

(3) 电气系统。

(三) 核电厂的运行

核电厂运行的基本原则和火电厂一样，都是根据电厂的电负荷需要量来调节供给的热量。由于核电厂是由反应堆供热，因此，核电厂的运行和火电厂相比有以下特点：

(1) 在火电厂中可以连续不断地向锅炉供应燃料，而核电厂必须对反应堆堆芯一次装料，并定期停堆换料。因此，在堆芯换新料后的初期，过剩反应性很大，为了补偿过剩的反应性，除采用控制棒外，还需在冷却剂中加入硼酸，并通过硼浓度的变化来调节反应堆的反应性。这就给一回路主系统及其辅助系统的运行和控制带来一定的复杂性。

(2) 反应堆的堆内构件和压力容器等因受中子的辐照而活化，所以，反应堆不管是在运行中或停闭后都有很强的放射性，这就给电厂的运行和维修带来一定的困难。

(3) 反应堆停闭后，在运行过程中积累起来的裂变碎片和β、γ衰变将继续使堆芯产生余热（又称衰变热），因此，堆停闭后不能立即停止冷却，还必须把这部分余热排出去。此外，核电厂还必须考虑在任何事故工况下都能对反应堆进行紧急冷却。

(4) 核电厂在运行过程中会产生气态、液态和固态的放射性废物，对这些废物必须按照核安全的规定进行妥善处理，以确保工作人员和居民的健康，而火电厂中这一问题是不存在的。

(5) 与火电厂相比，核电厂的建设费用高，但燃料所占的费用却较低。表 4-7 所示为核电和煤电发电费用的比较。因此，为了提高经济性，核电厂应在额定功率下作为带基本负荷电站连续运行，并尽可能缩短电的停闭时间。

表 4-7　核电和煤电的发电费用

项目	投资费	燃料费	运行、维修费
核电	70%	20%	10%
煤电	30%	60%	10%

四、核电厂的安全性

(一) 核电与核弹

在核电迅猛发展的今天，公众最关心的仍是核电的安全问题。首先，公众提出的第一个问题是：核电厂的反应堆发生事故时会不会像核武器一样爆炸？回答是否定的。核弹是由高浓度（大于 90%）的裂变物质（几乎是纯^{235}U或纯^{239}Pu）和复杂精密的引爆系统组成的，当引爆装置点火起爆后，弹内的裂变物质被爆炸力迅猛地压紧到一起，大大超过了临界体积，巨大核能在瞬间释放出来，于是产生破坏力极强的、毁灭性的核爆炸。

核电反应堆的结构和特性与核弹完全不同，既没有高浓度的裂变物质，又没有复杂精密的引爆系统，不具备核爆炸所必须的条件，当然不会产生像核弹那样的核爆炸。核电反应堆通常采用天然铀或低浓度（约 3%）裂变物质作燃料，再加上一套安全可靠的控制系统，从而能使核能缓慢地有控制地释放出来。

(二)核电厂放射性影响

核电厂的放射性也是公众最担心的问题。其实，人们生活在大自然与现代文明之中，每时每刻不知不觉地在接受来源于天然放射性的本底和各种人工放射性辐照。据法国资料，人体每年受到的放射性辐照的剂量约为1.3mSv，其中包括以下几个：

(1)宇宙射线，0.4～1mSv，它取决于海拔。

(2)地球辐射，0.3～1.3mSv，它取决于土壤的性质。

(3)人体，约0.25mSv。

(4)放射性医疗，约0.5mSv。

(5)电视，约0.1mSv。

(6)夜光表盘，约0.02mSv。

(7)燃油电厂，约0.02mSv。

(8)燃煤电厂，约1mSv。

(9)核电厂，约0.01mSv。

此外，饮食、吸烟、乘飞机都会使人们受到辐照的影响。从以上资料看，核电厂对居民辐照是微不足道的，比起燃煤电厂要小得多，因为煤中含镭，其辐照很强。

(三)核电安全性原则

安全通常定义为不存在危险或危险几率非常小，对核电厂而言，其安全性反映在以下几方面：

(1)无论内部或外部原因，损坏发电系统完善性的危险可以忽略不计。

(2)无论电厂正常或不正常运行，对运行人员伤害的危险可以略而不计。

(3)电厂运行对周围居民造成的危险或公害可以忽略不计。

对核电厂的核心部分——反应堆，其安全的三原则如下：

(1)在运行工况和事故工况条件下，能保证反应堆安全停堆，并维持在安全停堆状态。

(2)停堆后能有效地排出堆芯余热。

(3)在预计运行事故和事故工况下，能有效地控制放射性物质外逸，并限制其产生的后果。

国际原子能机构(WEA)于1978年制定了有关核电厂厂址选择、设计、运行和质量保证等四个安全规程，并于1988年对上述四个规程进行了修改。我国国家核安全局也于1986年发布了相应的四个核安全法规，并于1991年对四个法规进行了修订。正是这些法规的实施使核电厂的安全有了可靠的保障。

(四)反应堆的安全设计

反应堆的安全设计是核电厂安全的主要保证，为此，核电厂对放射性裂变物质设置了如下7道屏障：

(1)陶瓷燃料芯块，芯块中只有小部分气态和挥发性裂变产物释出。

(2)燃料元件包壳，它包容燃料中的裂变物质，只有不到0.5%的包壳在寿命期内可能发生针眼大的小孔，从而有漏出裂变产物的可能。

(3)压力容器和管道，200～250mm厚的钢制压力容器和75～100mm钢管包容反应堆的冷却剂，阻止泄漏进冷却剂中的裂变产物的放射性。

（4）混凝土屏蔽，厚达 2～3m 的混凝土屏蔽以保护运行人员和设备不受堆芯放射性辐照的影响。

（5）圆顶的安全壳构筑物，它遮盖反应堆的整个部分，如反应堆泄漏，可防止放射性逸出。

（6）隔离区，它把电厂和公众隔离。

（7）低人口区，把厂址和居民中心隔开一段距离。

除了设置 7 道屏障外，为了保证堆芯的安全，在设计反应堆时必须使堆芯维持一负温度系数，以便在功率发生任何意外增长而使堆芯温度升高时，负温度系数会使反应堆失去临界条件而停止运行；另外，为防止灾难性核功率的剧增而使燃料棒变形，设计时必须考虑采用不变形的框架结构和可以自动复位的控制棒。

为了增加核电厂设计的安全性，国家核安全局还对安全设计作了特别的补充规定：

（1）对安全有重要意义的参数，必须配置足够的自动记录装置。

（2）设立一个与核电厂控制室分离的应急控制中心。

（3）应有严重事故情况下保持安全壳完整性的措施。

（4）在严重事故期间配备有充分辐射防护监督的设备。

近几年，计算方法和计算机的发展大大促进了反应堆安全设计和安全分析的进步，如在结构系统的设计中广泛采用可靠性分析与设计来代替传统的常规设计方法；采用各种大型计算软件对堆内假想事故进行安全分析等。

（五）反应堆的工程安全防护

反应堆的工程安全防护对核电厂的安全起附加的保证作用，它应包括以下内容：

（1）全部反应堆部件在安装和维护期间均需进行质量监督。

（2）全部监督、控制设备均有裕度。

（3）反应堆的全部重要部件（泵、风机、仪表）均有备用电源。

（4）对包壳、反应堆压力容器、安全壳因事故引起的裂变物质泄漏均需设置连续屏障。

（5）制订详细的运行人员培训大纲和电站正常操作和事故操作规程。

（6）对所有事故，特别是可想象到的最严重事故要有补救措施。

最近几年工程安全防护方面的进展反映在以下几方面：

（1）质保体系更加严格。

（2）监控设备、仪表更加先进，安全裕度增加。

（3）共因失效的原因及其对策的研究更加深入。

（4）防止放射性外泄到周围环境中去的措施日益完善。

（5）管理人员的素质更加良好，培训方式更加严格和具有针对性。

（6）针对暴力和破坏，核电厂的保卫也更加严格。

由于核技术的进步，使核电厂防御事故的能力大大增强，从而也使公众对发展核电更有信心，可以预计，21 世纪将是核电蓬勃发展的世纪。

五、21 世纪的核能

进入新世纪，核能的利用也将进入一个新的阶段。主要反映在可控核聚变的实现，以及加速器驱动的洁净核能系统。

(一) 可控核聚变

核聚变反应是在极高温度下发生的。在这种极高的温度下，参加反应的原子（氘原子、氚原子等）其核外电子都被剥离，成为裸露的原子核，这种由完全带正电的原子核（离子）和带负电的电子构成的高度电离的气体就称为等离子体。显然，要实现可控核聚变除了需要极高温度外，还需要解决等离子体密度和约束时间问题。众所周知，辐射传热是与温度的四次方成正比，在发生核聚变的超高温下，等离子体以辐射的形式损失的热量是非常巨大的。显然，如果聚变反应释放的能量小于辐射损失的话，热核反应就会终止。通常，随着温度的增加，辐射损失和释能速度都迅速增加，只是释能速度增加得更快一些，因此，就存在某一临界温度，当超过这一温度时，聚变反应就能持续进行。这一临界温度就被称作临界点火温度，对于氘—氚反应，临界点火温度约为 4400 万℃，纯氘反应，点火温度约为 2 亿℃。要维持聚变反应堆的运转更需要比临界点火温度高得多的温度。例如，据计算，氘—氚反应堆的最低运转温度高达 1 亿℃，纯氘反应堆的温度需 5 亿℃。

从核物理知识可知，等离子体的密度越大，即单位体积内的原子核数目越多，核聚变反应越容易持续进行。密度增大 10 倍，聚变反应的可能性就增加 100 倍。除了等离子体密度外，等离子体的约束时间也是一个重要因素，约束时间越长就越有利于聚变反应。研究结果表明，等离子体的密度和约束时间的乘积必须大于某一数值，热核反应才能持续进行。在核物理中就将这一条件称为劳逊条件，表 4 - 8 所示为可控核聚变反应堆需要满足的基本条件。

表 4 - 8 可控核聚变反应堆需要满足的基本条件

反应堆类型	最低温度（K）	等离子体密度（个/cm³）	最少约束时间（s）	劳逊条件（s 个/cm³）
氘—氚反应	10^8	10^{14}～10^{16}	1～0.01	10^{14}
氘—氘反应	5×10^8	0.2（10^{14}～10^{16}）	500～5	10^{16}

核聚变反应的等离子体的温度极高，显然，任何材料制成的器壁都承受不了如此高温，因此，必须对等离子体进行约束，即将它与周围环境隔离开来。目前有两种不同的约束途径，磁约束和惯性约束。

1. 磁约束系统

由于高温等离子体是由高速运动的荷电粒子（离子、电子）组成，因此，人们最早想到的是用高强磁场对其进行约束。显然，磁场越强，或者粒子的电荷越大，则受到的约束也越强。如果利用设计的磁场来约束高温等离子体，使带电粒子不能自由地向四面八方运动，而只能沿着一个螺旋形的轨道运动，这样，磁场的作用就相当于一个容器了。这就是磁约束系统的指导思想。

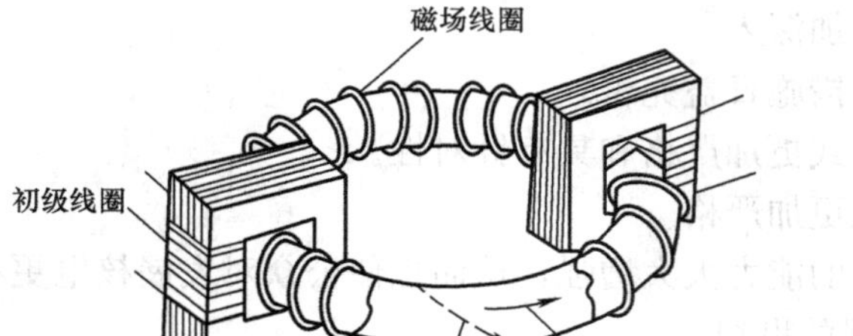

图 4 - 8 托卡马克磁约束系统示意

磁约束有各种不同的形式，其中，一种叫托卡马克的系统是目前性能最好的磁约束装置，图 4 - 8 所示为托卡马克磁约束系统示意。

在托卡马克系统中，等离子约束在一个环形管中，环形管中同时存在由绕在环管上线圈所产生的环向磁场以及由等离子体感生电流所产生的圈向磁场。这两个磁场合起来就形成了一个螺旋形的总磁场。要实现磁约束核聚变反应堆，还有很长的路要走，因为核聚变反应堆的任务不仅是连续地实现可控的核聚变反应，还必须不断地把聚变能变为电能输出，这就需要解决一系列复杂的工程问题。例如，等离子加热和控制；燃料注入和聚变能的取出；如何利用聚变反应释放的中子就地生产氚燃料以及核辐射防护等。由国际上主要核国家的聚变界花费 10 多年，耗资近 15 亿美元启动的国际热核试验堆 ITER 项目，将解决通向聚变电站的关键问题。

2. 惯性约束系统

激光的问世，使人们联想到用激光来实现核聚变的惯性约束，其基本设想是，在原子核飞行的极短时间内完成聚变反应，就无需采取什么措施来约束等离子体，这样，等离子体将被自身惯性约束。惯性约束的关键是在极短的时间内能完成核聚变反应，为此需将燃料制成微型丸，丸的半径为 1mm。为了使这种微丸的温度升至 1 亿℃，即核聚变点火温度，需要向它提供约为 100MJ 的能量。另外，据计算，一个半径为 1mm 的燃料丸，在点火温度下的惯性约束时间约为 2×10^{-10}s，要在这样短的时间内向如此小的微丸提供那样大的能量，显然是非常困难的。激光束由于其高能量和短脉冲特性，无疑是向微丸提供能量的最好手段。但目前的激光技术还远达不到上述要求，这一方面是产生高能的短脉冲强激光需要耗费大量的能量；另一方面，如果燃料丸处于正常的液态密度，则聚变反应所需的时间为 2×10^{-7}s，远远大于惯性约束的时间，这意味着，在惯性约束的时间内燃料丸只来得及反应掉 0.1%，释放的能量仅为 100MJ 的 1/3，因此，从能量利用的角度将是得不偿失的。理论分析表明，只有极大地提高燃料丸的密度，才能加快聚变反应的速度，使惯性约束时间内释放的能量大大增加。目前正在研究的方法是，用几路或十几路短脉冲强激光从不同方向集中轰击氘氚微丸，使微丸加热到聚变点火温度并同时产生向心爆炸。这个向心爆炸的巨大压力将使燃料大大压缩。据计算，可以将其密度压缩到液态密度的一万倍。这种激光引爆方法将获得净能量输出。

在惯性约束系统中，激光束引发的核聚变和氢弹中其核心的加热、压缩、聚合、起爆过程非常类似，因此，其研究也常常和核武器计划相联系，公开资料甚少，但在 21 世纪，和平和发展仍是世界的主流，实现可控核聚变的和平利用也是人类的共同愿望。

（二）加速器驱动的洁净核能系统

在 21 世纪，核裂变仍是核能利用的主流。为了使核能得到持续发展，必须在核裂变方面解决以下三个问题。

(1) 更充分利用可裂变的核资源，使天然铀中的^{238}U 能高效地转化为易裂变的^{239}Pu。

(2) 进一步使可能危害环境的长寿命核废料（次量锕系核素及某些裂变产物）嬗变为短寿命的废物，以达到核废物“减量”及降低放射性毒害的目的。

(3) 提高反应堆固有的安全性，从根本上杜绝临界事故。

上述三个问题中，高放射性废物的最终处理尤为引人注目。例如，一座 1GW 的轻水堆，在标准的运行工况下，年排放的乏燃料重金属总量为 22.5t，其中，除可经后处理回收的铀、钚同位素总量为 22 454.8kg 外，有总量约为 34.5kg 的锕系核素（MA）及约

50kg 的长寿命裂变产物（LLEP）。这几十千克核废物总量不多，但寿命长，放射性毒性大，它们的最长半衰期可达 200 万年。目前还没有很好的处理办法，但核物理的最新研究表明，如果把这些放射性废物放在中子场中，通过中子核反应可使其变为短寿命或稳定核素。

另外，从充分利用可裂变资源看，全球可供开采的天然铀中，可作为核燃料的^{235}U仅占不到 0.7 %，因此，1kg 天然铀的储能密度仅为 5×10^4 kW·h，而 1kg ^{239}Pu 的储能密度为 6×10^6 kW·h，因此，如能将^{238}U转换成^{239}Pu，则铀资源的利用可以提高 120 倍。虽然快中子增殖堆也可以把^{238}U转换成^{239}Pu，实现燃料的增殖，理论上它可以把铀资源的利用率提高 60 倍，但其燃料倍增的周期较长，一般为 30 年，因此，也需要一种具有合适中子场的反应堆系统以提高增殖效率。

由于公众对核电的安全性提出了越来越高的要求，因此，对核动力堆除了发展非能动的安全系统外，也应该寻找一种具有本征安全性的新反应堆系统，从根本上杜绝反应堆临界事故。

以上情况都促使核科学家们寻求一种更高效的清洁的核能利用系统，特别是到 21 世纪二三十年代，将有一大批老的核电厂到达其寿期，而需要更换新的系统。这种高效清洁的核能系统就是加速器驱动的次临界系统。加速器驱动的洁净核能系统如图 4-9 所示。它的主要部分为：中能强流加速器、外源中子产生靶和次临界反应堆。该系统的基本原理是：外源中子注入中子倍增因素 k 的反应堆中，与热中子反应堆（如压水堆、沸水堆）不同的是这种堆 k 小于 1，被称为次临界堆。而热中子堆是所谓临界堆，它们的 k 略大于 1，快中子堆 k 则可达 1.2，故称为增殖堆。在这种外源中子驱动的次临界堆中，除了堆内燃料裂变提供的中子外，外源中子还会诱发裂变中子。因此，其中子余额将大于临界堆。除了维持反应堆功率水平所需的中子数外，余下的中子则可用于嬗变核废料或转换核燃料。因此，这种新系统既可大大提高核燃料的利用率，又可大大减少核废料。

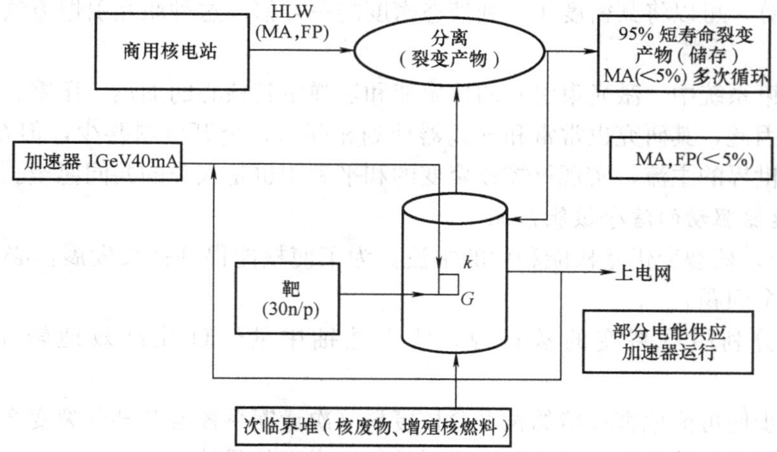

图 4-9 加速器驱动的洁净核能系统

由于反应堆为次临界堆，它必须有外源中子的驱动才能维持裂变链式反应，因此，当切断外源中子后，堆内的裂变反应即可终止，从而可以从根本上杜绝反应堆的临界事故，使反应堆更加安全。

实现上述洁净核能系统的关键是有产生外源中子的驱动器。中能质子散裂反应是已知产生中子的能量代价最少的核反应，因此，质子加速器就成为外源中子驱动器的首要选择。据估计，一台 1GeV，20mA 的质子加速器即可满足一个 1000MW 量级的核能系统的需要。

这种加速器驱动的次临界系统通常都会和目前商用核电厂相结合，一方面，用它来嬗变商用反应堆排放的长寿命的次量锕系核素；另一方面，它也可向电网提供电能。在优化设计下，这种以次临界堆为核心的混合系统可以有嬗变 8～10 台相同功率的商用压水堆排放的次量锕系核素的能力，并可把这些核废料转化成可利用的核资源。

目前，这种加速器驱动的洁净核能系统还正在研究之中，还有许多关键问题需要解决，但它无疑是 21 世纪核能利用的方向之一。

（三）我国核能利用的发展

我国核能利用起步较晚，但发展迅速，2009 年，我国 11 台在役核电机组继续保持安全稳定运行，总装机容量为 908 万 kW。全年累计发电量 692.63 亿 kW·h，发电设备利用小时为 7914h，平均负荷因子达到 90.34%，均创历史新高。2010 年 9 月，随着岭澳核电二期一号机组顺利投产，我国核电装机容量突破 1000 万 kW。按照国家《核电中长期发展规划》，到 2020 年，全国要建成核电机组 4000 万 kW，在建 1800 万 kW。核电机组装机容量占电力总装机容量的比例将达到 4%。在经济发达、电力负荷集中的沿海地区，核电将成为电力结构的重要组成部分。

由于核能利用是高技术的集成，是一个国家综合实力的体现，因此，我国政府除了大力发展核电厂外，还积极支持核能利用的基础研究工作，奋力赶超国际先进水平。例如：

（1）2000 年我国已建成第一座快中子增殖实验堆，热功率 65MW，电功率 20MW。

（2）2000 年我国已建成第一座高温气冷实验堆，热功率 10MW，电功率 2MW。

（3）“九·五”国家重大工程：大型全超导托克马克核聚变实验装置 HT-7U，已正式动工兴建，投资 1.65 亿元。

（4）21 世纪初将建设一座聚变—裂变混合堆。

（5）《国家重点基础研究发展规划》已将加速器驱动洁净核能系统立项支持，研究经费达 3 千万元。

（6）激光惯性约束核聚变研究也正在进行之中，总能量为 6.4MW 的 8 路激光装置，已在建造之中。

在新的世纪，核能利用将在我国取得更大的进展，并在改善我国能源结构中发挥越来越大的作用。

第二节 太 阳 能

一、概述

太阳是一个巨大、久远、无尽的能源。尽管太阳辐射到地球大气层的能量仅为其总辐射能量（约为 3.75×10^{26}W）的 22 亿分之一，但已高达 1.73×10^{17}W，换句话说，太阳每秒钟照射到地球上的能量就相当于 500 万 t 煤。图 4-10 所示为地球上的能流图。从图上可以看出，地球上的风能、水能、海洋温差能、波浪能和生物质能以及部分潮汐能都是来源于太阳，即使是地球上的化石燃料，从根本上说，也是远古以来储存下来的太阳能。

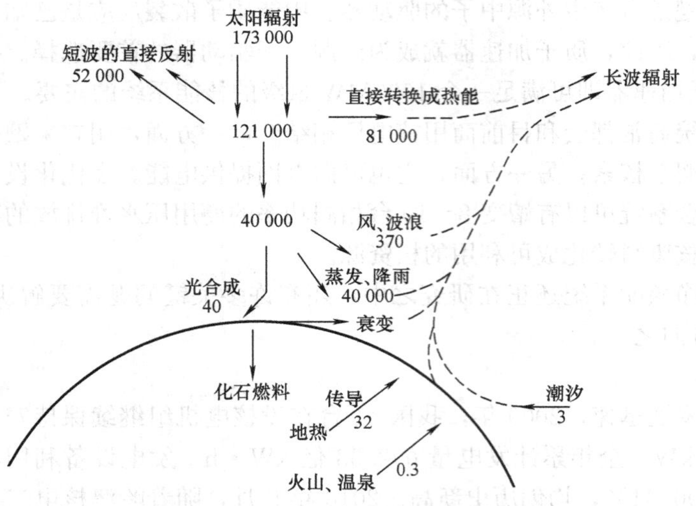

图 4-10 地球上的能流图（10^6MW）

我国太阳能资源丰富。根据中国气象科学研究院的研究，有三分之二以上国土面积，年日照在 2000h 以上，年平均辐射量超过 0.6GJ/cm^2，各地太阳年辐射量在 930～2330kW·h/m^2 之间。表 4-9 所示为我国太阳能资源的分类。

太阳能既是一次能源，又是可再生能源。它资源丰富，既可免费使用，又无需运输，对环境无任何污染，但太阳能也有两个主要缺点：一是能流密度低；二是其强度受各种因素（季节、地点、气候等）的影响不能维持常量。这两大缺点大大限制了太阳能的有效利用。

表 4-9　　我国太阳能资源的分类

地区分类	全年日照时数	太阳辐射 kcal/（cm^2·a）	相当于燃烧标准煤（kg）	包括的地区	与国外相当的地区
一	2800～3300	160～200	230～280	宁夏北部、甘肃北部、新疆东南部、青海西部和西藏西部	印度和巴基斯坦北部
二	3000～3200	140～160	200～230	河北北部、山西北部、内蒙古和宁夏南部、甘肃中部、青海东部、西藏东南部和新疆南部	印度尼西亚的雅加达一带
三	2200～3000	120～140	170～200	山东、河南、河北东南部、山西南部、新疆北部、吉林、辽宁、云南、陕西北部、甘肃东南部、广东和福建的南部、江苏和安徽的北部、北京	美国华盛顿地区
四	1400～2200	100～120	140～170	湖北、湖南、江西、浙江、广西、广东北部、陕西、江苏和安徽三省的南部、黑龙江	意大利米兰地区
五	1000～1400	80～100	110～140	四川和贵州	法国巴黎、俄罗斯莫斯科

人类对太阳能的利用有着悠久的历史。太阳能利用主要包括太阳能热利用和太阳能光利用。太阳能热利用应用很广，如太阳能热水、供暖和制冷；太阳能干燥农副产品、药材和木材；太阳能淡化海水；太阳能热动力发电等。太阳能光利用主要是太阳能光伏发电和太阳能制氢。由于常规能源的日渐短缺，在世界各国政府的大力支持下，作为可再生能源主力的太阳能将在全球能源供应中扮演越来越重要的角色。

二、太阳辐射

太阳是一个炽热的气态球体，它的直径约为 1.39×10^6km，质量约为 2.2×10^{27}t，为地

球质量的 3.32×10^5 倍，体积比地球大 1.3×10^6 倍，平均密度为地球的 1/4。其主要组成气体为氢（约 80%）和氦（约 19%）。由于太阳内部持续进行着氢聚合成氦的核聚变反应，所以不断地释放出巨大的能量，并以辐射和对流的方式由核心向表面传递热量，温度也从中心向表面逐渐降低。由核聚变可知，氢聚合成氦在释放巨大能量的同时，每 1g 质量将亏损 0.007 2g。根据目前太阳产生核能的速率估算，其氢的储量足够维持 600 亿年，因此，太阳能可以说是用之不竭的。

众所周知，地球每天绕着通过它本身南极和北极的“地轴”自西向东自转一周。每转一周为一昼夜，所以地球每小时自转 15°。地球除自转外，还循偏心率很小的椭圆轨道每年绕太阳运行一周。地球自转轴与公转轨道面的法线始终成 23.5°。地球公转时自转轴的方向不变，总是指向地球的北极。因此，地球处于运行轨道的不同位置时，太阳光投射到地球上的方向也就不同，于是形成了地球上的四季变化（见图 4 - 11）。

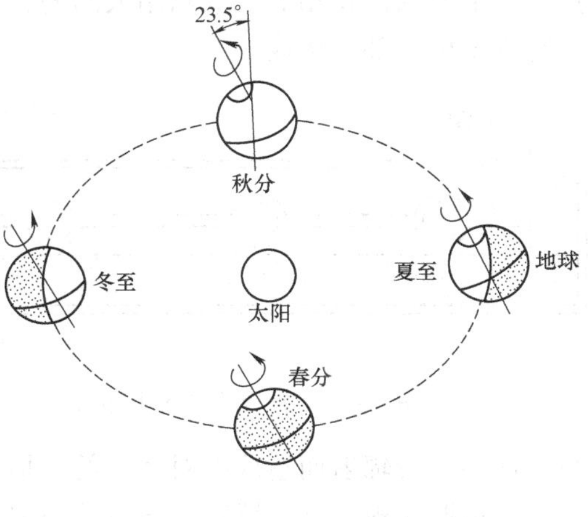

图 4 - 11 地球绕太阳运行的示意

由于地球以椭圆形轨道绕太阳运行，因此，太阳与地球之间的距离不是一个常数，而且，一年里每天的日地距离也不一样。众所周知，某一点的辐射强度与距辐射源的距离的平方成反比，这意味着地球大气上方的太阳辐射强度会随日地间距离不同而异。然而，由于日地间距离太大（平均距离为 1.5×10^8km），所以，地球大气层外的太阳辐射强度几乎是一个常数。因此，人们就采用所谓“太阳常数”来描述地球大气层上方的太阳辐射强度。它是指平均日地距离时，在地球大气层上界垂直于太阳辐射的单位表面积上所接受的太阳辐射能。近年来，通过各种先进手段测得的太阳常数的标准值为 1367W/m²。一年中由于日地距离的变化所引起太阳辐射强度的变化不超过±3.4%。

太阳辐射穿过大气层到达地面时，由于大气中空气分子、水蒸气和尘埃等对太阳辐射的吸收、反射和散射，不仅使辐射强度减弱，还会改变辐射的方向和辐射的光谱分布。因此，实际到达地面的太阳辐射通常由直射和漫射两部分组成。直射是指直接来自太阳其辐射方向不发生改变的辐射；漫射是指被大气反射和散射后方向发生了改变的太阳辐射。

到达地面的太阳辐射主要受大气层厚度的影响。大气层越厚，对太阳辐射的吸收、反射和散射就越严重，到达地面的太阳辐射就越少。此外，大气的状况和大气的质量对到达地面的太阳辐射也有影响。显然，太阳辐射穿过大气层的路径长短与太阳辐射的方向有关。因此，地球上不同地区、不同季节、不同气象条件下到达地面的太阳辐射强度都是不同的。通常，根据各地的地理和气象情况，将到达地面的太阳辐射强度制成各种可供工程使用的图表，它们不但对太阳能利用，而且对建筑物的采暖、空调设计也是至关重要的数据。

三、太阳能热利用

（一）太阳能集热器

太阳能集热器是把太阳辐射能转换成热能的设备，它是太阳能热利用中的关键设备。太阳能集热器按是否聚光这一主要特征可以分为非聚光和聚光两大类。

1. 平板集热器

平板集热器是非聚光类集热器中最简单且应用最广的集热器。它吸收太阳辐射的面积与采集太阳辐射的面积相等，能利用太阳的直射和漫射辐射。典型的平板集热器如图 4-12 所示。它主要由四部分构成。

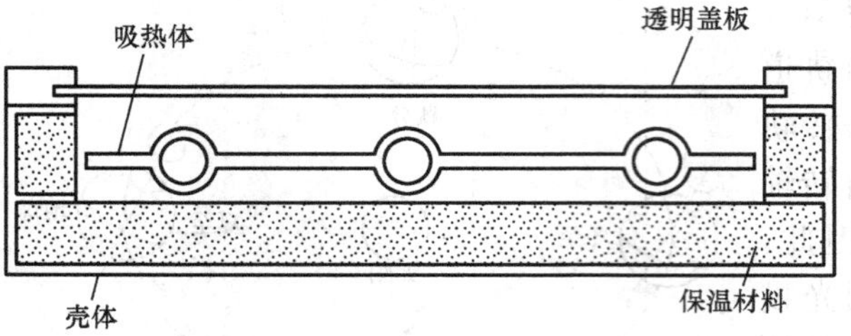

图 4-12　典型的平板集热器

（1）吸热体。它的作用是吸收太阳能并将其内的流体加热。它包括吸热面板和与吸热面板结合良好的流体管道。为提高吸热效率，吸热板常经特殊处理或涂有选择性涂层。选择性涂层对太阳的短波辐射具有很高的吸收率，而本身发射出的长波辐射的发射率却很低，这样既可吸收更多的太阳辐射能，又可减少吸热体因本身辐射而造成的对环境的热损失。

（2）透明盖板。它布置在集热器的顶部，其作用是减少集热板与环境之间的对流和辐射散热，并保护集热板不受雨、雪、灰尘的侵袭。透明盖板对太阳光的透射率高，而自身的吸收率和反射率却很低。为提高集热器效率可采用两层盖板。

（3）保温材料。它填充在吸热体的背部和侧面，其作用是防止集热器向周围散热。

（4）外壳。它是集热器的骨架，具有一定的机械强度、良好的水密封性能和耐腐蚀性能。

经过多年发展，平板集热器的性能日益提高，形式多样，规格齐全，能满足各种太阳能热利用装置的需要。近年来，真空管平板集热器有了很大发展，它将单根真空管装配在复合抛物面反射镜的底面，兼有平板和固定式聚光的特点。它能吸收太阳光的直射和 80% 的散射。由于复合抛物面反射镜是一种性能优良的广角聚光镜，集热管又为双层玻璃真空绝热，隔热性能优良，工作流体通道采用不锈钢管，集热面为选择性吸收热表面，因此，这种真空管平板集热器性能优良，工作温度最高可超过 175℃。即使在环境温度比较低和风速较高的情况下，也有较高的效率，已广泛用于家庭热水采暖、空调和工业热利用中。图 4-13 所示为全玻璃真空集热管的示意。

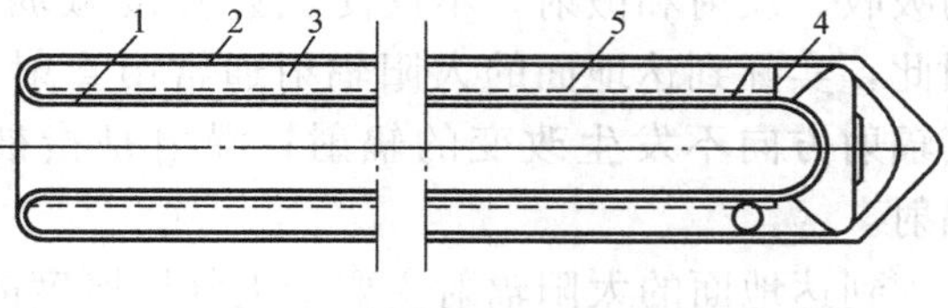

图 4-13　全玻璃真空集热管的示意

1—内玻璃管；2—外玻璃管；3—真空夹层；4—带有吸气剂的卡子；5—选择性涂层

2. 聚光集热器

平板集热器直接采集自然阳光，集热面积等于散热面积，理论上不可能获得较高的运行温度。为了更有效地利用太阳能，必须提高入射阳光的能量密度，使之聚焦在较小的集热面上，以获得较高的集热温度，并减少散热损失，这就是聚光集热器的特点。

聚光集热器通常由三部分组成：聚光器、吸收器和跟踪系统。其工作原理是，自然阳光经聚光器聚焦到吸收器上，并加热吸收器内流动的集热介质，跟踪系统根据太阳的方位随时调节聚光器的位置，以保证聚光器的开口面与入射太阳辐射总是互相垂直的。

提高自然阳光能量密度的聚光方式很多，根据光学原理可以分为反射式和折射式两大类。反射式是指依靠镜面反射将阳光聚集到吸收器上。常用的有槽形抛物面和旋转抛物面反射镜、圆锥反射镜、球面反射镜等。折射式则是利用制成棱状面的透射材料或一组透镜使入射阳光产生折射再聚集到吸收器上。

聚光集热器的跟踪装置大体上可以分为两类：两维跟踪系统和一维跟踪系统。前者跟踪系统同时跟踪太阳的方位角和高度角的变化，通常采用光电跟踪方式。后者只跟踪太阳的方位角，对高度角只作季节性调整，通常采用光电跟踪或时钟机械跟踪。时钟机械跟踪精度虽比不上光电跟踪，但结构简单，维修方便，且无需外部动力，对一些小型聚光集热器颇为经济实用。

（二）太阳能热水器

太阳能热利用中历史最悠久、应用得最广泛的就是太阳能热水器。自1891年美国马里兰州的肯普发明第一台太阳能热水器以来，至今已有一百多年的历史。发展到今天，日本就有一千万幢以上的住宅安装了太阳能热水器。

太阳能热水器通常由平板集热器、蓄热水箱和连接管道组成。按照流体流动的方式分类，可将太阳能热水器分成三大类：闷晒式、直流式和循环式。

1. 闷晒式

闷晒式的特点是水在集热器中不流动，闷在其中受热升温。这种热水器结构十分简单，当集热器中的水升温到一定值时即可放水使用。

2. 直流式

直流式热水器由集热器、蓄热水箱和相应的管道组成。水在这种系统中并不循环。为使集热器中出来的水有足够的温升，水的流量通常都比较小。

3. 循环式

循环式太阳能热水器是应用最广的热水器。按照水循环的动力又可分为自然循环和强迫循环。图4-14所示为自然循环式太阳能热水器的示意。水箱中的冷水从集热器的底部进入，吸收太阳能后温度升高，密度降低，与冷水之间形成的密度差构成了循环的动力。当循环水箱顶部的水温达到使用温度的上限时，则由温控器打开电磁阀使热水流入热水箱，与此同时，补给水箱自动补水。当水温低于使用温度的下限时，温控器使电磁阀关闭。这种装置可使用户得到所需温度的热水，使用起来非常方便。

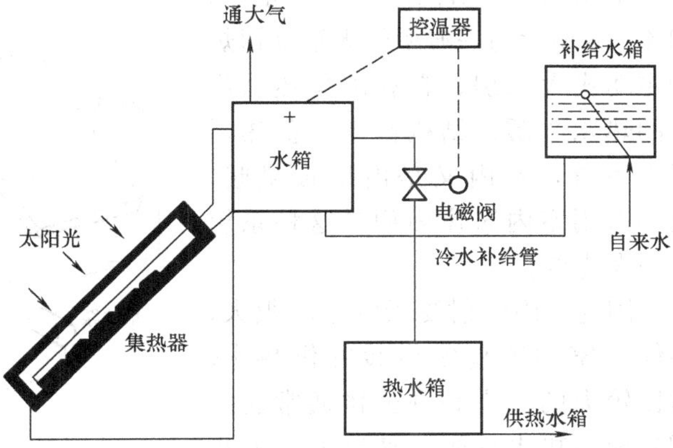

图4-14　自然循环式太阳能热水器

因为自然循环压头小，对于大型太阳能供热水系统通常就需要采用强迫循环，由泵提供水循环的动力。

（三）太阳能采暖

太阳能采暖可以分为主动式和被动式两大类。主动式是利用太阳能集热器和相应的蓄热装置作为热源来代替常规热水（或热风）采暖系统中的锅炉，而被动式则依靠建筑物结构本身充分利用太阳能来达到采暖的目的，因此，它又称为被动式太阳房。

1. 被动式太阳房

图 4-15 所示为最简单的自然供暖的被动式太阳房示意。这种太阳房白天直接依靠太阳辐射供暖，多余的热量为热容量大的建筑物本体（如墙、天花板、地基）及由碎石填充的蓄热槽吸收；夜间通过自然对流放热使室内保持一定的温度，达到采暖的目的。这种太阳房构造简单，取材方便，造价便宜，无需维修，有自然的舒适感，特别适合发展中国家的广大农村。

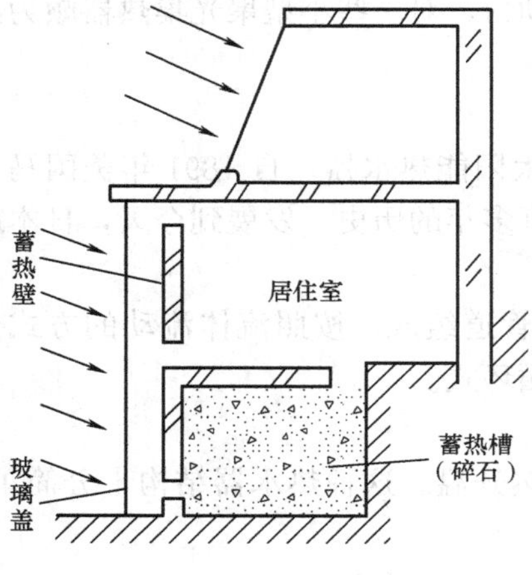

图 4-15 被动式太阳房示意

为进一步提高被动式太阳房的采暖效率，增大接受阳光的窗户面积，同时采用隔热套窗和双层玻璃窗来防止散热是首先应采取的措施。对被动式太阳房的进一步改进是在向阳的垂直的玻璃窗面内装设厚约 60cm 的混凝土墙，墙涂黑，兼作集热和蓄热壁。玻璃窗面和墙之间留有 30～50mm 夹层。墙上下两端开有长方形的通气孔。当墙壁吸收阳光被加热后，夹层中的热空气就通过上端开孔流入房间中；冷空气则从下端开孔流进夹层，构成自然循环，从而达到采暖的目的。这种带蓄热墙的太阳房是 1967 年由法国人特朗布提出的，故这种结构的太阳房又称作特朗布墙太阳房。

被动式太阳房形式多样，建筑技术简单。我国从 1977 年开始就开展了不同形式太阳房的试验研究和推广工作，建立了几十座试验性太阳房。随着农村经济的发展，可以预料，在我国西北、华北等太阳能丰富的地区将建起更多的被动式太阳房。

2. 主动式太阳能采暖

主动式太阳房的结构型式很多，图 4-16 所示为一典型的无辅助锅炉的主动式太阳房。它利用集热器产生的热水采暖，结构简单，蓄热器置于室外，室内又是由地板供暖，故不占用室内居住面积是这种系统的一大优点。

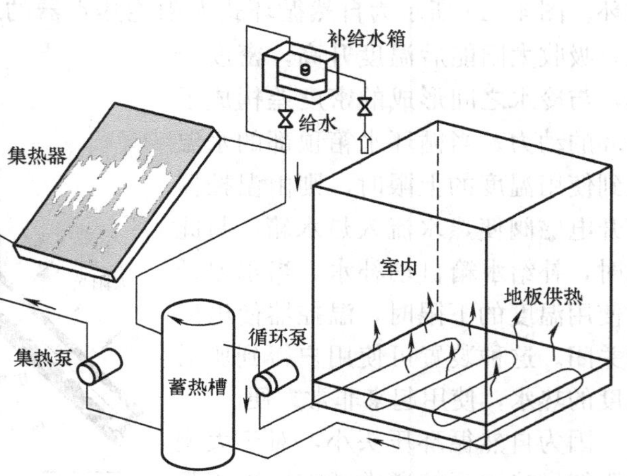

图 4-16 无辅助锅炉的主动式太阳房

因为太阳辐射受天气影响很大，为保证室内能稳定供暖并供热水，对比较大的住宅和办公楼通常还需配备辅助热水锅炉。来自太阳能集热器的热水先送至蓄热槽中，再经三通阀将蓄热槽和锅炉的热水混合，然后送到室内暖风机组给房间供热（见图4-17）。这种太阳房可全年供热水。除了上述热水集热、热水供暖的主动式太阳房外，还有热水集热、热风供暖太阳房以及热风集热、热风供暖太阳房。前者的特点是热水集热后，再用热水加热空气，然后向各房间送暖风；后者采用的就是太阳能空气集热器。热风供暖的缺点是送风机噪声大，功率消耗高。

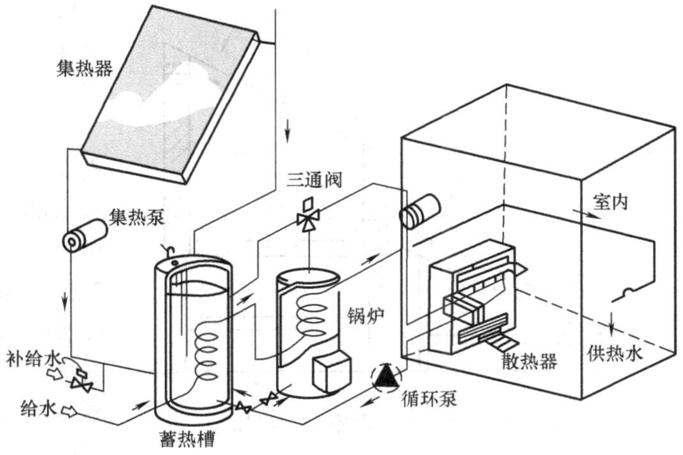

图4-17 带辅助锅炉的主动式太阳房

（四）太阳能干燥

自古以来，人们就广泛采用阳光下直接曝晒的方法来干燥各种农副产品。这种传统干燥方法极易遭受灰尘和虫类的污染以及被雨水淋湿，严重影响产品质量，干燥时间也长。为此，近年来世界各国对太阳能干燥进行了研究。太阳能干燥不但可以节约燃料，缩短干燥时间，而且由于采用专门的干燥室，因此干净卫生，必要时还可采用杀虫灭菌措施，既可提高产品质量，又可延长产品储存时间。

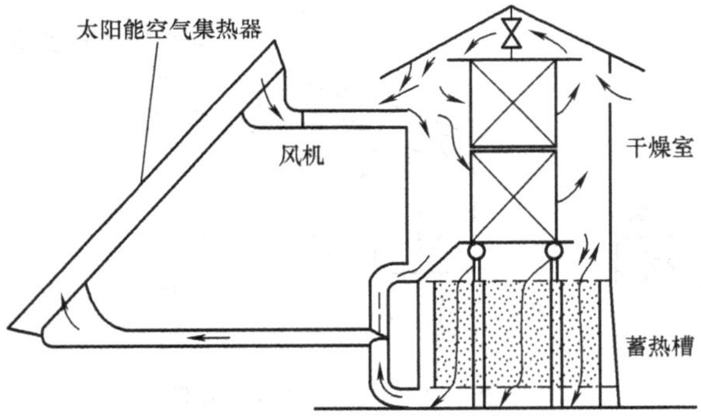

图4-18 集热器型干燥器

太阳能干燥按干燥器（或干燥室）获得能量的方式可分为：集热器型干燥器、温室型干燥器及集热器—温室型干燥器。集热器型干燥器是利用太阳能空气集热器，先把空气加热到预定温度后再送入干燥室，干燥室视干燥物品的类型多种多样，如箱式、窑式、固定床式或流动床式等。图4-18所示为集热器型干燥器。

温室型干燥器的温室就是干燥室，它直接接受太阳的辐射能。集热器—温室型干燥器是上述两种形式的结合（见图4-19）。其温室顶部为玻璃盖板，待干燥物品放在温室中的料盘上，它既直接接受太阳辐射加热，又依靠来自空气集热器的热空气加热。

我国土地辽阔，农副产品丰富，品种多，太阳能干燥器结构简单，配以简单的辅助热源，即可连续工作，不但在农村有广阔的前途，而且城市农副产品加工中也可使用。

（五）太阳能海水淡化

地球上的水资源中含盐的海水占了97%，随着人口增加，工业的发展，使得城市用水日趋紧张。为了解决日益严重的缺水问题，海水淡化越来越受重视。世界上第一座太阳能海水蒸馏器是由瑞典工程师威尔逊设计，1872年在北智利建立的，面积为44 504m^2，日产淡水17.7t。这座太阳能蒸馏海水淡化装置一直工作到1910年，可见，太阳能海水淡化的悠久

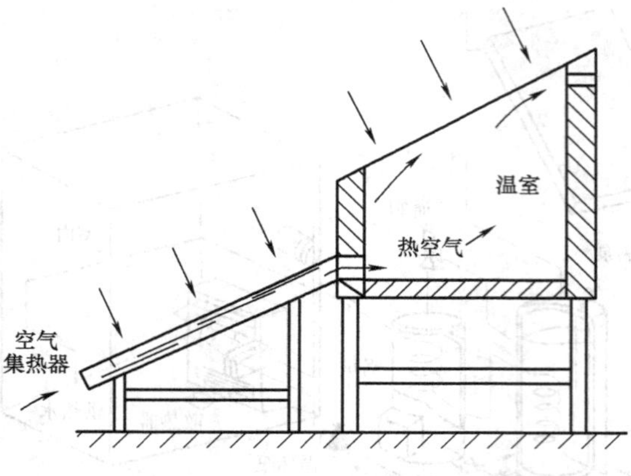

图 4-19 集热器—温室型干燥器

历史。20 世纪 70 年代后，由于能源危机的出现，太阳能海水淡化也得到了更迅速的发展。

太阳能海水淡化装置中最简单的是池式太阳能蒸馏器（见图 4-20）。它由装满海水的水盘和覆盖在其上的玻璃或透明塑料盖板组成。水盘表面涂黑，底部绝热。盖板呈屋顶式，向两侧倾斜。太阳辐射通过透明盖板，被水盘中的水吸收，蒸发成蒸汽。上升的蒸汽与较冷的盖板接触后被凝结成水，顺着倾斜盖板流到集水沟中，再注入集水槽。这种池式太阳能蒸馏器是一种直接蒸馏器，它直接利用太阳能加热海水并使之蒸发。池式太阳能蒸馏器结构虽简单，但产淡水的效率也低。

还有一类多效太阳能蒸馏器。它是一种间接太阳能蒸馏器，主要由吸收太阳能的集热器和海水蒸发器组成，并利用集热器中的热水将蒸发器中的海水加热蒸发。图 4-21 所示为德国设计的平板型多效太阳能蒸馏器的示意。这种装置能连续制取淡水。

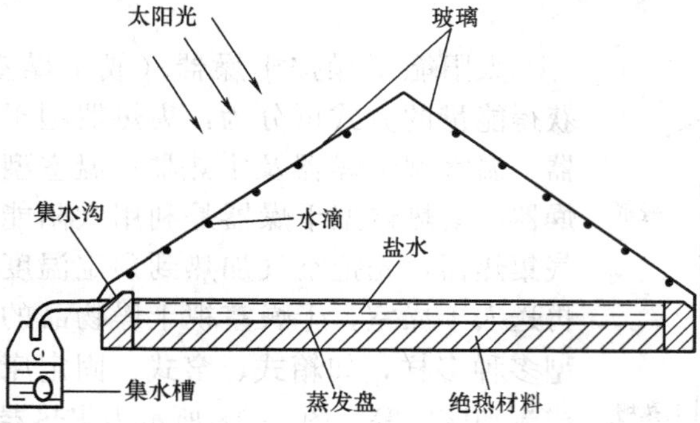

图 4-20 池式太阳能蒸馏器

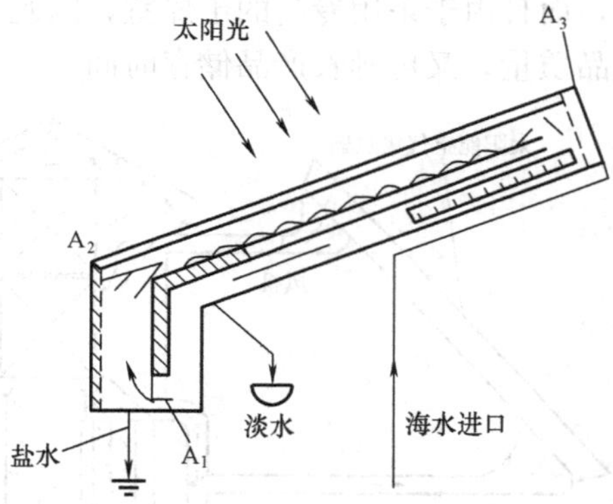

图 4-21 平板型多效太阳能蒸馏器

在干旱的沙漠地带将咸水淡化和太阳能温室结合起来非常有前途。图 4-22 所示为太阳能咸水淡化温室示意。这种装置采用特殊的滤光玻璃，这种玻璃只阻挡阳光中的红外线，让可见光和紫外线透过，以供植物光合作用之需。白天用盐水喷洒在滤光玻璃板上，吸走由于吸收红外线所产生的热量，然后流回热水池中。夜晚储存的热水重新循环，向温室提供热量。洒在玻璃板上的盐水有一部分蒸发，产生的蒸汽凝结在温室外墙板的反面，然后顺板流入淡水回收池中。从海水或咸水中制取的淡水除用来灌溉温室中的植物外，剩余的淡水还可用于其他目的。

（六）太阳能制冷和空调

利用太阳能作为动力源来驱动制冷或空调装置有着诱人的前景，因为夏季太阳辐射最强，也是最需要制冷的时候。这与太阳能采暖正好相反，越是冬季需要采暖的时候，太阳辐射反而最弱。太阳能制冷可以分为两大类，一类是先利用太阳能发电，而后再利用电能制冷；另一类是利用太阳能集热器提供的热能去驱动制冷系统。最常用的制冷系统有吸收式制冷和太阳能吸附式制冷。

太阳能吸收式制冷系统一般采用溴化锂—水，或氨—水作工质。图 4-23 所示为太阳能氨水吸收式制冷系统。

此系统要求热源的温度比较高，因此，一般要求采用真空管集热器或聚光集热器。太阳能溴化锂—水吸收式制冷系统，对热源的温度要求较低，一般在 90～100℃即可，因此，特别适合于利用太阳能，因为一般平板型和真空管集热器均可达到这一温度。太阳能吸附式制冷的原理和普通吸附式制冷的原理一样。与吸收式制冷相比，其结构简单，但制冷量较小，适合于作太阳能冰箱。利用太阳能既采暖又制冷是太阳能热利用的主要方向之一。图 4-24 所示为太阳能热水、采暖和空调综合系统的示意。

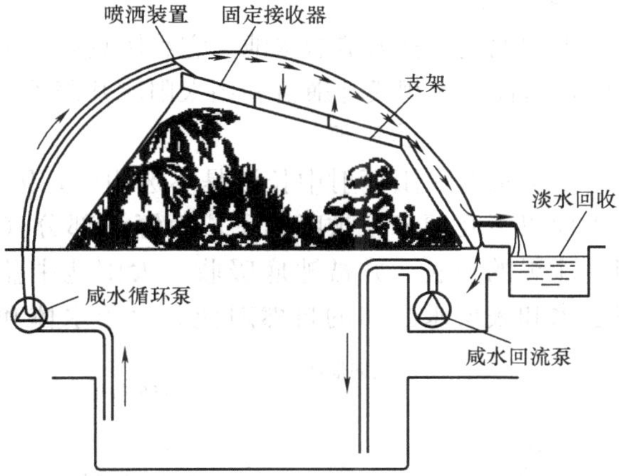

图 4-22 太阳能咸水淡化温室

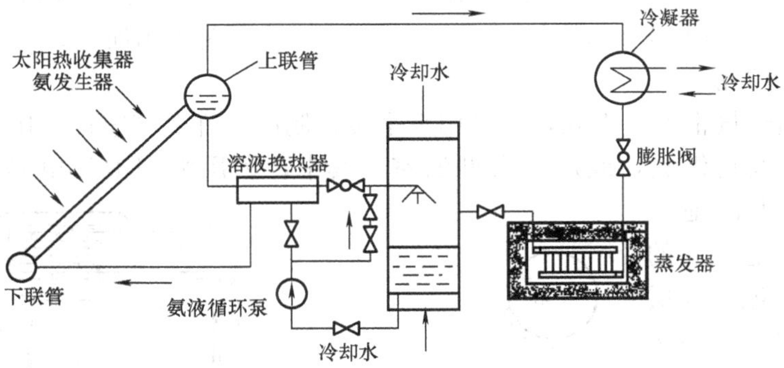

图 4-23 太阳能氨水吸收式制冷系统

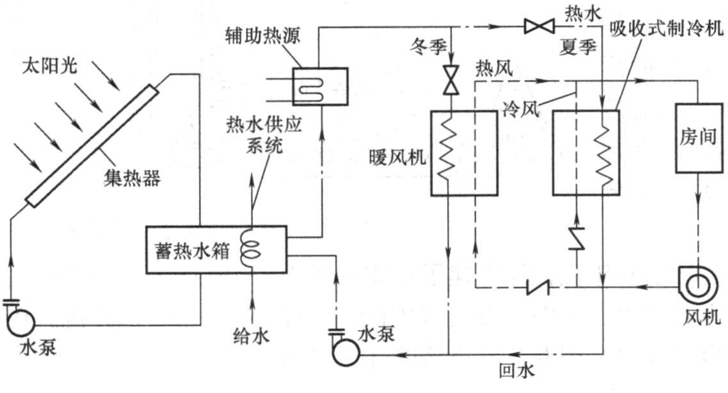

图 4-24 太阳能热水、采暖、空调综合系统示意

（七）太阳池

太阳池是一种人造盐水池。它利用具有一定盐浓度梯度的池水作为太阳能的集热器和蓄热器，从而为大规模地廉价利用太阳能开辟了一条广阔的途径。

1. 太阳池工作原理

由于水对太阳辐射中长波是不透明的，因此，到达太阳池水面的长波部分（红外线）在水面以下几厘米就被吸收了，而短波部分（可见光和紫外线）则可穿过清水层达到太阳池涂黑的池底，并被池底吸收。太阳池中盐水的作用是利用一定的盐浓度梯度，阻止底层水和表层水之间的自然对流。由于水体和池底周围土壤的热容量非常大，这样太阳池就变成了一个巨大的太阳能集热器和蓄热体。为了进一步改善太阳池的性能，通常在池中部加一透明塑料制的下隔层，以进一步阻止池中水的自然对流。在池的顶部也加一上隔层，用于防止池表层水的蒸发并避免风吹的影响。建造良好的太阳池，其底层水可接近沸腾温度。图4-25所示为太阳池示意。

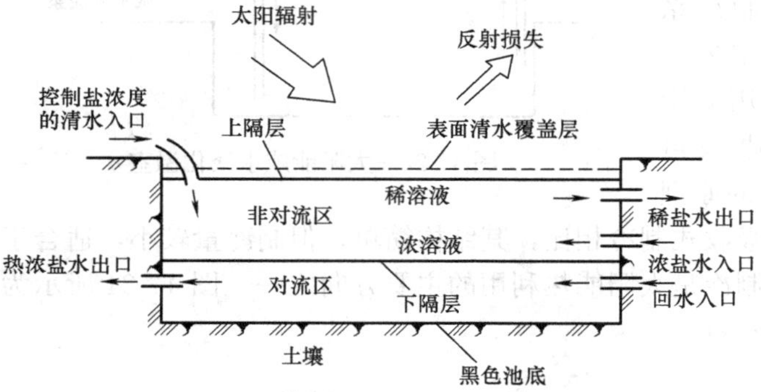

图 4-25 太阳池示意

2. 太阳池的应用

太阳池的储热量很大，因此，可以用来采暖、制冷。许多国家都利用太阳池为游泳池提供热量或为健身房供暖，或用于大型温室。其中，利用太阳池发电是最为吸引人的。图4-26所示为太阳池发电系统的原理示意。它的工作过程是：先把池底层的热水抽入蒸发器，使蒸发器中低沸点的有机工质蒸发，产生的蒸汽推动汽轮机做功；排汽再进入冷凝器冷凝。冷凝液通过循环泵抽回蒸发器，从而形成循环。太阳池上部的冷水则作为冷凝器的冷却水。因此，整个系统十分紧凑。

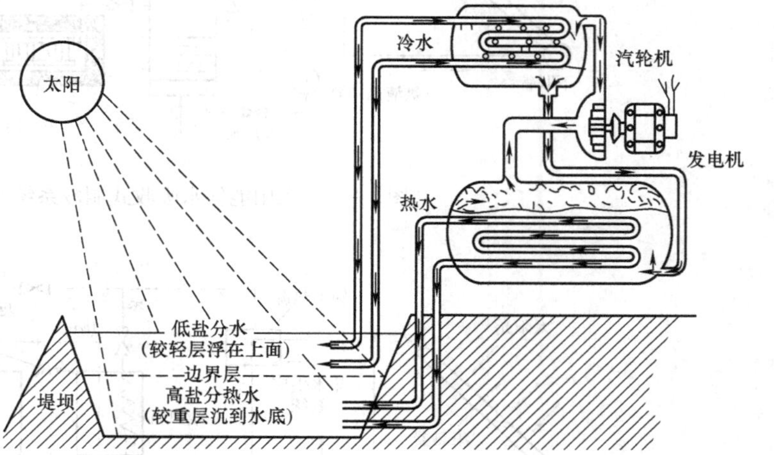

图 4-26 太阳池发电系统原理示意

以色列在20世纪80年代在死海建了一座功率为5MW的太阳池发电站。2000年以后以色列的太阳池发电将达2000MW。由于太阳池发电的成本远低于其他太阳热发电方法，其价格还可同燃油电站竞争，因此，21世纪将有较大发展。

（八）太阳能热动力发电

太阳能热动力发电一直是太阳能热利用的主要研究方向，根据太阳能热动力发电系统中所采用的集热器的型式不同，该系统可以分为分散型和集中型两大类。分散型发电系统是将抛物面聚光器配置成很多组，然后把这些集热器串联和并联起来，以满足所需的供热温度。集中型发电系统也称为塔式接收器系统，它由平面镜、跟踪机构、支架等组成定日镜阵列，这些定日镜始终对准太阳，把入射光反射到位于场地中心附近的高塔顶端的接收器上。图 4－27所示为塔式太阳能热动力发电示意。

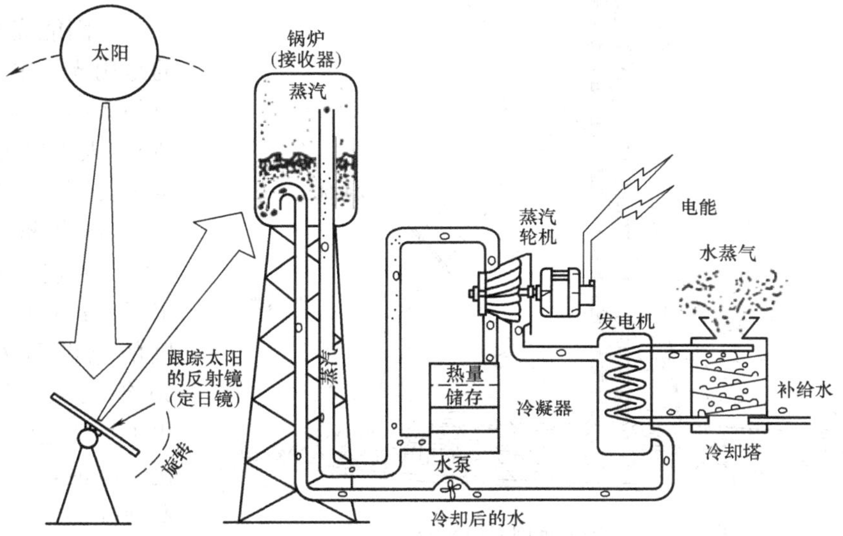

图 4－27　塔式太阳能热动力发电示意

为了降低塔式太阳能热动力系统的投资，发展了一种太阳坑发电技术（见图 4－28）。它是在地面挖一个球形大坑，坑壁贴上许多小反射镜，使大坑成一个巨大的凹面半球镜，它将太阳能聚焦到接收器，以获得高温蒸汽。试验证实，太阳坑发电的方案是可行的。由于其技术简单，成本低，因而有巨大的市场潜力。

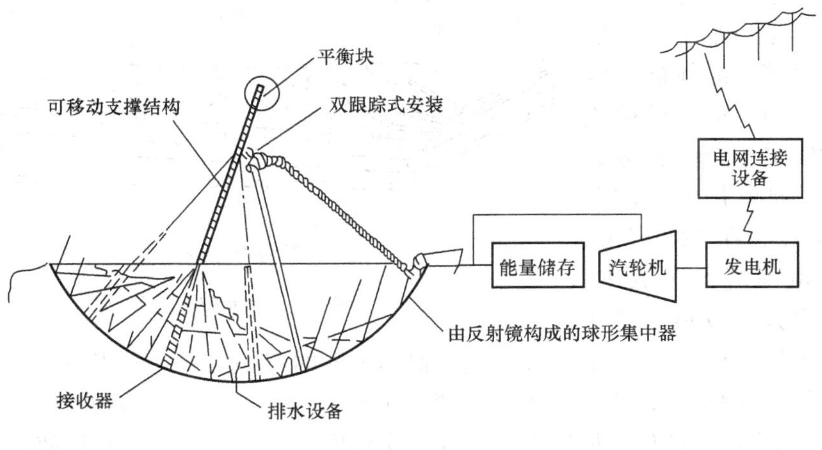

图 4－28　太阳坑发电示意

另一种有前途的太阳能热动力发电技术是太阳能烟囱发电（见图 4－29）。它是在一大片圆形土地上盖满玻璃，圆中心建一高大的烟囱，烟囱底部装有风力发电机。透明玻璃盖板下被太阳加热的空气通过烟囱被抽走，驱动风力发电机发电。这种发电装置简单可靠，在西班牙已建有一座容量为 100kW 的试验电站。显然，这种发电方式非常适合于我国广大的西部地区。

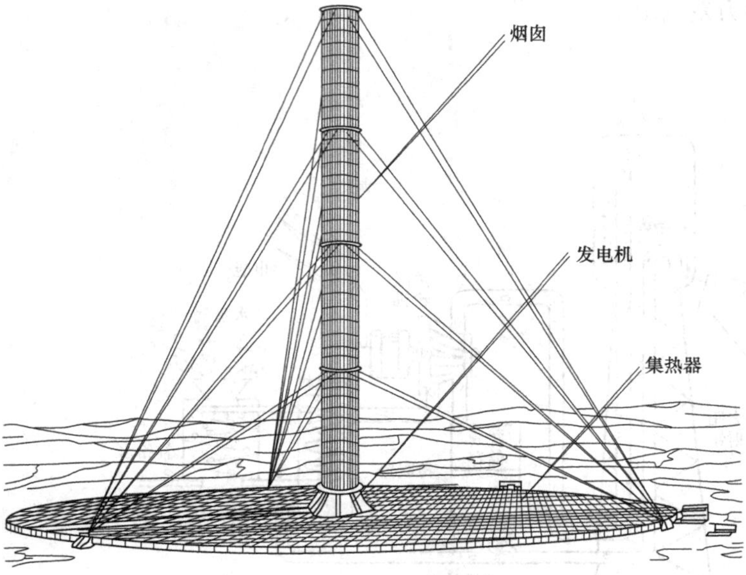

图 4-29 太阳能烟囱发电示意

四、太阳能光利用

（一）太阳电池

太阳能光利用最成功的是用光—电转换原理制成的太阳电池（又称光电池）。太阳电池 1954 年诞生于美国贝尔实验室，随后 1958 年被用作“先锋 1 号”人造卫星的电源上了天。这种电池使人造卫星的电源可安全工作达 20 年之久，从而彻底取代了只能连续工作几天的化学电池，为航天事业的发展提供了一种新的能源动力。

太阳电池是利用半导体内部的光电效应，当太阳光照射到半导体上时，波长极短的光很容易被半导体内部吸收，并去碰撞硅原子中的“价电子”使“价电子”获得能量变成自由电子而逸出晶格，从而产生电子流动。太阳电池的结构如图 4-30 所示。

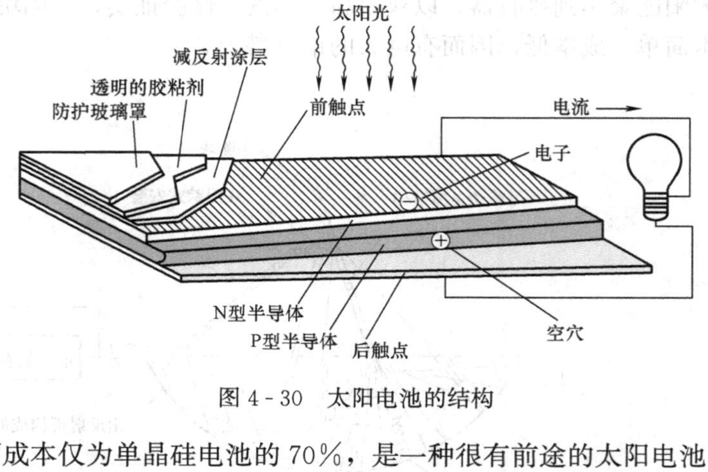

图 4-30 太阳电池的结构

常用太阳电池按其材料可以分为：晶体硅电池、硫化镉电池、硫化锑电池、砷化镓电池、非晶硅电池、硒铟铜电池、叠层串联电池等。晶体硅电池应用最广，其中，单晶硅的光电转换效率实验室已高达 24.2%，工厂规模化生产的单晶硅电池其效率也在 12%以上。由于多晶硅电池降低了成本，因而得到了很大的发展，现在多晶硅电池的效率已达 12%，而成本仅为单晶硅电池的 70%，是一种很有前途的太阳电池。砷化镓电池转换效率很高，达 25.7%，规模生产效率也可达 18%，但价格贵，目前主要用于空间领域。非晶硅电池价格最便宜，但转换效率低（6%～8%），且长期使用后性能下降，因此，多用作袖珍计算器、电子表和玩具的电源。

由于各种不同材料制成的太阳电池所吸收的太阳光谱是不同的，因此，将不同材料的电池串联起来，就可以充分利用太阳光谱的能量，大大提高太阳电池的效率，目前，叠层串联电池的研究已引起世界各国的重视，成为最有前途的太阳电池。

太阳电池质量轻，无活动部件，使用安全。单位质量输出功率大，既可作小型电源，又可组合成大型电站。目前，其应用已从航天领域走向各行各业，走向千家万户，太阳能汽车、太阳能游艇、太阳能自行车、太阳能飞机都相继问世，它们中有的已进入市场。

（二）太阳能光伏发电系统

1. 太阳能光伏发电系统的工作原理

太阳光发电是指直接将太阳光能转变成电能的发电方式。太阳能光伏发电系统由太阳电池组（方阵）、控制器、蓄电池（组）、直流—交流逆变器、测试仪表和计算机监控等电力设备或其他辅助发电设备组成。其系统组成如图 4-31 所示。

2. 太阳能光伏发电系统运行方式

目前工程上使用的光电转换器件多采用晶体硅太阳电池组件，基于晶体硅太阳电池的生产工艺技术成熟，已进入大规模产业化生产，现已广泛应用于工业、农业、科技、国防和人民生活的各个领域，并发挥着越来越大的作用。不久的将来，太阳能光伏发电将成为重要的发电方式，在世界可持续能源结构中占有一定比例。

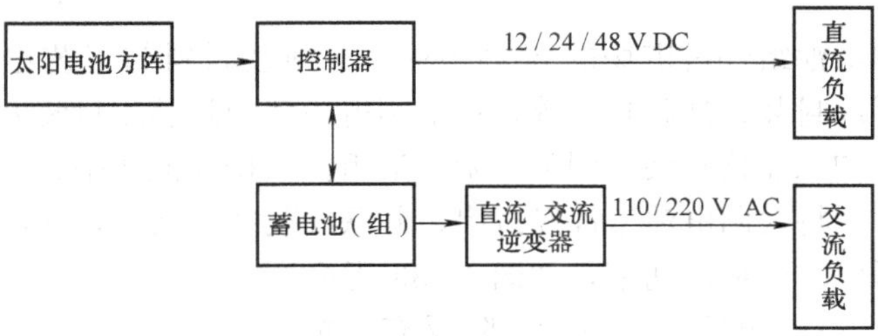

图 4-31 太阳能光伏发电系统示意图

光伏系统应用非常广泛，对于地面用太阳能光伏发电系统，其应用的基本形式可分为离网型和并网型两大类。没有与公用电网相连接的太阳能光伏系统称为离网太阳能光伏发电系统，也称为独立太阳能光伏发电系统。它通常用作便携式设备的电源，向远离现有电网的地区或设备供电，以及用于任何不与电网发生联系的供电场合。如为公共电网难以覆盖的边远农村、海岛、通信系统、微波中继站、电视差转台、光伏水泵、无电缺电地区户、边防哨所等场合提供电源。与公共电网相连接，共同承担供电任务的太阳能光伏发电系统称为并网太阳能光伏发电系统，也称为联网太阳能光伏发电系统。它是太阳能光伏发电进入大规模商业化发电阶段的重要发展方向，也是当今世界太阳能光伏发电技术发展的主流趋势，并且并网太阳能光伏发电系统具有许多独特的优越性。

（1）可以对电网调峰，提高电网末端的电压稳定性，改善电网的功率因数，有效地消除电网杂波。

（2）所发电能回馈电网，以电网为储能装置，省掉蓄电池。与独立太阳能光伏系统相比可减少建设投资 35%～45%，发电成本大大降低。

（3）光伏电池与建筑完美结合，既可发电又可作为建筑材料和装饰材料，使资源充分利用，发挥多种功能。

（4）出入电网灵活，既有利于改善电力系统的负荷平衡，又可降低线路损耗。

随着技术发展和世界经济可持续发展的需要，越来越多的国家开始有计划地推广城市光伏并网发电，其中，太阳电池与建筑相结合的并网屋顶太阳能光伏发电系统——光伏建筑一体化（BDV）是众多发达国家竞相发展的热点，市场广阔，前景诱人。

3．太阳能光伏发电系统的组成

（1）独立太阳能光伏发电系统的组成。独立运行的光伏发电系统可根据用电负载的特点，分为直流系统、交流系统和交直流混合系统。其主要区别是系统中是否带有逆变器。独立太阳能光伏发电系统如图 4-32 所示，它主要由太阳电池方阵、储能装置（蓄电池组）、直流/交流逆变装置、控制设备与连接装置等组成。

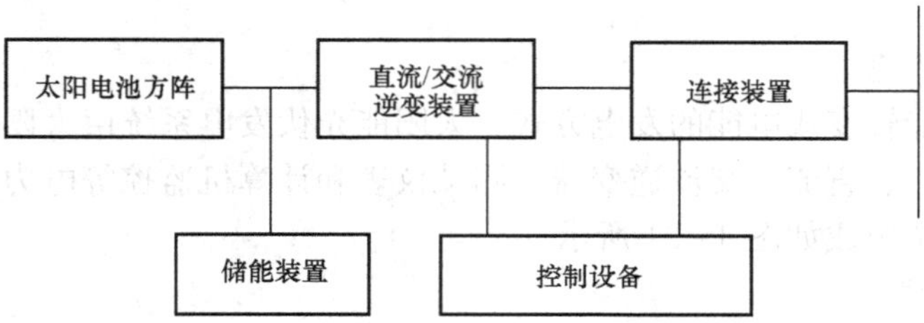

图 4-32 独立太阳能光伏发电系统

1）太阳能电池方阵。太阳能光伏发电的最核心的器件是太阳电池。太阳电池组件种类繁多，根据太阳电池片的类型可分为：单晶硅组件、多晶硅组件、砷化钾组件、非晶硅薄膜电池组件等，其中，晶体硅（包括单晶硅和多晶硅）太阳电池组件占市场的 80%～90%。封装材料与工艺也有所不同，主要分为环氧树脂胶封、层压封装、硅胶封装等。目前用得最多的是层压封装方式，这种封装方式适宜于大面积电池片的工业化封装。同类太阳电池组件根据峰值功率、额定电压又可以分为不同型号。

将太阳电池组件经过串、并联安装在支架上，就构成了太阳电池方阵，它可以满足负载所要求的输出功率，如图 4-33 所示。

2）防反充二极管。防反充二极管又称阻塞二极管，在太阳电池组件中，其作用是避免由于太阳电池方阵在阴雨和夜晚不发电或出现短路故障时，蓄电池组通过太阳电池方阵放电。防反充二极管串联在太阳电池方阵电路中，起单向导通作用。因此，它必须保证回路中有最大电流，而且要承受最大反向电压的冲击。一般可选用合适的整流二极管作为防反充二极管。

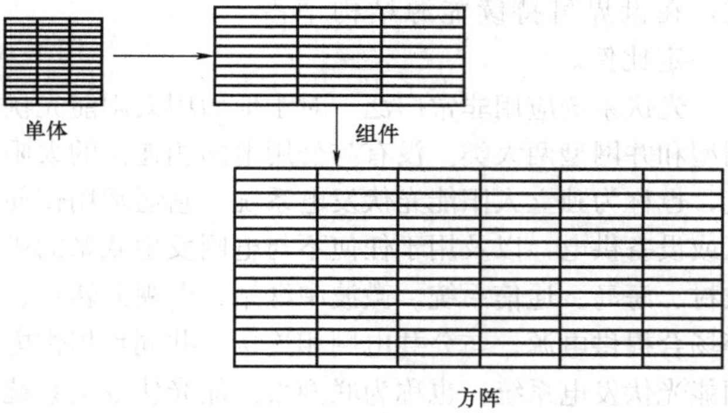

图 4-33 太阳电池单体、组件和方阵

3）蓄电池组。蓄电池组的作用是储存太阳电池方阵受光照时所发出的电能并能随时向负载供电。在为太阳能光伏发电系统选择蓄电池时，要考虑电压电流特性等电气性能，还要求蓄电池组的自放电率低，使用寿命长，深放电能力强，充电效率高，可以少维护和免维护，工作温度范围宽，价格低廉等，再在此基础上考虑经济性选择最佳。蓄电池分为铅酸蓄电池、镍镉蓄电池、镍氢蓄电池、铅蓄电池等。目前，我国与太阳能光伏发电系统配套使用的蓄电池主要是铅酸蓄电池和镍镉蓄电池。配套 200Ah 以上的铅酸蓄电池，一般选用固定式或液密封免维护型铅酸蓄电池；配套 200Ah 以下的铅酸蓄电池，一般选用小型密封免维护型铅酸蓄电池。

4）控制设备。控制设备是太阳能光伏发电系统中的重要部分之一。系统中的控制设备通常应具有以下功能：①信号检测。检测光伏发电系统各种装置和各个单元的状况和参数，可以对系统进行判断、控制、保护等提供依据。需要检测的物理量有输入电压、充电电流、输出电压、输出电流以及蓄电池温升等。②蓄电池的充放电控制。一般来说，蓄电池组经过过充或过放电后会严重影响其性能和寿命，所以，充放电控制设备是不可缺少的。控制设备可根据当前太阳能资源情况和蓄电池荷电状况，确定最佳充电方式，以实现高效、快速充电并对蓄电池放电过程进行管理，如负载控制自动开关机、实现软启动、防止负载接入时蓄电池端电压突降而导致的错误保护等。③其他设备保护。系统所连接的用电设备，在有些情况下需要由控制设备来提供保护，如系统中因逆变电路故障而出现的过电压和负载短路而出现的过电流等，如不及时加以控制，就有可能导致系统或用电设备损坏。④故障诊断定位。当系统发生故障时，可自动检测故障类型，指示故障位置，为系统进行维护提供便利。⑤运行状态指示。通过指示灯、显示器等方式指示光伏系统的运行状态和故障信息。

太阳能光伏发电系统在控制设备的管理下运行。控制设备可以采用多种技术方式实现其控制功能。比较常见的有逻辑和计算机控制两种方式。

5）逆变器。逆变器是将直流电转变成交流电的一种设备。它是光伏系统中的重要组成部分。由于太阳电池和蓄电池发出的是直流电，当负载是交流负载时，逆变器是必不可少的。通常，逆变器不仅可以把直流电转换为交流电，也可以像如下所述那样，具有使太阳电池最大限度地发挥其性能，以及出现异常和故障时保护系统的功能等：①有效地去除受天气变化影响的太阳电池的输出功率，具有自动运行停止功能及最大功率跟踪控制功能；②为保护系统，具有单独（孤岛）运行防止功能及自动调压功能；③当系统和逆变器出现异常时，可以安全地分离或使逆变器停止工作。

逆变器按运行方式，可分为独立运行（离网）逆变器和并网逆变器。独立运行逆变器用于独立运行的太阳能光伏发电系统，为独立负载供电。并网逆变器用于并网运行的太阳能光伏发电系统，将发出的电能馈入电网。逆变器按输出波形又分为方波逆变器和正弦波逆变器。方波逆变器电路简单，造价低，但谐波分量大，一般用于几百瓦以下和对谐波要求不高的系统。正弦波逆变器成本高，但可以适用于各种负载。从长远看，正弦波逆变器将成为发展主流。

6）测量设备。对于小型太阳能光伏发电系统，一般只需要进行简单的测量，如蓄电池电压和充放电操作电流，这时，测量所用的电压表和电流表一般就装在控制器上。对于太阳能通信电源系统、管道阴极保护系统等工业电源系统和中大型太阳能光伏电站，往往要求对更多的参数进行测量，如测量太阳辐射能、环境温度、充放电电量等，有时甚至要求具有远程数据传输、数据打印和遥控功能。而为了得到这种较为复杂的测量，就必须为太阳能光伏发电系统配备数据采集系统和微机监控系统。

（2）并网太阳能光伏发电系统的组成。并网光伏发电系统如图 4－34 所示，这种光伏发电系统实质上与其他类型的发电站一样，可为整个电力系统提供电力。并网太阳能光伏发电系统分为集中大型并网光伏系统（大型集中并网光伏电站）和分散式小型并网光伏发电系统（屋顶光伏系统或住宅并网光伏系统）两大类型。前者功率容量通常在兆瓦级以上，后者则在千瓦级至百千瓦级之间。

大型集中并网光伏发电站的主要特点是系统所发的电能被直接输送到电网上，由电网统一调配向用户供电。大型并网光伏电站的建设投资巨大，建设期较长，需要复杂的控制及配电设备，同时，需要占用大片土地，其发电成本目前要比市电贵，因此，其发展受到很多限制。但随着太阳能光伏发电进入大规模商业化发电阶段，建设这种大型并网光伏电站就是必然趋势。

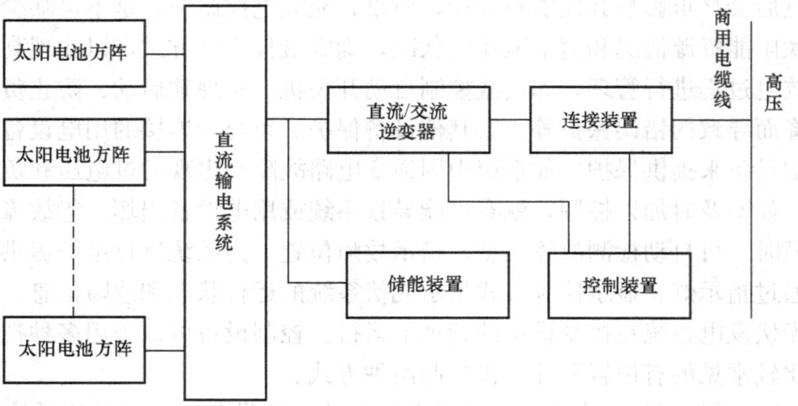

图 4-34　并网光伏发电系统示意

与大型并网光伏系统相比，住宅并网光伏发电系统，特别是与建筑相结合的住宅屋顶并网光伏系统，由于具有许多优越性，建设容易，投资不大，许多国家又相继出台了一系列激励政策，因而，在各发达国家备受青睐，发展迅速，成为主流。住宅并网光伏发电系统的主要特点是所发的电能直接分配到住宅（用户）的用电负载上，多余或不足的电力通过连接电网来调节。根据并网光伏发电系统是否允许通过供电区变压器向主电网馈电，分为逆潮流和非逆潮流并网光伏发电系统两种。逆潮流系统（见图 4-35），是在光伏系统中产生剩余电力时将该电能送入电网，由于是同电网的供电方向相反，所以成为逆潮流。在光伏发电系统中产生的剩余电力，逆潮流系统采用由电力公司购买剩余电力的制度。因为光伏系统由天气决定其输出功率，为了使住宅等使用稳定的电，有必要和电力公司的电力系统并网运行。当太阳电池的输出功率不能满足某一区域需求的情况下，不足部分是由电力公司的电网补充；相反，太阳电池的输出电力的剩余部分，则向电力公司的电网逆潮流送入，由电力公司买进。现在，住宅用光伏系统几乎都采用逆潮流系统。非逆潮流系统（见图 4-36），在区域内的电力需求通常比光伏系统的输出电力大，因此，在不可能产生逆潮流电力的情况下被采用，即光伏系统与电网形成并联向负载供电。因为在非逆潮流系统中，无法确认光伏系统产生的剩余电力是否逆潮流送入电力公司电网，所以，该系统应具有及时产生很小的逆潮流电流的场合，降低光伏系统的输出电力或者停止光伏系统运行的功能。

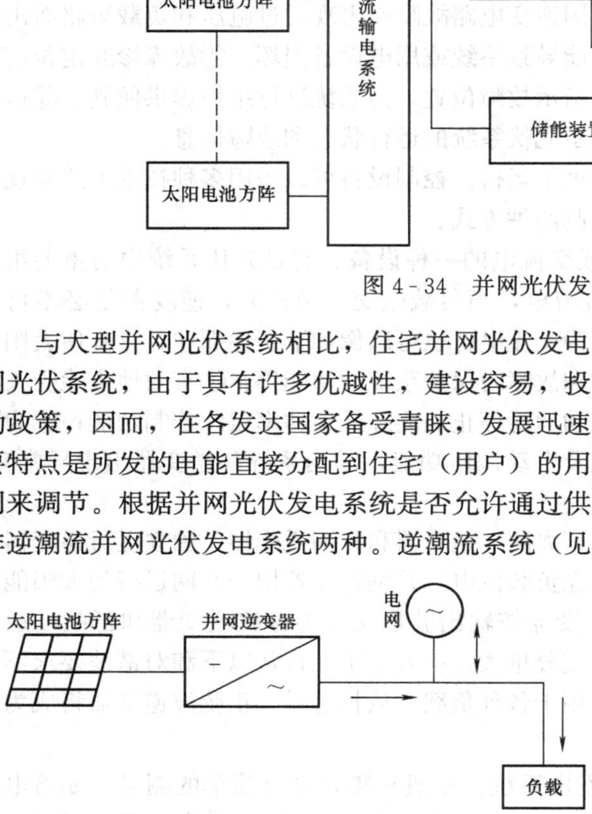

图 4-35　逆潮流系统

住宅并网光伏系统又有户用系统和区域系统之分。户用系统装机容量较小，一般为 1～5kWp，为单独供电并自行管理，独立计量电量。区域系统装机容量较大一些，一般为 50～300kWp，为一个小区或一栋建筑物供电，统一管理，集中分表计量电量。还可根据并网光伏系统是否配有储能装置，分为有储能装置和无储能装置并网光伏发电系统。配有少量蓄电池的系统，称为有储能系统。不配置蓄电池的系统称为无储能系统。相比无储能系统，有储能的系统主动性较强，当出现电网限电、停电、掉电等情况时仍可正常供电。住宅并网光伏发电系统通常是白天光伏系统发电量大而负载耗电量小，晚上光伏系统不发电而负载用电量大。光伏系统与电网相连，就可将光伏系统白天所发的多余电力“储存”到电网中，待用电时随时取出，省掉了储能蓄电池。

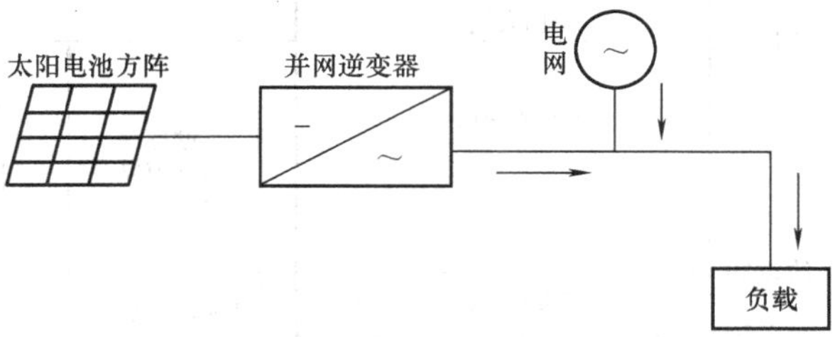

图 4-36　非逆潮流系统

第三节　风　　能

一、有关风的知识

对人类来说，风是最熟悉的自然现象，它是由太阳辐射热引起的。太阳照射到地球表面，地球表面各处受热不同产生温差，从而引起大气的对流运动形成风。

由于地球自转轴与围绕太阳的公转轴之间存在 66.5°的夹角，因此，地球上不同地点，太阳照射角度是不同的，而且对同一地点，一年 365 天中这个角度也是变化的。地球上某处所接受的太阳辐射能与该地点太阳照射角的正弦成正比。地球南北极接受太阳辐射能少，所以温度低，气压高；而赤道接受热量多，温度高，气压低。另外，地球又绕自转轴每 24h 旋转一周，温度、气压昼夜变化。由于地球表面各处的温度、气压变化，气流就会从压力高处向压力低处运动，而形成不同方向的风，并伴随不同的气象变化。图 4-37 所示为地球上风的运动方向。

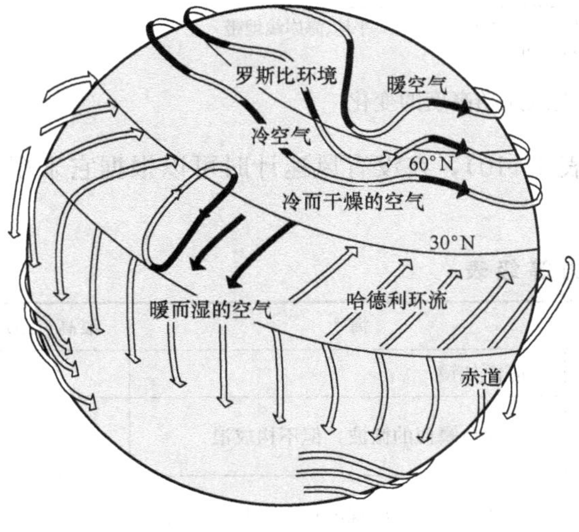

图 4-37　地球上风的运动方向

有两个描述风的重要参数，这就是风向和风速。风向是指风吹来的方向，如果风是从北方吹来就称为北风。风速是表示风移动的速度，即单位时间内空气流动所经过的距离。显然，风向和风速这两个参数都是在变化的。

风随时间的变化，包括每日的变化和季节的变化。通常，一天之中风的强弱在某种程度上可以看作是周期性的。如地面上夜间风弱，白天风强；高空中正相反，是夜里风强，白天风弱。这个逆转的临界高度为 100～150m。

由于季节的变化，太阳和地球的相对位置也发生变化，使地球上存在季节性的温差。因此，风向和风的强弱也会发生季节性的变化。

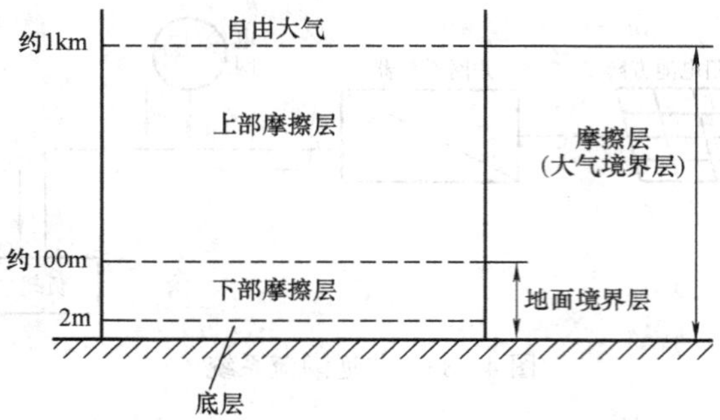

图 4-38 大气层的构成

我国大部分地区风的季节性的变化情况是：春季最强，冬季次之，夏季最弱。当然也有部分地区例外，如沿海的温州地区，夏季季风最强，春季季风最弱。

风还会随高度而变化。从空气运动的角度，将不同高度的大气层分为三个区域（见图 4-38）。离地 2m 以内的区域称为底层；2～100m 的区域称为下部摩擦层，两者总称为地面境界层；从 100～1000m 的区段称为上部摩擦层，以上三区域总称为摩擦层。摩擦层之上是自由大气。

地面境界层内空气流动受涡流、黏性和地面植物及建筑物等的影响，风向基本不变，但越往高处风速越大。各种地面不同情况下，如城市、乡村和海边平地，其风速随高度的变化如图 4-39 所示。

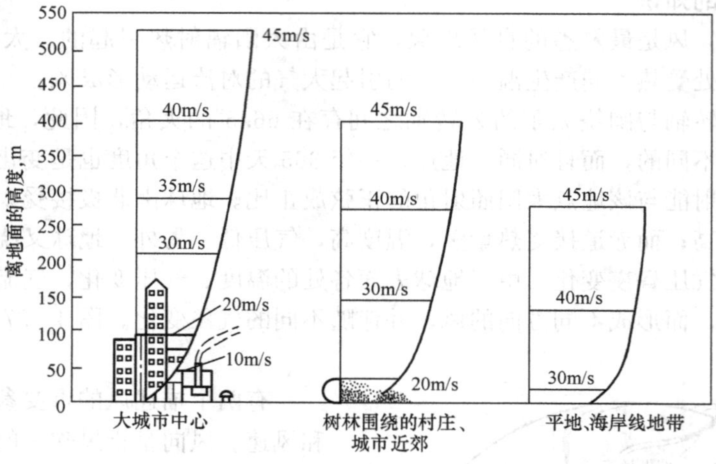

图 4-39 不同地面上风速随高度的变化

世界气象组织将风力分为 13 个等级（见表 4-10），在没有风速计时可以根据它来粗略估计风速。

表 4-10 **气象风力等级表**

级别	风速（m/s）	陆地	海上	浪高（m）
0	小于 0.3	静烟直上	海面如镜	—
1	0.3～0.6	烟能表示风向，但风标不能转动	出现鱼鳞似的微波，但不构成浪	0.1
2	0.6～3.4	人的脸部感到有风，树叶微响，风标能转动	小波浪清晰，出现浪花，但并不翻滚	0.2
3	3.4～5.5	树叶和细树枝摇动不息，旌旗展开	小波浪增大，浪花开始翻滚，水泡透明像玻璃，并且到处出现白浪	0.6

续表

级别	风速（m/s）	陆地	海上	浪高（m）
4	5.5～8.0	沙尘风扬，纸片飘起，小树枝摇动	小波浪增长，白浪增多	1
5	8.0～10.8	有树叶的灌木摇动，池塘内的水面起小波浪	波浪中等，浪延伸更清楚，白浪更多（有时出现飞沫）	2
6	10.8～13.9	大树枝摇动，电线发出响声，举伞困难	开始产生大的波浪，到处呈现白沫，浪花的范围更大（飞沫更多）	3
7	13.9～17.2	整个树木摇动，人迎风行走不便	浪大，浪翻滚，白沫像带子一样随风飘动	4
8	17.2～20.8	小的树枝折断，迎风行走很困难	波浪加大变长，浪花顶端出现水雾，泡沫像带子一样清楚地随风飘动	5.5
9	20.8～24.5	建筑物有轻微损坏（如烟囱倒塌，瓦片飞出）	出现大的波浪，泡沫呈粗的带子随风飘动，浪前倾、翻滚、倒卷，飞沫挡住视线	7
10	24.5～28.5	陆上少见，可使树木连根拔起或将建筑物严重损坏	浪变长，形成更大的波浪，大块的泡沫像白色带子随风颤动，整个海面呈白色，波浪翻滚	9
11	28.5～32.7	陆上很少见，有则必引起严重破坏	浪大高如山（中小船舶有时被波浪挡住而看不见），海面全被随风流动的泡沫覆盖。浪花顶端刮起水雾，视线受到阻挡	11.5
12	32.7 以上		空气里充满水泡和飞沫，海面由于溅起的飞沫变成一片白色，影响视线	14

二、风能资源

地球上风能资源十分丰富，据世界能源理事会估计，在地球 $107\times10^6km^2$ 陆地面积中有 27%的地区年平均风速高于 5m/s（距地面 10m 处）。表 4-11 为世界风能资源估计（地面风速高于 5m/s 的陆地面积）。

如果将地面平均风速高于 5.1m/s 的陆地用作风力发电场，则每平方公里的发电能力为 8MW，据此推算，上述陆地面积的总装机容量可达 $24\times10^{13}W$。显然，这只是个假想数字，因为这部分陆地还有其他的用途。美国和荷兰有关风力发电潜力的研究表明，上述面积中只有约 4%可用作风力发电。如果再考虑到风力发电机的利用率，则全球陆上风力发电能力估计可达 $2.3\times10^{12}W$，每年可发电 $20\times10^{12}kW\cdot h$。这个数字是惊人的，要知道 1987 年全球的能源消耗仅为 $12.5\times10^{12}W$。

值得注意的是，上述全球风力发电的估计潜力是对大规模联网风力发电场而言的。实际上，年平均风速在 4.4～5.1m/s 之间的陆地面积约占地球陆地总面积的一半，而对于平均风速为 3m/s 地区，风力泵也是一种很经济的风能利用方式。这表明，小型风力发电机和风力泵可应用于世界上的许多地区。

中国是季风盛行的国家，风能资源量大面广。风能理论总储量约为 $16\times10^{11}W$，可利用的风能资源约 $2.5\times10^{11}W$。据气象部门多年观测资料，中国风能资源较好的地区为东部沿海及一些岛屿；内陆沿东北、内蒙古、甘肃至新疆一带，风能资源也较丰富。平均风能密度150～300W/m²，一年中有效风速超过3m/s的时间为4000～8000h。

表4-11　世界风能资源估计（地面风速高于5m/s）

地　区	陆地面积（$\times10^3km^2$）	风力为3～7级所占的面积（$\times10^3km^2$）	风力为3～7级所占面积的比例（%）
北美	19 339	7876	41
拉丁美洲和加勒比	18 482	3310	18
西欧	4742	1968	42
东欧和独联体	23 049	6783	29
中东和北非	8142	2566	32
撒哈拉以南非洲	7255	2209	30
太平洋地区	21 354	4188	20
中国	9597	1056	11
中亚和南亚	4299	243	6
总计	106 660	29 143	27

三、风能利用

风能利用历史悠久，我国是世界上最早利用风能的国家之一。公元前数世纪，我国人民就利用风能提水、灌溉、磨面、舂米，用风帆推动船舶前进。在国外，公元前2世纪，古波斯人就利用风能碾米；10世纪，伊斯兰人用风能提水；11世纪，风力机已在中东获得广泛的应用；13世纪，风力机传至欧洲；14世纪，已成为欧洲不可缺少的原动机，除了汲水外还用于榨油和锯木。19世纪，风力机更为荷兰、丹麦、美国等国的经济发展作出了重要贡献。例如，19世纪初，荷兰大约有1万台叶片长达28m的大型风力机。19世纪后半叶，风力机在丹麦还很流行，当时约有3000多台风力机还在运行，总功率达150～200GW，当时，丹麦工业界约1/4的能源来源于风能。

工业革命后，特别是到了20世纪，由于煤炭、石油、天然气的开发，农村电气化的逐步普及，风能利用呈下降趋势，风能技术发展缓慢，直到20世纪70年代中期，由于能源危机才使人们重新重视风力机的研究和发展，1980年以来，风能利用技术已取得了显著的进步。

目前风能主要用于以下几方面。

（一）风力发电

利用风力发电已越来越成为风能利用的主要形式，受到世界各国的高度重视，而且发展速度最快。风力发电通常有三种运行方式。一是独立运行方式，通常是一台小型风力发电机向一户或几户提供电力，它用蓄电池蓄能，以保证无风时的用电；二是风力发电与其他发电方式（如柴油机发电）相结合，向一个单位或一个村庄或一个海岛供电；三是风力发电并入常规电网运行，向大电网提供电力，常常是一处风场安装几十台甚至几百台风力发电机，这是风力发电的主要发展方向。

近几年风力发电有了惊人的增长。截至2005年底，世界风电装机总容量为59 322MW，同比上年增长25%。2005年，全世界新增风电装机容量11 769MW，比上年增加3562MW，增长 43%，新增风电总投资达 140 亿美元。世界风电装机容量前 6 位的国家，依次为德国 18 428MW、西班牙 10 027MW、美国 9149MW、印度 4430MW、丹麦 3122MW 和意大利 1717MW，其他一些国家包括英国、荷兰、中国、日本和葡萄牙等的风电装机容量都达到了 1000MW。2005 年就新增装机容量而言，世界前 6 位分别为美国 2431MW，高居首位；其次是德国 1808MW；其他依次为西班牙 1744MW、印度 1430MW、葡萄牙 500MW 和中国 498MW。2005 年，中国新增风电装机近 500MW，风电总装机达到 1260MW，预计 2010 年将达到 5000MW。2005 年，世界风电新增容量和总容量排名前 10 位的国家见表 4 - 12。我国 2000～2006 年风电装机容量增长情况见图 4 - 40。根据国家电监会 2011 年 2 月 11 日的报告，我国 2010 年风力发电的累计装机容量已达 4182.7 万 kW，超过美国的 4018 万 kW，居全球首位。

表 4 - 12　世界风电新增容量和总容量排名前 10 位的国家　(MW)

国家	2005 年新增容量	2005 年现有容量	国家	2005 年新增容量	2005 年现有容量
德国	1810	18 430	意大利	450	1720
西班牙	1760	10 030	英国	450	1350
美国	2430	9150	中国	500	1260
印度	1430	4430	日本	240	1230
丹麦	20	3120	荷兰	120	1220

来源：全球风能理事会 2006。

尽管风力发电具有很大的潜力，但目前它对世界电力的贡献还是很小的，这是因为风力发电的大规模发展仍受到许多因素的影响，例如，风力机的效率不高，寿命还有待延长，风力机在大型化上仍存在某些困难，风力发电的高投资和发电成本仍高于常规发电方式，由于风能资源区远离主电网，联网的费用较大等。另外，公众和政府部门对风力发电的认识也在某种程度上影响风力发电的发展（例如，认为建风力发电场妨碍土地在其他方面的使用）。

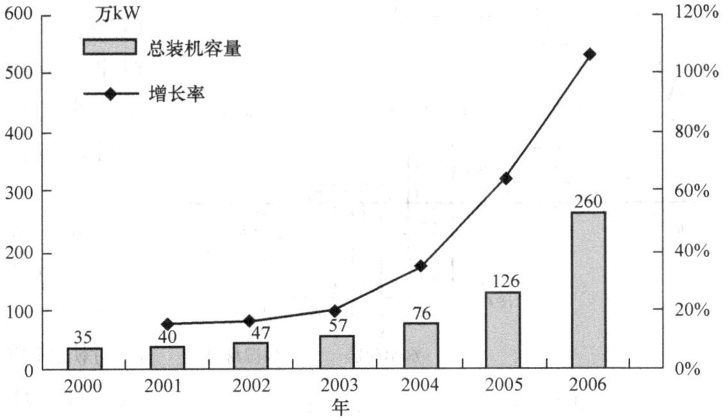

图 4 - 40　2000～2006 年风电装机容量增长情况

显然，随着风力发电技术的进步，在风能资源好的地区，其发电成本可与常规电厂一样，加上替代能源的需求，在未来 20 年，风力发电将会有一个较大的发展。到 2020 年，全球的风力发电能力将达 40 万 MW，相当于 200 个大型发电厂。

（二）风力泵水

风力泵水自古至今一直得到较普遍的应用。至 20 世纪下半叶，为解决农村、牧场的生活、灌溉和牲畜用水以及为了节约能源，风力泵水机有了很大的发展。现代风力泵水机根据用途可以分为两类。一类是高扬程小流量的风力泵水机，它与活塞泵相配提取深井地下水，主要用于草原、牧区，为人畜提供饮水；另一类是低扬程大流量的风力泵水机，它与螺旋泵相配，提取河水、湖水或海水，主要用于农田灌溉、水产养殖或制盐。

（三）风帆助航

在机动船舶发展的今天，为节约燃油和提高航速，古老的风帆助航也得到了发展。航运大国日本已在万吨级货船上采用电脑控制的风帆助航，节油率达15%。德国Skysail公司发明了一种自动控制风帆，风帆的最大面积可达2500m²，采用这种风帆装置可降低大型货轮或油轮的燃油消耗达30%。

（四）风力致热

随着人民生活水平的提高，家庭用能中热能的需要越来越大，特别是在高纬度的欧洲、北美取暖，煮水是耗能大户。为解决家庭及低品位工业热能的需要，风力致热有了较大的发展。“风力致热”是将风能转换成热能。目前有三种转换方法。一是风力机发电，再将电能通过电阻丝发热，变成热能。虽然电能转换成热能的效率是100%，但风能转换成电能的效率却很低，因此，从能量利用的角度看，这种方法是不可取的；二是由风力机将风能转换成空气压缩能，再转换成热能，即由风力机带动离心压缩机，对空气进行绝热压缩而放出热能；三是将风力机直接转换成热能。显然第三种方法致热效率最高。

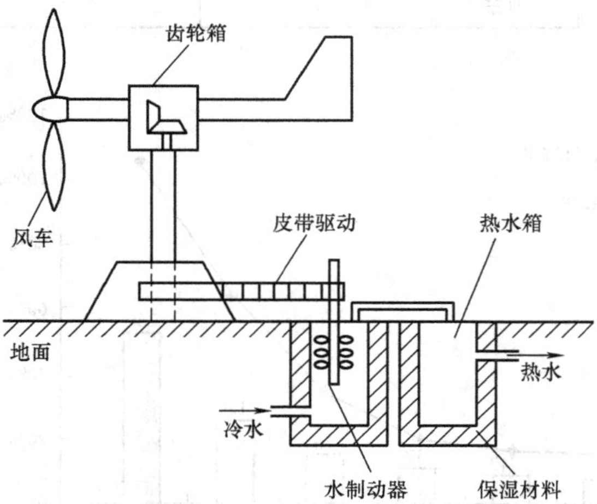

图4-41 风力热水装置示意

风力机直接转换热能也有多种方法。最简单的是搅拌液体致热，即风力机带动搅拌器转动，从而使液体（水或油）变热（见图4-41）。“液体挤压致热”是用风力机带动液压泵，使液体加压后再从狭小的阻尼小孔中高速喷出而使工作液体加热。此外，还有固体摩擦致热和涡电流致热等方法。

四、风力机

风力机又称风车，是一种将风能转换成机械能、电能或热能的能量转换装置。风力机的类型很多，通常将其分为水平轴风力机、垂直轴风力机和特殊风力机三大类。但应用最广的还是前两种类型的风力机。图4-42所示为各种不同形式的风力机示意。图4-43所示为水平轴风力发电机组和垂直轴风力发电机组的结构。

由于风力机安装地点的风力和风速是不断变化的，因此，为了使风力机能稳定地工作，并有效地利用风能，风力机上都必须有调向和调速装置。

调向装置的作用是使风力机风轮的迎风面始终正对来流方向，常用的调向装置有尾舵调向、侧风轮调向、自动调向和伺服电机调向等。

调速装置的作用是使风力机在风速变化时能保持不变，此外，在风速过高时还能起过速保护作用。常用的调速装置有固定叶片调速装置和可变桨距调速装置等。

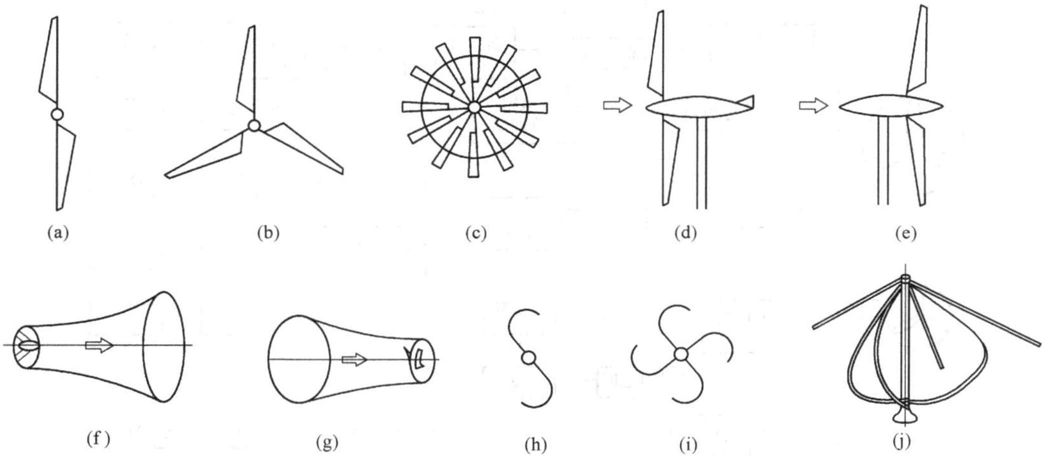

图 4-42 各种不同形式的风力机
(a) 双叶式；(b) 三叶式；(c) 多叶式；(d) 迎风式；(e) 顺风式；(f) 扩散器式；(g) 集中器式；(h) S形叶片式；(i) S形多叶片式；(j) 戴瑞斯式风轮

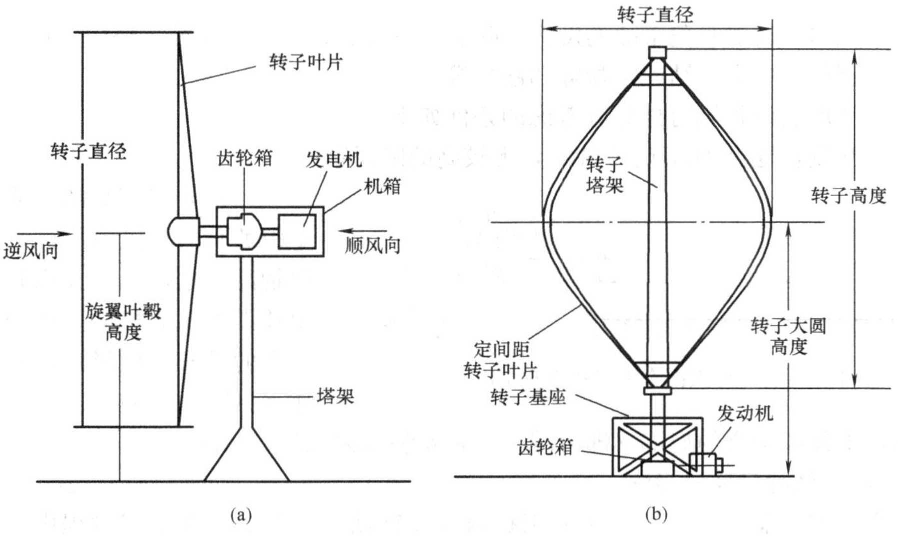

图 4-43 水平轴风力发电机组和垂直轴风力发电机组的结构
(a) 水平轴风力涡轮机 (HAWT)；(b) 立轴风力涡轮机 (VAWT)

风力机的效率主要取决于风轮效率、传动效率、储能效率、发电机和其他工作机械的效率。图 4-44 所示为各种不同用途风力机各主要构成部分的能量转换和储存效率。

五、风能利用中的问题

风能利用前景广阔，但在风能利用中有两个问题需要特别注意。一是风力机的选址，二是风力机对环境的影响。

(一) 风力机的选址

无论是哪一种用途的风力机，选择设置地点都是十分重要的。选址合适不但能降低设备

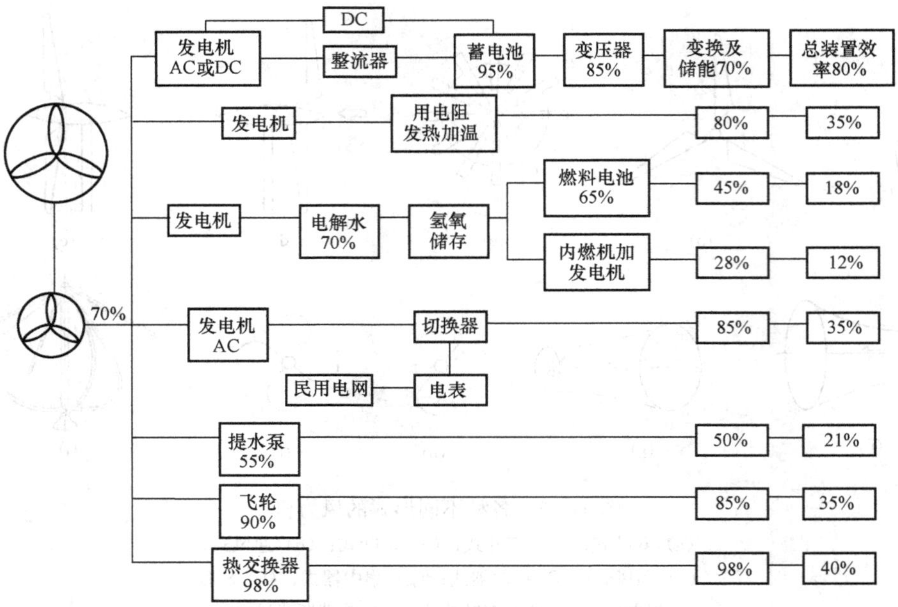

图 4-44　风能利用装置中各主要部分的能量转换和储存效率

费用和维修成本，还能避免事故的发生。除了考虑设置地点的风况外，还应考虑其他自然条件的影响，例如，雷击、结冰、盐雾和沙尘等。

在平坦地形上设置风力机时应考虑的条件如下：

(1) 离开设置地点 1km 的方圆内，无较高的障碍物。

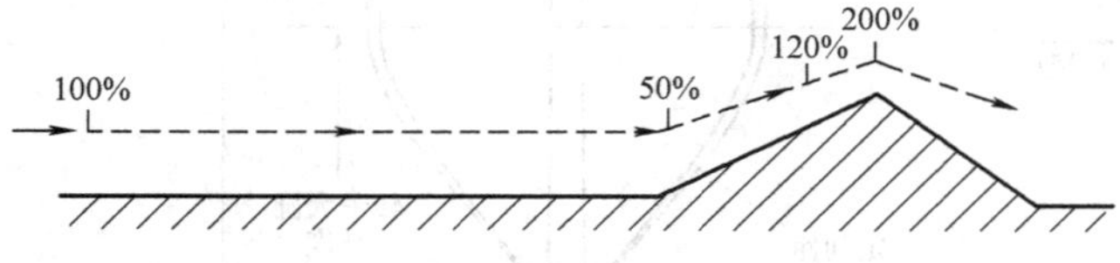

图 4-45　理想山脊上风速变化情况

(2) 如有较高的障碍物（例如小山坡）时，风力机的高度应比障碍物高 2 倍以上。在山丘的山脊或山顶设置风力机时，山脊可以作为巨大的塔架，风经过山脊时还会加速（见图 4-45）。

因此，山顶和山脊的肩部（即两端部）是安装风力机的好场所。

（二）风力机对环境的影响

如果不考虑风能利用中由于所采用材料（如钢铁、水泥等）在生产过程中对环境的污染，通常认为风能利用对环境是无污染的。但是由于人们对环境的要求越来越高，及环境保护的含义越来越广，因此，在风能利用中也必须考虑风力机对环境的影响，这种影响反映在以下几方面：

(1) 风力机的噪声。风力机产生的噪声包括机械噪声和气动噪声，分析表明，风轮直径小于 20m 的风机，机械噪声是主要的。当风轮直径更大时，气动噪声就成为主要的噪声。噪声会对风力机设置处的居民产生一定的影响。特别是人口稠密地区（例如荷兰）噪声问题更加突出，因此，应采取各种技术措施来减少风力机的噪声。

(2) 对鸟类的伤害。风力机的运行常常会对鸟类造成伤害，如鸟被叶片击落。大型风力场也影响附近鸟类的繁殖和栖息。虽然许多研究表明上述影响不大，但对一些特殊地区，例如，鸟类大规模迁徙的路线上，应充分考虑对鸟类的影响，在选址上予以避开。

（3）对景观的影响。风力机或因其庞大，或因其数量多（大型风力电场风力机可多达数百台）势必对视觉景观产生影响。对人口稠密和风景秀丽区域更是如此，这一问题，处理得好，会产生正面效果，使风力机变为一个景观；而处理不好，则会产生严重的负面效应。因此，在风景区和文化古迹区，安装风力机尤应慎重。

（4）对通信的干扰。风力机运行会对电磁波产生反射、散射和衍射，从而对无线通信产生某种干扰。在建设大型风力场时应考虑这一因素。

第四节　地　热　能

一、地球的内部构造

地球本身就是一座巨大的天然储热库。地热能就是地球内部蕴藏的热能。根据现在的认识，地球的构成是这样的：在约 2800km 厚的铁 - 镁硅酸盐地幔上有一薄层（厚约 30km）铝 - 硅酸盐地壳；地幔下面是液态铁 - 镍地核，其内还含有一个固态的内核。在 6～70km 厚的表层地壳和地幔之间有个分界面，通常称为莫霍不连续面。莫霍界面会反射地震波。从地表到深 100～200km 为刚性较大的岩石团。由于地球内圈和外圈之间存在较大的温度梯度，所以，其间有黏性物质不断循环。

大洋壳层厚 6～10km，由玄武岩构成，大洋壳层会延伸到大陆壳层下面。大陆壳层则是由密度较小的钠钾铝 - 硅酸盐的花岗石组成，典型厚度约为 35km，但是在造山地带其厚度可能达 70km。地壳和地幔最简单的模型如图 4 - 46 所示。地壳好像一个“筏”放在刚性岩石圈上，岩石圈又漂浮在黏性物质构成的软流圈上。由于软流圈中的对流作用，会使大陆壳“筏”向各个方向移动，从而会导致某一大陆板块与其他大陆板块或大洋板块碰撞或分离。它们就是造成火山喷发、造山运动、地震等地质活动的原因。在图 4 - 46 中的箭头表示了板块和岩石圈的运动及其下面黏性物质的热对流。

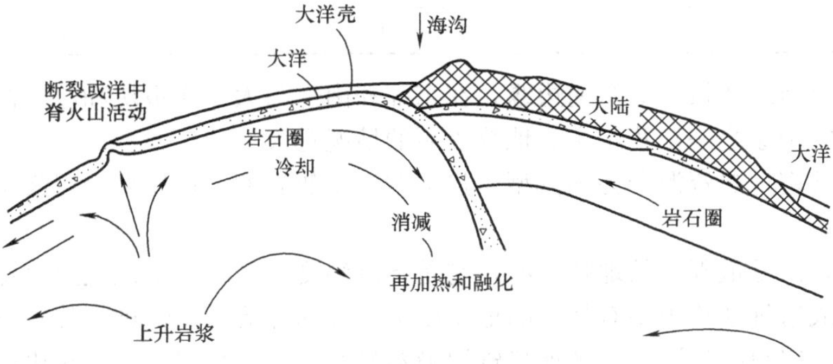

图 4 - 46　地壳和地幔模型的示意

对地球而言，从地壳到地幔再到地核其温度是逐步增高的。表 4 - 13 所示为地球内部温度分布的概况。

地壳上层的平均温度梯度约为 25℃/km，但在某些异常地区，其温度梯度可能大大超出此值。这些地区约占全球陆地总面积的 10%。它们是最适宜地热钻井的地区。

表 4-13 地球内部的温度概况

深度（km）	60	100	500	2900～6371
温度（℃）	约 500	约 1400	约 1800	2000～5000

通常，地幔中的对流把热能从地球内部传到近地壳的表面地区，在那里热能可能绝热储存达百万年之久。虽然这里储热区的深度已大大超过了目前钻探技术所能达到的深度，但由于地壳表层中含有游离水，这些水有可能将热储区的热能带到地表附近，或穿出地面而形成温泉，特别在地质活动区更是如此。

二、地热资源

据估计，在地壳表层 10km 的范围内，地热资源就达 12.6×10^{26}J，相当于 4.6×10^{16}t 标准煤，即超过世界技术和经济力量可采煤储量含热量的70 000倍。全球各地区的地热资源估计见表 4-14。

表 4-14 全球各地区的地热资源估计 （百万 t 石油当量）

温度（℃） 地区	<100	100～150	150～250	>250	总计
北美	160	23	5.9	0.4	189
拉丁美洲	130	27	28	0.5	186
西欧	44	4.8	0.8	0.01	49.6
东欧和独联体	160	5.8	1.5	0.11	167
中东和北非	42	2.1	0.5	0.1	44.7
撒哈拉以南非洲	110	7.4	2	0.1	119
太平洋地区（不包括中国）	71	6.2	4	0.2	81.2
中国	62	13	3.3	0.2	78.3
中亚和南亚	88	5	0.6	0.04	93.6
总计	870	95	47	1.7	1000

中国地处全球欧亚板块的东南边缘，在东部和南部与太平洋板块和印度洋板块连接，是地热资源丰富的国家之一。我国主要地热资源的情况见表 4-15。

地质学上常把地热资源分为蒸汽型、热水型、干热岩型、地压型、岩浆型五大类。

1. 蒸汽型

蒸汽型地热田是最理想的地热资源，它是指以温度较高的干蒸汽或过热蒸汽形式存在的地下储热。形成这种地热田要有特殊的地质结构，即储热流体上部被大片蒸汽覆盖，而蒸汽又被不透水的岩层封闭包围。这种地热资源最容易开发，可直接送入汽轮机组发电，但蒸汽田很少，仅占已探明地热资源的 0.5%。

2. 热水型

热水型是指以热水形式存在的地热田，通常既包括温度低于当地气压下饱和温度的热水和温度高于沸点的有压力的热水，又包括湿蒸汽。90℃以下称为低温热水田，90～150℃称为中温热水田，150℃以上称为高温热水田。中、低温热水田分布广，储量大，我国已发现的地热田大多属这种类型。

表 4-15 **我国主要地热资源概况**

地区	已查明资源		
	面积（km^2）	可采量（$\times 10^{12}$kJ）	折合标准煤（$\times 10^6$t）
北京	174.00	1516.0	51.72
天津	385.00	3339.8	113.90
河北	9240.00	83 638.0	2835.66
辽宁	4.83	59.0	2.02
安徽	4.12	9.5	0.33
福建	20.89	190.0	6.49
江西	4.38	19.1	0.66
山东	125.70	396.0	10.11
湖北	9.92	66.5	2.27
湖南	13.5	103.3	3.52
广东	8.73	57.2	1.95
云南	107.73	4646.1	90.28
西藏	35.87	512.5	17.48
陕西	11.85	27.6	0.94
青海	1.00	15.8	0.54

3. 干热岩型

干热岩是指地层深处普遍存在的没有水或蒸汽的热岩石，其温度在 150～650℃之间。干热岩的储量十分丰富，比蒸汽、热水和地压型资源多得多。目前，大多数国家都把这种资源作为地热开发的重点研究目标。

4. 地压型

地压型是埋藏在深为 2～3km 的沉积岩中的高盐分热水，被不透水的页岩包围。由于沉积物的不断形成和下沉，地层受到的压力越来越大，可达几十兆帕，温度处在 150～260℃范围内。地压型热田常与石油资源有关。地压水中溶有甲烷等碳氢化合物，形成有价值的副产品。

5. 岩浆型

岩浆型是指蕴藏在地层更深处，处于黏弹性状态或完全熔融状态的高温熔岩。火山喷发时常把这种岩浆带至地面。岩浆型资源据估计约占已探明地热资源的 40%左右。

上述五类地热资源中，目前，应用最广的是热水型和蒸汽型。

三、地热能的利用

人类很早以前就开始利用地热能，例如，利用温泉沐浴、医疗，利用地下热水取暖、建造农作物温室、水产养殖及烘干谷物等。但真正认识到热资源并进行较大规模的开发利用却始于 20 世纪中叶。

地热能的利用可分为地热发电和直接利用两类。对于不同温度的地热流体可能利用的范围如下：

200～400℃	直接发电及综合利用
150～200℃	双循环发电、制冷、工业干燥、工业热加工
100～150℃	双循环发电、供暖、制冷、工业干燥、脱水加工、回收盐类、罐头食品
50～100℃	供暖、温室、家庭用热水、工业干燥
20～50℃	沐浴、水产养殖、饲养牲畜、土壤加温、脱水加工

为提高地热利用率，现在许多国家采用梯级开发和综合利用的办法，如热电联产联供、热电冷三联产、先供暖后养殖等。

地热能利用在发电、供暖和务农等方面可起重要作用。

（一）地热发电

地热发电是地热利用的最重要方式。高温地热流体应首先应用于发电。根据地热流体的类型，目前有两种地热发电方式，即蒸汽型地热发电和热水型地热发电。

1. 蒸汽型地热发电

蒸汽型地热发电是把蒸汽田中的干蒸汽直接引入汽轮发电机组发电，但在引入发电机组前，应把蒸汽中所含的岩屑和水滴分离出去。这种发电方式最为简单，但干蒸汽地热资源十分有限，且多存于较深的地层，开采技术难度大，故发展受到限制。

2. 热水型地热发电

热水型地热发电是地热发电的主要方式。目前，热水型地热电站有两种循环系统。

（1）闪蒸系统。闪蒸系统如图 4-47 所示。当高压热水从热水井中抽至地面时，由于压力降低，部分热水会沸腾并“闪蒸”成蒸汽，蒸汽送至汽轮机做功，而分离后的热水可继续利用后排出，当然，最好是再回注入地层。

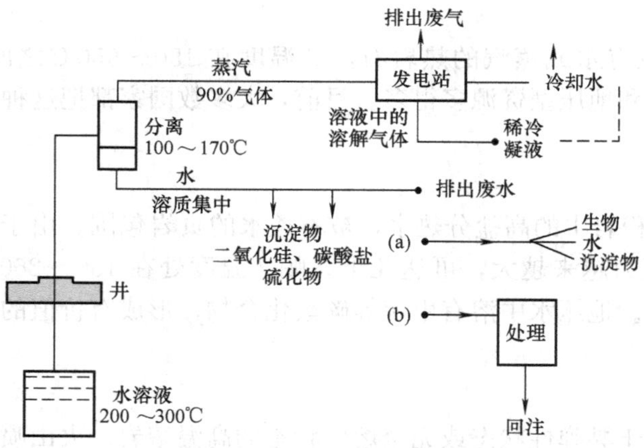

图 4-47　热水型地热发电闪蒸系统

（2）双循环系统。双循环系统的流程如图 4-48 所示。地热水首先流经热交换器，将地热能传给另一种低沸点的工作流体，使之沸腾而产生蒸汽。蒸汽进入汽轮机做功后进入凝汽器，再通过热交换器完成发电循环。地热水则从热交换器回注入地层。这种系统特别适合于含盐量大、腐蚀性强和不凝结气体含量高的地热资源。发展双循环系统的关键技术是开发高效的热交换器。

地热发电的前景是取决于如何开发利用地热储量大的干热岩资源。图 4-49 所示为利用干热岩发电的示意。其关键技术是能否将深井打入热岩层中。美国新墨西哥州的洛斯阿拉莫科学试验室正在对这一系统进行远景试验。

地热发电在我国某些地区发展很快，例如，在西藏有羊八井电站（装机容量25 180kW）、朗久电站（装机容量 1000kW）、那曲电站（装机容量 1000kW），它们已成为西藏电力的主要供应者。1980 年以来，世界地热电站也发展很快，表 4-16 所示为部分国家地热电站的装机容量。

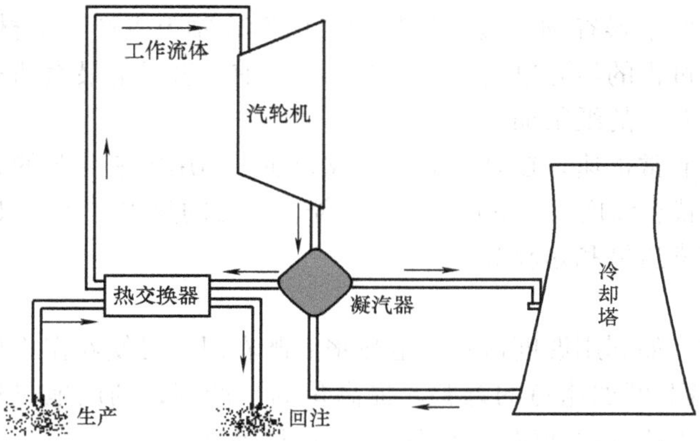

图 4-48 热水型地热发电的双循环系统

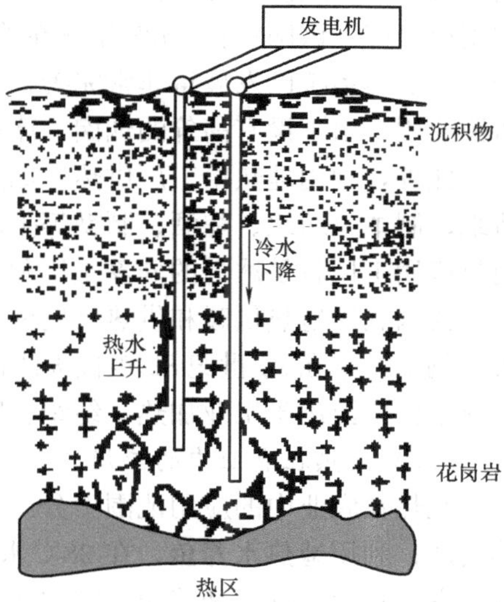

图 4-49 利用干热岩发电的示意

表 4-16 **部分国家地热电站的装机容量** （$\times 10^4$ kW）

国家		冰岛	意大利	日本	美国	独联体	菲律宾	印度尼西亚	墨西哥
装机容量	1980 年	3.2	44.0	16.8	92.3	0.5	44.6	0.25	15.0
	2000 年	6.8	80.0	366.8	584.2	31.0	122.5	9.2	400.0

在世界各国鼓励可再生能源利用的政策影响下，地热发电将有一个很大的发展。表4-17所示为世界各地区地热发电的前景预测。

表 4-17 **世界各地区地热发电的发展趋势** （MW）

地　　区	1990 年	2000 年	2010 年	2020 年
北美	2842	6000	12 000	24 000
拉丁美洲	866	1700	3000	6000
西欧	625	1400	2500	4500
东欧和独联体	12	350	1400	3000
中东和北非	0.3	—	100	300
撒哈拉以南非洲	45	200	500	1000
太平洋和中国	1594	3120	6400	11000
中亚和南亚	—	50	200	500
总 计	5984.3	12 820	26 100	50 300

（二）地热供暖

将地热能直接用于采暖、供热和供热水是仅次于地热发电的地热利用方式。因为这种利用方式简单、经济性好，备受各国重视，特别是位于高寒地区的西方国家，其中，冰岛开发利用得最好。该国早在1928年就在首都雷克雅未克建成了世界上第一个地热供热系统，现今这一供热系统已发展得非常完善，每小时可从地下抽取7740t 80℃的热水，供全市11万居民使用。由于没有高耸的烟囱，冰岛首都已被誉为“世界上最清洁无烟的城市”。

此外，利用地热给工厂供热，如用作干燥谷物和食品的热源，用作硅藻土生产、木材、造纸、制革、纺织、酿酒、制糖等生产过程的热源也是大有前途的。目前，世界上最大两家地热应用工厂就是冰岛的硅藻土厂和新西兰的纸浆加工厂。

我国利用地热供暖和供热水发展也非常迅速，在京津地区已成为地热利用中最普遍的方式。例如，早在20世纪80年代天津市就有深度大于500m、温度高于30℃的热水井356口，其热水已广泛用于工业加热、纺织、印染造纸和烤胶等。

（三）地热在农业中的应用

地热在农业中的应用范围十分广阔。如利用温度适宜的地热水灌溉农田，可使农作物早熟增产；利用地热水养鱼，在28℃水温下可加速鱼的育肥，提高鱼的出产率；利用地热建造温室，育秧、种菜和养花；利用地热给沼气池加温，提高沼气的产量等。

将地热能直接用于农业在我国日益广泛，北京、天津、西藏和云南等地都建有面积大小不等的地热温室。各地还利用地热大力发展养殖业，如培养菌种、养殖非洲鲫鱼、鳗鱼、罗非鱼、罗氏沼虾等。例如，湖北英山县有300m深热水井5口，建造温室1129m^2，温水养鱼2000 m^2 并进行育种和培育水生饲料。

四、地热在医疗领域的应用

地热在医疗领域的应用有诱人的前景，目前，热矿水就被视为一种宝贵的资源，世界各国都很珍惜。由于地热水从很深的地下提取到地面，除温度较高外，常含有一些特殊的化学元素，从而使它具有一定的医疗效果。如含碳酸的矿泉水供饮用，可调节胃酸、平衡人体酸碱度；含铁矿泉水饮用后，可治疗缺铁贫血症；氢泉、硫化氢泉洗浴可治疗神经衰弱和关节炎、皮肤病等。

由于温泉的医疗作用及伴随温泉出现的特殊的地质、地貌条件，使温泉常常成为旅游胜地，吸引大批疗养者和旅游者。在日本就有1500多个温泉疗养院，每年吸引1亿人到这些疗养院休养。

我国利用地热治疗疾病历史悠久，含有各种矿物元素的温泉众多，因此，充分发挥地热的行医作用，发展温泉疗养行业是大有可为的。

第五节 生 物 质 能

一、生物质资源

生物质是指由光合作用而产生的有机体。光合作用将太阳能转化为化学能而储存在生物质中。光合作用是生命活动中的关键过程，植物光合作用的简单过程为

$$\text{水}+\text{二氧化碳}\xrightarrow[\text{太阳能}]{\text{植物}}\text{有机体}+\text{氧}$$

在太阳能直接转换的各种过程中，光合作用是效率最低的。光合作用的转化率为0.5%～5%。据估计，温带地区植物光合作用的转化率按全年平均计算约为太阳全部辐射能

的 0.5%～1.3%，亚热带地区则为 0.5%～2.5%。整个生物圈的平均转化率为 0.25%。在最佳田间条件下，农作物的转化率可达 3%～5%。据估计，地球上每年植物光合作用固定的碳达 2×10^{11}t，含能量达 3×10^{21}J，相当于世界能耗的 10 倍以上。

世界上生物质资源数量庞大，种类繁多。它包括所有的陆生、水生植物，人类和动物的排泄物以及工业有机废物等。通常将生物质资源分为以下几类：

（1）农作物类。该类主要包括产生淀粉的甘薯、玉米等，产生糖类的甘蔗、甜菜、果实等。

（2）林作物类。该类主要包括白杨、纵树等树木类及苜蓿、象草、芦苇等草木类。

（3）水生藻类。该类主要包括海洋生的马尾藻、巨藻、海带等，淡水生的布袋草、浮萍、小球藻等。

（4）光合成微生物类。该类主要包括硫细菌、非硫细菌等。

（5）其他类。该类主要包括农产品的废弃物（如稻秸、谷壳等）、城市垃圾、林业废弃物、畜业废弃物等。

各类生物质燃料的热值如表 4-18 所示。

表 4-18 各类生物质燃料的热值

生物质	热值（MJ/kg）	生物质	热值（MJ/kg）
纤维素	17.5	粪 便	13.4
木 炭	12～22.4	甲 醇	22.4
草 类	18.7	乙 醇	29.4
藻 类	10.0	生物烃油	36～42
城市垃圾	12.7		

我国是农业大国，生物质资源丰富，每年产生的生物质总量为 50 多亿 t（干重），相当于 20 多亿 t 油当量，约为我国目前一次能源总消耗量的 3 倍。但生物质能源的商品化程度很低，仅占一次能源消费的 0.5%左右。据估计，农作物秸秆等废弃物除了 40%用作饲料、肥料及工业原料外 60%可作为能源使用。但目前主要采用简单燃烧，甚至田头焚烧，不但浪费了能量，而且造成环境污染，例如，某些机场附近的秸秆焚烧已严重影响了飞机的正常起降。

二、生物质能的转换技术

生物质能的转换技术主要包括直接燃烧、热化学转换和生物转换。图 4-50 所示为由生物质获取液体和气体燃料的生产过程。

直接燃烧是生物质能最简单又应用最广的利用方式，目前，亚洲、非洲的大多数发展中国家，用直接燃烧方式所获得的生物质能约占该国能源消费总量的 40%以上。目前，中国用于直接燃烧产热生物质达到21 900万 t 标准煤。普通炉灶直接燃烧生物质的热效率很低，一般不超过 20%，在农村推广的节能灶，其热效率可提高到 30%以上，推广城市废弃物直接燃烧的垃圾电站，则可以大大提高生物质能的利用效率。

热化学转换方法主要是通过化学手段将生物质能转换成气体或液体燃料。其中，高温分解法既可通过干馏获得像木炭这样的优质固体燃料，又可通过生物质的快速热解液化技术直接获得液体燃料和重要的化工副产品。而生物质的热化学气化是将生物质有机燃料在高温下

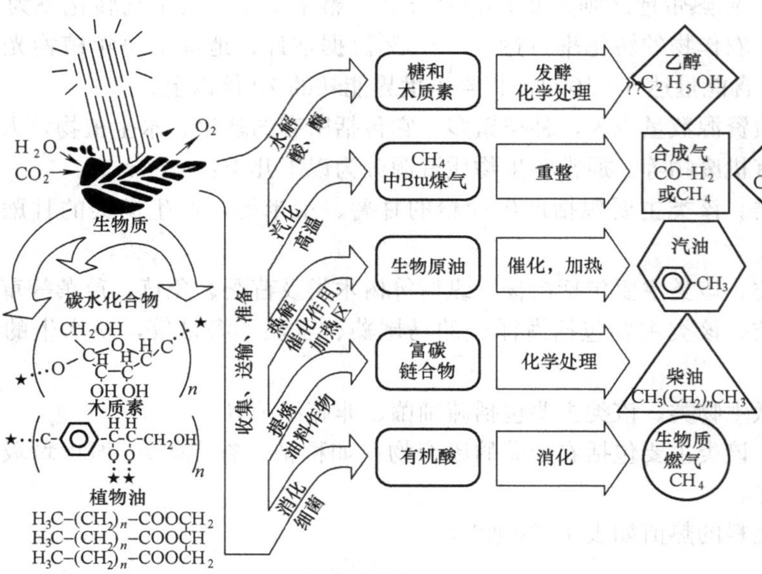

图 4-50　由生物质获取液体和气体燃料的生产过程

与气化剂作用而获得合成气，再由合成气获得其他优质的气体或液体燃料。

生物转换主要借助于厌氧消化和生物酶技术将生物质转换为液体或气体燃料，前者包括小型的农村沼气池和大型的厌氧污水处理工程。后者则可将一些含有糖分、淀粉和纤维素的生物质转化为乙醇等液体燃料。

当前，生物质能利用中的主要问题是能量利用率很低，使用上也很不合理。除直接燃用木材、秸秆造成资源的巨大浪费外，热化学转换和生物转换的转化效率低，生产成本高也影响了生物质能大规模的有效利用。但由于生物质能的巨大潜力，世界各国均已把高效利用生物质能摆到重要位置，最新数据显示，2004 年一些经济合作组织（OECD）国家的生物质发电增长率为 50%～100%或更多，包括德国、匈牙利、荷兰、波兰和西班牙。澳大利亚、奥地利、比利时、丹麦、意大利、韩国、新西兰和瑞典各国的增长率为 10%～30%。发展中国家的小型生物质发电项目越来越多，如泰国的“小发电厂”项目，截至 2005 年，该项目已经启动了 50 个生物质发电项目，总装机容量为 100 万 kW，同时，还推出了一些小型沼气发电工程。一些国家的制糖业正在筹建甘蔗发电厂，如菲律宾和巴西。可以预计，在现代高科技的支持下，生物质能的利用必将上一个新台阶，并在解决发展中国家的农村能源中起到重要作用。

三、薪柴

树木是生物质的重要来源。森林和林地覆盖了世界陆地面积的 30%，达 $38\times10^{12}\,m^2$，其中，$14.6\times10^{12}\,m^2$ 为热带森林，$2.2\times10^{12}\,m^2$ 为亚热带森林，$10\times10^{12}\,m^2$ 为开阔的热带稀树草原森林，$4.5\times10^{12}\,m^2$ 为温带森林，$6.7\times10^{12}\,m^2$ 为北部森林。以上林区木材的总蕴藏量达 340×10^9～$360\times10^9\,m^3$，大约相当于 $1.75\times10^{11}\,t$ 标准煤。

自从人类发现火以来，薪柴一直是主要燃料。由于薪柴通常取自当地的自然资源，过度的采伐会致使水土流失和土壤沙化，不但造成河流淤塞、洪水泛滥，而且使全球气候恶化。

因此，合理使用森林资源，建设“能源农场”是生物质能利用中非常重要的一环，已受到世界各国的重视。

森林是一种可更新的能源。“能源农场”就是种植可快速生长的林木或植物（它们被称为能源植物）以获取能源为目的的农场。这种农场的优点是：能够储存能量，可随时提供使用；能保持生态平衡，净化环境；能为 21 世纪生物质能大规模的生物和化学转换提供原料；投资少、管理费用低，每千焦耳燃料的生产成本仅为柴油的一半。由于“能源农场”是种植薪柴林和用材林的营造目的不同，因此，在选择树种和经营措施上均有自己的特点，其中，根据当地的自然条件选择速生、密植、高产、高发热值及固氮能力强的树种尤为重要。薪柴林作为一种绿色植被，也同其他树木一样能起到防风固沙、保持水土、保护农田和草原，改善生态环境的作用。正因为如此，美国、加拿大、法国、韩国等国家在 20 世纪 50 年代已开始实施大规模的薪柴林营造计划，并取得显著效果。美国更是从 1978 年开始积极研究能源植物，目前已筛选出 200 多个品种，其试验的杨树林的生长量折合成发热量，每年每公顷达 430 桶石油当量。我国也应在生产承包责任制的基础上，在荒山、河滩、沙漠上大规模地建设“能源农场”，以解决十分严重的农村能源问题，并保护日益恶化的生态环境。

直接燃烧薪柴除了热效率低外，其对环境的污染也不容忽视。例如，美国环保局的研究发现，烧薪柴的火炉和壁炉，其烟气中含有 17 种主要污染物，14 种是已知的致癌物，6 种是纤毛有害物质。因此，对薪柴和其他含有木质素的物质进行大规模的生物和化学转换，使其成为固体或液体燃料才是利用生物质能的方向。

值得一提的是，由木柴干馏获得的木炭是一种优质的固体燃料。使用木炭的历史悠久，它含碳量高，含硫和含灰量低，既适于家庭取暖又是冶金工业的优质燃料。例如，木材大国巴西，其木炭产量的 38%用于生铁冶炼。上述木炭中 70%产自原始森林，30%产自人工林场。为了减少原始森林的退化，巴西一方面引进现代的高炉，另一方面也大力实施能源农场计划。

四、醇能

醇能是由纤维素通过各种转换技术而获得的优质液体燃料，其中，最重要的是乙醇和甲醇。

（一）乙醇

乙醇又称酒精，其化学分子式为 CH_3CH_2OH，分子量为 46.1。主要热物理性质：正常沸点 351.45K，熔点 158.65K，临界温度 516.25K，临界压力 6390kPa，临界密度 280kg/m^3。

人们常将用作燃料的乙醇称为“绿色石油”，这是因为各种绿色植物，如玉米芯、水果、甜菜、甘蔗、甜高粱、木薯、秸秆、稻草、木片、锯屑、草类及许多含纤维素的原料都可以用作提取乙醇的原料。生产乙醇的方法：利用含糖的原料，例如，甘蔗直接发酵；间接利用碳水化合物或淀粉如木薯发酵；将木材等纤维素原料酸水解或酶水解。图 4-51 所示为由纤维素生产乙醇的流程图。某些农作物

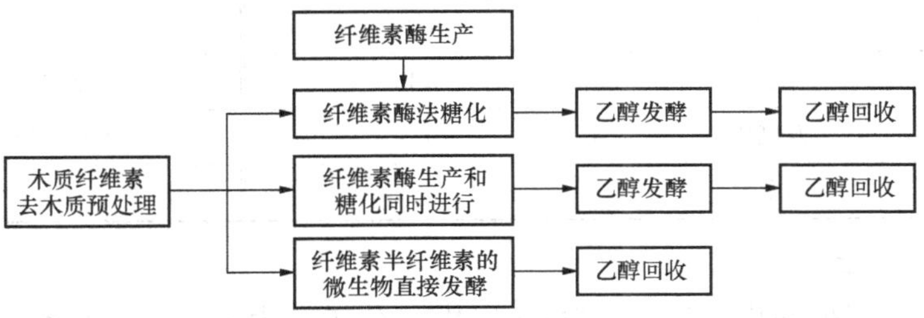

图 4-51 由纤维素生产乙醇的示意

的乙醇产量见表4-19。

表4-19 某些农作物的乙醇产量

原料	作物产量（t/hm²）	乙醇产量（L/t）	乙醇产量（L/hm²）
甜菜	40～50	90～100	3800～4800
甘蔗	50～100	60～80	3500～7000
玉米	4～8	360～400	1500～3000
小麦	25	370～420	800～2000
大麦	2～4	310～350	700～1300
高粱	2～5	330～370	700～1800
土豆	20～30	100～120	2200～3300
甘薯	10～20	140～170	1600～3100
木薯	12～15	175～190	2200～2300

虽然乙醇的发热值比汽油低30%左右，但乙醇密度高，因此，以纯乙醇作燃料的机动车，其功率比烧汽油的机动车还高18%左右。采用乙醇作燃料，对环境的污染比汽油和柴油小得多，而生产成本却和汽油差不多。用20%的乙醇和汽油混合使用，汽车的发动机可以不必改装。因此，作为化石燃料，特别是汽油、柴油的最佳替代能源，醇能展现了良好的前景。

世界各国对利用生物质能制备醇类燃料十分重视，全世界生物燃料乙醇的总产量约为3000万t。2005年部分国家及欧盟燃料乙醇产量见表4-20。2005年燃料乙醇产量增加较多的是欧盟（50万L/年增长）和美国（20亿L/年）。随着我国经济的发展，国内石油需求的进一步提高，以乙醇等替代能源为代表的能源供应多元化战略已成为我国能源政策的一个方向，人大常委会已审议通过了《可再生能源法》，燃料乙醇作为再生能源成为政府重点推广的新型能源。如果按照10%的添加比例计算，我国燃料乙醇每年需求量为400万t左右。所以，大力发展乙醇燃料是势在必行。

表4-20 2005年部分国家及欧盟的燃料乙醇产量 （10亿L）

国家	燃料乙醇	国家	燃料乙醇
巴西	15	印度	0.3
美国	15	哥伦比亚	0.2
德国	0.2	瑞典	0.2
中国	1.0	波兰	0.05
法国	0.15	欧盟	0.9
西班牙	0.3	世界总计	33
加拿大	0.2		

（二）甲醇

甲醇的化学分子式为CH_3OH，分子量为32.0，主要热物理性质：正常沸点337.85K，熔点175.15K，临界温度513.15K，临界压力7950kPa，临界密度275kg/m³。

甲醇是一种优质的液体燃料，其突出优点是燃烧时效率高，而碳氢化合物和一氧化碳排放量却很小。比如，用甲醇作燃料的汽车发动机输出的功率可比汽油、柴油车高 17% 左右，而排出的氮化物只有汽油、柴油车的 50%，一氧化碳只有后者的 12%。美国环保局的研究表明，如汽车改烧 85%甲醇和 15%无铅汽油组成的混合燃料，仅美国城市的碳氢化合物的排放量可减少 20%～50%；如使用纯甲醇作燃料，碳氢化合物的排放量可减少 85%～95%，一氧化碳的排放量可减少 30%～90%。正因为如此，美、日等汽车大国都制定了大力发展甲醇汽车的计划。美国政府批准使用 100 万辆代用燃料汽车来减少空气污染。日本则早在 1991 年由日本甲醇汽车公司生产的首批甲醇汽车就在东京正式投入营运。

甲醇最早是生产木炭过程中的副产品。20 世纪 20 年代发明了高温高压下由氢和一氧化碳通过催化剂合成甲醇的工艺。由于天然气的大量发现，现在甲醇都是以天然气作原料，通过重整而获得的。然而，为了利用生物质能，变废为宝，用树木及城市废物大量生产甲醇仍是世界各国研究的重点。目前采用的主要方法是，先用热化学转换的方法将固体生物质气化，获得合成气后再用其制甲醇。此法目前的主要问题是生产成本高，但随着科技的进步，“植物甲醇”将成为替代燃料的主角之一。

五、沼气

沼气是一种无色、有味、有毒的混合气体。它的主要成分是甲烷（CH_4），通常占总体积的 60%～70%；其次是二氧化碳，占总体积的 25%～40%；其余硫化氢、氮、氢和一氧化碳等气体约占总体积的 5%。甲烷是一种良好的气体燃料，燃烧时火焰呈蓝色，最高温度可达 1400℃左右。甲烷的热值很高，达36 840kJ/m^3。甲烷完全燃烧时仅生成二氧化碳和水，并释放出热能，是一种清洁燃料。

由于沼气中甲烷含量不同，沼气的热值在20 930～25 120kJ/m^3 之间，其着火温度为 800℃。沼气中因含有二氧化碳等不可燃气体，其抗爆性能好，辛烷值较高，也是一种良好的动力燃料。

沼气是有机物质在厌氧条件下经过多种细菌的发酵作用而最终生成的产物。沼气发酵过程一般要经历三个阶段，即液化、产酸和气化。各种有机的生物质，如秸秆、杂草、人畜粪便、垃圾、污水、工业有机废物等都可以作为生产沼气的原料。为保证沼气池中细菌的厌氧消化过程，就要使厌氧细菌能够旺盛地生长、发育、繁殖和代谢。这些细菌的生命越旺盛，产生的沼气就越多。因此，造成良好的厌氧分解条件，为厌氧细菌的生命活动创造适宜的环境是多产沼气的关键。为此，应采取以下措施：

（1）严格的厌氧环境。分解有机质并产生沼气的细菌都是厌氧的，在有氧气存在的环境内，它们根本无法进行正常的生命活动，因此，生产沼气的沼气池应当严格密封。

（2）足够的菌种。由于沼气发酵原料成分十分复杂，因此，发酵过程需要足够的菌种，包括产酸菌和甲烷菌。这些菌种大量存在于阴沟、粪池、沼泽和池塘，因此，一定要用阴沟、粪坑污泥或沼气池脚渣作为菌种，以保证正常产气。

（3）合适的碳氮比。生产沼气的原料也是厌氧菌生长、繁殖的营养物质。这些营养物质中最重要的是碳素和氮素两种营养物质。在厌氧菌生命活动过程中需要一定比例的氮素和碳素。根据经验，最佳的碳氮比为 20∶1～30∶1。

（4）适宜的发酵液浓度。投入沼气池的原料实际上是原料、菌种和水的混合物，适宜的发酵液浓度十分重要。水分太少不利于厌氧菌的活动并影响原料的分解；水分太多，发酵液浓度降低，减少了单位体积的沼气产量，使沼气池得不到充分利用。

（5）适当的 pH 值。厌氧菌适于在中性或弱碱性环境中生长繁殖，故发酵液的 pH 值一般保持在 6.5～7.5。过酸、过碱对厌氧菌的生命活动均不利。如酸性过大，可在发酵液中加入适量的石灰或草木灰；如碱性过大，则应加入若干鲜草、水草、树叶和水。

（6）合适的温度。适宜的温度是保持和增强菌种活化能力的必要条件。通常发酵温度在 5～60℃范围内均能正常产气。在一定的温度范围内，随着发酵液温度的升高，沼气产量可大幅度增加。根据采用发酵温度的高低，可以分为常温发酵、中温发酵和高温发酵。

常温发酵的温度为 10～30℃，其优点是沼气池不需升温设备和外加能源，建设费用低，原料用量少。但常温发酵原料分解缓慢，产气少，特别在冬季，许多沼气池不能正常产气。

中温发酵的温度为 35℃左右，这是沼气发酵的最适宜温度，其产气量比常温发酵高出许多倍。但中温发酵原料消耗比常温发酵也多许多倍。因此，在原料来源充足，又有余热可供利用的地方，如酒厂、屠宰场、纺织厂、糖厂附近应优先采用中温发酵。

高温发酵温度为 55℃左右。这种发酵的特点是原料分解快，产气量高，但沼气中的甲烷含量略低于中温和常温发酵，并需消耗热能。

目前，利用太阳能来提高沼气池温度，增加产气率是新能源综合利用的方向之一。

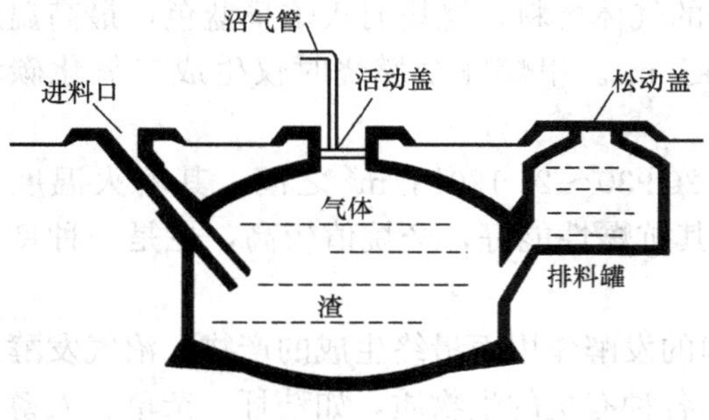

图 4-52　池—气并容固定式沼气池

沼气池的种类很多，有池—气并容式的沼气池、池—气分离式沼气池、有固定式沼气池及浮动储气罐式的沼气池。用来建造沼气池的材料也多种多样，有砖、混凝土、钢、塑料等。最常用的池—气并容固定式的沼气池如图 4-52 所示。通常，沼气池都修建成圆形或近似圆形，主要是圆形池节约材料、受力均匀且易解决密封问题。

沼气的用途很广，除用作燃料外，生产沼气的副产品——发酵后的残余物（废渣和废水）都是优质的有机肥料。试验研究证明，沼气池的粪水比农村普通敞口池中的粪水全氮含量高 14%，氨态氮含量高 19.4%。将上述两种粪水分别施于水稻、玉米、小麦、棉花、油菜等农作物上，田间试验表明，施有沼气池粪水的农作物增产 6.5%～17.5%。此外，沼气粪渣中的磷含量也较高，对提高土壤肥力也有明显的作用。图 4-53 所示为沼气的综合利用和生态的良性循环。

在发展中国家的农村地区大力推广沼气池还会产生巨大的社会效益。人畜粪便集中到沼气池，在池中发酵后，大多数的寄生虫卵会沉淀到池底，在缺氧和高温条件下大部分死去。表 4-21 所示为畜禽场大型沼气工程有害物质的去除效率。因此，发展沼气不但能较好地解决农村能源的短缺问题，而且能改善农村卫生环境，提高大众的健康水平。同样，沼气在解决城市垃圾和废水、污水处理方面也能发挥重要作用。

进入 21 世纪，人类对生物质能的利用寄予了更大的希望。随着现代生物技术的发展，生物质能的开发必将出现质的飞跃。

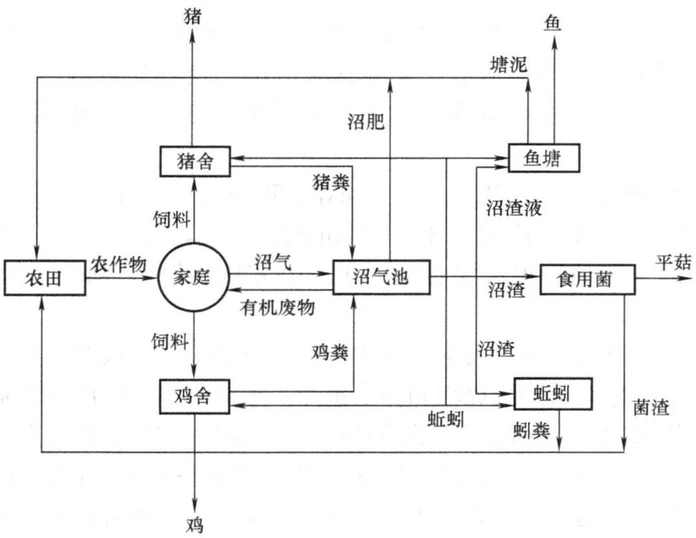

图 4-53 沼气综合利用示意

表 4-21 畜禽场大型沼气工程有害物质的去除效率

沼气工程的形式	常温全混式	低中温全混式	高效厌氧消化装置
总固体物的去除率	大于 50%	大于 70%	80%～90%
化学耗氧量去除率	60%	70%～75%	80%～90%
大肠杆菌死亡值	10^{-2}～10^{-1}	10^{-2}～10^{-1}	10^{-1}
蛔虫卵的死亡率	100%	100%	100%

第六节 海 洋 能

地球表面积约为 $5.1\times10^8 km^2$，其中，陆地表面积为 $1.49\times10^8 km^2$，占 29%；海洋面积达 $3.61\times10^8 km^2$，占 71%。以海平面计，全部陆地的平均海拔约为 840m，而海洋的平均深度却为 3800m，整个海水的容积多达 $1.37\times10^9 km^3$。一望无际的汪洋大海，不仅为人类提供航运、水产和丰富的矿藏，而且还蕴藏着巨大的能量。海洋能的表现形式多种多样，通常包括潮汐能、波浪能、海洋温差能、海洋盐差能及海流能等。

一、潮汐能

潮汐能是以位能形态出现的海洋能。海水涨落的潮汐现象是由地球和天体运动以及它们之间的相互作用而引起的。月球对地球的引力方向指向月球中心，其大小因地而异。同时，地表的海水又受到地球运动离心力的作用，月球引力和离心力的合力正是引起海水涨落的引潮力。除月球外，太阳和其他天体对地球同样会产生引潮力。虽然太阳的质量比月球大得多，但太阳离地球的距离也比月球与地球之间的距离大得多，所以，其引潮力还不到月球引潮力的一半。其他天体或因远离地球，或因质量太小所产生的引潮力微不足道。如果用万有引力计算，月球所产生的最大引潮力可使海水面升高 0.563m，太阳引潮力的作用为 0.246m，但实际的潮差却比上述计算值大得多。如我国杭州湾的最大潮差达 8.93m，北美加拿大芬地湾最大潮差达 19.6m。这种实际与计算的差别目前尚无确切的解释。一般认为，海水的自由振动频率与受迫振动频率一致而导致的共振会使潮差显著增大。

全世界潮汐能的理论蕴藏量约为 3×10^9kW。我国海岸线曲折，全长约 1.8×10^4km，沿海还有 6000 多个大小岛屿，组成 1.4×10^4km 的海岸线，漫长的海岸蕴藏着十分丰富的潮汐能资源。我国潮汐能的理论蕴藏量达 1.1×10^8kW，其中，浙江、福建两省蕴藏量最大，约占全国的 80.9%。

潮汐能的主要利用方式是潮汐发电。潮汐电站可以是单水库或双水库。图 4-54 所示为单水库潮汐电站示意，它只筑一道堤坝和一个水库。老的单水库潮汐电站是涨潮时使海水进入水库，落潮时利用水库与海面的潮差推动水轮发电机组。它不能连续发电，因此，又称为单水库单程式潮汐电站。新的单水库潮汐电站利用水库的特殊设计和水闸的作用，既可在涨潮时发电，又可在落潮时运行，只是在水库内外水位相同的平潮时才不能发电。这种电站称为单水库双程式潮汐电站，它大大提高了潮汐能的利用率。

为使潮汐电站能够全日连续发电，就必须采用双水库的潮汐电站。图 4-55 所示为双水库潮汐电站示意。这种电站建有两个相邻的水库，水轮发电机组放在两个水库之间的隔坝内。一个水库只在涨潮时进水（高水位库），一个水库（低水位库）只在落潮时泄水，两个水库之间始终保持有水位差，因此可以全日发电。

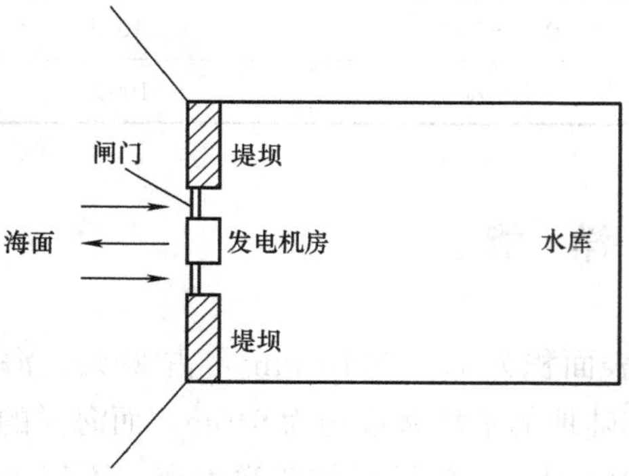

图 4-54 单水库潮汐电站示意

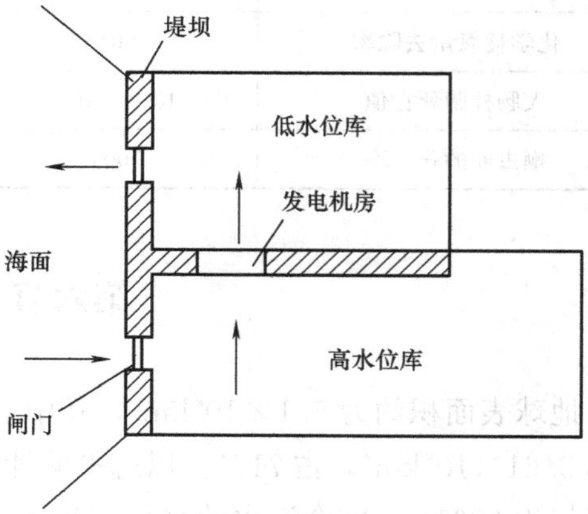

图 4-55 双水库潮汐电站示意

由于海水潮汐的水位差远低于一般水电站的水位差，所以，潮汐电站应采用低水头、大流量的水轮发电机组。目前，全贯流式水轮发电机组由于其外形小、质量轻、管道短、效率高，已被各潮汐电站广泛采用。

国外已运行的潮汐电站见表 4-22。

目前，我国潮汐电站总装机容量约为10 800kW，并已具备设计和建设百万千瓦级潮汐电站并提供成套设备的能力。我国已建成的潮汐电站见表 4-23。其中，最大的浙江江夏潮汐电站，5 台机组总装机容量为 3200kW，涨退潮双向发电，水库面积为 29.1km^2，最大潮差 8.39m，年发电量为 1070 万 kW·h，具有显著的经济效益。

表 4-22 国外主要潮汐电站的总装机容量

地点	装机容量（kW）	机组数	设计水头（m）	运行方式
法国朗斯河口	240 000	24	5.6	双向发电
俄罗斯基斯洛湾	2000	5	1.35	双向发电
加拿大芬地湾	20 000	1	5.5	退潮发电
加拿大坎伯兰湾	4 088 000	106	5.5	退潮发电

表 4-23 我国的潮汐电站

站名	装机容量（kW）	机组数	建成时间（年）	设计水头（m）	运行方式
浙江沙山	40	1	1961	2.5	单库单向
广东甘竹滩	5000	22	1970	1.3	单向发电
浙江岳普	1500	4	1971	3.5	退潮发电
浙江海山	150	2	1975	3.39	双库单向
江苏浏河	150	2	1976	1.25	退潮发电
广西果子山	40	1	1977	2.0	退潮发电
山东白沙口	960	6	1978	1.2	单向发电
浙江江厦	3200	5	1980	3.0	双向发电
福建幸福洋	1280	4	1989	3.02	单向发电

潮汐电站会改变潮差和潮流，还会改变海水温度和水质。拦潮后形成的水库对生态既有有利影响，也有不利影响，例如，它能为水产养殖提供适合的条件，但同时也会对地下水和排水等带来不利影响。此外，在建设潮汐电站时，还必须考虑海岸的侵蚀和对鸟类栖息环境的影响，特别是在河口建潮汐电站时更应注意环境问题，如对鱼类的影响等。

二、波浪能

波浪能是以动能形态出现的海洋能。波浪是由风引起的海水起伏现象，它实质上是吸收了风能而形成的。波浪功率的大小与风速、风向、连续吹风的时间、流速等诸多因素有关。据估计，全世界可开发利用的波浪能达 2.5×10^9kW。我国沿海有效波高 2～3m，波浪功率可达 17～39kW/m，渤海湾更高达 42kW/m，利用前景诱人。

海洋波浪能属低品位能源，在自然状态下，由于大部分波浪运动没有周期性，故很难经济地开发利用。以波浪为动力的装置必须具备以下特点：①能够增大与波浪高度有关的水位差；②对波浪的幅度和频率有广泛的适应性；③既能适应小的波浪，又能承受大风暴引起的滔天巨浪。

利用波浪能的装置很多，图 4-56 所示为各种利用波浪能装置的示意。

利用波浪能发电的装置很多。图 4-57 所示为用得最广泛的浮标式波浪发电示意。放置在海面上的浮标由于波浪的作用而上下浮动，中央管道中的水位却维持不变，于是随着浮标的上下浮动，空气活塞室中的空气反复地经历压缩和膨胀过程，从而驱动空气涡轮机运转并带动发电机发电。这种浮标式波浪发电装置已广泛用于航标和灯塔的照明。

另一种固定式的波浪发电装置如图 4-58 所示。它不用浮标而是将空气室固定地建在海

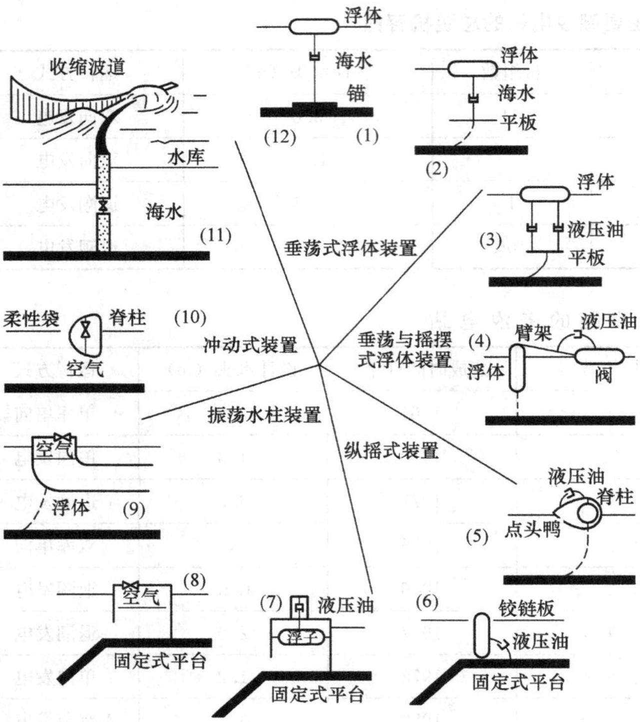

图 4-56　各种利用波浪能装置的示意

边，利用海浪使空气活塞室内的空气反复压缩、膨胀，从而推动涡轮机发电。这种固定式的波浪发电装置对小岛渔村和边防哨所很有实用意义。

在大多数情况下，波浪能装置输出的是电能，但输出功率不稳定，且离电网较远。因此，直接将这部分电能用于海水淡化是波浪能利用的一种理想选择，当然也可以利用波浪能装置产生高压水，再利用反渗透法来生产淡水，通常，只有约 20%的高压水流经过反渗透膜，其余 80%的高压水仍可通过小型冲击式水轮机发电。目前，这种利用波浪能既发电又海水淡化的装置已投入市场。海水淡化市场包括干旱地区的迎风沿海和一些岛屿，现在这些地区每人每天的需水量约为 40L。到 2020 年，随着人口增加，50%的用水将靠海水淡化，据估计，届时三分之一的淡化水将依靠波浪能。

我国波浪发电技术研究始于 20 世纪 70 年代，80 年代以来获得较快发展。小型岸式波浪发电技术已进入世界先进行列，航标灯所用的微型波浪发电装置已趋商品化，在沿海海域航标和大型灯船上推广应用。我国目前已安装用作航标灯灯源的小型波浪发电装置 300 多台。试建成功 3 座波浪试验电站，包括装机容量 3kW 的岸边固定式装置，总装机容量 20kW 的岸式波浪试验电站和 8kW 摆式波浪试验电站。此外，还在建设两座波浪试验电站，装机容量为 200kW。今后，中国将努力实现波浪发电商业化。

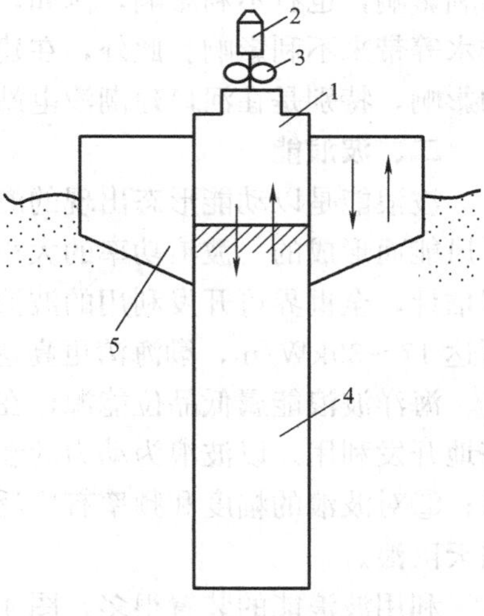

图 4-57　浮标式波浪发电示意

1—空气活塞室；2—发电机；3—空气涡轮机；4—中央管道；5—浮标

三、温差能

温差能是以热能形态出现的海洋能，又称海洋热能。海洋是地球上一个巨大的太阳能集热和蓄热器。由太阳投射到地球表面的太阳能大部分被海水吸收，使海洋表层水温升高。赤道附近太阳直射多，其海域的表层温度可达 25～28℃，波斯湾和红海由于被炎热的陆地包围，其海面水温可达 35℃。而在海洋深处 500～1000m 处，海水温度却只有 3～6℃。这个垂直的温差就是一个可供利用的巨大能源。据估计，如果利用这一温差发电，其功率可达

2×10^9 kW。

海洋温差能主要用于发电，海洋温差发电主要采用开式和闭式两种循环系统。

(一) 开式循环系统

开式循环系统如图 4-59 所示。表层温海水在闪蒸蒸发器中由于闪蒸而产生蒸汽，蒸汽进入汽轮机做功后再流入凝汽器。来自深层的冷海水作为凝汽器的冷却介质。由于水蒸气在负压下工作，所以，必须配置真空泵。这种系统简单，还可兼制淡水，但设备和管道体积庞大，真空泵及抽水水泵耗功较多，影响发电效率。

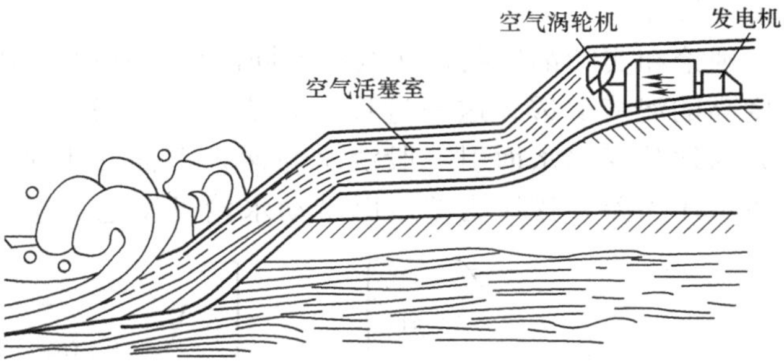

图 4-58 固定式波浪发电装置

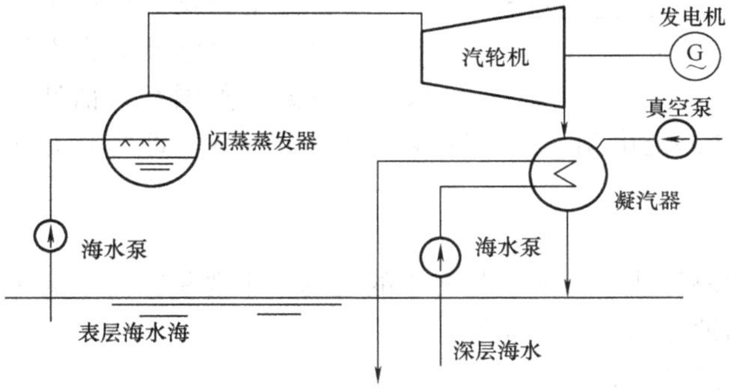

图 4-59 开式循环系统

(二) 闭式循环系统

闭式循环系统如图 4-60 所示。来自表层的温海水先在热交换器内将热量传给低沸点工质——丙烷、氨等，使之蒸发，产生的蒸汽再推动汽轮机做功。深层冷海水（蒸发器）仍作为凝汽器的冷却介质。这种系统因不需要真空泵，是目前海洋温差发电中常采用的循环。

由于海洋温差发电冷热温差很小，其效率远低于普通火电厂，仅为3%左右，且温差小，换热面积大，建设费用高；海水腐蚀和海洋生物的吸附以及远离陆地输电困难等不利因素都制约着海洋温差发电的发展。但海洋辽阔，储能丰富，修建海上温差发电站仍具有一定的发展前景。

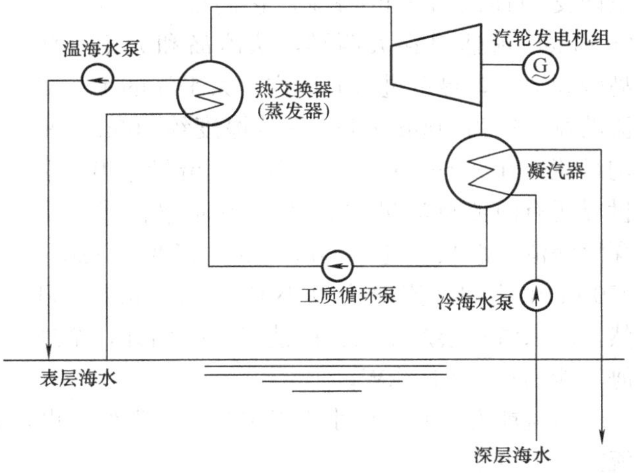

图 4-60 闭式循环系统

四、盐差能

盐差能是以化学能形态出现的海洋能。地球上的水分为淡水和咸水两大类。全世界水的总储量为 $1.4\times10^9\text{km}^3$，其中，97.2%为分布在大洋和浅海中的咸水。在陆地水中，2.15%的水为位于两极的冰盖和高山的冰川中的储水，余下的 0.65%才是可供人类直接利用的淡水。海洋的咸水中含有各种矿物和大量的食盐，1km^3 的海水里即含有 3600 万 t 食盐。利用大海与陆地河口交界水域的盐度差所潜藏的巨大能量一直是科学家的理想。据估计，世界各河口区的盐差能达 3×10^{10} kW，可利用的有2.6×10^9 kW。开发盐差能将是 21 世纪人类努力的目标。

理论和实际都证明，在两种不同浓度的盐溶液中间置一渗透膜，浓度低的溶液就会向浓度高的溶液渗透。这一过程一直要持续到膜两侧盐浓度相等为止。根据这一原理，可以人为地从淡水水面引一股淡水与深入海面几十米的海水混合，在混合处将产生相当大的渗透压力差，该压力差足以带动水轮机发电。据测定，一般海水含盐浓度为3.5%时，所产生的渗透压力相当于25个标准大气压力，而且浓度越大，渗透压力也越大。例如，在死海，其渗透压力甚至相当于5000m的水头。图4-61所示为根据上述原理设计的一种盐差能发电的方案。

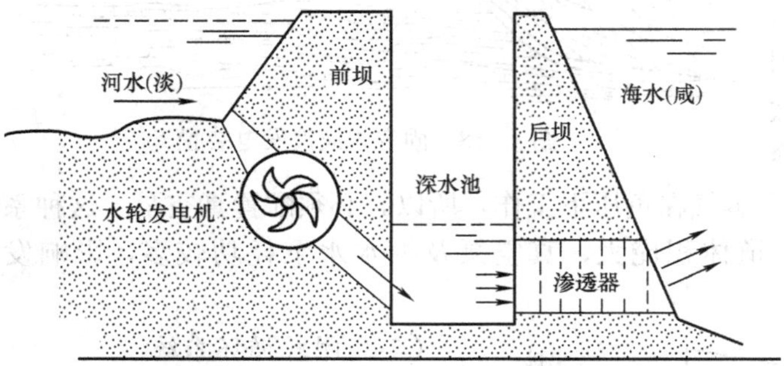

图4-61 利用盐差能发电示意

尽管盐差能发电还处于研究之中，但其潜力已日益为人们所认识。例如，美国有人估计，若利用密西西比河的流量的1/10去建设盐差能电站，其装置容量可达10^6kW，即每立方米的淡水入海可获得约0.65kW·h的电力。

五、海流能

海流能是另一种以动能形态出现的海洋能。海流就是海水的运动，主要是指海水的水平运动，即大量的海水从一个海域长距离地流向另一个海域。

世界著名的海流有：大西洋的墨西哥湾暖流、北大西洋海流、太平洋的黑潮暖流、赤道潜流等。墨西哥湾海流和北大西洋海流是北大西洋里两支相连的最大的海流，它们以每小时1～2n mile的流速贯穿大西洋，从冰岛和大不列颠岛中间通过，最后进入北冰洋。太平洋的黑潮暖流的宽度约为100n mile，平均厚度约400m，平均日流速在30～80n mile之间，其流量相当于全世界所有河流总流量的20倍。赤道潜流是一支深海潜流，总长度达8000n mile，宽度在120～250n mile之间，流速为每小时2～3n mile。显然，海水流动会产生巨大的能量。据估计，全球海流能高达5×10^9kW。

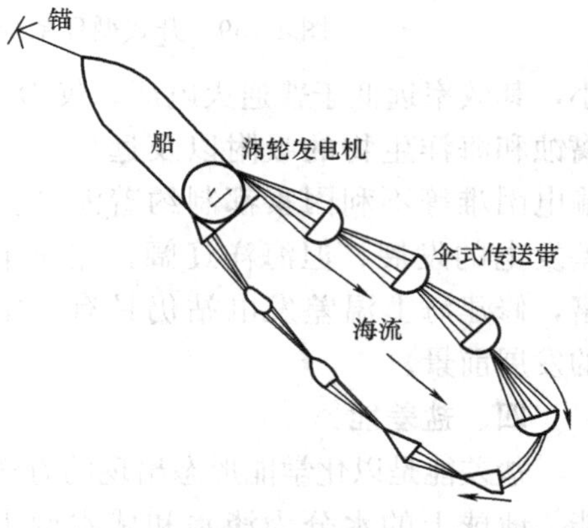

图4-62 降落伞式海流能发电方案

海流能发电和一般水力发电的原理类似，也是利用水轮机。图4-62所示为降落伞式海流能发电方案。

作为能源来讲，海流比陆地上的水力更可靠，不像水力那样会受枯水和洪水等水文因素的影响。目前，海流能已用于海岸灯和航标导航等方面。随着科学技术水平的进步，海流能利用必将有很大发展。

第七节 氢 能

一、概述

二次能源是联系一次能源和能源用户的中间纽带。二次能源又可分为“过程性能源”和“含能体能源”。当今电能就是应用最广的“过程性能源”；柴油、汽油则是应用最广的“含能体能源”。由于目前“过程性能源”尚不能大量地直接储存，因此，汽车、轮船、飞机等机动性强的现代交通运输工具就只能采用像柴油、汽油这一类“含能体能源”。随着常规能源危机的出现，在开发新的一次能源的同时，人们将目光也投向寻求新的“含能体能源”，氢能正是一种人们期待的新的二次能源。

（一）氢的特点

氢位于元素周期表之首，它的原子序数为 1，在常温常压下为气态，在超低温高压下又可成为液态。作为能源，氢有以下特点：

（1）所有元素中，氢原子量最小。

（2）所有气体中，氢气的导热性最好，比大多数气体的导热系数高出 10 倍，因此，在能源工业中氢是极好的传热载体。

（3）氢是自然界存在最普遍的元素，据估计，它构成了宇宙质量的 75%，除空气中含有氢气外，它主要以化合物的形态储存于水中，而水是地球上最广泛的物质。据推算，如把海水中的氢全部提取出来，它所产生的总热量比地球上所有化石燃料放出的热量还大 9000 倍。

（4）除核燃料外，氢的发热值是所有化石燃料、化工燃料和生物燃料中最高的，为汽油发热值的 3 倍。

（5）氢燃烧性能好，点燃快，与空气混合时有广泛的可燃范围，而且燃点高，燃烧速度快。

（6）氢本身无毒，与其他燃料相比，氢燃烧时最清洁，除生成水和少量氮化氢外不会产生诸如一氧化碳、二氧化碳、碳氢化合物、铅化物和粉尘颗粒等对环境有害的污染物质，而且燃烧生成的水还可继续制氢，循环使用。

（7）氢能利用形式多，既可以通过燃烧产生热能，又可以作为能源材料用于燃料电池，或转换成固态氢用作结构材料。

（8）氢可以以气态、液态或固态的金属氢化物出现，能适应储运及各种应用环境的不同要求。

（二）氢能的应用

从氢的特点可知，氢是一种理想的新的含能体能源。早在第二次世界大战期间，氢即用作 A—2 火箭发动机的液体推进剂。1960 年，液氢首次用作航天动力燃料。1970 年，美国发射的“阿波罗”登月飞船使用的起飞火箭也是用液氢作燃料。现在，氢已是火箭领域的常用燃料了。对现代航天飞机而言，减轻燃料自重，增加有效载荷变得更为重要。氢的能量密度很高，是普通汽油的 3 倍，这意味着燃料的自重可减轻 2/3，这对航天飞机无疑是极为有利的。今天的航天飞机以氢作为发动机的推进剂，以纯氧作为氧化剂，液氢就装在外部推进剂桶内，每次发射需用 1450m^3，重约 100t。

现在科学家们正在研究一种“固态氢”的宇宙飞船。固态氢既作为飞船的结构材料，又作为飞船的动力燃料。在飞行期间，飞船上所有的非重要零件都可以转作能源而“消耗掉”。这样，飞船在宇宙中就能飞行更长的时间。

在超声速飞机和远程洲际客机上，以氢作动力燃料的研究已进行多年，目前，已进入样机和试飞阶段。

在交通运输方面，美、德、法、日等汽车大国早已推出以氢作燃料的示范汽车，并进行了几十万公里的道路运行试验。其中，美、德、法等国是采用氢化金属储氢，而日本则采用液氢。试验证明，以氢作燃料的汽车在经济性、适应性和安全性三方面均有良好的前景，但目前仍存在储氢密度小和成本高两大障碍。前者使汽车连续行驶的路程受限制，后者主要是由于液氢供应系统费用过高造成的。

美国和加拿大已联手合作拟在铁路机车上采用液氢作燃料。在进一步取得研究成果后，从加拿大西部到东部的大陆铁路上将奔驰着燃用液氢和液氧的机车。

但氢能的大规模的商业应用还有待解决以下关键问题：

(1) 廉价的制氢技术。因为氢是一种二次能源，它的制取不但需要消耗大量的能量，而且目前制氢效率很低，因此，寻求大规模的廉价的制氢技术是各国科学家共同关心的问题。

(2) 安全可靠的储氢和输氢方法。由于氢在常温下为气态，单位重量的体积大，而液氢又极易气化，加上易泄漏、着火、爆炸等安全上的原因，因此，如何妥善解决氢能的储存和运输问题也就成为开发氢能的关键。

(3) 大规模高效利用氢能的末端设备。氢虽是发电、交通运输的理想能源，但目前能大规模高效使用氢能的末端设备，特别是以氢为燃料的燃料电池仍存在许多问题，还有待进一步研究。

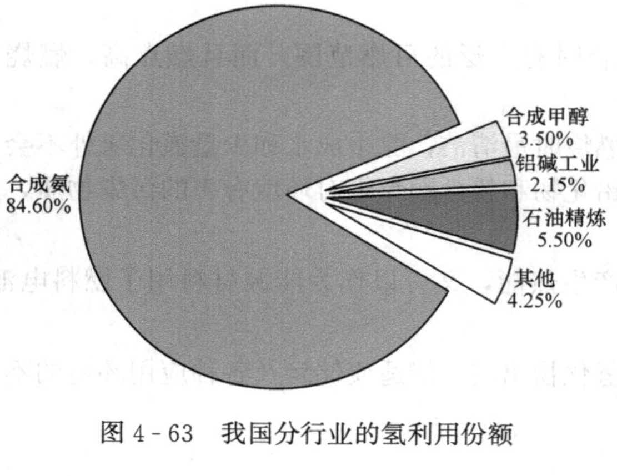

图 4-63 我国分行业的氢利用份额

随着上述三个关键问题的解决，特别是从太阳能、生物质能等新能源中大规模获取氢后，全世界氢能利用将进入一个新的水平。由于氢既是一种新的二次能源，又是重要的化工原料，我国政府对氢能的研究也很重视，近几年投入了大量的资金和人力。我国近年来氢的产量在稳步增长，已进入世界产氢大国的行列。但是我国大部分氢被用作化工原料、工业氢气等，氢作为直接产品或燃料的量还很少（见图 4-63）。表 4-24 所示为我国未来对氢需求的预测。可见氢能在我国还有巨大的发展空间。

表 4-24 **我国未来对氢需求的预测** （万 t）

项目	2020 年	2050 年	项目	2020 年	2050 年
合成氨	936.2	936.2	燃料电池发电	216.7	1962.8
炼油厂加氢精制	1141.7	1141.7	合计	3261.6	12 799.1
燃料电池电动车	967.0	8758.4			

（三）氢经济

1974 年，在美国迈阿密召开的氢能经济会议上，一些科学家正式建议将氢能作为解决全球能源和环境问题的方案。30 多年来，全世界在氢的规模制备、储存、运输和终端利用上取得了长足的进步，以氢为燃料的火箭和航天飞机不但为人类开拓了广阔的宇宙空间，而且以氢为燃料的燃料电池也逐步装备到汽车、船舶等交通工具上，它们还作为发电设备、电动工具、移动电源等渗透到各个领域。各国政府和政治家们已开始经常使用“氢经济”这个词，“氢经济”（the hydrogen economy）目前尚无确切定义，但它的初衷是指，整个社会能源需求都是由氢能提供的。它的提倡者强调氢的燃烧是最清洁的，而且作为能源，氢是取之不尽的。显然，作为“氢经济”的支柱是大规模廉价地制取氢，因为氢是二次能源，它的获取是要消耗一次能源的。显然，应用太阳能大规模地制氢是实现“氢经济”的关键。著名氢能学者约翰·博基斯在他的“太阳—氢能，拯救地球的动力”一书中是这样描述未来太阳—氢能系统的：

（1）我们可以使用太阳光并将其转化成电能。

（2）然后我们电解水，这样可以得到新的燃料——氢气和氧气。

（3）用管道或车船将氢气输送到居民区和工业中心。

（4）在居民区和工业中心，氢气作为一种燃料代替汽油和柴油用于内燃机或者用于燃料电池，输出机械能、热能或电能。

（5）在所有这些过程中，最终的产物是水，水也是这些过程中使用的原料。

这样，太阳—氢能这个体系给我们提供了能量，但除了使用太阳光外，并没有消耗其他资源，而且也没有污染。随着科学技术的进步，可以预计“氢经济”是可以实现的。

二、氢的制取

制氢的历史很长，方法也很多，传统的方法有以下几种。

（一）从含烃的化石燃料中制氢

这是过去以及现在采用最多的方法。它以煤、石油或天然气等化石燃料作原料来制取氢气。用蒸汽作催化剂以煤作原料来制取氢气的基本反应过程为

$$C+H_2O \longrightarrow CO+H_2$$

用天然气作原料、蒸汽作催化剂的制氢化学反应为

$$CH_4+H_2O \xrightarrow{\text{约 }800℃} 3H_2+CO$$

上述反应均为吸热反应，反应过程中所需的热量可以从煤或天然气的燃烧中获得，也可利用外部热源。自从天然气大规模开采后，现在氢的制取有 96%都是以天然气为原料。天然气和煤都是宝贵的燃料和化工原料，用它们来制氢显然摆脱不了人们对常规能源的依赖。

（二）电解水制氢

这种方法是基于如下的氢氧可逆反应：

$$H_2+\frac{1}{2}O_2 \rightleftharpoons H_2O+\Delta Q$$

分解水所需要的能量 ΔQ 是由外加电能提供的。为了提高制氢效率，电解通常在高压下进行，采用的压力多为 3.5～5.0MPa。目前，电解效率为 50%～70%。由于电解水的效率不高且需消耗大量的电能，因此，利用常规能源生产的电能来大规模的电解水制氢显然是不经济的。

（三）热化学制氢

这种方法是通过外加高温热使水起化学分解反应来获取氢气的。到目前为止，虽有多种热化学制氢方法，但总效率都不高，仅为20%～50%，而且还有许多工艺问题需要解决。依靠这种方法来大规模制氢还有待进一步研究。

随着新能源的崛起，以水作为原料，利用核能和太阳能来大规模制氢已成为世界各国共同努力的目标。其中，太阳能制氢最具吸引力，也最有现实意义。目前，正在探索的太阳能制氢技术有以下几种：

（1）太阳热分解水制氢。热分解水制氢有两种方法，即直接热分解和热化学分解。前者需要把水或蒸汽加热到3000K以上，水中的氢和氧才能够分解，虽然其分解效率高，不需催化剂，但太阳能聚焦费用太昂贵。后者是在水中加入催化剂，使水中氢和氧的分解温度降低到900～1200K，催化剂可再生后循环使用，目前，这种方法的制氢效率已达50%。

（2）太阳能电解水制氢。这种方法是首先将太阳能转换成电能，然后再利用电能来电解水制氢。

（3）太阳能光化学分解水制氢。将水直接分解成氧和氢是很困难的，但把水先分解为氢离子和氢氧离子，再生成氢和氧就容易得多。基于这个原理，先进行光化学反应，再进行热化学反应，最后再进行电化学反应即可在较低温度下获得氢和氧。在上述三个步骤中，可分别利用太阳能的光化学作用、光热作用和光电作用。这种方法为大规模利用太阳能制氢提供了实现的基础，其关键是寻求光解效率高、性能稳定、价格低廉的光敏催化剂。

（4）太阳能光电化学分解水制氢。这种方法是利用特殊的化学电池，这种电池的电极在太阳光的照射下能够维持恒定的电流，并将水离解而获取氢气。这种方法的关键是需要有合适的电极材料。

（5）模拟植物光合作用分解水制氢。植物光合作用是在叶绿素上进行的。自从在叶绿素上发现光合作用过程的半导体电化学机理后，科学家就企图利用“半导体隔片光电化学电池”来实现可见光直接电解水制氢的目标。不过，由于人们对植物光合作用分解水制氢的机理还不够了解，要实现这一目标还有一系列理论和技术问题需要解决。

（6）光合微生物制氢。人们早就发现江河湖海中的某些藻类也有制氢的能力，如小球藻、固氮蓝藻、绿藻等就能以太阳光作动力，用水作原料，源源不断地放出氢气来。因此，深入了解这些微生物制氢的机制将为大规模的太阳能生物制氢提供良好的前景。

除了利用太阳能和核能制氢外，从生物质中制氢也正在大力研究之中。目前，利用超临界水的独特性质，将超临界水气化与超临界水氧化相结合，以生物质为原料制氢的新技术已取得重大进展，这种新技术在从生物质原料获取氢的同时，还能释放超临界水中的部分氢，从而使制氢效率大为提高。我国西安交通大学郭烈锦教授的实验证实，用这种方法氢气产量最高可达到生物质原料中含氢量的150%。

三、氢的储存和运输

（一）氢的储存

氢在一般条件下为气态，其单位体积所含的能量远小于汽油，甚至少于天然气，因此，必须经过压缩或极低温下液化，或其他方法提高其能量密度后方能储存和应用。目前，氢的储存有三种方法：高压气态储存、低温液氢储存、金属氢化物和活性炭储存。

1. 高压气态储存

气态氢可储存在地下库里，也可装入钢瓶中。为减小储存体积，必须先将氢气压缩，为此需消耗较多的压缩功。一般来说，一个充气压力为 20MPa 的高压钢瓶储氢重量只占 1.6%；供太空用的钛瓶储氢重量也仅为 5%。为提高储氢量，目前正在研究一种微孔结构的储氢装置，它是一微型球床。微型球系薄壁（1～10μm），充满微孔（10～100μm），氢气储存在微孔中。微型球可用塑料、玻璃、陶瓷或金属制造。

2. 低温液氢储存

将氢气冷却到－253℃即可呈液态，然后，将其储存在高真空的绝热容器中。液氢储存工艺首先用于航天，其储存成本较高，安全技术也比较复杂。高度绝热的储氢容器是目前研究的重点。现在，一种间壁间充满中空微珠的绝热容器已经问世。这种二氧化硅的微珠直径为 30～150μm，中间是空心的，壁厚 1～5μm。在部分微珠上镀上厚度为 1μm 的铝。由于这种微珠导热系数极小，其颗粒又非常细，可完全抑制颗粒间的对流换热；将部分镀铝微珠（一般为 3%～5%）混入不镀铝的微珠中可有效地切断辐射传热。这种新型的热绝缘容器不需抽真空，其绝热效果远优于普通高真空的绝热容器，是一种理想的液氢储存桶，美国宇航局已广泛采用这种新型的储氢容器。

3. 金属氢化物储存

氢与氢化金属之间可以进行可逆反应，当外界有热量加给金属氢化物时，它就分解为氢化金属并放出氢气。反之，氢和氢化金属构成氢化物时，氢就以固态结合的形式储于其中。

用来储氢的氢化金属大多为由多种元素组成的合金。目前，世界上已研究成功多种储氢合金，它们大致可以分为四类：一是稀土镧镍等，每千克镧镍合金可储氢 153L；二是铁-钛系，它是目前使用最多的储氢材料，其储氢量大，是前者的 4 倍，且价格低、活性大，还可在常温常压下释放氢，给使用带来很大的方便；三是镁系，这是吸氢量最大的金属元素，但它需要在 287℃下才能释放氢，且吸收氢十分缓慢，因而使用上受限制；四是钒、铌、锆等多元素系，这类金属本身属贵金属，因此，只适用于某些特殊场合。目前，在金属氢化物储存方面存在的主要问题是储氢量低，成本高及释氢温度高。因此，进一步研究氢化金属本身的化学物理性质，包括平衡压力—温度曲线、生成焓、转化反应速度、化学及机械稳定性等，寻求更好的储氢材料仍是氢能开发利用中值得注意的问题。

带金属氢化物的储氢装置既有固定式也有移动式，它们既可作为氢燃料和氢物料的供应来源，也可用于吸收废热，储存太阳能，还可作氢泵或氢压缩机使用。

由于活性炭吸附性强，利用碳纳米管储氢已展现良好的前景，由于其储氢量大且远大于金属氢化物。因此，随着碳纳米管成本的进一步降低，这种储氢方法有可能实用化。

（二）氢气的运输

氢气可以像其他燃料一样，采用储罐车输送或管道输送。对小规模的需要，可以采用储罐车，大规模输送则需采用管道。研究表明，用管道输氢要比先将氢能转换成电能再输送电的成本低。此外，通过电网输送电力，由于电网不能蓄电，因此，电力必须及时用掉，而氢则可保持在管道内。另外一个优点是，管道输氢不需要像输电塔那样占用土地，也不会像输电塔那样影响景观。

氢虽然有很好的可运输性，但不论是气态氢还是液氢，它们在使用过程中都存在着不可忽视的特殊问题。首先，由于氢特别轻，与其他燃料相比，在运输和使用过程中单位能量所占的体积特别大，即使液态氢也是如此。其次，氢特别容易泄漏，以氢作燃料的汽车行驶试验证明，即使是真空密封的氢燃料箱，每 24h 的泄漏率就达 2%，而汽油一般一个月才泄漏 1%。因此，对储氢容器和输氢管道、接头、阀门等都要采取特殊的密封措施。第三，液氢的温度极低，只要有一滴掉在皮肤上就会发生严重的冻伤，因此，在运输和使用过程中应特别注意采取各种安全措施。

四、燃料电池

（一）燃料电池的基本原理

利用氢能最好的终端设备是燃料电池。燃料电池的原理是 W·Grove 于 1839 年首先提出的，但直到 20 世纪 50 年代才出现可实用的燃料电池。与普通电池一样，燃料电池也是一种利用电化学反应产生电能的装置。但普通电池含有的燃料或化学能是一个固定量，因此，其将化学能转换成电能的能力是有限的，故只能作为储存电能的储能设备。而燃料电池则可在运行中连续不断地补充作为反应物的燃料，并持续地发出电能。因此，它可以作为发电设备使用。原则上讲，燃料电池可以利用多种燃料，如氢、天然气、甲醇、煤气等。与燃煤、燃油或烧天然气的热机发电方式不同，燃料电池无中间的燃烧环节，而是直接将储存在燃料和氧化剂中的化学能转化为电能，因此，能量转换效率高，其能量利用率可达 45%～65%，如果将化学反应过程的余热也加以利用，则总的能源利用率更可达 80%，因此，人们把燃料电池称为继水电、火电、核电之后的第四种发电方式。

燃料电池发电除效率高外，另一个优点是污染极小，几乎没有氮氧化物和硫氧化物的排放，且 CO_2 的排放量也比常规电厂低 40%，如果采用纯氢作燃料电池的燃料，纯氧作为氧化剂，则可以实现发电的零排放。

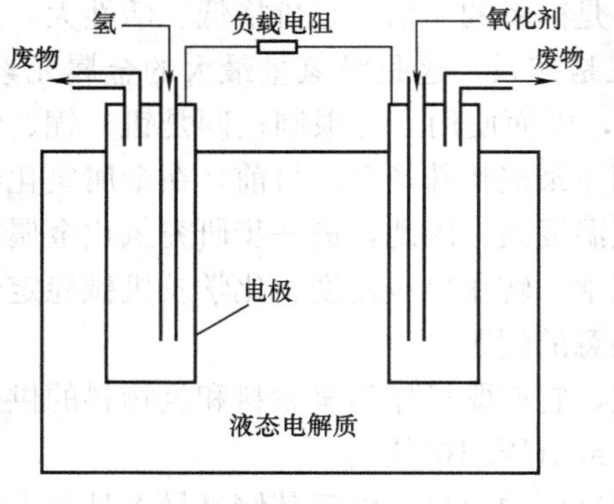

图 4-64 燃料电池示意

燃料电池由电极（阳极和阴极）、电解质及外部电路负荷组成，见图 4-64。其中，阳极为燃料（通常为氢或烃类重整后的富氢气体，也可以直接采用烃类燃料）电极，阴极为氧化剂（通常为纯氧或空气）电极。通常，阳极和阴极电极均制成多孔状，都含有用于加速电化学反应的催化剂。两极之间是电解质，它是燃料电池的核心部分，其作用是用来传导质子，并阻止电子和反应物直接在电池内传输。燃料电池的工作原理相当于电解反应的逆向反应，对于氢-氧燃料电池，其工作原理如图 4-65 所示。

由上述工作原理可知，燃料电池产生的是直流电，而且单电池电压很低，因此，必须由许多燃料电池串联后才能成为实用的发电装置，如果用燃料电池组向交流电网供电，则还需要进行交直流转换。

（二）燃料电池的分类

燃料电池的品种繁多，可以按照电解质类型、燃料特性、工作温度等不同标准来分类。例如，按燃料来源可以分为直接式燃料电池和间接式燃料电池，前者无需燃料重整，直接采用燃料（如氢和甲醇）作为电池反应物，后者是通过某种化学方法（如催化重整）或物理方法（如高温裂解），先将化合物变为富氢的混合气体，然后经过净化装置，通入燃料电池的燃料电极。此外，还有一种再生式燃料电池，它把燃料电池反应物中产生的水经过某种方法

（如电解）分解为氢和氧，然后再把生成的氢和氧重新通入燃料电池。这种燃料电池的最大优点是可以对有限物质循环利用，特别适合于用作卫星和太空站的电源。通常也可根据燃料电池工作温度将其分为低温（低于200℃）、中温（200～750℃）、高温和超高温（750℃以上）。由于电解质是燃料电池的核心部分，因此，又可根据电解质的类型将燃料电池分为碱性燃料电池（AFC）、磷酸型燃料电池（PAFC）、熔融碳酸盐燃料电池（MCFC）、固体氧化物燃料电池（SOFC）和质子膜燃料电池（PEMFC）。通常，电解质的类型不但决定了燃料电池的工作温度，还决定了电极上采用的催化剂以及发生反应的化学物质。因此，目前多根据电解质的类型来对燃料电池进行分类。上述不同电解质的燃料电池的电化学原理和工作温度如图 4-66 所示。

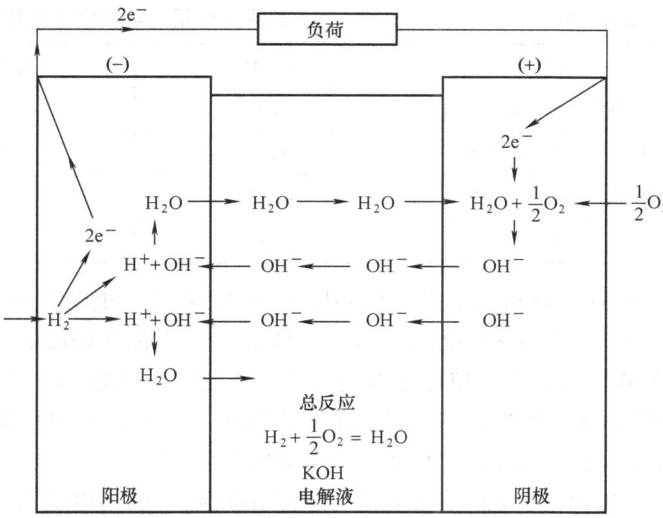

图 4-65　氢-氧燃料电池的工作原理

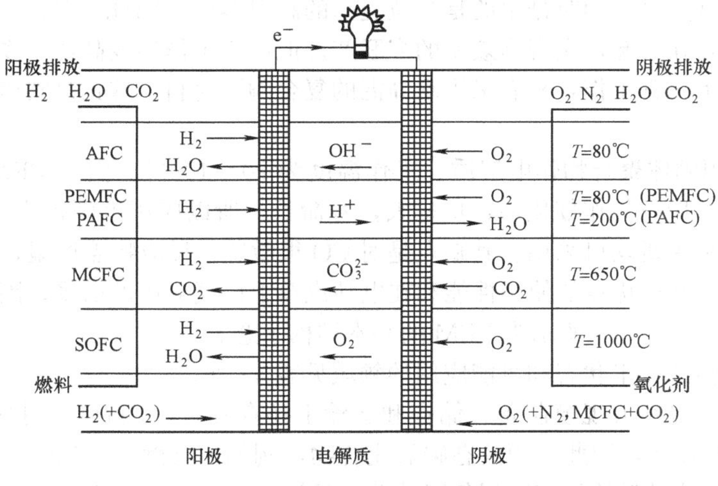

图 4-66　不同电解质的燃料电池的电化学原理和工作温度

AFC 燃料电池属低温燃料电池，曾于 20 世纪 60 年代用于阿波罗登月飞行中，目前仍是航天飞机的主要电源，表 4-25 给出了这类燃料电池的性能。AFC 燃料电池的能量转换效率很高，可达 70%。常温下即能正常工作且启动快，其缺点是电解质易和 CO_2 起反应。因此，对通入燃料电池的反应物要求很高，通常需纯氧作阴极的反应物，阳极燃料最好用氢，若用烃类重整气为燃料则必须除去其中的 CO_2。上述缺点不利于 AFC 在地面电源中的应用。

表 4-25 美国空间用的燃料电池的性能

性能	阿波罗	双子星座	航天飞机
额定功率（kW）	1.0	1.0	5.0
重量比功率（kg/kW）	115	31	13.6
体积比功率（m^3/kW）	0.167	0.051	0.034
寿命（h）	1800	1000	5000～10 000

PAFC 燃料电池的工作温度为 200℃左右，能量转换效率约为 40%。目前，在欧洲、北美已有许多 PAFC 电站在运行，日本千叶县的 PAFC 电站由 18 台 PAFC 组成，总容量已达 11MW。PAFC 的缺点是催化剂对 CO 敏感，当燃料中 CO 的浓度超过 1%时，电池性能会急剧下降；此外，它还需要在较高温度下工作，启动性能较差。由于 PAFC 转换效率不高，启动时间长，因此，不宜作为移动电源使用。

MCFC 属高温燃料电池，它利用高温下的熔融态碱金属碳酸盐作电解质，由于工作温度高，因此，对燃料和氧化剂的适应性强，特别适合含碳燃料，例如，水煤气、天然气或烃类蒸汽转化而来的其他气体燃料。MCFC 余热温度高，可用来实现多联产，提高总的能量转换效率（通常可达 60%以上），且系统较简单，又不需铂等贵金属作催化剂，因此，适合作地面电站。但其工作温度高，启动时间长，不宜作为电动汽车的移动电源。

SOFC 是工作温度更高的燃料电池（1000℃），它采用固体氧化物作电解质。与其他电解质不同，它不允许带正电的氢离子通过，而是允许带负电的氧离子在电极两边自由地通过。由于工作温度更高，同时排出的是品位更高的高温蒸汽，因此，SOFC 特别适合与煤气化和汽轮机等组合在一起，实现高效率的多联产。但由于工作温度高达千度，传统的金属材料很难在此温度下正常工作，只有采用耐高温的复合陶瓷材料。这正是阻碍 SOFC 迅速发展的主要原因。

PEMFC 采用固体聚合物作电解质，工作温度为 20～100℃。由于 PEMFC 室温下能工作且启动迅速，可用空气作催化剂，功率大，寿命长，所以应用范围很广，大到大型电站，小至笔记本电脑和手机均可采用。其缺点是对 CO 很敏感，反应物需加湿，且需贵重金属作催化剂。由于 PEMFC 优良的使用性能和在电动汽车上广泛应用的前景，因此，目前仍是研究和发展的重点。图 4-67 所示为 PEM 的基本结构示意。

各种燃料电池的技术状态和可能应用的领域见表 4-26。

目前，由于氢能在大规模制备、储存和运输上还存在一些问题，直接采用氢作燃料的 PEMFC 还难以产业化，因此，用液态碳氢化合物，例如，天然气、汽油、甲烷和甲醇等作 PEMFC 直接或间接燃料的研究受到各国的普遍重视。其中，甲醇作为液态燃料，由于储存运输方便，能量密度高，价格便宜，重整过程相对简单，重整气杂质含量低，故成为首选的燃料。

当前，以甲醇为燃料的 PEMFC 有两种，一种是直接甲醇燃料电池，它直接将甲醇通入 PEMFC 内部，直接发生电化学反应；另一种是甲醇重整电池，它是以甲醇重整后的富氢重整气为燃料，因此，它需要一个重蒸器对燃料进行预处理。

由于燃料电池能量转换效率远高于常规电厂，其对环境的污染也远低于常规电厂，且与常规电厂相比还有以下优点：

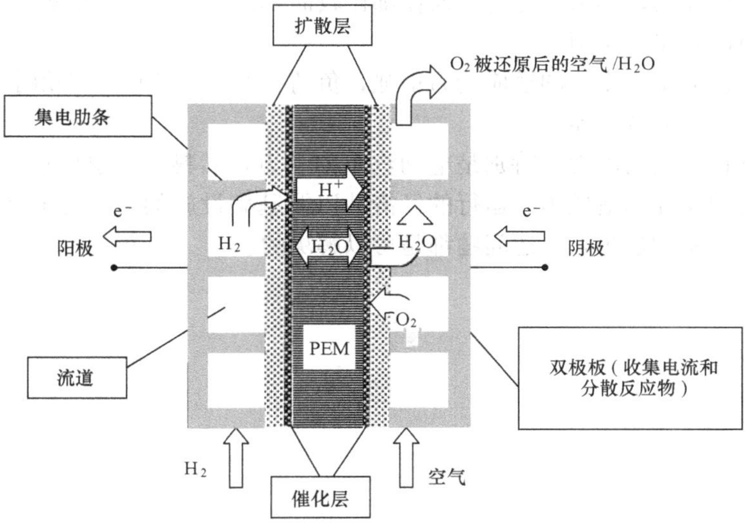

图 4-67 PEM 的基本结构示意

表 4-26 各种燃料电池的技术状态和可能应用的领域

类型	电解质	导电离子	工作温度	燃料	氧化剂	技术状态	可能的应用领域
碱性燃料电池	KOH	OH^-	50～200℃	纯氢	纯氧	1～100kW，高度发展，高效	航天、特殊地面应用
质子交换膜燃料电池	全氟磺酸膜	H^+	室温～100℃	氢气、重整氢	空气	1～300kW，高度发展，需降低成本	电汽车、潜艇动力、可移动动力源
直接甲醇燃料电池	全氟磺酸膜	H^+	室温～100℃	CH_3OH等	空气	1～1000W，正在开发、攻关：高活性醇氧化电催化剂；阻醇渗透质子交换膜；微型电池结构	微型移动动力源
磷酸燃料电池	H_3PO_4	H^+	100～200℃	重整气	空气	1～2000kW，高度发展，成本高，余热利用价值低	特殊需求、区域性供电、热电联供
熔融碳酸盐燃料电池	(Li，K) CO_3	CO_3^{2-}	650～700℃	净化煤气、天然气、重整气	空气	250～2000kW，正在进行现场实验，需延长寿命	区域性供电
固体氧化物燃料电池	氧化钇稳定的氧化锆	O^{2-}	900～1000℃	净化煤气、天然气	空气	1～200kW，电池结构选择，开发廉价制备技术	区域供电、联合循环发电

(1) 燃料电池在发电过程中产生的是水，用水量很少，而常规电厂是耗水大户，在水资源匮乏的今天，这一优势特别明显。

(2) 燃料电池本体结构简单、紧凑，模块化组装，占地面积很少，例如，容量为2.85MW 的 MCFC 电站占地仅 420m^2。

（3）燃料电池安装、调试、运行、操作都比较简单，因此建设工期短，且易于检修、维护和扩容，运行时几乎无噪声。

（4）燃料电池对负荷变化的适应能力很强，负荷在25％～100％变动时，电池效率不受影响，因此，有很强的调峰能力。

同样作为交通工具的动力，特别是电动汽车的动力，燃料电池也展现了极强的竞争力。尽管目前燃料电池车在制造成本、运行的经济性以及基础设施的配套方面还存在不少问题，但随着氢能利用技术的进步，上述问题都是可以解决的。

第五章 节　　能

第一节 节能的目标和领域

一、节能的意义和目标

(一) 节能的意义

能源是国家的基础工业，是国民经济和社会发展的重要物质基础，是提高和改善人民生活的必要条件。它的开发和利用是衡量一个国家经济发展和科学技术水平的重要标志。

20世纪70年代，世界发生两次能源危机，引起各国政府对能源的重视；到80年代，能源更成为世界瞩目的三大问题之一，由于能源问题日益突出，不仅是中国，就世界范围而言，节能已经成为解决当代能源问题的一个公认的重要途径。有科学家把节能称为开发“第五大能源”，与煤炭、石油与天然气、水能、核能等四大能源相并列。

节能，从能源的角度讲就是节约能源消费，即从能源生产开始，一直到最终消费为止，在开采、运输、加工、转换、使用等各个环节上都要减少损失和浪费，提高其有效利用程度。节能，从经济的角度则是指通过合理利用、科学管理、技术进步和经济结构合理化等途径，以最少的能耗取得最大的经济效益。显然，节能时必须考虑环境和社会的接受能力，因此，我国节约能源法给节能赋予了更科学的定义，即节能“是指加强用能管理，采取技术上可行、经济上合理以及环境和社会可以承受的措施，减少能源生产到消费各个环节中的损失和浪费，更加有效、合理地利用能源”。

我国是最大的发展中国家，节能对我国经济和社会发展更有着特殊的意义，主要表现在以下几个方面。

1. 节能是实现我国经济持续、高速发展的保证

能源是经济发展的物质基础，我国能源的生产能力，特别是优质能源，如石油、天然气和电力的生产能力远远赶不上国民经济的发展，其中，液体燃料的短缺显得特别突出。根据国家发改委研究中心的预测，2020年我国液体燃料的年消费量将达到4.3亿～4.75亿t。目前，我国液体燃料98%来自石油，据估计，国内石油的年产量今后只能维持在1.6亿～2亿t，即使考虑到海外合作开发油田所获得的份额油，也很难突破2.2亿t/年。从1993年开始，我国已成为纯粹的石油输入国；2000年，我国净进口石油达7400万t，占国内石油消费总量的30%；2010年石油净进口2.55亿t，对外依存度高达55%。因此，为了维持我国经济的高速发展，节能工作非常重要。

2. 节能是调整国民经济结构、提高经济效益的重要途径

当前深化经济改革的关键是调整国民经济结构，提高经济效益。其目的是转变经济增长的方式，走集约型的发展道路，少投入，多产出。能源在工业产品的成本中占相当大的比重，平均约为9%，化工行业则为30%，电力行业更高达80%，因此，节能是提高企业经济效益的重要途径。节能的实施不但可以促进产业结构的调整，产品结构的调整，同时，节能还能提高能源的利用效益，降低能源消耗，延长能源资源的使用时间，为开发新能源争取宝贵的时间。

3. 节能将缓解我国运输的压力

由于我国能源资源分布不均，能源运输压力很大。例如，我国铁路运力的43%用于煤炭运输。2000年，由“三西”煤炭基地外运的煤炭就达近4亿t，估计到2015年将增加到11.78亿t，全国铁路煤炭运量将占总运量的50%，公路运输和水运也有类似的情况。显然，大量煤炭的开发利用和长距离运输，严重地制约了我国国民经济的发展，节能将有效地缓解我国运输的压力。

4. 节能将有利于我国的环境保护

能源开发利用所引发的环境污染问题已日益引起人们的关注。节能在节约能源的同时，也相应减少了污染物的排放，其环保效益非常明显。当然，在采取各种节能措施时都应充分考虑对环境的影响。

（二）节能的目标

实现能源节约应和环境保护结合起来，必须依靠全社会的共同努力，发挥科技基础作用，走转变经济增长方式，提高经济增长质量和效益的道路。在落实直接节能与环境保护措施的同时，应大力发展循环经济，加快培育高科技产业，扩大现代服务业在国民经济中的比重，通过优化经济结构，提升间接节能和环保贡献率。

根据我国“十一五”能源发展规划，节能的主要指标有以下几个。

1. 总体指标

2010年，万元GDP（2005年不变价，下同）能耗由2005年的1.22 t标准煤下降到0.98 t标准煤左右。“十一五”期间年均节能率4.4%，相应减少排放二氧化硫840万t、二氧化碳（碳计）3.6亿t。

2. 主要耗能产品（工作量）和耗能设备指标

2010年，重点耗能行业环保状况和主要产品（工作量）单位能耗指标总体达到或接近21世纪初国际先进水平。主要耗能设备能源效率达到20世纪90年代中期国际先进水平，部分汽车、家用电器能源效率达到国际先进水平。表5-1所示为主要产品（工作量）单位能耗指标，表5-2所示为主要耗能设备能效指标。

表5-1 主要产品（工作量）单位能耗指标

指标	单位	2000年	2005年	2010年
火力发电供电煤耗率	g标准煤/（kW·h）	392	370	355
吨钢综合能耗	kg标准煤/t	906	760	730
吨钢可比能耗	kg标准煤/t	784	700	685
10种有色金属综合能耗	t标准煤/t	4.809	4.665	4.595
铝综合能耗	t标准煤/t	9.923	9.595	9.471
铜综合能耗	t标准煤/t	4.707	4.388	4.256
炼油单位能量因数能耗	kg标准油/t	14	13	12
乙烯综合能耗	kg标准油/t	848	700	650
大型合成氨综合能耗	kg标准煤/t	1372	1210	1140

续表

指标	单位	2000 年	2005 年	2010 年
烧碱综合能耗	kg 标准煤/t	1553	1503	1400
水泥综合能耗	kg 标准煤/t	181	159	148
建筑陶瓷综合能耗	kg 标准煤/m^2	10.04	9.9	9.2
铁路运输综合能耗	t 标准煤/百万吨换算公里	10.41	9.65	9.4

表 5-2　　主要耗能设备能效指标

指标	单位	2000 年	2010 年
燃煤工业锅炉（运行）	%	65	70～80
中小电动机（设计）	%	87	90～92
风机（设计）	%	70～80	80～85
泵（设计）	%	75～80	83～87
气体压缩机（设计）	%	75	80～84
房间空调器（能效比）		2.4	3.2～4
电冰箱（能效指数）	%	80	62～50
家用燃气灶（热效率）	%	55	60～65
家用燃气热水器（热效率）	%	80	90～95
汽车平均燃油经济性	L/百公里	9.5	8.2～6.7

3. 能源行业指标

2010 年，全国煤矿平均矿井回采率达到 50%，比 2005 年提高 4 个百分点；煤矸石、矿井水利用率均达到 70%，分别提高 27 和 26 个百分点；矿井水排放达标率 100%，提高 20 个百分点；洗煤废水闭路循环率提高到 90%，增加 5 个百分点。原油采收率保持在 32%左右。火电供电标准煤耗率 355g/（kW·h），下降 15g/（kW·h）；厂用电率 4.5%，下降 1.4 个百分点；线损率 7%，下降 0.18 个百分点；电厂二氧化硫排放总量减少 10%以上。

二、节能的主要领域

根据我国"十一五"能源发展规划，"十一五"期间，按照"全面推进、突出重点"的原则，着力抓好重点工业、交通运输、建筑、商业和民用领域的节能环保工作。组织实施燃煤工业锅炉（窑炉）改造、区域热电联产、余热余压利用、节约和替代石油、电机系统节能、能量系统优化、建筑节能、绿色照明、政府机构节能、节能监测和技术服务体系建设等十大工程，达到节能 5.6 亿 t 标准煤，环境和经济效益显著的目标。

1. 煤炭工业

逐步淘汰技术落后、效率低、资源浪费和污染严重的小煤矿，采用高效、环保的新工艺、新设备和新材料改造现有煤矿和选煤厂，建设大型现代化煤矿。2010 年，煤炭资源平均矿井回采率由 2005 年的 46%提高到 50%；小型煤矿数量由 2.2 万处降低到 1 万处左右，污染源点大幅度减少；地下水渗漏、地表沉陷等问题得到有效缓解。

按照循环经济发展思路，大力推进煤炭领域资源综合利用。2010 年，煤矸石利用量由

2005年的1.5亿t增加到3.9亿t，利用率提高27个百分点；矿井水利用量由11亿m^3增加到36亿m^3，利用率提高26个百分点；矿井水达标排放率由80%提高到100%；煤矿瓦斯利用量由10亿m^3增加到87亿m^3。

切实加强煤炭矿区生态环境保护工作。制订专项规划，研究建立矿区生态环境恢复补偿机制，加大资金投入。2010年，矿区土地复垦面积由0.9万公顷增加到2.2万公顷，水土流失治理面积由1.1万公顷增加到2.6万公顷，生态环境恶化的趋势得到遏制。

2. 石油天然气工业

加强项目开发的节能环保评估和审查，大力推广提高采收率技术、采油系统优化配置技术、稠油热采配套节能技术、注水系统优化运行技术、油气密闭集输综合节能技术和油田伴生气回收利用技术，严禁在没有伴生气、凝析油回收配套条件下开采油气田。2010年，全国原油采收率保持在32%左右；油气田开发综合能耗，特别是油气自用率进一步降低；基本解决天然气放空、废水排放造成的环境污染问题。

做好石油节约和替代工作。以洁净煤、石油焦、天然气替代燃料油（轻油）、淘汰燃油小机组、实施机动车燃油经济性标准及相关配套政策；实施清洁汽车行动计划，发展混合动力汽车，在城市公交车、出租车等行业推广燃气汽车。

3. 电力工业

大力发展600MW及以上超（超）临界压力机组、大型联合循环机组。采用高效洁净发电技术改造现役火电机组，实施"上大压小"和小机组淘汰退役。推进热电联产、热电冷联产和热电煤气多联供。在工业热负荷为主的地区，因地制宜建设以热力为主的背压机组；在采暖负荷集中或发展潜力较大的地区，建设300MW等级高效环保热电联产机组；在中小城市建设以循环流化床技术为主的热电煤气三联供，以洁净能源作燃料的分布式热电联产和热电冷联供，将分散式供热燃煤小锅炉改造为集中供热。2010年，火电供电标准煤耗由2005年的370g/（kW·h）下降到355g/（kW·h），厂用电率由5.9%下降到4.5%；城市集中供热普及率由30%提高到40%，新增供暖热电联产机组超过4000万kW，年节能3500万t标准煤以上，为改善城市空气质量作出贡献。

水电建设要更加重视生态环境保护问题。新建火电机组必须同步安装高效除尘设施；加快现役电厂除尘器改造，提高可靠性、稳定性和除尘效率。通过使用低硫燃料、装设脱硫设备等综合措施，严格控制电厂SO_2排放。推广低氮燃烧技术，扩大烟气脱氮试点范围，鼓励火电厂减少氮氧化物排放。2010年，火电厂每千瓦时烟尘排放量控制在1.2g、SO_2排放量下降到2.7g，电厂废水排放达标率实现100%。

采用先进输、变、配电技术和设备，逐步淘汰能耗高的老旧设备；加强跨区联网，推广应用电网经济运行技术；采取有效措施，减轻电磁场对环境的影响。2010年，电网线损率下降到7%左右。

第二节 节能的法规和措施

一、节约能源法

目前，我国尚未制定专门的《能源法》，但有关能源的法规，如《中华人民共和国煤炭法》、《中华人民共和国电力法》、《中华人民共和国节约能源法》，《中华人民共和国可再生能源法》等已先后发布和实施。除了对上述法规根据实施情况和社会经济发展进行修订外，目前，正在制定《中华人民共和国能源法》、《中华人民共和国石油天然气法》和《国家石油储备管理条例》等法规，以尽快完善与社会主义市场经济体制相适应的能源法律法规体系。

我国1997年11月1日第八届全国人大常委会第28次会议通过，1998年1月1日起正式实行的《中华人民共和国节约能源法》首次将节能赋予法律地位。随后修订后的《中华人民共和国节约能源法》也于2008年4月1日起施行。法案内容涉及节能管理、能源的合理使用、促进节能技术进步、法律责任等。

《节约能源法》指出：节能是国家发展经济的一项长远战略方针，并重申了能源节约与能源开发并举，把能源节约放在首位的能源政策。《节约能源法》规定，固定资产投资工程项目的可行性研究报告，应当包含合理用能的专题论证，达不到合理用能标准和节能设计规范要求的项目，依法审批机关不得批准建设；项目建成后达不到合理用能标准和节能设计规范的，不予验收。把固定资产投资工程项目的经济效益与环境保护、合理用能统一起来将使国家的经济建设、环境保护、能源利用协调发展。

《节约能源法》明确指出：国家鼓励开发、利用新能源和再生能源，并支持节能科学技术的研究和推广。国家大力发展下列通用节能技术：

(1) 推广热电联产、集中供热，提高热电机组的利用率，发展热能梯级利用技术，热、电、冷联产技术和热、电、煤气三联供技术，提高热能综合利用率。

(2) 逐步实现电动机、风机、泵类设备和系统的经济运行，发展电机调速节电和电力电子节电技术，开发、生产、推广质优价廉的节能器材，提高电能利用效率。

(3) 发展和推广适合国内煤种的流化床燃烧、无烟燃烧和气化、液化等洁净煤技术，提高煤炭的利用效率。

(4) 发展和推广其他在节能工作中证明技术成熟、效益显著的通用节能技术。

《节约能源法》的颁布实施，对于推进全社会节约能源，提高能源利用效率和经济效益，保护环境，保障国民经济和全社会可持续发展，满足人民生活需要，具有十分重要的意义。

但近年来，我国能源消费增长很快，能耗高、利用率低的问题依然严重，节能工作面临的形势十分严峻。例如，2006年，我国单位GDP能耗仅下降了1.2%，没有完成年初确定的4%的目标。现行节能法已经不能完全适应当前及今后节能工作的要求，例如，我国现行节能法对节能的认识主要体现在工业节能上，而对交通、建筑和政府机关节能没有充分的认识。但事实上，这些领域已经成为我国能源消耗的重要领域。目前，我国建筑能耗约占全社会终端能耗总量的27.5%，交通运输能耗约占16.3%，政府机关能耗约占6.7%。

修订草案在强化政府指导和监管职能的同时，专门新增“激励政策”一章，明确国家实行财政、税收、价格、信贷和政府采购等政策促进企业节能和产业升级。草案还进一步明确了一系列强制性措施限制发展高耗能、高污染行业，包括制订强制性能效标识和实行淘汰制度等。

二、节能应遵循的原则

节能是我国的一项国策，应遵循如下原则：

(1) 坚持把节能作为转变经济增长方式的重要内容。我国能源消耗高、浪费大的根本原因在于粗放型的增长方式。要大幅度提高能源利用效率，必须从根本上改变单纯依靠外延发展，忽视挖潜改造的粗放型发展模式，走科技含量高、经济效益好、资源消耗低、环境污染少、人力资源优势得到充分发挥的新型工业化道路，努力实现经济持续发展、社会全面进步、资源永续利用、环境不断改善和生态良性循环的协调统一。

(2) 坚持节能与结构调整、技术进步和加强管理相结合。通过调整产业结构、产品结构和能源消费结构，淘汰落后技术和设备，加快发展以服务业为主要代表的第三产业和以信息技术为主要代表的高新技术产业，用高新技术和先进适用技术改造传统产业，促进产业结构优化和升级，提高产业的整体技术装备水平。开发和推广应用先进高效的能源节约和替代技术、综合利用技术及新能源和可再生能源利用技术。加强管理，减少损失浪费，提高能源利用效率。

(3) 坚持发挥市场机制作用与政府宏观调控相结合。以市场为导向，以企业为主体，通过深化改革，创新机制，充分发挥市场配置资源的基础性作用。政府通过制定和实施法规标准，加强政策导向和信息引导，营造有利于节能的体制环境、政策环境和市场环境，建立符合市场经济体制要求的企业自觉节能的机制，推动全社会节能。

(4) 坚持依法管理与政策激励相结合。增量要严格市场准入，加强执法监督检查，辅以政策支持，从源头控制高耗能企业、高耗能建筑和低效设备（产品）的发展。存量要深入挖潜，在严格执法的前提下，通过政策激励和信息引导，加快结构调整和技术进步。

(5) 坚持突出重点、分类指导、全面推进。对年耗能万吨标准煤以上重点用能单位要严格依法管理，明确目标措施，公布能耗状况，强化监督检查；对中小企业在严格依法管理的同时，要注重政策引导和提供服务。新增机动车是交通节能的重点，要建立和实施机动车燃油经济性标准及配套政策和制度。建筑节能的重点是严格执行节能设计标准，加强政策导向。商用和民用节能的重点是提高用能设备能效标准，严格市场准入，运用市场机制，引导和鼓励用户和消费者购买节能型产品。

(6) 坚持全社会共同参与。节能涉及各行各业、千家万户，需要全社会共同努力，积极参与。企业和消费者是节能的主体，要改变不合理的生产方式和消费方式，依法履行节能责任；政府通过制定法规、政策和标准，引导、规范用能行为，为企业和消费者提供服务，并带头节能；中介机构要发挥政府和企业、企业和企业之间的桥梁和纽带作用。

三、节能措施

根据我国节能的中长期专项规划，对节能工作应采取以下保障措施。

1. 坚持和实施节能优先的方针

从国情出发，树立和落实以人为本、全面协调可持续的科学发展观，从战略和全局高度充分认识能源对经济和社会发展的支撑作用和约束作用，节能对缓解能源约束矛盾、保障国家能源安全、提高经济增长质量和效益、保护环境的重要意义，把节能作为能源发展战略和实施可持续发展战略的重要组成部分，无论生产建设还是消费领域，都要把节能放在突出位置，长期坚持和实施节能优先的方针，推动全社会节能。

节能优先要体现在制定和实施发展战略、发展规划、产业政策、投资管理以及财政、税收、金融和价格等政策中。编制专项规划要把节能作为重要内容加以体现，各地区都要结合本地区实际制定节能中长期规划；建设项目的项目建议书、可行性研究报告应强化节能篇的论证和评估；要在推进结构调整和技术进步中体现节能优先；要在国家财政、税收、金融和价格政策中支持节能。

2. 制定和实施统一协调促进节能的能源和环境政策

为确保经济增长、能源安全和可持续发展，促进能源高效利用，需要建立基于我国资源特点、统筹规划、协调一致的能源和环境政策。

(1) 煤炭应主要用于发电。煤炭在大型燃煤发电机组上使用，同时配套安装烟气脱硫装置等，一方面能够大幅度提高煤炭利用效率，减少原煤消耗，另一方面集中解决 SO_2 等污染问题，做到高效、清洁利用煤炭，是最经济有效解决能源环境问题的办法。应提高我国煤炭用于发电的比重，终端用户更多地使用优质电能，鼓励企业和居民合理用电，提高电力终端能源消费的比例。

(2) 石油应主要用于交通运输、化工原料和现阶段无法替代的用油领域。对目前燃料用油领域要区别不同情况，因地制宜，鼓励用洁净煤、天然气和石油焦来替代。对烧低硫油的燃油锅炉实施洁净煤替代改造，能够实现达标排放的企业，应合理调整污染物排放总量控制指标。统一规划交通运输发展模式，制定符合我国国情的交通运输发展整体规划。特大城市要加快城市轨道交通建设，形成立体城市交通系统，大力发展城市公共交通系统，提高公共交通效率，抑制私人机动交通工具对城市交通资源的过度使用。

(3) 城市大气污染治理应以改造后达标排放和污染物总量控制为原则，城市燃料构成要从实际出发，不宜硬性规定燃煤锅炉必须改燃油锅炉，以控制和减少盲目“弃煤改油”带来燃料油需求量的增加。对中小型燃煤锅炉，在有天然气资源的地区应鼓励使用天然气进行替代；在无天然气或天然气资源不足的地区，应鼓励优先使用优质洗选加工煤或其他优质能源，并采用先进的节能环保型锅炉，减少燃煤污染。

3. 制定和实施促进结构调整的产业政策

加快调整产业结构、产品结构和能源消费结构，是建立节能型工业、节能型社会的重要途径。研究制定促进服务业发展的政策措施，发挥服务业引导资金的作用，从体制、政策、机制、投入等方面采取有力措施，加快发展低能耗、高附加值的第三产业，重点发展劳动密集型服务业和现代服务业，扭转服务业发展长期滞后局面，提高第三产业在国民经济中的比重。

加快制定《产业结构调整指导目录》，鼓励发展高新技术产业，优先发展对经济增长有重大带动作用的低能耗的信息产业，不断提高高新技术产业在国民经济中的比重。鼓励运用高新技术和先进适用技术改造和提升传统产业，促进产业结构优化和升级。国家对落后的耗能过高的用能产品、设备实行淘汰制度，节能主管部门要定期公布淘汰的耗能过高的用能产品、设备的目录，并加大监督检查的力度。达不到强制性能效标准的耗能产品或建筑，不能出厂销售或不准开工建设，对生产、销售和使用国家淘汰的耗能过高的用能产品、设备的，要加大惩罚力度。制定钢铁、有色、水泥等高耗能行业发展规划、政策，提高行业准入标准。制定限制用能的领域以及国内紧缺资源及高耗能产品出口的政策。严禁新建、扩建常规燃油发电机组；在区域供电平衡、能够满足用电需求的情况下，限制柴油发电和燃油的燃气轮机的使用和建设。

4. 制定和实施强化节能的激励政策

制定《节能设备（产品）目录》（以下简称《目录》），重点是终端用能设备，包括高效电动机、风机、水泵、变压器、家用电器、照明产品及建筑节能产品等，对生产或使用《目录》所列节能产品实行鼓励政策，将节能产品纳入政府采购目录。

国家对一些重大节能工程项目和重大节能技术开发、示范项目给予投资和资金补助或贷款贴息支持。政府节能管理、政府机构节能改造等所需费用，纳入同级财政预算。

深化能源价格改革，逐步理顺不同能源品种的价格，形成有利于节能、提高能效的价格激励机制。建立和完善峰谷、丰枯电价和可中断电价补偿制度，对国家淘汰和限制类项目及高耗能企业按国家产业政策实行差别电价，抑制高耗能行业盲目发展，引导用户合理用电，节约用电。

研究鼓励发展节能车型和加快淘汰高油耗车辆的财政税收政策，择机实施燃油税改革方案，取消一切不合理的限制低油耗、小排量、低排放汽车使用和运营的规定，研究鼓励混合动力汽车、纯电动汽车的生产和消费政策。

5. 加大依法实施节能管理的力度

加快建立和完善以《节约能源法》为核心，配套法规、标准相协调的节能法律法规体系，依法强化监督管理。一是研究完善节约能源的相关法律，抓紧制定《节约用电管理办法》、《节约石油管理办法》、《能源效率标识管理办法》、《建筑节能管理办法》等配套法规、规章。二是制定和实施强制性、超前性能效标准。包括主要工业耗能设备、家用电器、照明器具、机动车等能效标准。组织修订和完善主要耗能行业节能设计规范、建筑节能标准，加快制定建筑物制冷、采暖温度控制标准等。当前，重点是加快制定机动车燃油经济性限值标准，从 2005 年 7 月 1 日起分阶段实施，同时建立和实施机动车燃油经济性申报、标识、公布三项制度。三是建立和完善节能监督机制。组织对钢铁、有色、建材、化工、石化等高耗能行业用能情况、节能管理情况的监督检查；对产品能效标准、建筑节能设计标准、行业设计规范执行情况的监督检查；对固定资产投资项目可行性研究报告增列节能篇（章）的规定进行监督检查。健全依法淘汰的制度，采取强制性措施，依法淘汰落后的耗能过高的用能产品、设备。充分发挥建设、工商、质检等部门及各地节能监测（监察）机构的作用，从各环节加大监督执法力度。

6. 加快节能技术开发、示范和推广

组织对共性、关键和前沿节能技术的科研开发，实施重大节能示范工程，促进节能技术产业化。建立以企业为主体的节能技术创新体系，加快科技成果的转化。引进国外先进的节能技术，并消化吸收。组织先进、成熟节能新技术、新工艺、新设备和新材料的推广应用，同时，组织开展原材料、水等载能体的节约和替代技术的开发和推广应用。重点推广列入《目录》的终端用能设备（产品）。

国家制定节能技术开发、示范和推广计划，明确阶段目标、重点支持政策，分步组织实施。国家修订颁布《中国节能技术政策大纲》，引导企业有重点地开发和应用先进的节能技术，引导企业和金融机构投资方向。在国家中长期科学技术发展规划、国家高技术产业发展项目计划等各类国家科技计划以及地方相应的计划中，加大对重大节能技术开发和产业化的支持力度。

建立节能共性技术和通用设备科研基地（平台）。鼓励依托科研单位和企业、个人，开发先进节能技术和高效节能设备。引入竞争机制，实行市场化运作，国家对高投入、高风险的项目给予经费支持。

地方各级人民政府要采取积极措施，加大资金投入，加强节能技术开发、示范和推广应用。

7. 推广以市场机制为基础的节能新机制

一是建立节能信息发布制度，利用现代信息传播技术，及时发布国内外各类能耗信息、先进的节能新技术、新工艺、新设备及先进的管理经验，引导企业挖潜改造，提高能效。二是推行综合资源规划和电力需求侧管理，将节约量作为资源纳入总体规划，引导资源合理配置。采取有效措施，提高终端用电效率、优化用电方式，节约电力。三是大力推动节能产品认证和能效标识管理制度的实施，运用市场机制，引导用户和消费者购买节能型产品。四是推行合同能源管理，克服节能新技术推广的市场障碍，促进节能产业化；为企业实施节能改造提供诊断、设计、融资、改造、运行、管理一条龙服务。五是建立节能投资担保机制，促进节能技术服务体系的发展。六是推行节能自愿协议，即耗能用户或行业协会与政府签订节能协议。

8. 加强重点用能单位节能管理

落实《重点用能单位节能管理办法》和《节约用电管理办法》，加强对年耗能 1 万 t 标准煤以上重点用能单位的节能管理和监督。组织对重点用能单位能源利用状况的监督检查和主要耗能设备、工艺系统的检测，定期公布重点用能单位名单、重点用能单位能源利用状况及与国内外同类企业先进水平的比较情况，做好对重点用能单位节能管理人员的培训。重点用能单位应设立能源管理岗位，聘用符合条件的能源管理人员，加强对本单位能源利用状况的监督检查，建立节能工作责任制，健全能源计量管理、能源统计和能源利用状况分析制度，促进企业节能降耗上水平。

9. 强化节能宣传、教育和培训

广泛、深入、持久地开展节能宣传，不断提高全民资源忧患意识和节约意识。将节能纳入中小学教育、高等教育、职业教育和技术培训体系。新闻出版、广播影视、文化等部门和有关社会团体，要充分发挥各自优势，搞好节能宣传，形成强大的宣传声势，曝光那些严重浪费资源、污染环境的企业和现象，宣传节能的典型。节能要从小学生抓起，各级教育主管部门要组织中小学开展节能宣传和实践活动。各级政府有关部门和企业，要组织开展经常性的节能宣传、技术和典型交流，组织节能管理和技术人员的培训。在每年夏季用电高峰，组织开展全国节能宣传周活动，通过形式多样的宣传教育活动，动员社会各界广泛参与，使节能成为全体公民的自觉行动。

10. 加强组织领导，推动规划实施

节能是一项系统工程，需要有关部门的协调配合、共同推动。各地区、有关部门及企事业单位要加强对节能工作的领导，明确专门的机构、人员和经费，制定规划，组织实施。行业协会要积极发挥桥梁纽带作用，加强行业节能自律。

第三节 节能术语与技术节能的途径

一、节能相关的术语

1. 能源效率

能源效率是指能源产出与能源投入之比，一般用百分率来表示。通常，有所谓能源经济效率和能源技术效率。能源经济效率用来分析国家或地区的能源效率水平，能源经济效率指标常用宏观经济领域的单位 GDP 能耗和微观经济领域的单位产品能耗来表示。通常采用单位 GDP 能耗（能源强度，生产单位 GDP 所消耗的能源，如：t 标准煤/万元 GDP），单位产值能耗或单位产品能耗［t标准煤/（单位产品或单位面积）］等指标。在做宏观分析时，该指标是一项由总体能源结构、产业用能比重、能源利用技术等多种因素形成的综合指标。

能源技术效率是指使用能源转换过程中所有效利用的能源与实际输入的能源量之比。能源系统效率包括能源加工、转换、储运和终端利用各个环节在内的能源效率，是能源生产、中间环节的效率与终端使用效率的乘积。目前，中国的能源系统效率大约30%，与发达国家的40%以上还有较大差距。

2. 单位产值能耗和单位产品能耗

单位产值能耗和单位产品能耗是分析能源效率的指标，单位产值能耗是指实现单位产值的某种能源消耗量，通常以每万元单位产值能耗的吨标准煤表示。而单位产品能耗主要是用于计算和比较一些产品，如钢铁、化工、建材、电力等单位产品的能耗。

3. 单位GDP能耗（能源消费强度、能源强度）

单位GDP能耗是指产出单位经济量（或实物量、服务量）所消耗的能源量。单位GDP能耗是对能源使用效率进行比较的基本指标，通常指每万元（或亿元）国内生产总值的能耗。是综合了国家经济结构、能源结构和设备技术工艺和管理水平等多种因素，形成的能耗水平与经济产出的比例关系。单位GDP能耗从投入和产出的宏观比较，反映一个国家（或地区）的能源经济效率，具有宏观参考价值。能源强度越低，能源经济效率就越高。

4. 单位能耗的GDP

单位能耗GDP是指单位能源消费能创造的GDP，也是分析能源经济效率的一种指标，表达投入能源所产出的附加值。

5. 能源消费弹性系数

能源消费弹性系数是反映能源消费增长速度与国民经济增长速度之间比例关系的指标。计算公式为

$$能源消费弹性系数=\frac{能源消费量年平均增长速度}{国民经济年平均增长速度}$$

例如，我国2001年的能源消费弹性系数为0.56（即5.66%/10.09%）。1981～2000年间能源消费弹性系数为0.47（能源消费的年均增长为4.6%，经济年均增长9.7%）。

6. 电力弹性系数

电力弹性系数是指一定时期内，需求电量的平均增长速度与国民经济总产值的平均增长速度之比，其计算公式为

$$电力弹性系数=\frac{电力消费年平均增长率}{国民经济年平均增长率}$$

由于国民生产总值和电力消费之间有一定的相关关系，电量的平均增长速度高于国民经济总产值的平均增长速度时，电力弹性系数大于1，反之则小于1。电力弹性系数表明了电力与经济发展的一定的相关性，我国电力弹性系数变化幅度较大，从20世纪50年代初期的2.41到80年代的0.64和近几年的1.6以上，大致上展示了持续缺电和严重缺电时期电力弹性系数较高，电力供求缓和时期电力弹性系数急剧下降的趋势。

当电力消费的增长速度快于国民生产总值的增长速度时称为电力工业超前发展。电力弹性系数大于1曾作为电力超前发展的标志，在缺电时期以电力弹性系数大于1来加快电力的发展，并根据电力弹性系数的变化趋势来预测未来的电力负荷需求。但是，由于国民生产总

值是一个综合性指标，且电力增长速度和国民经济增长速度值之间存在着不确定性，目前，电力弹性系数方法已被更为精确的需求模型和规划方法所取代。

二、节能的类型

节能从广义上讲就是要降低能源消费系数，使实现同样的国民经济产值 M 所消耗的能源量 E 最少。节能可以从以下几方面着手：

（1）提高用能设备的能源利用效率，直接减小能耗和 E/M 值，通常将这种方法称为技术节能。

（2）采用新工艺以降低某产品的有效能耗，称为工艺节能，技术节能和工艺节能合称为直接节能。

（3）加强组织管理，通过各种途径减少原材料消耗，提高产品质量，以减少间接能耗，称为间接节能。

（4）调整工业结构和产品结构，发展耗能少的产品，以降低 E/M 值，称为结构节能，结构节能也是一种间接节能。

在节能工作中，如果运用价值工程的观点，用能效益就相当于价值，能源消耗则相当于成本，因此，有如下关系：

$$\text{用能效益}=\frac{\text{产品功能}}{\text{能源消耗}}$$

不论产品的功能和能耗是增加还是减少，只要用能效益提高了，就取得了节能的效果。这样就将节能从单纯数量的含义扩展到效益的范畴，即节能效益。因此，根据产品功能和能耗的改变情况，有以下几种节能的类型：

（1）功能不变，能耗降低，称为纯节能型，这是目前普遍采用的节能形式。

（2）功能提高，能耗不变，称为增值节能，这是一种值得提倡的节能法。

（3）功能提高，能耗降低，称为理想节能，这种情况只有在改革工艺方法后才能达到。

（4）功能大幅度提高，能耗略有提高，称为相对节能。

（5）功能略有降低，能耗大量降低，称为简单节能，这是在能源短缺时不得已才允许采用的方式。

（6）功能或提高或不变或降低，但能耗为零，称为零点节能或超理想节能。例如，省去一道工序，或利用生产过程中的化学反应放热代替外供能源消耗等，都属于这种节能形式。

三、技术和工艺节能的一般途径

一切能源的利用过程，本质上都是能量的传递和转换过程。这两个过程在理论上和实践上都存在着限制，存在着一系列物理的、技术的和经济方面的限制因素。如热能的利用首先要受热力学第一定律（能量守恒）和第二定律（能量贬值）的制约。能量在传递和转换过程中，由于热传导、对流和辐射，能量的数量要产生损失，能的品质也要降低。因此，能源有效利用的实质是，在热力学原则的指导下提高能量传递和转换效率，整体上使所有需要消费能源的地方做到最经济、最合理地利用能源，充分发挥能源的利用效果。能源节约既要着眼于提高用能设备的效果，也要考虑整个用能系统的最优化。为了提高能源的有效利用，从技术方面讲可以从以下五个方面入手：

（1）提高能量传递和转换设备的效率，减少转换的次数和传递的距离。

(2) 在热力学原则的指导下，从能量的数量和质量两方面分析，计算能量的需求和评价能源使用方案，按能量的品质合理使用能源，尽可能防止高品质能量降级使用。

(3) 按系统工程的原理，实现整个企业或地区用能系统的热能、机械能、电能、余热、和余压全面综合利用，使能源利用最优化。

(4) 大力开发研究节能新技术，如高效清洁的燃烧技术、高温燃气轮机、高效小温差换热设备、热泵技术、热管技术及低品质能源动力转换系统等。

(5) 作为节约高品质化石燃料的一个有效途径，把太阳能、地热能、海洋能等低品质低密度替代能源纳入节能技术，因地制宜地加以开发和利用。

值得指出的是，节能还是减少环境污染的一个重要方面。在一般情况下，大多数节能措施都会有效地减少污染，如提高锅炉热效率、回收余热、利用太阳能和地热等。但也有些节能技术措施，如处理不当，反而会造成污染，例如，提高燃烧温度可以强化燃烧过程，但燃烧温度超过 1600℃，就会形成大量 NO_x，从而污染环境。因此，一定要将节能技术和环境保护结合起来。

第四节　节能的技术经济评价

一、技术经济分析的基本要素

节能和其他工程项目一样，都需要从技术和经济两方面来进行分析和评价。其目的是要求在技术可行的前提下，获得经济上的合理性。技术经济分析就是以技术方案为对象，比较和分析对项目有影响的，经济上可用数量表示的各因素，并结合政治、社会、环境、资源等多方面进行综合分析平衡，最终获得对该方案的客观评价。

为了对某一具体项目进行经济评估，应尽可能多地将各种因素转化为经济上可以计量的参数，并尽可能用货币来表示。在经济评价时，应考虑的主要因素主要有投资费、成本费、折旧费、利润和税金等。

(一) 投资及其估算

针对某一项目的投资，包括固定资产投资和流动资金的投资。

1. 固定资产投资

(1) 设备投资与建筑安装费。它包括主要生产项目费用、辅助生产项目费用、公用工程项目费用、服务性工程项目费用、生活福利设施的项目费用、治理三废项目费用及厂外工程费用等。

(2) 其他费用。其他费用包括管理费，规划、勘测、设计费，研究实验费，外事费及其他独立费用等。

(3) 不可预见费。不可预见费包括职工培训费、报废工程损失及施工临时设施等。

2. 流动资金投资

(1) 储备资金。储备资金包括原材料、辅助材料、燃料、包装物、修理配件及低值易耗品等。

(2) 生产资金。生产资金包括在生产产品、半成品及其他待摊费用等。

(3) 成品资金。成品资金主要指产成品资金。

(4) 结算及货币资金。结算及货币资金包括发出商品、结算资金及货币基金等。

其中，储备资金、生产资金和成品资金是定额流动资金，结算及货币资金为非定额流动资金。

（二）成本

产品的成本通常由以下几部分构成：①原材料及辅助材料；②燃料及动力；③工人工资及附加费；④废品损失；⑤车间经费；⑥企业管理费；⑦销售费。前 5 项之和为车间成本，加上第 6 项为工厂成本，再加上第 7 项为销售成本。

（三）折旧费

折旧费通常用下式计算：

$$D=\frac{P_0+R+F-L}{n} \tag{5-1}$$

式中：D 为年折旧额；P_0 为固定资产原值或重估值；R 为折旧期内大修费总和；F 为拆除报废固定资产发生的费用；L 为残值；n 为折旧年限。

（四）销售收入、利润、税金

企业的利润由产品销售利润和非销售利润两部分构成。产品销售利润包括销售商品利润、其他销售利润和非销售利润。

销售商品利润。它通常由两部分利润组成，即产出商品的销售利润和期初和期末库存商品的差额利润。产品销售利润通常按下式计算：

$$产品销售利润=销售收入-销售成本-税金 \tag{5-2}$$

其他销售利润。它主要指来自不属于商品的产品，如废品、回收品、农副产品的销售利润及劳务利润。

非销售利润主要指罚款、违约金、去年发生的今年入账的利润等。

税金按我国现行税制主要有以下六类：

（1）流转税类。本类包括增值税、营业税、消费税及关税等。

（2）收益税类。本类包括企业所得税和个人所得税等。

（3）资源税类。本类包括资源税、城镇土地使用税等。

（4）特定目的税类。本类包括固定资产投资方向调节税、城乡维护建设税、教育附加费及土地增值税等。

（5）财产和行为税类。本类包括房产税、车船使用税、印花税、宴席税及屠宰税等。

二、资金的时间价值及其等值计算

（一）资金的时间价值

在不同时间付出或得到同样数量的资金在价值上是不相等的，这就是资金的时间价值。资金具有时间价值是商品条件下的普遍规律。充分认识和发挥资金时间价值对于提高经济效益有重要意义。

通常，衡量资金时间价值的尺度有：利息、盈利（净收益）。其中，利息是指银行存款获得的资金增值；盈利是指把资金投入生产产生的资金增值。

（二）利息和利率

利息是使用他人资金所付的费用。借款人付给贷款人超过原借款金额（本金）的部分叫利息。本利（F_n）、本金（P）和利息（I_n）应存在以下的关系：

$$F_n=P+I_n \tag{5-3}$$

式中的下标 n 表示计算利息的周期数，并且把两次计算利息的时间间隔称为计息周期。

利率是每单位计息周期的利息与本金之比。可以通过下式计算出利率，即

$$i = \frac{I_1}{P} \times 100\% \tag{5-4}$$

式中：i 为利率；I_1 为一个计息周期的利息。

这里的计息包括单利计息和复利计息。所谓单利计息，就是仅用本金计息，利息不再生利，其计算公式如下：

$$F_n = P(1 + in) \tag{5-5}$$

而复利计息是按本金和前期累计利息总额之和计算利息，即

$$F_n = P(1 + i)^n \tag{5-6}$$

在利率较低，时间期限不长，本金数不大的情况下，单利计息和复利计息之间的差别不大，但如果这三个因素较大时，两者差别就比较显著。复利计息符合资金再生产的实际情况，多在技术经济中采用。

（三）现金流量图和资金等值概念

如果要考察一个投资项目在整个寿期内的经济效果时，通常采用现金流量图的方式。现金流量图如图 5-1 所示。

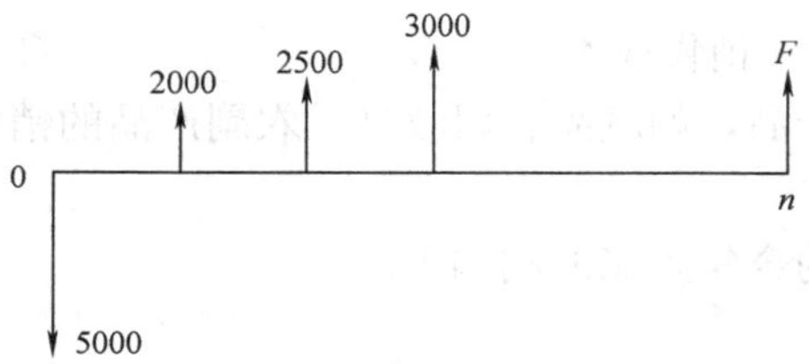

图 5-1　现金流量图

图中的横坐标代表年份，其中，0 为考察起点，n 为考察终点，横坐标上的每个点表示该年年末及下年年初。

图中的纵坐标表示现金流量，箭头向上表示现金流入系统，现金流量为正。箭头向下表示流出系统，现金流量为负。

资金等值概念的定义是，处于不同时刻的两笔资金，货币面额不同，但考虑时间价值之后，其实际资金相等，则该两笔资金等值。例如，若年利率为 10%，那么今年的 100 元就等值于一年后的 110 元。采用资金等值概念的作用是使不同地点的现金流量在一定利率条件下具有可比性。

（四）资金等值的计算

在进行资金等值计算时将要涉及折现、终值和折现率的概念。所谓折现，也可称为贴现，就是把将来某一时点资金金额换算成零时点等值资金的过程，折现后的资金金额称为现值。而终值，也就是将来值的概念是指与现值等价的将来某时点的基金金额。折现率是指在进行资金等值计算中，使用的体现资金时间价值的参数（与单纯借贷关系中的利率类似）。

资金等值的计算公式与复利的计算公式相同。根据支付方式和等值换算时点的不同，有三种基本形式。

1. 一次性支付

分析系统的现金流量（无论流入或流出），均在一个时点上一次性支付。一次性支付的情况有两种计算公式。

(1) 一次支付终值公式，也就是当现值为已知，而需要求解终值时的所采用的公式。设

现在投资 P 元，折现率为 i，则在第 n 年末，其终值 F 为

$$F = P(1+i)^n \tag{5-7}$$

式中：系数 $(1+i)^n$ 为一次支付的终值系数。

（2）一次支付现值公式。这是当终值 F 已知，需要求解现值 P 时采用的公式。它是一次支付终值公式的逆运算，计算公式如下：

$$P = F\frac{1}{(1+i)^n} \tag{5-8}$$

式中：$\frac{1}{(1+i)^n}$为一次支付的现值系数。

很显然，一次支付现值系数和一次终值系数互为倒数。

2. 等额分付

当现金的流入或流出在多个连续时点上发生，且数额相等时，属等额分付。如工厂的年运行费和年收入等，计算公式有三种。

（1）等额分付终值公式。若等额流入或流出金额为 A，折现率为 i，计算年限为 n，因最后一笔等额年值与终值发生在同一时点上，故此笔等额年值因不计利息，由此得计算公式为

$$F = A\frac{(1+i)^n - 1}{i} \tag{5-9}$$

式中：$\frac{(1+i)^n-1}{i}$为等额分付终值系数，符号为（F/A，i，n）。

（2）等额分付偿债资金公式。等额分付偿债资金公式是等额分付终值公式的逆运算，其原意是指，为了支付 n 年后到期的一笔债务，每年应预先存取多少等额年值，作为偿债的准备金。通过式（5-9）可以推出

$$A = F\frac{i}{(1+i)^n - 1} \tag{5-10}$$

式中：$\frac{i}{(1+i)^n-1}$为等额分付偿债基金系数，符号为（A/F，i，n）。

值得注意的是，式（5-9）和式（5-10）只适应于每年等额流入或流出现金，若每年不等额流入或流出，则不能使用上述公式。

（3）等值分付现值公式。将一系列等额年值按给定的折现率 i 和计息期数 n 转换为现值的总和，即可求得分付现值公式，即

$$P = A\frac{(1+i)^n - 1}{i(1+i)^n} \tag{5-11}$$

式中：$\frac{(1+i)^n-1}{i(1+i)^n}$为等额分付现值系数，符号为（$P/A$，$i$，$n$）。

（4）等额分付资本回收公式。等额分付资本回收是指目前投资 P 元，利率 i，在 n 年内，每年末要等额回收多少，才能连本带利回收全部资金。它是等额分付现值公式的逆运算，计算公式为

$$A = P\frac{i(1+i)^n}{(1+i)^n - 1} \tag{5-12}$$

式中：$\frac{i(1+i)^n}{(1+i)^n-1}$为等额分付资本回收系数，符号为（$A/P$，$i$，$n$）。

3. 等差分付

等差序列的现金流量图如图 5-2 所示（G 为常量）。

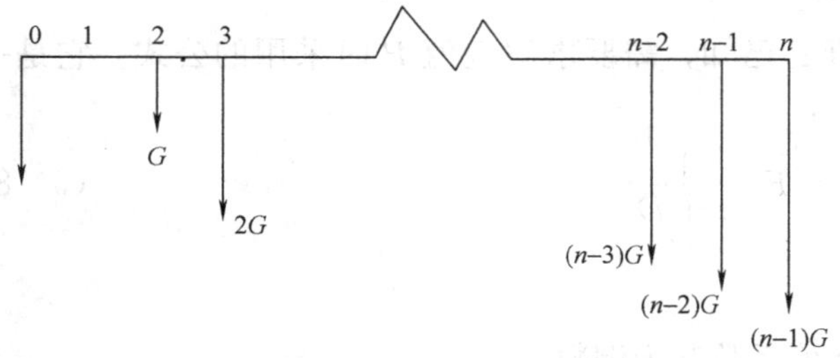

图 5-2 等差序列的现金流量图

当现金流序列是连续的，而数额为等差数列时，称为等差序列现金流。

例如，工厂设备维护费，随设备服务年限的增长而逐年增加，增加的费用通常为常量。常用公式有以下两个。

（1）等差系列终值公式。为便于推导，规定现金流量从第二年末开始按等差变额 G 逐年增加，终止于第 n 年末，其计算公式为

$$F=\frac{G}{i}\left[\frac{(1+i)^n-1}{i}-n\right] \tag{5-13}$$

式中：$\frac{1}{i}\left[\frac{(1+i)^n-1}{i}-n\right]$为等差系列终值系数，符号为（$F/G$，$i$，$n$）。

（2）等差系列现值公式。将终值公式求得的终值乘以一次支付现值系数，即可求得等差系列现值公式，即

$$P=F\frac{1}{(1+i)^n}=\frac{G}{i(1+i)^n}\left[\frac{(1+i)^n-1}{i}-n\right] \tag{5-14}$$

式中：$\frac{1}{i\ (1+i)^n}\left[\frac{(1+i)^n-1}{i}-n\right]$为等差系列现值系数，符号为（$P/G$，$i$，$n$）。

三、技术经济的可比性

为了比较不同方案的经济效果，必须使每个方案具有可比性。

1. 产品、产量、质量、品种和需求的可比性

参加比较的不同方案必须满足相同的客观要求，包括产量、质量、品种等指标，如燃用不同燃料的锅炉或者不同类型锅炉的比较，必须与产生相同压力、温度和相同数量的蒸汽作为可比性的前提；采用柴油机、汽油机等不同方案，必须满足相同的拖动要求；不同制冷方案的比较，必须在产生相同冷负荷的前提下；各种发电方案的比较，必须扣除厂用电和线损才能可比。

2. 总消耗的可比性

各个方案的消耗费用必须是总费用，即直接消耗和间接消耗，生产性消耗和非生产性消耗。

3. 时间的可比性

通过资金的等值计算，使各方案的经济效益在时间上具有可比性。对此，必须采用相同的计算期，并进行计算期的合理选择，以公平地评价不同方案。

4. 价格可比性

各不同方案必须采用同一价格体系进行比较。如受物价涨落的影响，价格体系应和计算期相一致。

四、节能经济评价的常用方法

节能经济评价的目标主要有两类。一类是对某一节能技术改造项目进行评价，即计算其经济上是否合理，或者是几个技术方案择一较优方案；另一类是对关键的能源设备的更新项目进行技术经济评价，从而为设备更新提供决策依据。节能经济评价常用的方法有以下四个。

1. 投资回收年限法

投资回收年限法主要考虑节能措施在投资和收益两方面的因素，以每年节能回收的金额偿还一次投资的年限作为评价指标。如某项节能措施的一次投资为 K（元），每年节能获得的净收益为 S（元/a），则投资回收的年限 τ 为

$$\tau = \frac{K}{S} \tag{5-15}$$

若某项节能措施有多个技术方案可供选择，显然，投资回收年限 τ 最小的那个方案应该首选。

投资回收年限法概念清楚，计算简单，是比较常用的一种经济评价方法。然而以经济学的观点看，这一方法没有考虑资金的利率及设备使用年限这两个主要因素，因而未涉及到超过回收年限以后的经济效益。采用这一方法显然对效益高，但使用年限短的节能方案有利；相反，对于效益低，而使用年限长的节能方案则不利。所以，投资回收年限法不适用于不同利率，不同使用年限的投资方案的比较。另外，投资回收年限法只能反应各节能方案之间的相对经济效益，因此，这种简单的投资回收年限法只常用于节能工程初步设计阶段的审查。一般经验指出，如果简单计算的回收年限小于设计使用年限的一半，而又不大于 5 年时，即可认为投资合理。

2. 投资回收率法

若某项节能措施投产后，在确定的使用年限 N 内，逐年取得的收益为 R，该项措施的总的一次投资为 K；则使总收益的现值等于一次投资 K 时的相应利率 r 就称为投资回收率。投资回收率可通过下式计算：

$$K = \frac{(1+r)^N - 1}{r(1+r)^N} R \tag{5-16}$$

由于投资回收率表示一项投资不受损失而获得的最高利率，所以，可以用它来表征节能措施经济性的优劣，适用于比较不同使用年限的技术方案。显然，对某一项节能方案如用式（5-16）计算出的投资回收率 r 大于投资的利率，则该方案在经济上是可行的。当有几种不同的技术方案时，应选取投资回收率最高又大于投资利率的方案。

3. 等效年成本法

一项节能措施的投资 K，可以按给定的利率 i 和使用年限 n 折算成一定的金额，用于在使用期内每年还本付息，以保证投资在使用期满时全部还原，这就是资金费用。如果资金费用再加上每年的运行维护费用 S，就构成了等效年成本。当计及投资在使用期满的残值 A 时，应将残值从投资中扣除，另加残值的利息。因此，节能措施的等效年成本 C 可按下式计算：

$$C = (K - A)\frac{i(1+i)^n}{(1+i)^n - 1} + Ai + S \tag{5-17}$$

显然，在节能措施的多方案比较中，等效年成本最低者即为优选的方案。

4. 纯收入法

纯收入法是根据节能项目的纯收入进行比较，纯收入高，该方案经济效果就好。具体做法是根据合理的计算生产年限，首先把每个方案的初投资、流动资金和折旧费用综合起来，求出投产当年的折算投资；然后将折算投资乘以资金的年利率并与成本费相加，即得出年支出；最后，从年收入减去上述年支出就得到各方案的年纯收入，其中，年收入最高的方案即为最优方案。

用纯收入法进行节能经济评价的关键是如何从初投资、流动资金及折旧费来求得投产当年的折算投资 K_x，

通常，K_x 可按下式计算：

$$K_z = K\frac{(1+i)^{n_0+n}-1}{(1+i)^n-1}+F-R\sum_{\tau=1}^{n}\frac{(1+i)^{n-\tau}-1}{(1+i)^n-1} \tag{5 - 18}$$

式中：K 为初投资；n_0、n 为节能措施的建设年限和计算生产年限；F 为流动资金；R 为年折旧费。

五、节能技术改造项目的技术经济评价

根据经济学原理，扩大再生产有两种方式，一种是增加生产要素的投入量来扩大生产规模，另一种是改造生产要素的质量，提高要素的资源利用效率来扩大生产规模。技术改造就属于后一种方式。

技术改造的经济特征是通过追加一笔技术改造投资来提高原先投入资金的使用效率。技术改造的关键是有针对性地改造最落后的部位和薄弱环节，即生产过程的“瓶颈”。

1. 技改项目的费用和收益

(1) 节能技术改造追加的费用主要包括：

1) 追加的投资费，包括技改项目的前期费用（如可行性研究论证费、设计费等）、追加的固定资产投资、追加的流动资金投资。

2) 追加的经营成本，包括新增加的原料费、燃料费、管理费用等。

3) 因技术改造引起的减产或停工损失。

(2) 节能技术改造的收益包括：

1) 由于产品质量改进销售增加所获得的销售收入的增加费。

2) 由于能耗和原材料消耗减少所节约的成本费。

2. 经济效益的评价

对节能技术改造项目进行经济评价时，常用企业在“改造”和“不改造”的两种情况下的若干差额数据来评价追加投资的经济效果。

在计算现金流动时，要充分考虑可比性原则，因为在进行比较时，“改造”方案的现金流多取自改造后各年的预测数据，而“不改造”方案的现金流则多取自改造前的某一年份的数据，该两组数据在时间上是不可比的。因为如果项目不改造的话，在未来若干年内其经营状态也可能上升或下降，因此，对“不改造”方案在计算现金流时应充分考虑未来年份其效益的变化情况，只有这样才能使评估和预测更符合实际情况。

六、设备更新项目的技术经济评价

新设备投入运行使用一段时间后，或因磨损、或因技术发展而导致该设备陈旧落后，要使生产得以持续进行，就必须对该设备进行所谓“补偿”。补偿的形式有修理、现代化改装，

或用更先进更经济的设备更换。这种补偿在广义上就称为“设备更新”。设备更新也是节能的一个重要内容。

1. 设备的磨损分析

设备磨损是广义的磨损，它包括有形磨损和无形磨损。

有形磨损是设备在使用过程中，由于摩擦、振动、疲劳等原因而导致设备实体的损伤，当然，在设备闲置不用时，也会由于锈蚀、材料老化等而产生有形磨损。

无形磨损是指设备原始价值的贬值。因此，有时将无形磨损称为经济磨损。

2. 有形磨损的补偿——检修

有形磨损会导致零部件变形、公差配合改变、加工精度下降、工作效率降低以及能耗增加等。对于这种有形磨损，通常是通过修理来进行局部补偿。例如，修复或修理被磨损的零部件，更换已损坏的密封件、连接件、管道阀门等，以恢复设备的性能。

根据修理程度的大小，通常又将其分为日常维护、小修理、中修理和大修理等几种形式。对于能源、动力、化工、炼油、冶金等过程工业，由于其系统复杂和大型设备多，这种修理是非常重要的。

上述修理常常和对设备的检测联系在一起，故在企业中又将其称为检修。目前，设备的检修体系可以归纳为三种，即事后检修、预防性的定期检修和基于状态的检修。事后检修又称为故障检修，是当设备发生故障或失效时进行的非计划性检修。这种事后检修只适合于对生产影响很小的非重点设备。预防性检修是一种以时间为基础的预防检修方式，它是根据设备磨损或性能下降的统计规律或经验而事先制订的，又称为计划检修。预防性检修的类别、周期、工作内容、检修方式都是事先确定的。它适合于已知设备磨损或性能下降规律的那些设备，以及难以随时停机进行检查的流程工业、自动生产线设备。目前，发电、炼油、化工、冶金等行业都是采用预防性检修方式。基于状态的检修是由预防性检修发展而来的一种更高层次的检修体制。基于状态的检修以设备在线状态的监测数据为基础，通过故障诊断和专家系统对历史数据和在线数据的分析判断来决定设备的健康和性能状态，并预测其发展趋势。基于状态的检修能在设备故障发生前或性能下降到不允许的极限前有计划的安排检修。基于状态的检修能及时和有针对性地对设备进行检修，不仅可以提高设备的可用率，还能有效地降低检修费用，取得明显的经济效益。基于状态的检修代表了当今检修的方向，但这种检修与设备的在线检测技术、信号处理技术、信息融合技术、故障诊断技术以及设备的寿命评价等有着密切的关系，并随着这些技术的发展而发展。

不论何种检修都是要花费代价的，因此，必须对维修，特别是大修进行经济评价，并确定大修的经济界限。如果一次大修的费用超过该种设备的重置价值，则这种大修在经济上是不合算的。通常，把这个条件称为大修在经济上合理的起码条件，又称为最低经济界限。光有最低经济界限还不行，显然，只有大修后使用该设备生产的单位产品成本，在任何情况下，都不超过用相同的新设备生产单位产品的成本时，这样的大修在经济上才是合算的。对小修和中修，这一原则也是适用的。

3. 无形磨损的补偿——设备更新

导致设备无形磨损通常有两方面的原因，一是由于设备制造工艺改进，劳动生产力提高，生产同种设备的成本下降，致使原有设备贬值。通常将这种原因引起的磨损称为第一种磨损。第二种原因是由于技术进步，市场上出现了结构更先进、性能更优越、生产效率更高、能源和原材料消耗更少的新型设备，新设备的出现使原有设备在技术上显得陈旧落后而贬值，这种原因引起的无形磨损又称为第二种无形磨损。

对第一种无形磨损，原有设备虽然贬值，但设备本身的技术特性和功能并不受影响，其使用价值并没有发生变化，因此，也不存在对现有设备提前更换的问题。对第二种无形磨损，原有设备不但价值降低，而且还可能局部或全部丧失其使用价值，这是因为原有设备虽然还能正常工作，但生产效率已大大低于新型设备，如果继续使用，就会使生产成本大大高于同类产品，在这种情况下，使用新设备将比继续使用旧设备经济，这时就有必要淘汰原有设备。

当然，由于社会消费结构的变化或环保的要求，也可能会使某些设备丧失使用价值，这种情况属于现代经济条件下的设备无形磨损。有些设备在使用过程中也可能会既受到有形磨损，又受到无形磨损。

对于第二种无形磨损的补偿，通常有两种方法：

(1) 对于程度较轻的无形磨损，往往采用现代化改装（即技术改造）来进行局部补偿。

(2) 对于程度严重的无形磨损，或设备产生不可消除的有形磨损时，就必须进行完全补偿，即设备更新。

现代化改装是根据生产需要给旧设备装上新部件，新装置或新附件，改善现有设备的技术性能，使之局部或全部达到新型先进设备的水平。

通常的设备更新有两种含义：

(1) 原型更新，即用结构性能完全相同的新设备更换不宜或不能使用的旧设备，显然，这种更新只能补偿有形磨损。

(2) 换型更新，即用结构更先进、性能更好的新型设备更换旧设备，这种更新才能既补偿有形磨损又补偿无形磨损。

在技术迅速发展的今天，换型更新应该是设备更新的主要方式。

4. 设备更新的经济决策

设备更新的经济决策，一般采用经济寿命期法。这种方法的要点是计算设备使用期内每年的实际支出，然后选择实际支出最少的年份作为旧设备更新的年份。设备使用期内每年的实际支出是由两部分组成：

(1) 购置、安装设备的投资费。

(2) 设备的运行成本，包括能源费、保养费、修理费、废次品损失费等。很显然，随着使用时间的延长，每年所分摊的成本费将减少。

设备磨损，性能下降，运行成本会逐年增加。因此，年均总费用的最低值所对应的使用期限，即为设备的经济寿命期。从设备的经济寿命图很容易确定旧设备的更新年份。（见图5-3）经济寿命期法只考虑了设备本身的年均总费用，未能涉及设备更新要有新的资金投入。

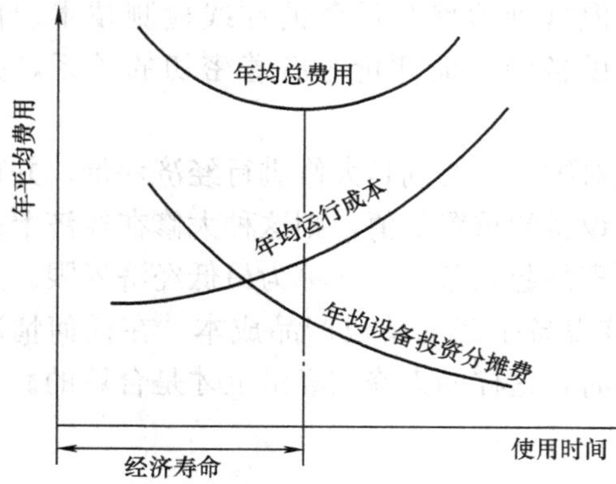

图 5-3 设备的经济寿命

此外，在技术发展很快的今天，旧设备的使用期虽未超过经济寿命，但很可能出现了工作效率更高，运行成本更低的新设备，这样，用新设备更新旧设备可能有更好的经济效果，为此应采用年费用比较法。年费用比较法的要点是，分别计算新旧设备在各自经济寿命期内的年均总费用，如果新设备的年均总费用低于旧设备的年均总费用，则设备应更新；否则，就应该继续使用原有设备。

第五节　先进的节能技术

一、高效低污染燃烧技术

燃料燃烧是获取热能的最主要方式。根据燃烧状况的好坏，可以把燃烧分成完全燃烧和不完全燃烧。完全燃烧是指燃料中的可燃成分全部燃尽，而不完全燃烧时，燃烧产物中会含有一些可燃物质，如游离碳、炭黑、一氧化碳、甲烷、氢等。为衡量燃烧的完善程度，引入了燃烧效率。燃烧效率是燃料燃烧时实际所产生的热量与燃料标准发热量之比。根据不同燃料燃烧的特点，采用各种措施提高燃料的燃烧效率是节能的重要途径。此外，燃料燃烧时会产生严重的环境污染问题，因此，发展和推广高效低污染的燃烧技术既是节能的需要，也是保护环境实现可持续发展的重要措施。

（一）气体燃料的燃烧技术

气体燃料便于储存、运输，燃烧方便，随着天然气的开发和煤的气化，其应用越来越广。气体燃料的燃烧效率主要取决于气体燃料燃烧器。对气体燃烧器的基本要求是：①不完全燃烧损失小，燃烧效率高；②燃烧速率高，燃烧强烈，燃烧热负荷高；③着火容易，火焰稳定性好，既不回火，又不脱火；④燃烧产物有害物质少，对大气污染小；⑤操作方便，调节灵活，寿命长，能充分利用炉膛空间。

常用的气体燃烧器有扩散式燃烧器和预混式燃烧器。扩散式燃烧器是指可燃气体与助燃空气不预先混合，燃烧所需空气由周围环境或相应管道供应、扩散而来。预混式燃烧器的特点是燃烧前可燃气体与氧化剂已经混合均匀，燃烧时这种燃烧器通常无焰，故也称无焰燃烧器。

气体燃料的燃烧效率通常都很高，在气体燃料的燃烧技术中，应注意以下几方面。

1. 正确选用燃烧器

各种燃烧器的特点均不相同，在选用时应充分掌握其特点。例如，扩散式燃烧器其安全性较好，不会回火，因此，没有回火爆炸的危险，但其火焰较长，仅适合于高热值的燃烧。预混式燃烧器燃烧强度高，而且不会产生炭黑，其缺点是燃烧不稳定，可能出现回火或脱火，它主要适用于低热值燃烧。又如，对某些供热量很大的工业炉，以天然气作燃料时所需流量很大，此时，采用部分预混式燃烧器不但可以提高燃烧热负荷，而且还能控制火焰的发光程度，有利于改善炉内辐射传热。

2. 控制好燃烧器的参数

燃烧器的参数包括结构参数和流动参数。结构参数的改变会对燃烧情况（如火焰长度）产生明显的影响。例如，扩散式燃烧器如果助燃空气喷口和煤气喷口相邻平行布置，其火焰长度就明显长于煤气喷口位于空气喷口内并彼此同心布置的情况。此外，煤气喷口放在空气喷口内，两喷口均为不收缩的圆形时，火焰长度也明显长于同样结构但两喷口收缩为扁形时的情况。流动参数对燃烧的影响也是很明显的，例如，对于预混火焰，当燃烧器喷出的气流速度小于火焰传播速度时，火焰可能传到燃烧器内部，产生回火，显然，回火有引起爆炸的危险。另外，如果燃烧器喷出的气流速度大于火焰传播速度，火焰有可能被吹熄，产生脱火。因此，应控制好燃烧器的流动参数。

3. 提高火焰的稳定性

火焰的稳定性是指火焰能够连续稳定地维持在某个空间位置上，既不熄火，又不随意移动位置。显然，火焰稳定性是高效低污染燃烧的关键，因此，在燃烧过程中应采取各种措施提高火焰的稳定性。提高火焰的稳定性必须针对各种不同的情况采取不同的措施。例如，对层流火焰，为提高火焰的稳定性，防止回火，可以将单喷口改成许多小喷口，以加强散热。又如喷口气流速度过大，有可能脱火时，可在喷口外加障碍物，以降低气流速度，保持火焰稳定。

在工程应用中，通常喷口气流速度都较高，为湍流状态，如不采取措施，火焰很难稳定，甚至会被吹熄。为避免这一问题，工程上常利用回流的高温烟气或用小火焰不断地向可燃气体提供足够的热量，以保证火焰连续稳定地燃烧。产生高温烟气回流有很多方法，其中，最简单的是在湍流火焰后放置一钝体，在钝体后将形成高温烟气的回流区，以持续地向可燃气体提供热量，维持火焰稳燃，因此，钝体又称为稳焰器。除了钝体稳焰器外，还有其他形式的稳焰器，如船形稳焰器、多孔板稳焰器（它相当于多个小钝体）等。此外，旋转射流、复杂射流（如射流突然扩张、突然转弯等），也都能产生高温烟气回流区。小股高速射流和主流气体之间形成的大速差，也会造成高温烟气回流。另一种维持火焰稳定的简捷方法是采用点火火焰，通常将此火焰称为值班火焰。

4. 燃烧器的改进和开发

燃烧器的改进和开发一直是高效低污染燃烧技术的一个主要方面，在这方面发展非常迅速。众所周知，使气流旋转将有利于可燃气体和助燃空气的混合和燃烧，因此，根据这一原理设计的旋流式燃烧器，燃烧热负荷高，火焰稳定性好。如进一步提高气流的旋转强度，燃烧时将形成燃烧旋涡，此时，燃烧更加激烈，热负荷更高，此种燃烧器称为旋风燃烧器。此外，还有高速煤气燃烧器，它能提高煤气和空气从各自喷口喷出的速度，使它们喷出后能迅速混合燃烧，不但燃烧室热负荷高，而且高速烟气对强化传热十分有利，这种燃烧器适合于加热炉，工件升温快，效率高。

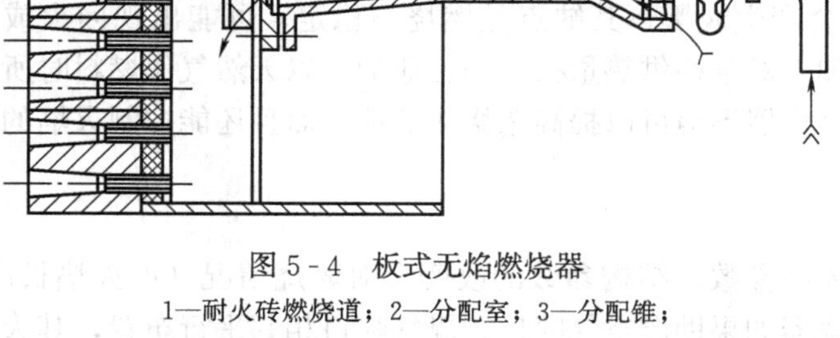

图 5-4　板式无焰燃烧器

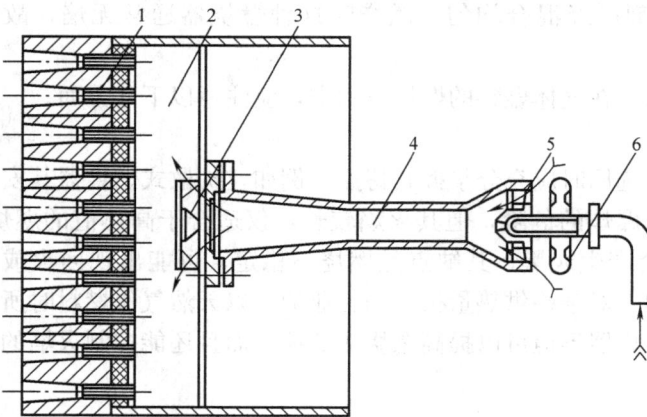

1—耐火砖燃烧道；2—分配室；3—分配锥；4—混合器；5—喷嘴；6—空气调节阀

另外一种多喷口板式无焰燃烧器（见图 5-4），由于煤气与空气经过混合器均匀混合后，再通过分配室分配到许多由耐火砖砌成的燃烧道，不但燃烧效率高，而且温度场均匀，烧嘴寿命长，非常适合于烧低热值的煤气。与上述燃烧器相类似的有平焰式燃烧器，这种部分预混燃烧器，煤气从中心管端部四周小孔喷出并与四周扩展的空气相混合，形成平展的圆盘形火焰，其火焰短而且展开，因此，温度场均匀，适于作加热炉的燃烧器。

（二）油的燃烧技术

油是最常用的液体燃料。由于油的沸点总是低于其着火温度，因此，油总是先蒸发成油蒸汽，再在蒸汽状态下燃烧。其燃烧和气体燃料燃烧几乎完全相同。油的燃烧实际上包含了油加热蒸发、油蒸汽和助燃空气的混合以及着火燃烧三个过程。其中，油加热蒸发是制约燃烧速率的关键。为了加速油的蒸发，扩大油的蒸发面积是主要的方法，为此，油总是被雾化成细小油滴来燃烧。油滴雾化得越好，其蒸发混合即燃烧的速率也越快。

影响雾化质量的主要因素是喷射速度和燃油温度。研究表明，雾化油滴的尺寸取决于油气间相对速度的平方，相对速度越大，雾化油滴越细。同时，燃油温度增加，由于其表面张力和黏度下降，雾化油滴的直径变小。

为了实现油的高效低污染燃烧，应从两方面着手。

1. 提高燃油的雾化质量

要提高燃油的雾化质量，首先应根据各种喷油嘴的特性正确选用。例如，对简单式压力雾化喷油嘴，因为其喷油量的调节是依靠改变油压来实现的，低负荷时油压将降低，雾化质量也随之下降。因此，这种喷油嘴只适于带基本负荷的锅炉和窑炉。对于负荷变动较大的情况，特别是低负荷运行较多时，可以采用回油式压力雾化喷油嘴，这种喷油嘴设有回油道，可以依靠回油压力的调整来调节喷嘴的流量特性，而油的旋流强度基本不变。

当企业有蒸汽源时，可以考虑优先选用蒸汽雾化喷油嘴，因为蒸汽雾化喷油嘴雾化特性好、雾化油滴细，而且雾化角与喷油量无关，火焰形状易于控制，调节性能好，负荷调节比可达 1∶6 以上。此外，这种喷嘴对燃油的适应性好，燃油黏度变化对雾化特性影响很小；对燃油压力要求不高，可简化供油系统；结构简单，操作方便，不易堵塞。当然，这种喷油嘴也存在一些明显缺点，如耗汽大，且雾化蒸汽不能回收；噪声大，启动性差；烟气中的蒸汽含量会使锅炉尾部受热面腐蚀和积灰等。值得注意的是，近几年蒸汽雾化喷油嘴已有很大的改进，耗汽量大大降低，噪声和启动性能也有很大的改善。特别是 Y 形蒸汽雾化喷油嘴，它综合了压力雾化喷油嘴和蒸汽雾化喷嘴的优点，采用比压力雾化喷油低的油压，又不消耗太多的蒸汽，因此，雾化质量更好，单台喷油嘴出力高，且不受油压和油温的影响，适合于大型燃油锅炉。

对于小型燃油锅炉和窑炉，多优先采用低压空气雾化喷油嘴。这是由于这种喷嘴雾化质量好，火焰较短，油量调节范围广，对油质要求不高，且结构和系统均较简单。

由于雾化质量与喷射速度和燃油温度有很大的关系，因此，也可以从这两方面来改善雾化质量。例如，当燃油黏度较大时，可以将油预热温度提高，对重油更应将加热温度提高到 110～130℃。此外，重油中重分子量的碳氢化合物占相当大的比重，它们不易蒸发，且在缺氧的情况下易受热（600℃左右）裂解，形成炭黑微粒，致使重油燃烧时间延长，为此，在燃烧重油时，还应保证火焰尾部有足够高的温度和充足的氧气供应。

2. 实现良好的配风

油燃烧器是由喷油嘴和配风器两部分组成。配风器的任务是供给适量的空气，以形成有利于空气和油雾混合的空气动力场。好的配风器应满足如下的要求：

(1) 将空气分为一次风和二次风，一次风量占总风量的15%～30%，一次风在点火前就已和油雾混合，其作用是避免油雾着火时，由于缺氧严重而分解，产生大量炭黑。

(2) 一次风应当是旋转的，从而可以产生一个适当的回流区，以保持火焰的稳定。

(3) 二次风可以是直流的，也可以有小的旋流强度。后者是为了控制火焰的形状，有利于早期混合。

配风器通常分为直流式和旋流式两大类。直流式是一种最简单的配风器，多用于小型锅炉和窑炉。旋流式按进风方式可以分为蜗壳型和叶片型，其中，叶片型又可分为切向叶片和轴向叶片两种型式。切向或轴向叶片型的旋流配风器既可使一次风直吹、二次风旋转，也可使一、二次风同时反向旋转，甚至还可在两股旋转风之间再加入一股不旋转的三次风，因此，湍流强烈，喷进炉膛后可以形成强烈的油气混合气流，十分有利于燃烧，适合于大、中型的锅炉和窑炉。

(三) 煤粉燃烧稳定技术

我国大型锅炉和工业窑炉大多采用煤粉燃烧。煤粉燃烧技术发展至今已经历半个多世纪，为了适应煤种多变、锅炉调峰及稳燃和强化燃烧的需要，煤粉燃烧技术得到了迅速的发展。随着环保要求的日益严格，低污染煤粉燃烧技术也越来越受重视。近几年，为了将稳燃和低污染燃烧结合起来，高浓度煤粉燃烧技术发展也非常迅速。这些先进的煤粉燃烧技术有些也是中国独创的，不但提高了燃烧效率，节约了煤炭，减少了污染，还为锅炉的调峰和安全运行创造了条件。

1. 煤粉钝体燃烧器

煤粉钝体燃烧器是20世纪80年代由华中理工大学开发的（见图5-5）。它利用煤粉气流绕流钝体时的脱体分离现象产生的内、外回流而使煤粉着火提前、燃烧稳定。钝体的采用不但提高了气流的湍流强度，造成了一个高温烟气的回流区（温度可达900℃），而且在回流区边缘形成了一个局部的高浓度煤粉区。这些条件非常有利于煤粉的稳定着火和燃烧强化。钝体稳焰器特别适合于燃用劣质煤和低挥发煤的锅炉和窑炉，并已得到广泛的应用。

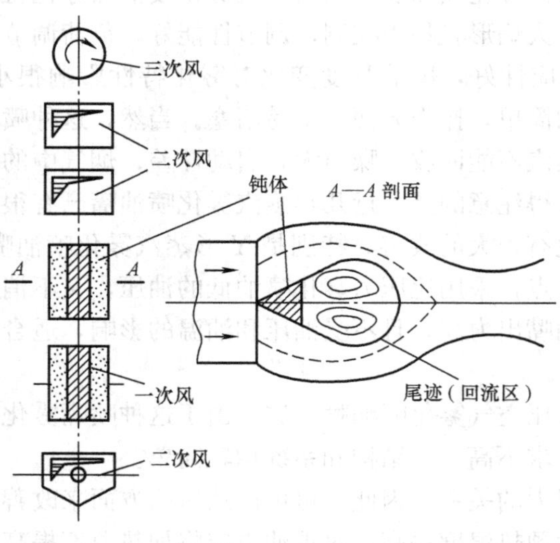

图5-5　煤粉钝体燃烧器示意

2. 稳燃腔燃烧器

稳燃腔燃烧器是在钝体燃烧器上发展起来的另一种新型燃烧器。它是在钝体燃烧器的外面罩上一个稳燃腔，利用腔壁来消除钝体上下端部效应带来的端部卷吸，从而使来自钝体后方的高温烟气的回流强度得到大大提高。由于钝体被罩在稳燃器中，不易烧坏，延长了使用寿命。这种燃烧器对低负荷稳燃、节约点火用油、提高燃烧效率起到了明显的效果。

3. 开缝钝体燃烧器

开缝钝体燃烧器也是在钝体燃烧器上开发的新型燃烧器。它是在三角形钝体中间开一条中缝，它除了具有钝体的基本功能外，由于中缝的存在，又使它具有大速差的功能，即在回流区中形成一定的煤粉浓度，这是钝体所没有的；另外，中缝射流充分利用了回流区中高温、低速、高湍流度的特点，可以首先着火，从而进一步提高了回流区和尾流恢复区的温度，更有利于主流的点燃。此外，中缝射流可以屏蔽从正面来的部分辐射热，有利于保护喷口和开缝钝体不被烧坏，这种燃烧器也得到了广泛的应用。

4. 夹心风燃烧器

夹心风燃烧器是西安交通大学和武汉锅炉厂合作研制的一种直流式煤粉燃烧器，它的特点是在二次风口中间加装一个狭长的喷口，从中喷射出一股速度较高但不带煤粉的空气流。该股射流能增强一次风的抗偏转能力，使两侧的一次风气流向喷口中心牵引，减少了煤粉的散射，有利于煤粉气流的着火和火焰稳定。

5. 火焰稳定船式燃烧器

火焰稳定船式燃烧器是将船型火焰稳定器装设在一次风口内，由于船形作用在出风口处，将形成一种束腰形的气固两相流结构，在腰束外缘会形成局部的高温区，并由于气流作用促使煤粉浓淡分离。高浓度的煤粉也集中在腰束外缘，这种高温和高浓度煤粉对着火和稳燃是非常有利的，以至在低负荷运行时不投油也能稳定燃烧。

6. 双通道自稳燃式燃烧器

双通道自稳燃式燃烧器是清华大学开发的一种新燃烧器。它的特点是在同一喷口上开上下两个一次风喷口，在两个喷口之间设计一个回流空间。这样，一次风射流自身将产生一个强烈的回流区，利用高温烟气回流加热一次风粉，使煤粉稳定燃烧。

（四）煤粉低氮氧化物燃烧技术

燃煤电厂对环境的污染是十分严重的。目前，世界上大多数燃煤电厂对粉尘和二氧化硫的排放已有相当成熟的控制和处理技术，但对如何减少另一种污染物——氮氧化物的排放仍在进一步深入研究之中。目前，降低氮氧化物的排放比较成熟的办法是采用空气分级燃烧和烟气再循环燃烧等技术。

1. 低过量空气燃烧

如果使煤粉燃烧过程接近理论空气量，则由于烟气中过氧量的减少将有效地抑制氮氧化物（NO_x）的生成。显然，这是一种最简单的降低 NO_x 排放的方法。一般说，采用低过量空气燃烧可以降低 NO_x 排放 15%～20%。值得注意的是，采用这种方法有一定的限制。如炉内氧的浓度过低，例如，低于 3%以下时，将造成 CO 浓度急剧增加，从而大大增加了化学未完全燃烧损失；同时，飞灰含碳量也会增加，这些都会使燃烧效率降低；还有引起炉壁结渣和腐蚀的危险。因此，在锅炉和窑炉的设计和运行时，应选取最合理的过量空气系数，避免出现为降低 NO_x 排放而产生的其他问题。

2. 空气分级燃烧

空气分级燃烧是目前国内外燃煤电厂采用最广泛，技术上也比较成熟的低 NO_x 的燃烧技术。空气分级燃烧的基本原理是，将燃料的燃烧过程分阶段来完成。在第一阶段，将从主燃烧器供入炉膛的空气量减少到总燃烧空气量的 70%～75%（相当于理论空气量的 80%左右），使燃料先在缺氧的富燃料燃烧条件下燃烧，此时，由于过量空气系数小于1，因而降低了该燃烧区内的燃烧速度和温度水平，抑制了 NO_x 在这一燃烧区中的生成量。为了完成全部燃烧过程，完全燃烧所需的其余空气则通过布置在主燃烧器上方的专门空气喷口（称为“火上风”喷口）送入炉膛，与在“贫氧燃烧”条件下所产生的烟气混合，在过量空气系数大于1的条件下完成全部的燃烧过程。图5-6所示为空气分级燃烧原理示意。实践表明，采用空气分级燃烧的方法可以降低15%～30%NO_x 排放。

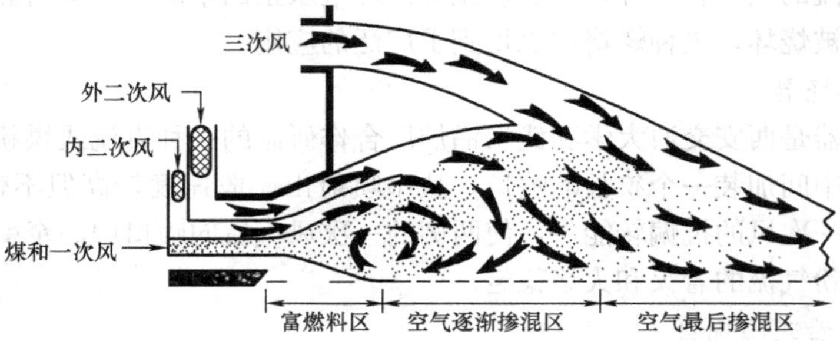

图5-6　空气分级燃烧原理示意

3. 燃料的分级燃烧

燃料的分级燃烧与空气分级燃烧类似，它是先将80%～85%的燃料送入第一级燃烧区，使之在过量空气系数大于1的条件下燃烧，并生成 NO_x；其余的15%～20%的燃料则在主燃烧器的上部送入二级燃烧区，在过量空气系数小于1的情况下形成很强的还原气氛，从而使得在第一级燃烧区中生成的 NO_x 在二级燃烧区中被还原成氮分子（N_2）；与此同时，新的 NO_x 的生成也受到了抑制，采用此法可使 NO_x 的排放浓度降低50%。通常，将进入一级燃烧区的燃料称为一次燃料，送入二级燃烧区的称为二次燃料，二次燃烧区又称为再燃区。不过，为了保证再燃区中生成的未完全燃烧产物能够燃尽，通常在再燃区上方还需布置“火上风”喷口，以形成第三级燃烧区，即燃尽区。

4. 烟气再循环

除了利用空气和燃料分级燃烧减低 NO_x 排放外，目前还采用烟气再循环来减少 NO_x 的排放，它是在锅炉尾部空气预热器前抽取一部分低温烟气，或直接送入炉膛，或与一次风或二次风混合后再送入炉膛。这样不但可以降低进入炉膛的氧气浓度，而且可以降低燃烧温度，这些都有利于抑制 NO_x 的生成。经验表明，当烟气再循环率为15%～20%时，煤粉炉 NO_x 的排放可降低25%左右。

（五）高浓度煤粉燃烧技术

高浓度煤粉燃烧技术不但能实现煤粉锅炉低氮氧化物燃烧，而且能实现无烟煤等难燃煤种的稳燃。为了实现高浓度煤粉燃烧技术，必须提高一次风中的煤粉浓度，目前主要有以下三种提高煤粉浓度的方法。

（1）高浓度的给粉，这种技术为苏联所有。它是直接采用高浓度输粉，即用独立的风源或其他介质把高浓度的煤粉经比常规给粉管细得多的管道直接送至燃烧器进行高浓度的燃烧。这种方法已用于燃用无烟煤、褐煤和烟煤的200、300、500MW和800MW的锅炉机组上，取得了良好的效果。

（2）采用燃烧器浓缩技术。这种技术或是形成浓淡偏差燃烧；或是大范围地调节一、二次风粉流，间接形成高浓度燃烧；或是通过特殊的喷嘴设计形成局部浓缩着火区。日、美等国多采用这种方法。实际运行证明，这种燃烧器浓缩技术除了能大幅度地降低氮氧化物的生成量外，还具有明显的低负荷稳燃性能。

（3）采用浓缩器浓缩技术。它是在燃烧器之外设置专门的浓缩机构，从而浓缩一次风粉流，实现高浓度煤粉燃烧。浓缩器可以分为惯性式和离心式。设计优良的浓缩器的浓缩技术，无油稳燃负荷可低至20%。

（六）流化床燃烧技术

煤的流化床燃烧是继层煤燃烧和粉煤燃烧后，于20世纪60年代开始迅速发展起来的一种新的煤的燃烧方式。这种方式煤种适应性广，易于实现炉内脱硫和低氮氧化物排放，且燃烧效率高，负荷调节性好，能有效地利用灰渣。由于以上优点，在经历了30年的发展历程后，呈现出良好的发展势头。

1. 特殊的气固流动形态——流态化

固体颗粒本身是没有流动性的，但在气体的作用下，固体颗粒也能表现出流体的宏观特性。图5-7所示为气固两相随气流速度变化所呈现出的不同流态。固体颗粒被置于一块开有小孔的托板上，当气流速度较低时，气体只能通过静止固体颗粒之间的间隙，而不会使固体颗粒运动，这就是固定床，层煤燃烧方式就是处于这种固定床状态，如图5-7（a）所示。

当气体流速升高到使全部固体颗粒都刚好悬浮于向上流动的气体中，此时，颗粒与气体的摩擦力与其重力正好平衡，颗粒在垂直方向的作用力等于零，通过床层任一截面的压降大致等于该截面上颗粒的重量，此时认为颗粒处于临界流态化。当气体速度超过临界流化速度时，床层就会出现不稳定，超过临界流态化所需的气体大多以气泡的形式通过床层。这时的床层成为鼓泡流化床，整个床从表象上看极像处于沸腾状态的液体，因此，也将之形象地称为沸腾床如图5-7（b）所示。

进一步增加气流速度，使得它高到足以超过固体颗粒的终端速度时，床层上界面就消失，固体颗粒将随气体从床层中带出，此时成为气体输送状态。若在床层出口处用一气固分离器将固体颗粒分离下来，再用颗粒回送装置将颗粒不断地送回床层之中，这样就形成了颗粒的循环，此时，就称它为循环流化床，如图5-7（c）所示。

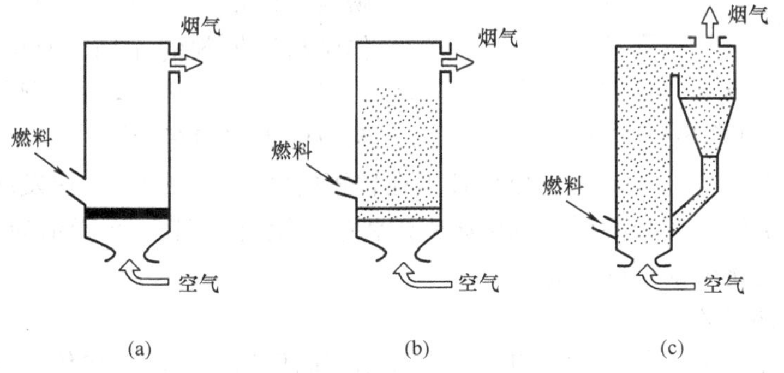

图5-7　气固两相随气流速度变化所呈现的不同流态

（a）固定床；（b）沸腾床；（c）循环流化床

将流态化技术应用于煤的燃烧，就发展出了鼓泡流化床燃烧（也称常规流化床燃烧）和循环流化床燃烧这两种介于层煤燃烧和粉煤燃烧之间的新的燃烧方式。流化床燃烧又可分为常压和增压流化床燃烧两类。

2. 流化床锅炉的优点

(1) 燃料适应性好。由于固体颗粒在流化气体的作用下处于良好的混合状态，燃料进入炉膛后很快与床料混合，燃料被迅速加热至高于着火温度，只要燃烧的放热量大于加热燃料本身和燃烧所需的空气至着火温度所需的热量，流化床锅炉就可不需要辅助燃料而直接燃用该种燃料。所以，它可燃用常规燃烧方式难于使用的燃料，如各种高灰分、高水分、低热值、低灰熔点的劣质燃料和难以点燃和燃尽的低挥发分煤。

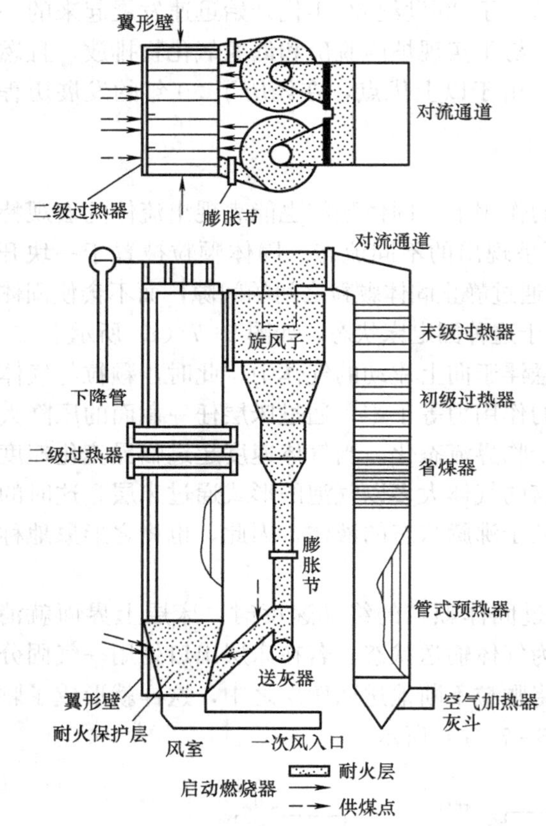

图5-8 美国ACE热电公司循环流化床锅炉的示意

(2) 污染物排放低。低的燃烧温度(800～950℃)和床内碳粒的还原作用，使流化床燃烧过程中氮氧化物的生成量大幅度减少。而流化床内的燃烧温度又恰好是石灰石脱硫的最佳温度，在燃烧过程中加入廉价易得的石灰石或白云石，就可方便地实现炉内脱硫。流化床燃烧与采用煤粉炉和烟气净化装置的电厂相比，二氧化硫和氮氧化物的排放量可降低50%以上。

(3) 燃烧效率高使流化床燃烧的燃尽度高，再采用飞灰回燃或循环燃烧技术后，燃烧效率通常在97.5%～99.5%之间。

(4) 负荷调节性好。采用流化床燃烧，既可实现低负荷的稳定燃烧，又可在低负荷时保证蒸汽参数，其负荷的调节速率每分钟可达4%，调节范围为100%～20%。

(5) 有效利用灰渣。低温燃烧所产生的灰渣具有较好的活性，可以用来做水泥熟料或其他建筑材料的原料。由于燃料中的钾、磷成分保留在灰渣中，故灰渣有改良土壤和作肥料添加剂的作用。有的石煤中含有稀有元素，如钒、硒等，在石煤燃烧后，还可从灰渣中提取稀有金属。

正是上述这些优点，使流化床燃烧技术在较短的时间内得到了迅速发展和广泛应用。预计不久与600MW机组配套的循环流化床锅炉将投入运行。图5-8所示为美国ACE热电公司180MW循环流化床锅炉的示意。

二、强化传热技术

只要存在着温度差，热量就会自发地由高温传向低温，因此，热传递过程是自然界中基本的物理过程之一。它广泛见诸如动力、化工、冶金、航天、空调、制冷、机械、轻纺、建筑等部门。大至单机功率为1300MW的汽轮发电机组，小至微电子器件的冷却，都与传热过程密切相关。

（一）强化传热的原则

从传热学中我们知道，换热器中的传热量可用下式计算，即

$$Q = kF\Delta T \tag{5-19}$$

式中：k 为传热系数，W/（m^2·K）；F 为传热面积，m^2；ΔT 为冷热液体的平均温差，K。

从式（5-19）可以看出，欲增加传热量 Q，可用增加 k、F 或 ΔT 来实现。下面分别进行讨论。

1. 增加冷热液体的平均温差 ΔT

在换热器中，冷热液体的流动方式有四种，即顺流、逆流、交叉流、混合流。在冷热流体进出口温度相同时，逆流的平均温差 ΔT 最大，顺流时 ΔT 最小，因此，为增加传热量，应尽可能采用逆流或接近于逆流的布置。

当然，可以用增加冷热流体进出口温度的差别来增加 ΔT。比如，某一设备采用水冷却时传热量达不到要求，则可采用氟利昂来进行冷却，这时，平均温差 ΔT 就会显著增加。但是在一般的工业设备中，冷热流体的种类和温度的选择常常受到生产工艺过程的限制，不能随意变动；而且这里还存在一个经济性的问题，如许多工业部门经常采用饱和水蒸气作加热工质，当压力为 15.86×10^5Pa 时，相应的饱和温度为 437K，若为了增加 ΔT，采用更高温度的饱和水蒸气，则其饱和压力也相应提高，此时，饱和温度每增高 2.5K，相应压力就要上升 10^5Pa。压力增加后换热器设备的壁厚必须增加，从而使设备庞大，金属消耗量大大增加，虽然可采用矿物油、联苯等作为加热工质，但选择的余地并不大。

综上所述，用增加平均温差 ΔT 的办法来增加传热只能适用于个别情况。

2. 扩大换热面积 F

扩大换热面积是常用的一种增强换热量的有效方法，如采用小管径。管径越小，耐压越高，而且在金属重量相同的情况下，表面积也越大。采用各种形状的肋片管来增加传热面积其效果就更佳了。这里应特别注意的是肋片（扩展表面）要加在换热系数小的一侧，否则会达不到增强传热的效果。

一些新型的紧凑式换热器，如板式和板翅式换热器，同管壳式换热器相比，在单位体积内可布置的换热面积多得多。如管壳式换热器在 $1m^3$ 体积内仅能布置换热面积 $150m^2$ 左右，而在板式换热器中则可达 1500 m^2，板翅式换热器中更可达 5000 m^2，因此，在后两种换热器中其传热量要大得多。这就是它们在制冷、石油、化工、航天等部门得以广泛应用的原因。当然，紧凑式的板式结构对高温、高压工况不宜应用。

对于高温、高压工况，一般都采用简单的扩展表面，如普通肋片管、销钉管、鳍片管，虽然它们扩展的程度不如板式结构高，但效果仍然是显著的。

采用扩展表面后，如果几何参数选择合适，还可同时提高换热器的传热系数，这样增强传热的效果就更好了。值得注意的是，采用扩展面常会使流动阻力增加，金属消耗增加，因此，在应用时应进行技术经济比较。

3. 提高传热系数 k

提高传热系数 k 是强化传热的最重要的的途径，且在换热面积和平均温差给定时，是增加换热量的唯一途径。当管壁较薄时，从传热学中可以知道，传热系数 k 可用下式计算：

$$k = \frac{1}{\frac{1}{\alpha_1} + \frac{\delta}{\lambda} + \frac{1}{\alpha_2}} \tag{5-20}$$

式中：α_1 为热液体和管壁之间的对流换热系数；α_2 为冷流体和管壁之间的对流换热系数；δ 为管壁的厚度；λ 为管壁的导热系数。

一般来讲，金属壁很薄，导热系数很大，δ/λ 可以忽略。因此，传热系数 k 可以近似写成：$k=\alpha_1\alpha_2/(\alpha_1+\alpha_2)$。由此可知，欲增加 k，就必须增加 α_1 和 α_2，但当 α_1 和 α_2 相差较大时，增加它们之中较小的一个最有效。

要想增加对流换热系数，就需根据对流换热的特点，采用不同的强化方法。

目前，强化传热技术有两类：一类是耗功强化传热技术，另一类是无功强化传热技术。前者需要应用外部能量来达到强化传热的目的，如机械搅拌法、振动法和静电场法等。后者不需外部能量，如表面特殊处理法、粗糙表面法、强化元件法和添加剂法等。

由于强化传热的方法很多，因此，在应用强化传热技术时，我们应遵循以下原则：

(1) 首先，应根据工程上的要求，确定强化传热的目的，如减小换热器的体积和重量；提高现有换热器的换热量；减少换热器的阻力，以降低换热器的动力消耗等。因为目的不同，采用的方法也不同。

(2) 根据各种强化方法的特点和上述要求，确定应采用哪一类的强化手段。

(3) 对拟采用的强化方法从制造工艺、安全运行、维修方便和技术经济性等方面进行具体比较和计算，最后选定强化的具体技术措施。

只有按上述步骤才能使强化传热达到最佳的经济效益。

（二）单向介质管内对流换热的强化

1. 流体旋转法

强化单向介质管内对流换热的有效方法之一是使流体在管内产生旋转运动，这时，靠壁面的流体速度增加，加强了边界层内流体的搅动。同时，由于流体旋转，使整个流动结构发生变化，边界层内的流体和主流流体得以更好地混合。以上这些因素都使换热得到了强化。

使流体旋转的方法很多，在工艺上可行的有以下几种。

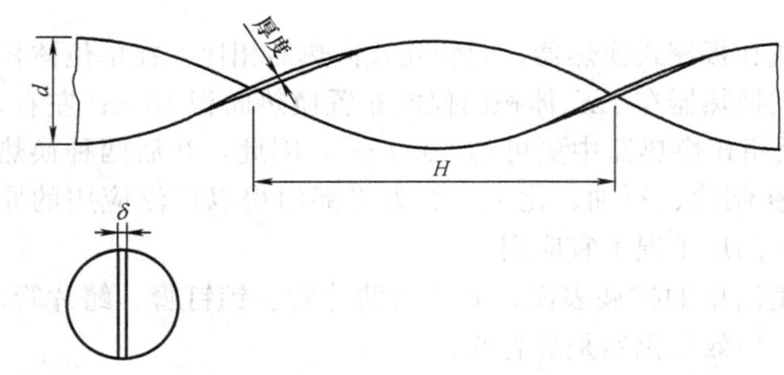

图 5-9 扭带示意

(1) 管内插入物。使流体旋转最简单的方法是管内插入各种可使流体旋转的插入物。如扭带、螺旋片、金属螺旋线圈等。其中，扭带是一种最简单而又使流体旋转的旋流发生器（见图 5-9）。它是由薄金属片（通常是铝片）扭转而成的。管内插入上述插入物后，由于流体的旋转，使管内流体由层流向湍流过渡的临界雷诺数 Re 降低，强化了管内换热。当然，由于流体的旋转，流动阻力也会相应增加。管内插入物的方法，其结构不够牢靠，制造安装工作量大，一般宜在增强现有换热设备的传热能力上采用。

(2) 螺旋槽管和螺旋内肋管。对新设计制造的换热设备，可以采用螺旋槽管或螺旋内肋管来使流体旋转（见图 5-10）。螺旋槽管可以用普通圆管滚压加工而成，它有单头和多头之分。螺旋槽管的作用也是引起流体旋转，使边界层厚度减薄并在边界层内产生扰动，从而使传热增强。采用螺旋内肋管，一方面可使流体旋转，另一方面内肋片又加大了管内换热面积，有利于增强传热或降低壁温。虽然其加工比较复杂，但仍是一种理想的强化传热管。

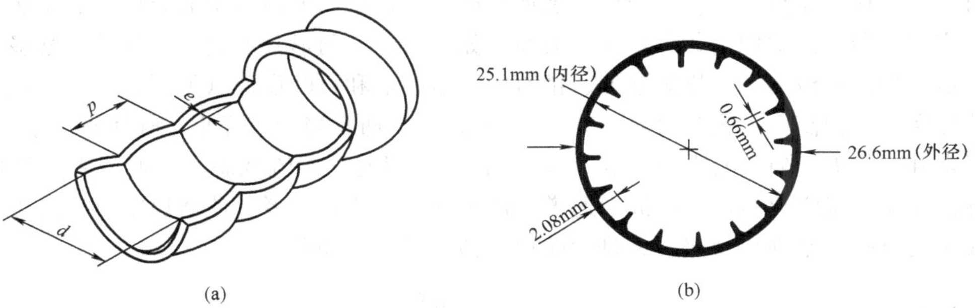

图 5-10　螺旋槽管和螺旋内肋管

(a) 螺旋槽管；(b) 螺旋内肋管

2. 改变流道截面形状

(1) 层流工况和过渡工况。流动截面形状对换热和阻力有很大的影响，特别是对层流工况而言。选择合适高度比的矩形截面的换热比三角形截面和圆形截面要高得多。此外，在由层流向湍流过渡的过渡区中，管道截面形状对换热也有较大的影响。例如，在具有槽形截面通道的板式换热器中，改用波纹板可以显著提高换热系数。

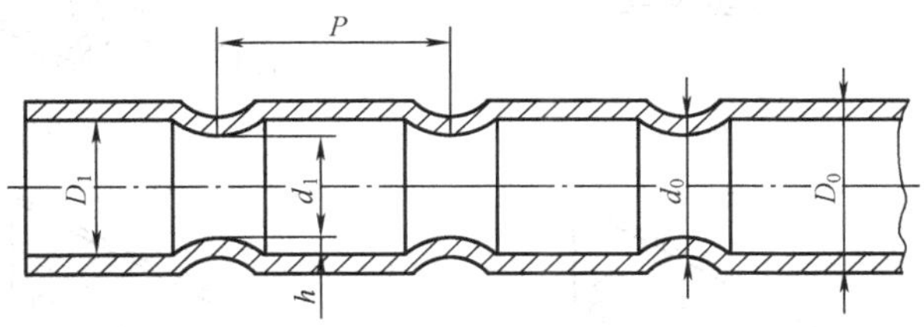

图 5-11　横槽纹管

(2) 湍流工况。湍流工况时为改变管子的流道截面情况，应用最广的是横槽纹管和扩张-收缩管。横槽纹管由普通圆管滚轧而成(见图 5-11)。与前述的螺旋槽管相比，由于横槽纹管的旋涡主要在管壁处形成，对流体主流的影响较小，所以，其流动阻力比相同节距与槽深的螺旋管小。

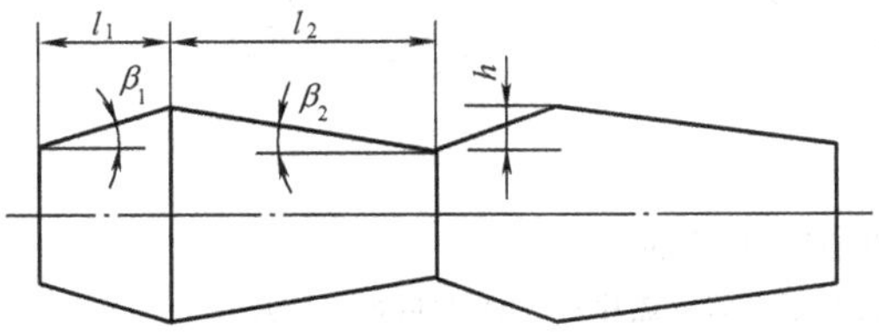

图 5-12　扩张-收缩管

扩张-收缩管如图 5-12 所示。流体沿流动方向依次交替流过收缩段和扩张段，在扩张段中，流体产生强烈的旋涡被流体带入收缩段时得到了有效的利用，且收缩段内流速增高会使流体层流底层变薄，这些都有利于增强传热。扩张-收缩管是一种很有前途的强化传热管，特别是对污染的流体，扩张-收缩管不易产生堵塞现象。

(三) 单向介质管束外对流换热的强化

单向介质横向或纵向掠过管束是工程上常见的对流换热过程，其最实用的强化方法是扩展换热面和采用各种异形管。

1. 扩展换热面

当换热面一侧为气体，另一侧为液体时，由于气体侧的换热系数比液体侧小得多（一般小 10～50 倍)，这时应用扩展换热面的方法来提高传热系数是最有效的办法。为了使换热器更加紧凑并进一步提高气侧的换热，各种异性扩展换热面应运而生并得以迅速发展，它们可使气侧的换热系数比普通扩展面再提高 0.5～1.5 倍。

(1) 平行板肋换热器中各种异形扩展换热面。平行板肋换热器中的异形扩展换热面发展最快，应用也最广。他们是各种普通扩展面（如矩形、三角形）的变形，其种类繁多，形状各异。最常用的有波形、叉排短肋形、销钉形、多孔形和百叶窗形（见图 5-13）。这些换热面的肋片密度都很高，一般为每米 300～500 片。由于通常当量直径小，气体密度小，因此，它们经常处于低 Re 数的范围，即 $Re=500\sim1500$，即处于层流状态。它们或者是利用流道的特殊截面形状来强化传热，如波形通道中产生的二次流；或者是使通道中流动的边界层反复形成又反复破坏来强化换热，叉排短肋形、销钉形就是如此。

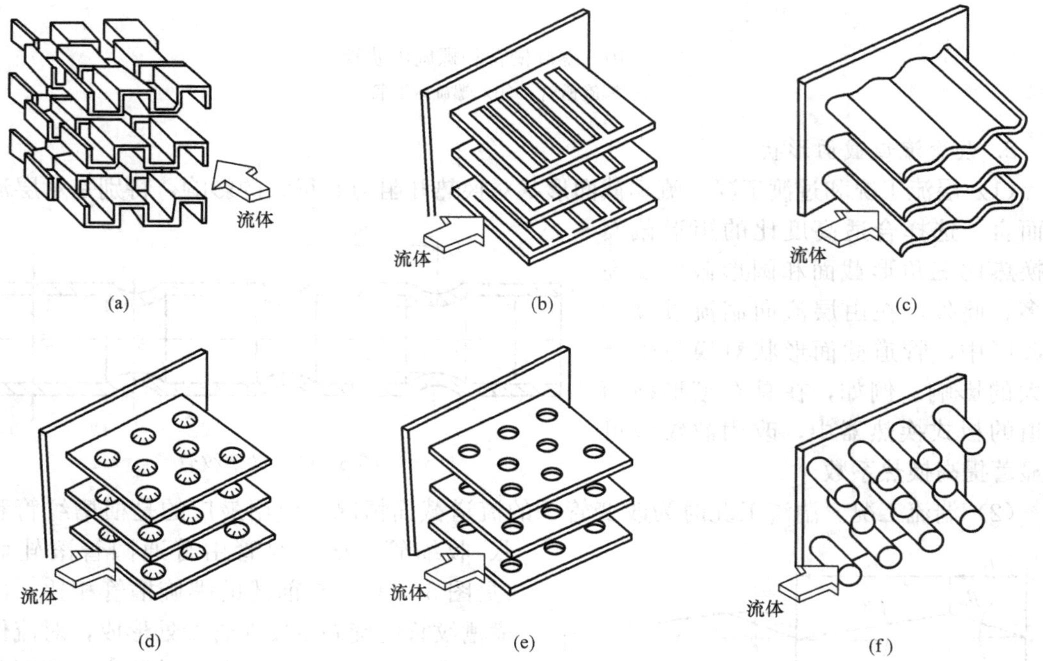

图 5-13 各种异形扩展换热面

(a) 偏置散热片（也称为弓形散热片、锯齿形散热片或条状散热片）；(b) 百叶窗形散热片；(c) 波形散热片；(d) 凹穴形散热片；(e) 多孔形散热片；(f) 销钉形散热片

(2) 圆管上的各种异形扩展换热面。圆管上的异形扩展换热面通常是在普通圆肋的基础上形成的，如开槽肋片、开三角孔并弯边的肋片、扇形肋片、绕圈形肋片等，它们的目的都是为了破坏流动边界层从而强化传热。

肋片的形状对换热有很大的影响。通过对椭圆管上套圆形肋片、椭圆形肋片和矩形翅片（其四角上带有绕流孔）的研究，结果发现矩形翅片效果最好，可使换热系数较前者提高 7%。

2. 采用异形管

为了强化管束传热，在工程应用上已越来越广泛地采用异形管来代替圆管。如椭圆管、滴形管、透镜管等，其中，以扁管和椭圆管应用最广。

目前，国内外大规模的风冷技术中，广泛应用的也是各种椭圆矩形翅片管。在国外直接空冷电厂中，换热面积常常达到几十万平方米。此时，椭圆管的尺寸（长、短轴之比）和翅片的形状、间距以及翅片与管子接触的紧密程度对换热性能有很重要的影响。随着技术的发展，螺旋扁管、螺旋椭圆扁盘及交叉缩放椭圆管等也获得越来越多的应用。

（四）单相介质对流换热的耗功强化技术

强化单相介质对流换热，除上面介绍的普遍应用的无功方法外，针对一些特殊的换热问题，也可采用耗功的强化方法。

1. 机械搅拌法

此法主要应用于强化容器中的对流换热。容器中的单相介质对流换热主要是自然对流，这时，换热系数低，温度分布很不均匀，采用机械搅拌法可以得到很好的效果。

2. 振动法

有两种振动法，一种是使换热面振动，另一种是使流体脉动或振动，这两种方法均可强化传热。利用换热面振动来强化传热，在工程实际应用上有许多困难，如换热面有一定质量，实现振动很难，且振动还容易损坏设备。

当流体横掠单管或管束时，由于旋涡脱落、湍流抖振、流体弹性激振及声共鸣等诸多原因，会引起管子振动。这种振动通常称为流体诱导振动，它常常是导致换热器管子磨损、泄漏、断裂的主要原因。因此，在换热器设计时，应尽量采用各种措施来避免流体的诱导振动。

能否利用上述诱导振动来强化传热呢？我国科研人员设计了一种弹性盘管，该盘管有两个自由端及两个固定端，通过弹性盘管的曲率半径、管径、管壁厚及端部附加质量等参数的组合来得到一种最有利的固定频率，同时，科研人员还设计了一种脉动流发生器（见图 5-14），它将进入换热器的水流分成两股，其中一股通过一正置三角块后，在下游方向就会产生不同强度的脉动流，该脉动流直接作用在弹性盘管的附加质量端，从而诱发弹性盘管发生周期性的振动。这种流体振动，换热面也振动的强化传热新方法，几乎不耗外功，却能极大地提高换热系数，根据这种原理设计的弹性盘管汽水加热器，在流速很低的情况下，可使传热系数达到 4000～5000W/（m^2·℃），是普通管壳式换热器的 2 倍。现在，这种换热器已在供热工程中得到了广泛的应用。

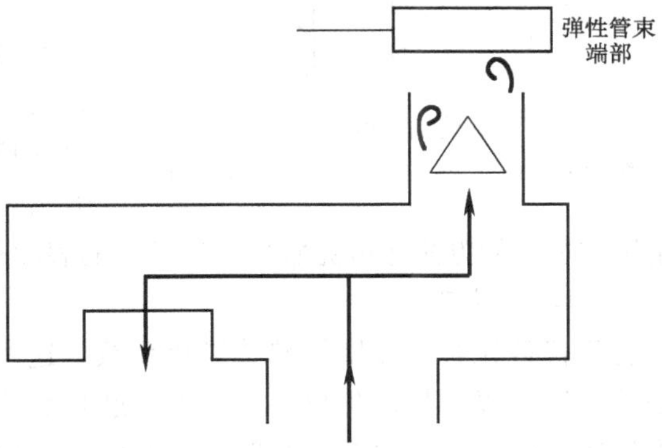

图 5-14　脉动流发生器

（五）沸腾换热的强化

沸腾是一种普遍的相变现象，在工业上有广泛的应用。沸腾换热的特点是换热系数很高，在以往的应用中人们认为已不必进行强化了，而把主要的注意力集中在单相介质对流换热的强化上。但随着工业的发展，特别是高热负荷的出现，相变传热（沸腾和凝结）的强化日益受到重视并在工业上得到越来越多的应用。

沸腾换热的强化主要从增多汽化核心和提高气泡脱离频率两方面着手，具体方法有使表面粗糙和对表面进行特殊处理、扩展表面、在沸腾液体中加添加剂等。下面介绍常用的强化沸腾换热的方法。

1. 使表面粗糙和对表面进行特殊处理

粗糙表面可使汽化核心数目大大增加，因此和光滑表面相比，其沸腾换热强度可以提高许多倍。最简单的使表面粗糙的办法是用砂纸打磨表面或者采用喷砂的方法。在使壁面粗糙度增加以强化沸腾换热时，应注意存在一极限的粗糙度，超过此之后，换热系数就不再随粗糙度的增加而增加。此外，增加粗糙度并不能提高沸腾的临界热负荷。

工程上为增强沸腾换热，应用最多的还是对表面进行特殊处理。特殊处理的目的是使表面形成许多理想的内凹穴，这些理想的内凹穴在低过热度时就会形成稳定的汽化核心，且内凹穴的颈口半径越大，形成气泡所需的过热度就越低。因此，这些特殊处理过的表面能在低过热度时形成大量的气泡，从而大大地强化了泡状沸腾过程。

制造上述表面多孔管的方法很多，一种是在加热面上覆盖一层多孔覆盖层；另一种是对换热面进行机械加工以形成表面多孔管。

(1) 带金属覆盖层的表面多孔管。20 世纪 60 年代末，在美国首先出现用烧结法制成的带金属覆盖层的表面多孔管。除了烧结法外，还可采用火焰喷涂法、电镀法等。一般来讲，烧结法的效果最好。作为覆盖层的材料有铜、铝、钢、不锈钢等。用烧结法制成的多孔管已在工业部门获得广泛的应用。这种多孔管一般可使沸腾换热系数提高 4～10 倍，从而推迟膜态沸腾的发生。

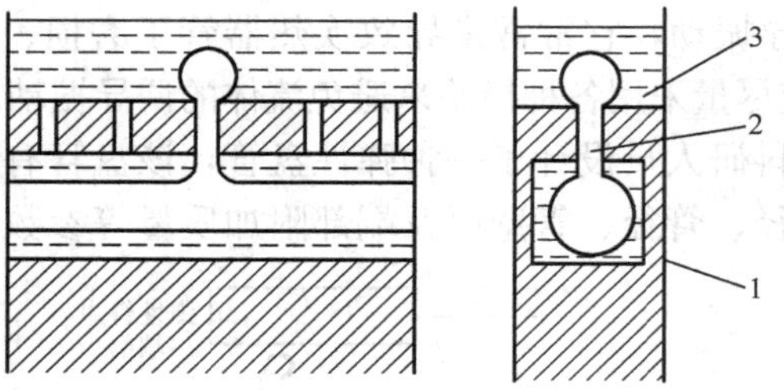

图 5-15 机械加工的表面多孔管
1—通道（内池）；2—外池；3—连通孔（非活性孔）

(2) 机械加工的表面多孔管。用机械加工方法可使换热表面形成整齐的 T 形凹沟槽（见图 5-15）。这种机械加工的表面多孔管也能大大强化沸腾换热过程和提高临界热负荷值。对形状和尺寸不同的凹沟槽，沸腾换热系数可提高 2～10 倍。用机械加工的方法还可克服烧结法带来的表面孔层不均的缺点，且多孔层也不易阻塞。

2. 采用扩展表面

用肋管代替光管可以增加沸腾换热系数。这一方面是肋管与光管相比，除具有较大的换热面积外，还可以增加汽化核心。另外，肋片和管子连接处受到液体润湿作用较差，是良好的吸附气体的场所，加之肋片与肋片之间的空间里的液体三面受热，易于过热。以上这些因素都促进了气泡的生长，一般换热系数可高 10%左右。

对于管内强制沸腾换热，通常还采用内肋管或内外肋管。这些内肋片不但强化了沸腾换热过程，还强化了管内单相介质的对流换热。因此，在制冷和化工中应用很广，其中，应用最多的是带星形嵌入式的内肋管，一般换热系数可提高 50%左右。

（六）凝结换热的强化

凝结是工业中普遍遇到的另一种相变换热过程，一般认为凝结换热系数很高，可以不必采用强化措施。但对氟利昂蒸汽或有机蒸汽而言，它们的凝结换热系数比水蒸气小得多。例如，对氟利昂，其凝结换热系数仅为另一侧水冷却换热系数的 1/4～1/3。在这种情况下，强化凝结换热仍然是非常必要的。对空冷系统而言，由于管外侧空气的肋化系数非常之高，强化管内的水蒸气凝结换热也是有利的。

1. 管外凝结换热的强化

(1) 冷却表面的特殊处理。对冷却表面的特殊处理，主要是为了在冷却表面上产生珠状凝结。珠状凝结的换热系数可比通常的膜状凝结高 5～10 倍，由于水和有机液体能润湿大部分的金属壁面，所以，应采用特殊的表面处理方法（化学覆盖法、聚合物涂层法和电镀法等），使冷凝液不能润湿壁面，从而形成珠状凝结。采用聚四氟乙烯涂层已获得一些实际应用。在冷却壁面上涂一层聚四氟乙烯，再经过热处理后可使凝结换热系数提高2～3倍，此时，应注意聚四氟乙烯的老化和脱落。另外，涂层不能厚，否则会增加壁的附加热阻。

用电镀法在表面涂一层贵金属，如金、铂、钯等效果很好，缺点是价格昂贵。

（2）冷却表面的粗糙化。粗糙表面可增加凝结液膜的湍流度，也可强化凝结换热。实验证明，当粗糙高度为0.5mm时，水蒸气的凝结换热系数可提高90%。值得注意的是，当凝结液膜增厚到可将粗糙壁面淹没时，粗糙度对增强凝结换热不起作用。有时当液膜流速较低时，粗糙壁面还会滞留液膜，对换热反而不利。

（3）采用扩展表面。在管外膜状凝结中常常采用低肋管，低肋管不但增加换热面积，而且由于冷凝流体的表面张力，肋片上形成的液膜较薄，因此，其凝结换热系数可比光管高75%～100%。

对垂直管外的凝结，采用纵槽管的效果十分显著，这是因为表面张力和重力的作用。顶部冷凝液会顺槽迅速排走，使顶部区及上部液膜变得很薄。试验表明，对某些有机蒸气（如异丁烷）换热系数可增大4倍，在垂直管上垂直设置金属丝也可达到类似的效果。

2. 管内凝结换热的强化

（1）扩展表面法。采用内肋管是强化管内凝结最有效的方法，试验表明，其换热系数比光管高20%～40%。按光面计算则换热系数可高1～2倍。

（2）采用流体旋转法。采用插入扭带和螺旋槽管等流体旋转法均可强化凝结换热。如插入扭带一般可使凝结换热系数提高30%，但此时流动阻力也会大为增加。

值得注意的是，在强化凝结换热之前，应首先保证凝结过程的正常进行。例如，排除不凝气体的影响，顺利地排除冷凝液等。

强化传热技术在动力、制冷、低温、化工等部门应用广泛。许多新的强化传热的方法正在不断出现并应用于工业界。强化传热技术的进步和推广，不但能节约大量的能源，而且能大大减少设备的重量和体积，减低金属消耗量，是当前增产节能向深度发展的重要一环。

三、余热回收技术

（一）热能的用途

热能是国民经济和人民生活中应用最广泛的能量形式，因此，节约热能有特别重要的意义。除家用炊事和采暖外，热能主要用于工业企业。工业企业有不同的类型，各种企业的生产过程又多种多样，但从使用热能的目的来看，热能主要用于以下三方面。

（1）发电和拖动。将蒸汽的热能转变为电能，作为各种电气设备的动力；或者直接以蒸汽为动力，拖动压气机、风机、水泵、起重机、汽锤和锻压机等。这类热能消费者通常称为动力用户。

（2）工艺过程加热。利用蒸气、热水或热气体的热量对工艺过程的某些环节加热，以及对原料和产品进行热处理，以完成工艺要求或提高产品质量。这类热能消费者通常称为热力用户。

（3）采暖和空调。公用和民用建筑冬季采暖、热水供应以及夏季空调。它们都直接或间接使用大量热能，这类热消费者通常称为生活用户。

从使用热能的参数来看，可以分为三个级别。

（1）高温高压热能。通常指500℃以上、压力为3.0～10MPa的高温高压蒸汽或燃气，它们通常用于发电；温度和压力越高，热能转换的效率也就越高。

（2）中温中压热能。通常指150～300℃，4.0MPa以下的热能，它们大量用于加热、干燥、蒸发、蒸馏、洗涤等工艺过程，少数用于汽力拖动。

（3）低温低压热能。通常指150℃、0.6MPa以下的热能，主要用于采暖、热水、制冷、空调等。

在工业企业中，中、低参数的热能使用最广泛，不同企业使用蒸汽热能的参数见表5-3。

表5-3 不同企业使用蒸汽热能的参数

工业企业	用汽的工艺过程或设备	蒸汽参数	
		压力（MPa）	温度（℃）
冶金工业	蒸汽轮机带动发电机、风机、水泵或直接带动锻压设备	1.4～3.0	200～300
机械制造工业	铸造烘干 工件清洗 浸蚀池 零部件干燥 油加热 气体加热炉鼓风	0.3～0.4 0.2～0.3 0.5～0.6 0.3～0.4 0.4～0.5 0.4～0.6	饱和或过热蒸汽
化学工业	原料及产品干燥 热沸炉 蒸发 原料及产品加热 液体蒸馏 工件热补	0.2～0.5 0.4～0.6 0.2～0.4 0.2～0.5 0.4～0.6 0.6～0.9	饱和或过热蒸汽
纺织工业	烫平 黏结 色染	0.4～0.6 0.3～0.5 0.3～0.5	饱和或过热蒸汽
皮革工业	热压平 煮 烘干 蒸发	0.3～0.4 0.3～0.4 0.3～0.4 0.3～0.4	饱和或过热蒸汽
造纸工业	纤维纸料生产 纸料干燥	0.6～0.8 0.3～0.4	饱和或过热蒸汽
食品工业	煮 干燥 清洗	0.3～0.5 0.3～0.5 0.3～0.5	饱和或过热蒸汽

（二）余热资源

工业企业有着丰富的余热资源，从广义上讲，凡是温度比环境高的排气和待冷物料所包含的热量都属于余热。具体而言，可以将余热分为六类。

（1）高温烟气余热这种余热主要指各种冶炼窑炉、加热炉、燃气轮机、内燃机等排出的烟气余热，这类余热资源数量最大，约占整个余热资源的50%以上，其温度为650～1650℃。

（2）可燃废气、废液、废料的余热。这种余热如高炉煤气、转炉煤气、炼油厂可燃废气、纸浆厂黑液、化肥厂的造气炉渣、城市垃圾等。它们不仅具有物理热，而且含有可燃气体。可燃废料的燃烧温度为600～1200℃，发热值为3350～10 465kJ/kg。

（3）高温产品和炉渣的余热。这种余热焦炭、高炉炉渣、钢坯钢锭、出窑的水泥和砖瓦等，它们在冷却过程中会放出大量的物理热。

（4）冷却介质的余热。这种余热是指各种工业窑炉壳体在人工冷却过程中冷却介质所带走的热量，例如电炉、锻造炉、加热炉、转炉、高炉等都需采用水冷，水冷产生的热水和蒸汽都可以利用。

（5）化学反应余热。这种余热是指化工生产过程中的化学反应热，这种化学反应热通常又可在工艺过程中再加以利用。

（6）废气、废水的余热。这种余热的来源很广，如热电厂供热后的废汽、废水，各种动力机械的排汽以及各种化工、轻纺工业中蒸发、浓缩过程中产生的废汽和排放的废水等。

余热按温度水平可以分为三类：高温余热，温度大于650℃；中温余热，温度为230～650℃；低温余热，温度低于230℃。

工业各部门的余热来源及余热所占的比例见表5-4。

表5-4　　　工业各部门的余热来源及余热所占的比例

工业部门	余热来源	余热约占部门燃料消耗量的比例（%）
冶金工业	高炉、转炉、平炉、均热炉、轧钢加热炉	33
化学工业	高温气体、化学反应、可燃气体、高温产品等	15
机械工业	锻造加热炉、冲天炉、退火炉等	15
造纸工业	造纸烘缸、木材压机、烘干机、制浆黑液等	15
玻璃搪瓷工业	玻璃熔窑、坩埚窑、搪瓷转炉、搪瓷窑炉等	17
建材工业	高温排烟、窑顶冷却、高温产品等	40

（三）余热利用的途径

余热利用的途径主要有三方面，即余热的直接利用、发电及综合利用。

1. 余热的直接利用

（1）预热空气。它是利用高温烟道排气，通过高温换热器来加热进入锅炉和工业窑炉的空气。由于进入炉膛的空气温度提高，使燃烧效率提高，从而节约燃料。在黑色和有色金属的冶炼过程中，广泛采用这种预热空气的方法。

（2）干燥。干燥是利用各种工业生产过程中的排气来干燥加工的材料和部件。例如，陶瓷厂的泥坯、冶炼厂的矿料、铸造厂的翻砂模型等。

（3）生产热水和蒸汽。它主要是利用中低温的余热生产热水和低压蒸汽，以供应生产工艺和生活方面的需要，在纺织、造纸、食品、医药等工业以及人们生活上都需要大量的热水和低压蒸汽。

(4) 制冷。它是利用低温余热通过吸收式制冷系统来达到制冷或空调的目的。

2. 余热发电

利用余热发电通常有以下几种方式：

(1) 用余热锅炉（又称废热锅炉）产生蒸汽，推动汽轮发电机组发电。

(2) 高温余热作为燃汽轮机的热源，利用燃气轮发电机组发电。

(3) 如余热温度较低，可利用低沸点工质，如正丁烷，来达到发电的目的。

3. 余热的综合利用

余热的综合利用是根据工业余热温度的高低，采用不同的利用方法，实现余热的梯级利用，以达到“热尽其用”的目的。例如，高温排气，首先应当用于发电，而发电的余热，再用于生产工艺用热，生产工艺的余热，再用于生活用热。如工艺用热要求的温度较高则可通过汽轮机的中间抽汽来予以满足。对于高温高压废气应尽可能采用燃气—蒸汽联合循环。

(四) 余热的动力回收

余热回收中，动力回收的经济性好，许多热设备的排气温度较高（见表 5-5），能满足动力回收的条件。此外，许多可燃废气，其温度和热值都比较高，也是理想的动力回收的余热，表 5-6 所示为部分可燃废气的成分和热值。

表 5-5 常见热设备的排气温度

设备	排气温度（℃）	设备	排气温度（℃）
高炉	1100～1200	干法水泥窑	900～1000
炼钢平炉	600～1100	玻璃熔窑	650～900
氧气顶吹转炉	1650～1900	煤气发生炉	400～700
钢坯加热炉	900～1200	燃气轮机	400～550
炼焦炉	～1000	内燃机	300～600
炼铜炉	1000～1300	热处理炉	400～600
镍精炼炉	1400～1600	干燥炉	250～600
石油化工装备	300～450	锅炉	100～350

表 5-6 某些可燃废气的成分和发热量

废气	可燃成分（%）			低位发热量（kJ/kg）
	CO	H_2	CH_4	
焦炉煤气	5～8	55～60	23～27	16 300～17 600
高炉煤气	27～30	1～2	0.3～0.8	3770～4600
转炉煤气	56～61	1.5		6280～7540
铁合金冶炼炉气	70	6		＞8400
合成氨甲烷排气			15	14 600
化肥厂焦结煤球干馏气	6.6	19.3	5	4200～4600
电石炉排气	80	14	1	10 900～11 700

在动力回收中，最简单的是直接利用可燃废气驱动燃气轮机。例如，一个年产万吨的小化肥厂，其排放的废气流量为 450m^3/h（标准状态下），热值为 14 600kJ/m^3（标准状态下），采用适当的稳压措施后，这种废气即可作为燃料直接驱动 200kW 的燃气轮机，而燃气轮机的排气还可用作余热锅炉的热源，生产 0.3MPa 的饱和蒸汽。据估算这种余热动力回收系统，三年内即可收回全部投资。此外，利用高炉煤气的余压 0.2～0.3MPa，驱动特殊设计的膨胀涡轮机发电，也是一种动力回收的方式。

对于中高温的废气，在很多情况下，都是采用余热锅炉产生蒸汽，再驱动汽轮机发电。在 20 世纪 60 年代以前，一般仅利用余热锅炉生产少量的中低压蒸汽，供生产或工艺用汽。随着技术的发展，余热锅炉也逐步用于动力回收。20 世纪 90 年代以后，由于石油、化工、冶金等大型企业的发展，余热锅炉也向大容量和高参数方向发展，蒸汽压力已达 10～14 MPa，单机蒸发量也超过 200t/h。据估算，年产 30 万 t 的合成氨装置，如充分利用余热，可以生产 300t/h 以上的高压蒸汽。除供发电、驱动合成氨压缩机（18MW）外，还可有 100 t/h 的蒸汽供工艺过程用，全年可节煤 24 万 t。一套年产 30 万 t 乙烯的装置，利用余热产生的高压蒸汽可以取代一台 190 t/h 的高压锅炉。

余热锅炉的结构和一般锅炉类似，也是由省煤器、蒸发受热面和过热器等组成的，但由于热源分散，温度水平不同，因此，不能像普通锅炉那样组成一个整体。其布置应服从工艺要求，多采用分散布置，因为不需要炉膛，所以，其外形更类似于换热器。此外，由于工艺排气中往往含有腐蚀性气体和粉尘，在余热锅炉的设计中应充分考虑废气的特点，在除尘和防腐蚀方面采取一些特殊的措施。在大多数情况下，余热源的热负荷是不稳定或周期波动的，为了使余热锅炉保持供汽稳定，在系统中常常还需要并联工业锅炉，或在锅炉中加装辅助燃烧器或蒸汽蓄热器，以调节负荷。

对于低温的余热，在动力回收中通常采用闪蒸法或低沸点工质法。闪蒸法主要用于低温热水或汽水混合物，单级闪蒸动力循环系统如图 5 - 16 所示。低温热水在闪蒸器中闪蒸成蒸汽，然后再利用所产生的蒸汽推动蒸汽轮机发电。

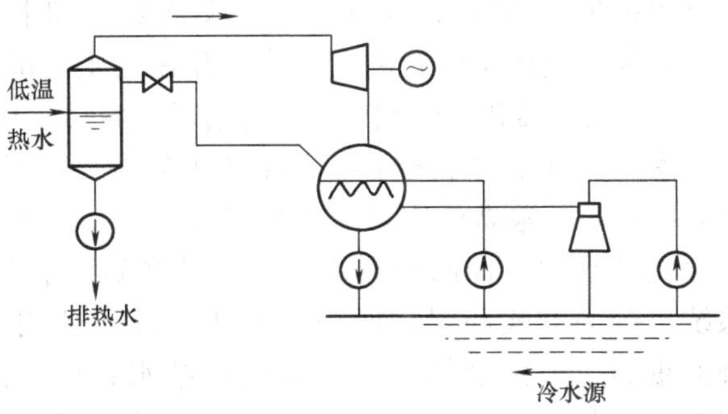

图 5 - 16　单级闪蒸动力循环系统

为充分利用低温余热，还可采用两级闪蒸，与单级闪蒸相比，二级闪蒸可提高有效功率，但系统较复杂。采用低沸点工质的动力回收有两种类型，一种直接利用低温热源将低沸点工质加热并产生蒸汽，再利用其蒸汽推动汽轮机做功。这种低沸点工质发电的热力系统和普通水蒸气热力系统在工作原理上是完全一样的。可选用的低沸点工质除正丁烷外，还有氯乙烷、异丁烷、各种氟利昂，大多数的碳氢化合物以及其他低沸点物质，如 CO_2、NH_3 等。对低沸点工质的要求主要包括：转换和传热性能好，例如，比热容大、密度高、导热系数大等；工作压力适中；来源丰富，价格低廉；化学稳定性好，对金属腐蚀小，毒性小、不易爆易燃等。

另一种动力回收的方法是采用双循环法，即低沸点工质作为直接做功工质，而另一种工质则作为中间传热介质，构成双工质循环。图 5 - 17 所示为油 - 氟利昂双工质循环示意。这

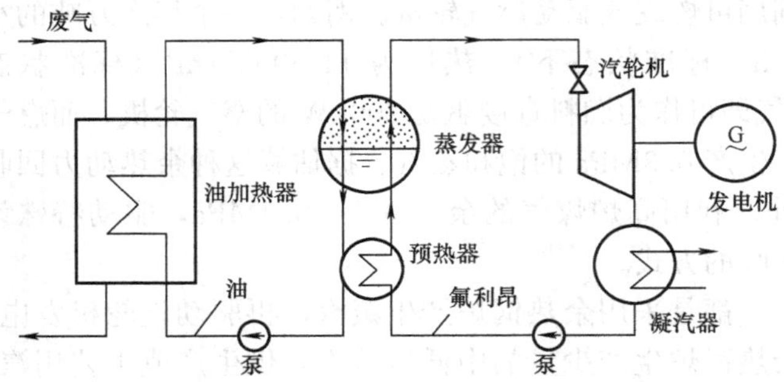

图 5-17 油-氟利昂双工质循环示意

种双工质循环法常用于温度稍高的低温余热利用。这是因为低沸点工质在较高的温度下易发生热分解，不宜直接采用余热加热蒸发。通常作为传热介质的油类，采用聚醇酯油，它不但和氟利昂亲和力强，而且氟利昂蒸发后分离容易，因此，可以采用直接接触式的热交换器，不但换热效率提高，而且换热器尺寸缩小。此外，油还起蓄热作用，能适应余热热源流量和温度的波动。

除了闪蒸法和低沸腾工质法外，还有一种全流量法。它是采用两相膨胀机，直接利用来自余热热源的两相混合物在膨胀机内做功，而无须分离和闪蒸。因此结构简单，是一种有前途的余热发电装置。

（五）凝结水回收系统

蒸汽是工业生产和人民生活中被广泛应用的载热介质，由于其具有来源充足、价格低廉、无毒、无污染、不爆燃且热容量大等优点，已被广泛应用于化工、制药、纺织、烟草、造纸、石化与采油、印染、电力等诸多领域。

一般用汽设备利用的蒸汽热量是蒸汽的潜热，而蒸汽中的显热，即凝结水中的热量，几乎没有被利用。凝结水温度等于工作蒸汽压力下的饱和温度，蒸汽压力越高，凝结水中的热量就越多。其所含热量可以达到蒸汽所含热量的 20%～30%，如果不回收，不仅损失热能，而且也损失了高度洁净的水，使锅炉补给水和水处理费用增加。

目前，我国蒸汽管网系统节能存在的主要的问题，一是蒸汽泄漏严重，二是约有 70% 的凝结水未被回收而直接排放到地下，凝结水中所含热能占蒸汽排放热能的 20%～25%，而国家有关规定要求凝结水回收比例为 80%，国际上较先进的国家该标准一般为 90%左右，仅此一项每年浪费的锅炉软化水就有 15 亿 t，由此浪费的能源每年约合 1500 万 t 标准煤。

凝结水的最佳回收利用方式就是将凝结水送回锅炉房，作为锅炉的给水。凝结水回收系统可分为开式和闭式两类。开式系统是从用汽设备来的凝结水，经疏水器由凝结水本身的重力（或由凝结水泵）排至凝结水箱中。此凝结水箱与大气相通，凝结水处于大气压力，并与空气直接接触。闭式系统的凝结水箱则是密封的，其内部压力比大气压力稍高。

蒸汽在用气设备和管道中放出潜热以后，即凝结为水。在设备中积存的凝结水应及时排出。如积存过多，对加热设备而言，则将减少蒸汽的散热面积，降低设备的加热效果；对动力设备和管道而言，还会引发水击。为此，在加热设备和管道的泄水管出口应装设疏水器。疏水器的作用是能将凝结水及时排出，并能阻止未凝结的蒸汽漏出，所以，又将其称为“阻汽器”。由于作用原理不同，疏水器可以分为机械型、热动力型和热静力型。此外，低压蒸汽系统和高压蒸汽系统所用的疏水器也不相同，在设计时必须正确选用。

余热回收虽然可以节能，但又需付出一定的代价，如设备投资、折旧和维护费等，因此，在进行余热利用时一定要考虑经济效益，进行余热利用效果的经济评价。

四、热泵技术

1. 概述

热泵是一种热量由低温物体转移到高温物体的能量利用装置（如水泵使水从低处流向高处一样），它可以从环境中提取热量用于供热。根据热力学第二定律，热量从低温传至高温必须消耗机械能。但热泵的供热量却远大于它所消耗的机械能。例如，如果驱动热泵消耗的机械能为1kW，则供热量为3～4kW；而用电加热仅能产生1kW的热量。热泵的供热来自两部分：一部分是从低温热源传到高温热源的热量，另一部分热量则由机械能转换而来。热泵工作原理与制冷装置相同，如图5-18所示。但热泵的目的不是制冷而是“制热”，即热泵以消耗一部分高品质的机械能为代价来“制热”。

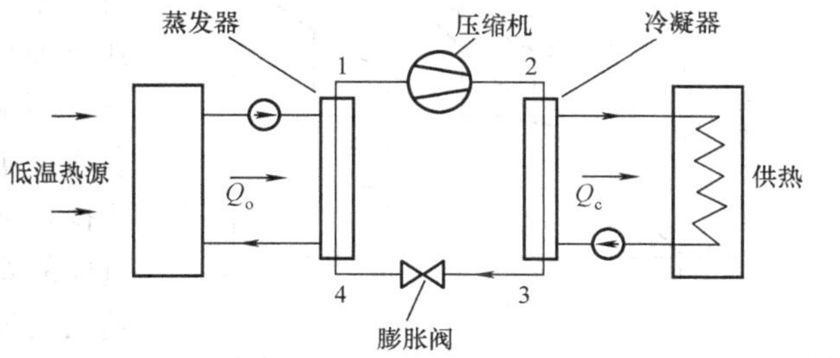

图5-18　热泵原理

在 $T-S$ 和 $\lg p$-h 图上，热泵的理论循环如图5-19所示。其中，1—2为等熵压缩，2—3在冷凝器中等压放出热量 Q_c，3—4为等焓节流，4—1在蒸发器中等压和等温吸收热量 Q_0。供热系数 ε_{th} 为冷凝器的放热量 Q_c 与压缩机消耗功 A 之比。在 $\lg p$-h 图上，ε_{th} 为两段直线长度之比，因此有

$$\varepsilon_{th}=\frac{Q_c}{A}=\frac{h_2-h_3}{h_2-h_1} \tag{5-21}$$

$$Q_c=Q_0\frac{\varepsilon_{th}}{\varepsilon_{th}-1} \tag{5-22}$$

供热系数的大小，直接取决于蒸发温度与冷凝温度之差。

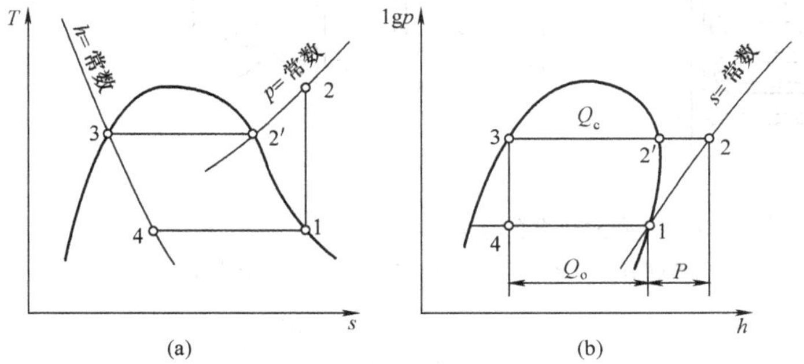

图5-19　热泵的理论循环
(a) $T-s$ 图；(b) $\lg p-h$ 图

地下水、土壤、室外大气、江河湖泊都可作为热泵的低温热源，其供热可用于房间采暖、热水供应、游泳池水加热等。热泵本身并不是自然能源，但从输出可用能的角度来看，它又起到了能源的作用，所以，又称它为“特殊能源”。热泵有许多用途，首先，它可节约电能，与直接用电取暖相比，采用热泵可节电80%以上。采用热泵还可节约燃料，若生产和生活中需要100℃以下的热量，采用热泵比直接采用锅炉供热可节约燃料50%。

2. 热泵的分类

热泵可分为压缩式热泵和吸收式热泵两类。视带动压缩机的原动力不同，又可分为电动热泵、燃汽轮机热泵或柴油机热泵，其中，电动热泵应用最广。对于大型热泵，为了节约高

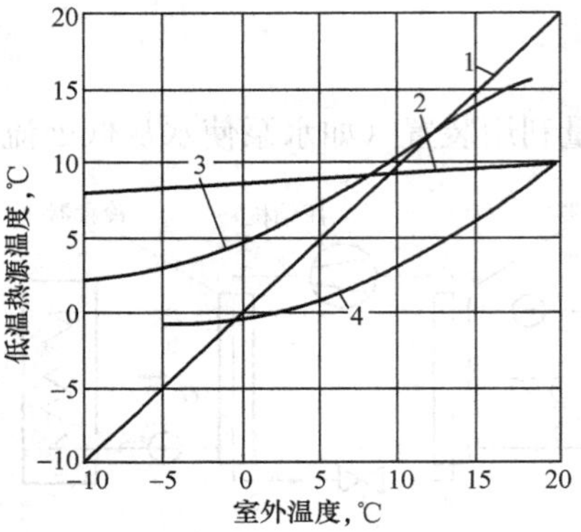

图5-20 不同低温热源温度随大气温度的变化情况
1—空气；2—地下水；
3—地面水；4—土壤（深1.8m）

品位的电能，故改用燃汽轮机或柴油机驱动，在这一类装置中，燃汽轮机和柴油机排出的废热（废水和废气）还可以进一步利用。吸收式热泵不用压缩机，直接利用燃料燃烧或工业过程的废热，其原理与吸收式制冷机类似。

不论何种形式的热泵均可以采用空气、地下水或土壤作为其低温热源。显然，根据使用情况选择合适的低温热源对提高热泵的经济性有十分重要的意义。图5-20所示为不同低温热源温度随大气温度的变化情况。

3. 电动热泵及其应用

电动热泵有紧凑式与分离式两种。紧凑式电动热泵将供热的各种部件如压缩机、冷凝器、风机、控制设备等均安装在一封闭的机壳中，因此，设备安装费用低。以空气作为低温热源的紧凑式热泵的结构如图5-21所示。由于空气取之不尽，所以这种热泵应用最广。

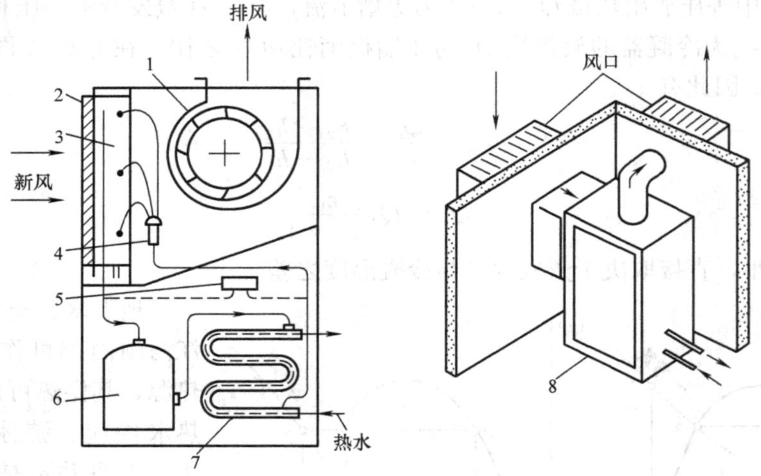

图5-21 紧凑式热泵的示意
1—通风机；2—过滤器；3—蒸发器；4—膨胀阀；5—按钮开关；6—压缩机；7—冷凝器；8—热泵

分离式电动热泵是将压缩机和蒸发器置于室外，室内只保留冷凝器。两者之间用制冷管道连接。这种结构的热泵因布置方式多样灵活，可以满足不同热用户的需要。

电动热泵应用最广的是住宅采暖和温水游泳池。图5-22所示为单户住宅采用热

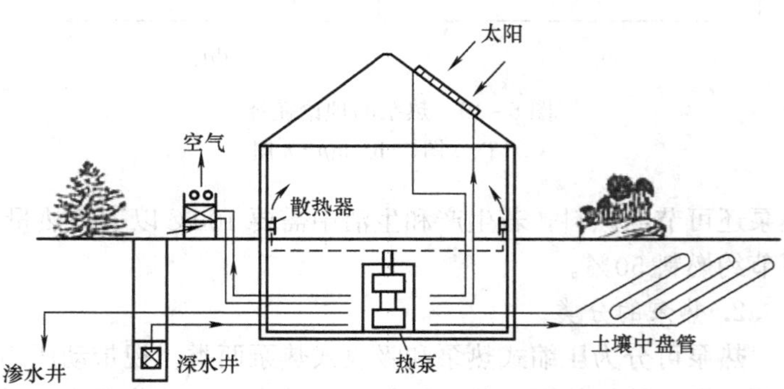

图5-22 单户住宅热泵采暖的示意

泵采暖示意。在住宅采暖中常用的热泵有：空气-空气热泵，空气-水热泵，空气-盐水-水热泵，水-水热泵，土壤-水热泵，水-空气热泵等多种形式。一般当室外温度不低于3～5℃时，热泵可以单独工作。当室外温度低于这一温度时，需要有附加热源配合，采用热泵和附加热源联合运行。

热泵应用的另一个重要方面是游泳馆和游泳池。游泳馆由于空气吸收池面蒸发的水分，湿度增加，使人感到不舒服。池面水蒸气的蒸发取决于水温和空气温度、空气相对湿度及空气的流动特性等。一般池面的蒸发速度为0.05～0.1kg/（m^2·h）。过去的做法是将潮湿的热空气抽吸掉，再通入加热的室外空气，这样，大量的热量被白白浪费掉了。运用热泵以回风方式运行时，既可回收排气中的热量，又可与制冷机的蒸发器相连，使排气冷却到15～18℃，同时去湿。在蒸发器后面的冷凝器释放的热量则用于加热进风。

图5-23所示为用于游泳馆去湿和通风的热泵系统。当室外温度升高时，多余的冷凝热用于加热池水和淋浴水或地面采暖，也可用于加热生活用水。为了确保馆内空气新鲜，必须不断地通入预热过的室外空气，其最少的添加量为20m^3/（人·h）。

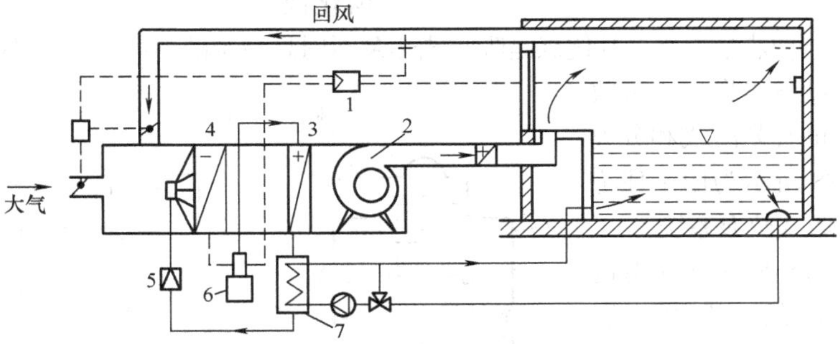

图5-23　用于游泳馆去湿和通风的热泵系统

1—调节器；2—通风机；3—冷凝器；4—蒸发器；5—膨胀阀；6—压缩机；7—水冷凝器

由于环境保护的原因，露天游泳池采用热泵日益增多。图5-24所示为用于露天游泳池的热泵系统。河水或地下水在蒸发器中放热，池水则在冷凝器中被加热。若不考虑4～9月份对太阳辐射的吸热量，池水温度为22℃时，露天游泳池的需热量约为465W/m^2。实际上，由于太阳辐射，在夏季此值将大大减小。经济比较表明，对露天游泳池采用热泵比其他供热形式经济。在非使用时间，在露天游泳池上加盖还可以节能30%～40%。

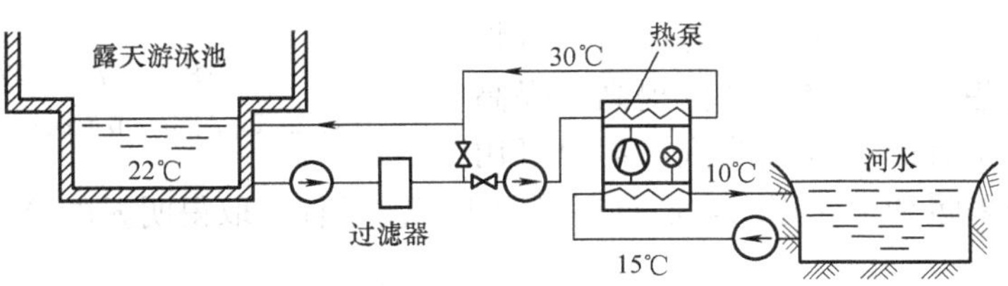

图5-24　用于露天游泳池的热泵系统

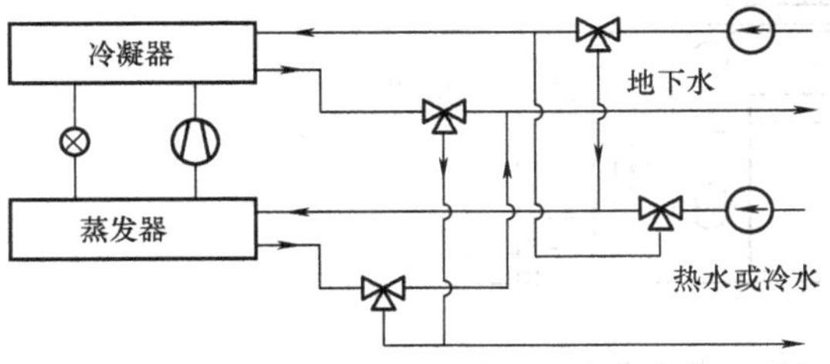

图5-25　采暖和空调用的水-水热泵系统

热泵近几年也广泛用于办公楼、住宅群和教学大楼之中。它冬季用于采暖，夏季则用于空调。图5-25所示为具有这种功能的

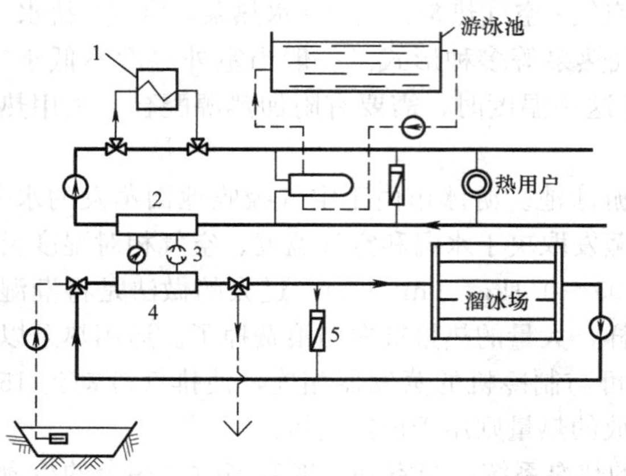

图 5-26 体育馆热泵装置
1—辅助加热器；2—冷凝器；3—热泵；
4—蒸发器；5—空气冷却器

水-水热泵系统。

同时有冷负荷又有热负荷，对热泵运行是极为有利的。如对既有游泳池又需人工溜冰场的体育馆，采用热泵装置其经济性就特别好。图 5-26 所示为用于体育馆的热泵装置。

4. 吸收式热泵

吸收式热泵的原理如图 5-27 所示。制冷剂在发生器中加热后进入冷凝器，被冷却成液体，液体经节流阀节流后进入蒸发器，在蒸发器吸热后进入吸收器中，在较低的压力下被一种流体吸收，而后在加压下再进入发生器。常用的系统有水-氨水和溴化锂-水。

与压缩式的电动热泵相比，其优点是吸收式热泵不用高品位的电能，噪声小、寿命长、维修费用低，缺点是设备投资高。吸收式热泵在布置上也有紧凑式和分离式之分。图 5-28 所示为用于住宅采暖的分离式吸收式热泵系统。

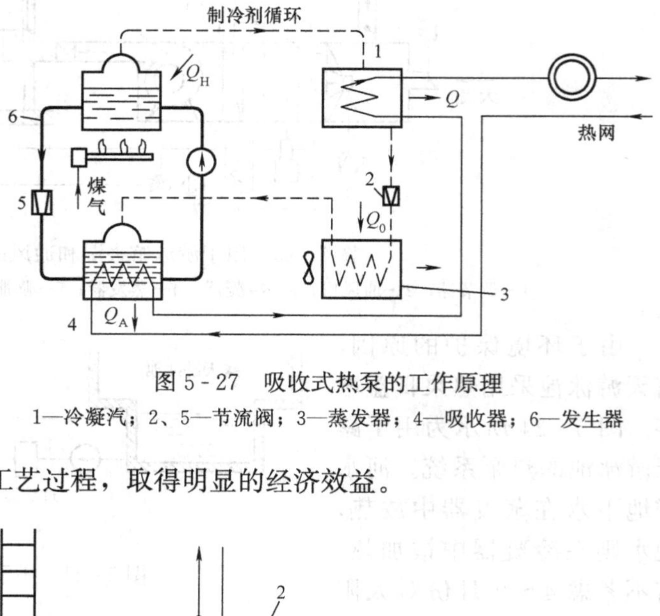

图 5-27 吸收式热泵的工作原理
1—冷凝汽；2、5—节流阀；3—蒸发器；4—吸收器；6—发生器

热泵在工厂企业中的应用也很广泛。由于轻纺、造纸、制糖、食品、建材等行业在生产过程中会产生大量低温余热，这些余热经常是被白白地排放掉了。采用热泵“制热”的特性，可将这些低温余热的品位提高。提高品位后的热水或蒸汽，不但可用于采暖和生活用水，而且还可用于工艺过程，取得明显的经济效益。

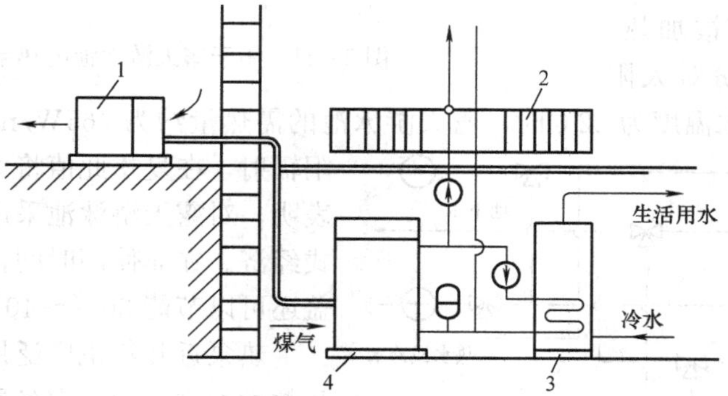

图 5-28 用于住宅采暖的分离式吸收式热泵
1—发生器；2—散热器；3—生活用水储存器；4—热泵

第六章 能 源 经 济

第一节 概 述

一、经济学

经济一词，在西方，源于希腊文 oiκonomia，原意是家计管理。现在人们所熟知的经济这个词，是个多义词，具有各种不同的含义。概括起来有五个方面的含义：一是指社会的经济活动，即社会的生产和再生产过程；二是指国民经济或国民经济各部门经济，如工业经济、农业经济等的总和；三是指社会经济制度或社会经济基础；四是含有节约、节省的意思，也是人们生活中的日常用语；五是指经济效果。

经济是社会的基础。经济学（economics）是研究一个社会如何利用稀缺的资源以生产有价值的物品和劳务，并将它们在不同的人中间进行分配。简而言之，经济学就是要研究人们在以有限的资源满足众多的需求时怎样做出合理的选择。

经济学作为多种经济学科的总称，除了理论经济学与应用经济学外，还包括其他许多门类和分支，它们也都各有自己的研究对象。随着商品经济的发展和社会分工的深化，人类经济活动的内容越来越复杂、丰富，专业化程度也越来越高；同时，各种经济活动之间、经济活动与其他社会活动之间相互依存、相互渗透的联系也越来越紧密。为适应这种情况，经济学的研究范围也越来越扩展。现在已形成了一个庞大的、门类分支繁多的经济学科体系。

经济学的研究方法通常有两层含义。其一是指经济学的方法论基础或哲学基础。就这个含义来说，资产阶级经济学和马克思主义经济学有着不同的方法论。其二是指研究各种经济活动和各种经济关系及其规律性的具体方法，如抽象的方法、分析和综合的方法、归纳和演绎的方法、质的分析和量的分析等。这些方法都是在人类认识客观事物的长期过程中形成的，在经济学研究中被广泛运用。

通常，为了表示各种经济现象背后的经济关系，并对其加以解释和预测，经济学家会建立一些经济模型。例如市场供求模型，它表明需求、供给和价格之间的关系。尽管大多数模型也能用文字加以描述，但在经济学中一般用图表或数学的形式描述更为直观。

经济模型是通过对经济现象的原因做出一些相关假定之后建立起来的。例如，经济学家通常假定，需求会随着消费者收入增加而增加。这些假设一般是基于对现实经济生活的观察和归纳而得到的。在做出有关假定的基础上，经济学以图表或数学函数把相应的关系表示出来，这就是经济模型。

建立模型的目的是为了解释经济现象。人们可以使用模型来说明经济现象发生的原因。例如，通过模型，经济学家可以说明发生通货膨胀的原因，指出是工人的工资上涨太快还是进口的原材料价格上涨所致。

经济模型的另外一个作用是预测。例如，如果对某商品的需求增加，它的价格会上涨；人们的收入提高，对某种产品的需求会增加多少等。预测过程事实上就是一个推理过程。在推理过程中，经济学家不得不设想其他因素保持不变。例如，对某种商品的需求增加会导致商品价格上涨，这是基于该商品的生产成本没有下降的假设做出的推理。

当然，一个经济模型的有效性还要接受实践的检验。经济学家要根据是否成功地解释和预测现实经济现象来对模型进行评价。如果预测是错误的，首先要检查推理是否正确；如果推理正确，那就必须对模型进行改进或用其他预测更为准确的模型来代替。

值得注意的是，经济是社会的基础，政治、法律等是社会的上层建筑。经济学与社会学、心理学等也有密切的联系。因此，尽管经济学和自然科学使用的模型相似，但经济模型并不像自然科学中的模型那样可以作出准确的预测。

二、技术经济学

技术是人们在认识和改造自然的过程中积累起来的知识、经验和技能，以及体现这些知识、经验和技能的生产工艺、作业程序、方法和相应的数据和资料。技术和经济是密切联系的，有相互促进和相互制约的两个方面，两者存在着统一和矛盾的关系。

1. 技术与经济之间的关系是相互促进又相互制约的关系

经济发展的需要是技术进步的动力，技术进步则是促进经济发展的重要条件。例如，现代社会经济活动引起信息量成千倍、成万倍地增加，为了将社会生产、交换、分配、消费等诸环节有机地联系在一起，海量信息的收集、交换和处理就显得十分重要，因此，这种需求就促进了光通信、卫星通信及计算机网络的迅猛发展。反过来，技术进步又极大地促进了经济的发展。

据统计，20 世纪初，经济发达国家劳动生产率的提高有 5%～20%是依靠技术的进步，但到 20 世纪 70 年代，这一比例已上升到 60%～80%。

2. 技术和经济之间有时又是互相影响的

例如，某种技术的采用不仅取决于经济上的需要，而且也决定了该项技术是否有广泛推广的可能。反过来，如工业机器人、太阳能发电等都属于先进技术，但在我国现有的社会经济条件下，由于其制造和使用费用过高，因而在一定时期内还不能推广应用。另外，在规划或建设某一项能源工程时，既要考虑技术上的要求，也要考虑经济上的要求，只有做到技术先进、经济合理，这项工程才是成功的。

技术经济学是一门由技术科学与经济科学相互交叉渗透而形成的边缘科学，是应用经济学的一个分支，是一门研究技术领域的经济问题和经济规律，研究技术与经济的相互影响与相互作用的应用科学。从大的方面，它研究技术进步与经济增长之间的相互关系，研究技术领域内资源的最佳配置，寻找技术与经济的最佳结合以求可持续发展。具体而言，技术经济学是对基于某种预定目的而可能被采用的各项技术政策、技术方案、技术措施的经济效果，进行客观分析、比较和评估，从而选择技术上先进、经济上合理的最优方案。

技术经济学的基本研究方法有：系统综合，即采用系统分析、综合分析的方法，对技术的研制、应用与发展进行估计；方案论证，即通过一套经济效果指标体系，对完成同一目标的不同技术方案进行分析、比较；效果分析，即通过劳动成果与劳动消耗的对比分析，效益与费用的对比分析，对技术方案的经济效果和社会效果进行评价，评价的原则是效果最大原则。

技术经济分析、论证、评价的方法很多，最常见的有决定型分析评价法、经济型分析评价法、不确定型分析评价法、比较型分析评价法、系统分析法价值分析法、可行性分析法等。

随着我国市场经济的发展，技术经济学方法已广泛应用于各种技术政策、产业政策的论证与评价；生产力布局、转移的论证与评价；经济规模的论证与评价；资源开发利用与有效配置的论证与评价；企业技术改造的论证与评价；技术转移与技术扩散的经济分析与技术引进的论证与评价；企业技术创新、新技术开发、新产品研制的论证与项目评价；企业技术经济潜力的分析、论证与评价；技术发展战略的研究、论证与评价等。

为了保证技术经济分析的科学性和评价结果的可行性，在进行技术经济分析时应遵循的原则如下：

（1）政策法规原则，即国家规定的产业发展政策，投资方针政策，技术政策及法规应当是技术经济分析和评价的依据。

（2）统筹协调原则，即技术经济分析评价应当妥善处理宏观与微观、长远与当前、直接经济效益、间接经济效益、社会效益等各方面的关系。

（3）最佳效益原则，即评价时要通过多方案的筛选比较，选择最佳方案，保证最大的社会和经济效益。

（4）基准可比原则，即在进行多方案的经济评价中，应充分注意不同方案之间的差异，使比较建立在同一基准上。

（5）客观公正原则，即经济分析评价应以客观事实和准确的科学数据为依据。

技术经济分析评价的基本程序是：

（1）确定目标，即了解评价对象的各种目标（经济、社会、环境）以及这些目标的约束条件。

（2）现状趋势分析，即在目标确定后，从横向、纵向、过去、未来，多角度、全方位地做好资料调研工作。

（3）制订方案，即从评价对象的目标要求出发，根据掌握的国内外技术经济动向，结合对象的实际环境和条件，制订多种技术经济方案。

（4）对比测算，即在可比性基础上，对不同方案进行对比和测算。

（5）综合评价论证，即在对比测算的基础上，采用定性和定量相结合的综合评价方法，对各种不同方案进行初选。

（6）修改完善方案，即对初选方案进行修改完善补充。

（7）确定最佳方案，即对初选的方案进一步论证，从中确定最佳方案，提交决策机构。

三、能源经济学

能源经济学是从经济学的角度来研究能源问题，是经济学的一个重要分支，而且与技术经济学有着更紧密的联系。由于能源问题的重要性、复杂性和全局性，能源经济的内涵是很广泛的。中外学者对此有一些不同的论述。例如，迈克尔·韦布等认为，能源经济学是研究能源资源的配置及社会生产与消费过程中的能源转化等问题的一门科学。里查德·艾登和米查尔·波森那等认为，能源经济学是研究能源的可利用性及其与经济活动的相关性的科学。而菲利浦·莱伯却认为，能源经济学是研究能源政策制订，包括能源价格确定原则的科学。我国学者有的认为能源经济学研究的是与能源有关的经济问题，其目的在于促进包括能源工业在内的整个国民经济的健康发展。而其他学者认为，能源经济学是用经济学办法研究能源平衡，分析能源使用效果，对能源开发、加工、节约进行可行性分析，以及制定能源政策的科学。还有学者认为，能源经济学是研究能源在人类社会物质生产和生活中的作用方式及其规律的科学。不同学者对能源经济学内涵有着不同的认识，表明这门年轻的经济学科正处在一个不断发育完善的过程中，表明人们对能源经济的运行规律仍在不断地探索和总结。

由于能源涉及面很广，因此，能源经济学通常可以从经济运行和经济管理的角度、规划和预测角度以及技术经济的角度来分析能源问题。例如，能源的经济运行分析可以包括能源工业的布局、能源的生产过程和结构、能源的分配、能源的流通、能源的消费和能源贸易；能源经济管理通常包含能源的管理体制、能源立法、能源监测、能源的标准化、能源的价格、能源的统计以及能源的政策。能源的规划预测包括能源预测、能源规划和系统分析等。其中，能源的预测又可以包括能源的需求预测、能源的供应预测以及能源科技发展的预测等。能源规划从内容上讲包括能源开发规划、能源节约规划、地区能源规划和企业能源规划等；从时间上讲则分中、长期规划和短期规划等。

由于人口、资源、环境和发展等可持续发展的四大问题都与能源资源及其开发利用密切相关，如何实现能源的可持续利用及经济的可持续发展，逐渐成为现代经济学研究的热点与前沿问题。近几年，人们对能源的稀缺（具体表现在能源价格持续上涨）和环境污染（具体表现在气候变暖）的担忧正在将能源经济学研究推到日益重要的位置。

对我国能源经济学研究刚刚起步，其研究涉及以下几方面。

1. 能源和经济增长（增长率和增长结构）、社会发展的关系

研究在经济发展的不同阶段，能源投入对经济可持续增长的影响；研究能源资源的公平分配，能源资源的有效配置，能源效率的提高以及能源资源的协调发展等问题；研究能源价格的变动对经济增长率、通货膨胀率、资本市场、劳动力供给的影响。中国经济高速增长，能源和经济增长的关系对于预测能源需求非常重要。

2. 能源与环境污染的关系

能源开发利用是中国环境的第一污染源。能源经济学应当研究能源利用与环境污染的关系，量化能源利用的环境影响，进而研究存在环境污染的前提下如何利用能源，以及在能源利用的前提下如何保护环境。

3. 能源资源的优化配置

从宏观、微观两个层面研究能源的优化配置，通过价格和税收两种手段的配合使用，调控能源需求，提高能源使用效率，引导能源生产投资和消费，以实现能源配置的最优化。

4. 能源价格和税收

能源价格应该成为最有活力的能源经济杠杆，而税收则是一种行政性的调节手段，两者相互补充。除了使价格税收起到价值尺度的作用之外，还应起到提高效率、引导投资、信息载体、分配手段和调节能力的功能。

5. 节能与循环经济

与其他自然资源相比，能源具有普遍、难以替代、不可再生等特殊属性。能源的这些特点对节能和循环经济提出了更高的要求，必须对此进行深入研究。

6. 能源的内部替代和外部替代

商品能源的最优内部结构、非商品能源的合理比重、电能与一次能源的合理比例、新能源与可再生能源的地位和发展前景等都属于能源的内部替代问题。能源与资金、能源与劳动力之间属于外部替代性关系。需要研究这种替代的客观规律和在什么范围什么程度上是合理的。

7. 能源的国际贸易与国家能源安全

对外贸易一般应遵守比较优势原则，即出口具有比较优势的物品。这和国内产业结构的调整、农业劳动力向工业和服务行业转移有着密切的联系。能源经济研究应根据能源和经济增长的关系，能源的供需和价格等来确定能源的国际贸易；研究国家能源安全理论与政策，利用石油期货市场等国际资本市场规避风险，保证国家石油安全。

本章因为篇幅的关系，不能涉及能源经济中的诸多问题，仅对能源有效利用的分析方法、能源建设项目的不确定性分析及能源市场做比较简单的介绍。

第二节　能源有效利用的分析方法

一、概述

能源的有效利用是能源利用中最重要的问题。通常，能源的有效利用是指消耗同样的能源获得较多的效益，或者获得同样的效益消耗较少的能源。对能源利用的分析评价常常包括两方面，即对能源利用过程进行分析评价和对能源消耗效果的分析评价。自工业革命以来，人类所建立的各种能量系统一般都伴随着各种形式的热功转换，热能在能量转换过程中占有非常重要的地位，因此，能量系统的分析方法主要基于热力学的各种定律，有能量平衡法、㶲分析法、熵分析法、能级分析法及㶲经济分析法等。而能源消耗效果的分析评价主要有全能耗分析法、净能量分析法、价值分析法和能量审计法等。本章主要介绍能量系统的分析方法。

目前，主要有三类基于热力学各种定律的评价能量系统的方法。

(1) 以热力学第一定律为基础的能量平衡分析法。这种分析法简单易行，在国内外已经发展成熟，并且广泛应用于实际工程的分析评价之中。但是，这种方法只是建立在“量”的守恒上，而忽视了能量品质的变化，因而在系统分析中常常忽视各种不可逆性造成的损失，而无法正确分析系统节能和优化的潜力。

(2) 综合运用热力学第一定律和第二定律，并在西方国家称之为“热力学第二定律分析法”的㶲分析法、熵分析法和能级分析法。“热力学第二定律分析法”能够分析、量化生产过程中的不可逆损失，辨识系统中不可逆损失的原因以及产生的部位。其中，㶲分析法的发展尤为突出。㶲分析法是以㶲效率为评价准则，既可以作系统分析，又可以作优化综合，目前已广泛应用于能源有效利用和节能分析工作中。但是，㶲方法在对复杂能量系统进行节能分析和优化改造时，会产生一些工程中不容许的误差或出现“节能不省钱”等局限性。

(3) 将热力学分析与经济因素统一考虑的㶲经济学分析法或称为热经济学分析法(thermo-economy)。这种方法融合了热力学、工程经济学、系统工程、最优化技术以及决策理论等基本思想，同时考虑能量的“质”和“量”，并将系统中的㶲流价格化，来追求经济效益的最佳效果。尤其是在对复杂能量系统的分析、优化、诊断、改进以及设计中，㶲经济学分析法的技术优势非常明显，是分析优化工程系统的强力工具。

二、能源有效利用的评价指标

1. 能源消费系数

从宏观上评价能源有效利用的优劣，通常采用能源消费系数来评价。能源消费系数是指某一年或某一时期，为实现国民经济产值平均消耗的能源量，即

$$能源消费系数 = \frac{E}{M} \tag{6-1}$$

式中：E 为能源消费量，kg 标准煤或 kg 标准油；M 为同期国内生产总值，元或美元（与国外的比较）。

由此可见，能源消费系数是一个从整个社会经济效益去考察能源有效利用的指标。

2. 能源利用效率

能源利用效率是衡量能量利用技术水平和经济性的一项综合性指标。通过对能源利用效率

的分析，可以有助于改进企业的工艺和设备，挖掘节能的潜力，提高能量利用的经济效果。

能源利用效率是指能量被有效利用的程度。通常以 η 表示，其计算公式如下：

$$\eta=\frac{\text{有效利用能量}}{\text{供给能量}}\times 100\%=\left(1-\frac{\text{损失能量}}{\text{供给能量}}\right)\times 100\% \tag{6-2}$$

对不同的对象，计算能源利用效率的方法也不相同。通常有以下几种计算方法。

（1）按产品能耗计算法。一个国家或一个地区可能生产多种产品，对主要的耗能产品，如电力、化肥、水泥、钢铁、炼油、制碱等，按单位产品的有效利用能量和综合供给能量加权平均，即可求得总的能源利用效率 η_t，即

$$\eta_t=\frac{\sum G_i E_{0i}}{\sum G_i E_i}\times 100\% \tag{6-3}$$

式中：G_i 为某项产品的产量；E_{0i}为该项产品的有效利用能量；E_i 为该项产品的综合供给能量（综合能耗量）。

上述综合能耗量包括两部分：一部分为直接能耗，即生产该种产品所直接消耗的能量；另一部分是间接能耗，它是指生产该种产品所需的原料、材料及耗用的水、压缩空气、氧等及设备投资所折算的能耗。

（2）按部门能耗计算法。将国家和地区所消耗的一次能源，按发电、工业、运输、商业和民用四大部门，分别按技术资料及统计资料，计算各部门的有效利用能量和损失能量，求得部门的能量利用效率 η_d，然后再求得全国或地区的总的能源利用效率 η_t，即

$$\eta_d=\frac{\text{部门有效利用能量}}{\text{部门有效利用能量}+\text{部门损失能量}}\times 100\% \tag{6-4}$$

$$\eta_t=\frac{\sum \text{部门有效利用能量}}{\sum \text{部门有效利用能量}+\sum \text{部门损失能量}}\times 100\% \tag{6-5}$$

（3）按能量使用的用途计算法。一次能源在国民经济各部门使用，除了少数作为原料外，绝大部分是作为燃料使用。其中，一类是直接燃烧，如各种窑炉、内燃机、炊事和采暖等；另一类转换为二次能源后再使用，如电、蒸汽、煤气等。因此，按用途计算便可分为发电、锅炉、窑炉、蒸汽动力、内燃动力、炊事、采暖等。先求得某项用途的 η_p，然后再将各种用途的 η_p 相加平均，即可求得总的能量利用效率，即

$$\eta_p=\frac{\text{某种用途的有效利用能量}}{\text{某种用途的有效利用能量}+\text{某种用途的能量损失}}\times 100\% \tag{6-6}$$

$$\eta_t=\frac{\sum \text{各种用途的有效利用能量}}{\sum \text{各种用途的有效利用能量}+\sum \text{各种用途的能量损失}}\times 100\% \tag{6-7}$$

（4）按能量开发到利用的计算法。把能源从开采、加工、转换、运输、储存到最终使用，分为四个过程，分别计算出各个过程的效率，然后相乘求得总的能源利用率，即

$$\eta_t=\eta_{exp}\eta_{pro}\eta_{tra}\eta_{use} \tag{6-8}$$

三、热平衡分析法

对能量的转换、传递和终端利用中的任一环节或整体进行热平衡分析是最常用的分析方法。能量平衡法又称为热平衡法，它是依据热力学第一定律，对某一能量利用装置（或系统）考察其收入的能量和支出能量的数量上的平衡关系。其目的是对考察对象的用能完善程度作出评价，对能量损失程度和原因作出判断，对节能的潜力及影响因素做出估计。这种方法简单，是多年来工厂企业普遍采用的方法。

1. 能量平衡和热平衡

能量平衡法是按照能量守恒的法则，采用“黑箱方法”，对指定时期内，能量利用系统收入能量和支出能量在数量上的平衡关系进行考察，以定量分析用能的情况，为提高能量利用水平提供依据。

所谓“黑箱”是指具有某种功能而不知其内部构造和机理的事物或系统。“黑箱方法”则是利用外部观测、试验，通过输入和输出信息来研究黑箱的功能和特性，以探索其构造和机理的一种科学的研究方法。它强调的是外部观测和整体功能，而不注重内部构造与局部细节。

能量平衡既包括一次能源和二次能源所提供的能量，也包括工质和物料所携带的能量，以及在工艺过程、发电、动力、照明、物质输送等能源转换和传输过程的各项能量收支。由于热能往往是能量利用中的主要形式，因此，在考察系统的能量平衡时，通常将其他各种形式的能量（如电能、机械能、辐射能等）都折算成等价热能，并以热能为基础来进行能量平衡的计算，因此，往往又将能量平衡称之为热平衡。

能量平衡的理论依据是众所周知的能量守恒和转换定律，即对一个有明确边界的系统有

$$输入能量=输出能量+体系内能量的变化 \tag{6-9}$$

对正常的连续生产过程，可以视其为稳定状态，此时，系统内的能量将不发生变化，于是有

$$输入能量 = 输出能量 \tag{6-10}$$

由此可见，能量平衡主要是通过考察进出系统的能量状态与数量来分析该系统能量利用的程度和存在的问题，而不细致考察系统内部的变化，因此，它是一种典型的“黑箱方法”。具体做法如下：①确定热平衡分析的范围；②根据热力学第一定律对所选定范围进行热平衡测试；③热平衡测试时不能有漏计、重计和错计等错误；④热平衡测试结果用表格或热流图反映，以便于分析；⑤分析的重点是各种损失能量的去向、比重，以便采取措施减小损失。

图 6-1 所示为一个典型的热平衡系统。

2. 企业能量平衡

能量平衡具体应用于设备和装置时，成为设备的能量平衡。应用于车间、企业时则称为企业能量平衡。设备能量平衡着眼于设备单元的能量收支分析，而企业能量平衡则以企业为

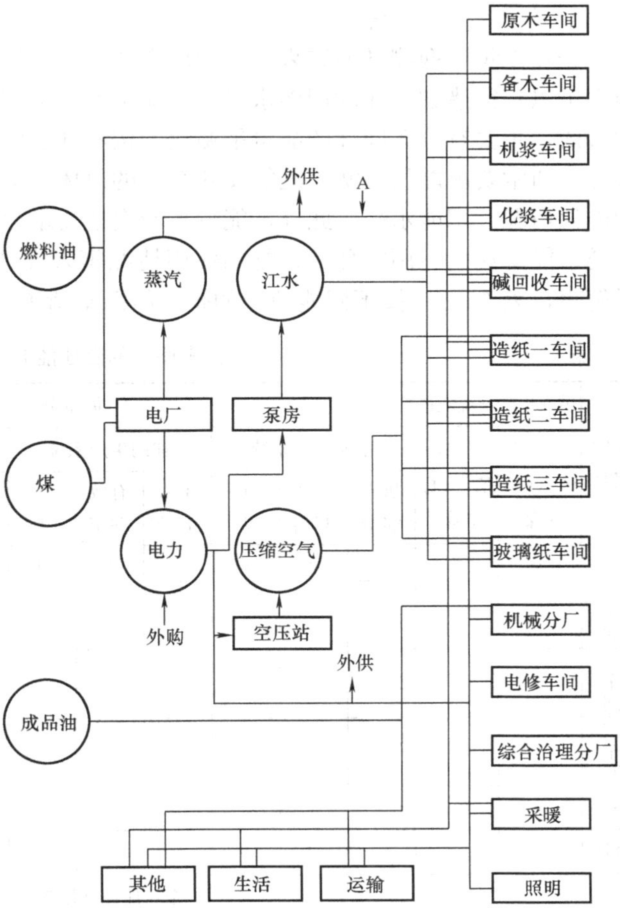

图 6-1 典型的热平衡系统

基本单位，着眼于企业整体能量利用的综合平衡分析。企业的能量平衡所涉及的范围，采用的方法，包含的内容都远远超过了设备能量平衡，但设备的能量平衡却是企业能量平衡的基础。有时为了考察企业中某一种能源形式的收支关系，还可以有所谓蒸汽平衡、油平衡、电平衡等。

企业能量平衡是提高企业能源管理水平，推动企业节能技术改造的一项基础性的技术工作。有关企业能量平衡的定义、方法和要求等，GB/T 3484—2009《企业能量平衡通则》中均有详细的说明和具体的规定。

企业能量平衡的技术指标，包括单位能耗，单位综合能耗，设备效率和企业能量利用率等。有关指标的定义，参见第五章节能技术。值得指出的是，根据企业能量平衡对设备效率进行计算时，可以采用正平衡法或反平衡法，并可将两种方法进行比较，以确定测试的精度。采用正平衡法时：

$$设备效率=\frac{有效能量}{供给能量}\times 100\% \tag{6-11}$$

采用反平衡法时：

$$设备效率=\left(1-\frac{损失能量}{供给能量}\right)\times 100\% \tag{6-12}$$

3. 企业能量平衡表

企业能量平衡测试的结果常绘制成企业能量平衡表（见表 6-1 和表 6-2）。通过能量平衡表可以获得诸如企业的用能水平、耗能情况、节能潜力等诸多信息。企业能源平衡表有多种形式，主要有分车间计的能量平衡表、按不同能源计的企业能源平衡表等。为了便于能源管理，通常要求能量平衡表既能反映企业的总体用能、系统用能和过程用能，又能反映企业的能耗情况、用能水平。此外，能量平衡表还要求尽可能简单、明确，为此，一般都按能源种类、能源流向、用能环节、终端使用情况等来设计表格。表 6-1 为分车间计的企业能源平衡表，表 6-2 为按不同能源计的企业能源平衡表。

表 6-1　分车间计的企业能源平衡表

车间名称	供入生产系统能量		能量分配（t 标准煤）												有效利用能量（t 标准煤）
	按等价值（t 标准煤）	按当量值（t 标准煤）	主要生产系统			辅助生产系统			附属生产系统			其他			
			供入能量	有效利用	损失	供入能量	有效利用	损失	供入能量	有效利用	损失	供入能量	有效利用	损失	
1	2	3	4	5	6	7	8	9	10	11	12	13	14	15	16
一车间															
二车间															
三车间															
……															
合计															
企业能源利用率（%）															

表 6-2 **按不同能源计的企业能源平衡表**

项目		购入储存			加工转换				输送分配	最终使用						
		实物量	等价值	当量值	发电厂	制冷站	其他	小计		主要生产	辅助生产	采暖空调	照明	运输	其他	合计
能源名称		1	2	3	4	5	6	7	8	9	10	11	12	13	14	15
供入能量	蒸汽															
	电力															
	柴油															
	汽油															
	煤															
	冷媒水															
	热水															
	合计															
有效能量	蒸汽															
	电力															
	柴油															
	汽油															
	煤															
	冷媒水															
	热水															
	合计															
回收利用																
损失能量																
合计																
能量利用率																
企业能量利用率（%）																

通过企业能量平衡表可以获得如下的信息：①企业的耗能情况，如能源消耗构成、数量、分布与流向；②企业的用能水平，如能源利用与损失情况，主要设备和耗能产品的效率等；③企业的节能潜力，如可回收的余热、余压、余能的种类、数量、参数等；④企业的节能方向，如主要耗能设备环节和工艺的改进方向，余热、余能的利用途径等。

4. 能流图

由于图形比表格应用更加直观、形象，因此，在能源管理中各种图应用的越来越多，而且有的应用图已经有相应的国家标准。常用的有热流图、能流图和能源网络图。

能源利用流向图是根据生产过程的用能按比例绘制的图形，简称为能流图。通过能流图可以形象直观地表示能量的来龙去脉、能量的分布、利用程度和损失大小。在能流图中，应明显地表示各项输入能量、输出能量、有效利用能量、损失能量和回收利用的能量。各项能量均以供给能的百分数表示，并按一定比例用不同宽度的能流带来表示百分数的大小。能流图按表示的范围，可以分为全国和地区能流图、企业能流图和设备能流图等；按其性质则有热流图、汽流图和电流图等，其中，以热流图应用最为普遍。图 6-2 所示为某大型锅炉的热流图，图 6-3 所示为炼铁厂的能流图。

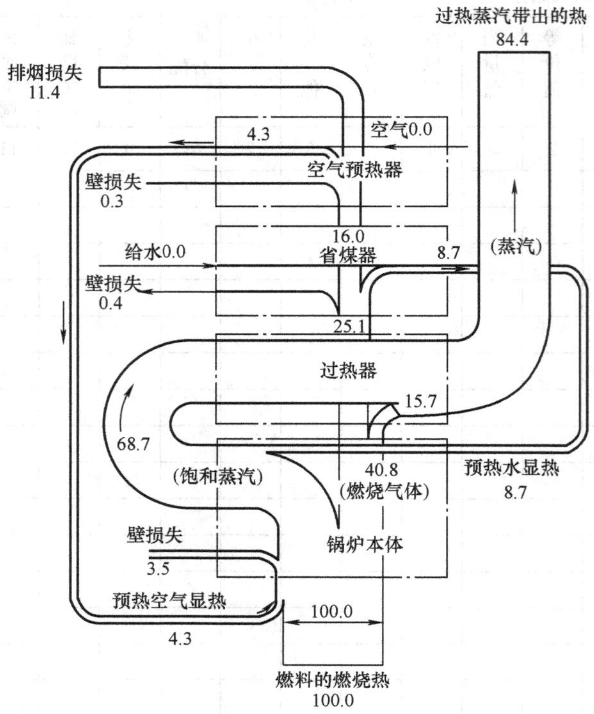

图 6-2 某大型锅炉的热流图

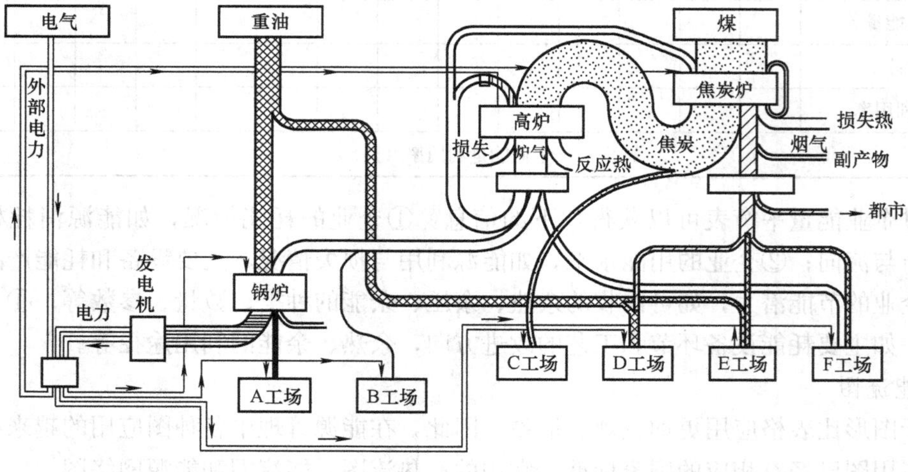

图 6-3 某炼铁厂的能流图

能源网络图是另一种能源应用图，它以能源利用系统为依据，按国家标准规定绘制。图 6-4 所示为某一企业的能源网络图。按照绘制的规定，将企业的能源系统分为购入储存、加工转换、输送分配、终端利用四个环节。每个环节可能包括几个用能单元。购入储存环节的各种能源用圆形表示；加工转换环节中的用能单元用方形表示；生产过程回收的可利用能源

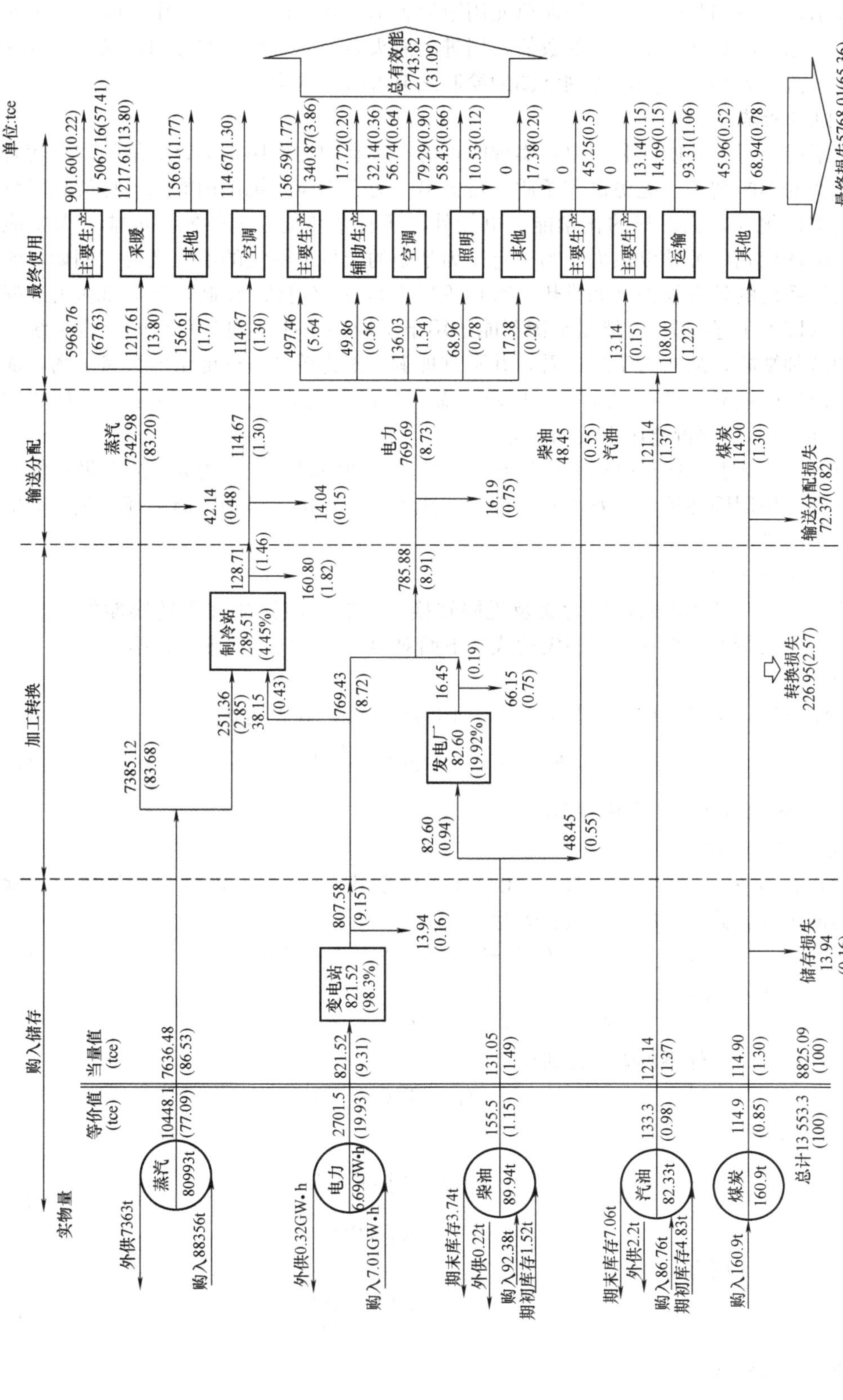

图6-4 某企业的能源网络图

用菱形表示；而终端利用环节的用能单元用矩形表示。在上述各种图形中，除注明单元的名称外，还用相应的数字表示能量的数值，用进出箭头表示能量流向的方向，箭头上方的数字则表示能量流的大小。有关能源网络图的绘制细节可参见国家标准。

四、㶲分析法

能量平衡法对提高能源利用率，实现能量的有效利用的作用是不容低估的。但随着生产和能源消费的不断增长，能源供需矛盾日益突出；而且用能系统使用能源的种类和能量的品位也日趋多样化（如除燃料的化学能、电能外，还有余热能、地热能、风能、太阳能等），人们越来越认识到单纯的以热力学第一定律为基础的能量平衡法的不足之处。例如，能量平衡只能反映系统的外部损失（如排热、散热等损失），而不能揭示能量转换和利用过程中的内部损失（即不可逆损失）；能量平衡不能适用于不同品位能源同时存在的综合系统。能量平衡法的这种缺陷，从热力学理论看，并不难理解，因为单纯考察能量的数量平衡，而不考虑能量“质”的差异，就很难全面地反映能源利用的完善程度。㶲分析法正是从“质”和“量”两方面来综合评价能源系统的新方法。

㶲分析法的基本原理是以对平衡状态（基准态）的偏离程度作为㶲，或者做功能力的度量。通常都采用周围环境作为基准态。因为从热力学第二定律可知，周围环境是所有能量利用过程的最终冷源。

（一）㶲的表达式

在第二章第一节中已对㶲的含义及无限转换能、有限转换能和非转换能的概念做了介绍。对于不同的情况，㶲有不同的表达式。下面对㶲的不同表达式进行介绍。

1. 热量㶲

从恒温热源，可逆地取出热量 Q 的㶲，称为热量㶲，其表达式为

$$E = W_{\max} = Q\left(1 - \frac{T_0}{T}\right) \tag{6-13}$$

式中：T_0 为环境温度；T 为热源温度。

2. 闭口体系的㶲

初始状态为 p、V、T、U、H、s 闭口体系处于状态 p_0、T_0 的外界环境中，且除环境外没有其他热源，此时，闭口系统的㶲为

$$E = W_{\max} = H - H_0 - T_0(s - s_0) - \nabla(p - p_0) \tag{6-14}$$

3. 开口体系（稳定流动）的㶲

$$E = w_{\max} = H - H_0 - T_0(s - s_0) \tag{6-15}$$

单位质量的开口体系的㶲（比㶲）

$$e = h - h_0 - T_0(s - s_0) \tag{6-16}$$

4. 理想气体的㶲

$$\begin{aligned} e(p,T) &= \int_{T_0}^{T} c_p\left(1 - \frac{T_0}{T}\right)\mathrm{d}T + RT_0 \ln\frac{p}{p_0} \\ &= e(p_0,T) + e(p,T_0) \end{aligned} \tag{6-17}$$

常压气体的比㶲为

$$e = h - h_0 - T_0\int_{T_0}^{T} c_p \frac{\mathrm{d}T}{T} \tag{6-18}$$

气体的压力㶲为

$$E = W_{\max} = -nRT_0\int_p^{p_0}\frac{\mathrm{d}p}{p} = nRT_0\ln\frac{p}{p_0} \tag{6-19}$$

低温物质的㶲为

$$e = \int_{T_0}^{T}\left(\frac{T_0 - T}{T}\right)\mathrm{d}h = \int_{T}^{T_0} c_p\left(\frac{T_0 - T}{T}\right)\mathrm{d}T \tag{6-20}$$

5. 潜热㶲

当物质发生相变（融化或汽化），相变温度 T 保持不变，但需要吸收潜热 r，潜热㶲实际上是指吸收热量 r 后产生的㶲的变化，即

$$\Delta e_x = r\left(1 - \frac{T_0}{T}\right) \tag{6-21}$$

6. 非压缩性流体的压力㶲（设密度为 ρ）

$$e = \frac{p - p_0}{\rho} \tag{6-22}$$

7. 燃料㶲

燃料㶲是燃料与氧气可逆地进行燃烧反应后，与周围环境（T_0，p_0）达到平衡时所能提供的最大有用功。由于燃料是与环境状态有关的，故定义 $T_0 = 298.15\text{K}$（25℃），$p_0 = 0.098\text{MPa}$ 的燃料㶲定义为标准㶲，以符号 e_f° 表示，若燃料在高温高压下供入燃烧系统，则应将相应的燃料显热㶲计入燃料的总值㶲 e_f 中，即

$$e_f = e_f^{\circ} + e_f^{p},\quad e_f^{\circ} = Q_{ar,net} + T_0\Delta s \tag{6-23}$$

式中：$Q_{ar,net}$ 为燃料的低位发热量。

工程上因燃料的 Δs 值缺乏，通常都采用近似公式：

对于气体燃料：　$e_f = 0.95Q_{gr}$　(6-24)

对于液体燃料：　$e_f = 0.975Q_{gr}$　(6-25)

对于固体燃料：　$e_f = Q_{ar} + rM_t$　(6-26)

上述各式中：Q_{gr} 为高位发热量；r 为 1 个标准大气压，温度为 25℃ 的水的汽化潜热（$r = 2438\text{kJ/kg}$）；M_t 为燃料中的水分。

（二）㶲平衡和㶲效率

任何不可逆过程都必定会引起㶲损失，只有可逆过程才没有㶲损失。因为实际过程均为不可逆过程，故㶲并不守恒，而且在能量利用过程中㶲是不断减少的。也就是说，一个实际的系统或过程，各项㶲的变化是不满足平衡关系的，需要附加一项㶲损失，才能给一个实际系统或过程建立㶲平衡方程式。

为了全面衡量设备或过程在能量转换方面的完善程度，通常采用所谓㶲效率来作为全面反映能量在转换过程中的有效利用程度和判断能量利用的综合水平的统一标准尺度。具体而言，在进行㶲分析时对正平衡法有

$$㶲效率 = \frac{（净）收益的㶲}{消耗的㶲} \tag{6-27}$$

对反平衡法有

$$㶲效率 = 1 - \frac{各项㶲损耗之和}{消耗的㶲} \tag{6-28}$$

值得注意的是，从原则上讲，㶲效率是很容易定义的，即为收益㶲与消费㶲之比。但采用

什么标准来区分收益㶲与消费㶲，在某种程度上则有随意性。区分方法不同，就会有不同的㶲效率定义。在㶲分析法中常用的㶲效率有㶲的传递效率和㶲的目的效率两种。对节流阀、齿轮箱、换热器等装置常采用㶲的传递效率，其定义为

$$\text{㶲的传递效率}=\frac{\text{出口㶲总和}}{\text{入口㶲总和}}=\frac{\text{通过某些设备(或过程)的传递而得到的㶲}}{\text{由此设备(或过程)来传递的㶲}} \tag{6-29}$$

某些设备的采用或某过程的进行，往往与某一特定的目的相联系（例如，为获取机械功或热量，或为改变物质的组成或状态），为达到此目的，必须付出一定的代价，此时，多采用㶲的目的效率，其定义为

$$\text{㶲的目的效率}=\frac{\text{工质㶲的增加}+\text{输出功}}{\text{消耗的总㶲}} \tag{6-30}$$

显然，目的不同，㶲的目的效率的内涵也有所不同，通常能源利用中的目的有：①获取功（即热能转换机械能），如内燃机、蒸汽轮机、燃气轮机等热机；②增加工质的㶲（机械能变成焓），如水泵、空气压缩机等；③改变工质的物态，以增加工质的㶲（化学能转变为热能），如锅炉等。

通常说的㶲损耗是㶲的消耗和损失的简称。某一工艺过程或能量转换过程，㶲损耗可能有三种情况。

(1) 㶲被转移。例如，把原料的㶲转移到产品上，这符合工艺目的的客观需要。最优的工艺过程是㶲被完全转移而没有损耗，这正是我们所希望实现的。

(2) 㶲被消耗。借以推动生产或能量转化中各种过程的进行，比如流体的流动、热量的传递、物质的扩散和混合、化学反应的进行等所消耗的㶲。显然，对由此所消耗的㶲，需要进行具体的分析，不能简单地认为是浪费，因为实际过程的进行，总是需要一定的速率，并克服一定的阻力，而㶲的消耗就是过程推动的代价。过程速率的选择，直接影响生产的速率和投资的大小，是一个技术经济问题，而阻力的大小则要看其是否与当前的技术水平相适应，并从这个角度考察部分㶲损耗大小是否合理。

(3) 㶲被散失。㶲散失是指未产生实际效益而自发地转变为炻，如各种炉窑中燃料的不完全燃烧，锅炉和热机的排烟和排热损失，冷却水（随物流排弃）带走的㶲，蒸汽管道和水管中介质的跑、冒、滴、漏，各种热力设备和热力管道向周围环境散热所损失的㶲（这些热量全部或部分变为炻）。以上这些都是可以节省的㶲，应在技术经济合理的范围内使这部分㶲散失减少至最小程度。

㶲分析法是一种新的方法，它正在能源有效利用和节能分析工作中发挥越来越大的作用。

五、热经济学分析法

（一）热经济学的产生

㶲分析方法在能量有效利用和节能分析工作发挥着很大的作用，它可以对系统能量和能质利用进行科学评价，给出技术上的最优方案，提供技术决策的科学依据。但是从工程经济学的角度来考虑，对于一个工程系统，其技术方案的最终决策，不但要求技术上优越，还必须要求经济上合理。然而，在用㶲分析方法对能量系统进行分析评价时，时常会遇到的“节能不省钱”的问题。例如，从㶲的角度考虑去分析评价一个方案可能是合理的，但是在经济上却未必一定是最佳的，甚至还可能是“费钱”的，以至于出现“得不偿失”的情况。因

此，仅从㶲的角度去分析问题，在经济合理性上具有局限性。另外，从实际使用与经济性的角度来考虑，不同形态能量所具有的单位㶲值并不等价。即使是同种能量形态的每单位㶲值，也并非等价。由于热力学的势参数㶲是综合运用热力学第一和第二两定律而导出的，表示能量的可无限转换部分，具有在使用中消耗的商品属性，因此，㶲适合于与货币成本相联系。因此，为了考虑实际过程中㶲的不等价性和经济因素，一种可行的方法便是对㶲赋以“价值”，即考虑到不同部位和不同形态的㶲的价值是不同的，因而在㶲的基础上，把不等价性和经济因素反映在㶲的“单位”上，这就是所谓的“㶲的价值化”。于是，20 世纪 60 年代，一种将㶲方法与经济因素相结合的交叉学科即热经济学或称㶲经济学便应运而生了。

（二）热经济学分析法概述

热经济学是基于热力学和经济学的交叉而产生的新兴学科，主要研究建立在热力学分析基础之上的经济活动。㶲经济学在热力学量度与经济学量度之间找到一个适当的平衡，借以全面而正确地反映用能系统载能价值流的运动规律，以期得到产品的单位成本最小，经济效益最佳的最优结果。热经济学分析法有两种基本思路：

（1）把要分析的系统放到两个环境中进行考察。一个是物理环境，描述该环境的参量为热力学的物理量，如温度、压力和化学势等；另一个环境是经济环境，描述这个环境的参量是一系列的经济信息，如价格、成本和利润等。物理环境是自然环境，受能量守恒等一系列自然规定的约束；经济环境虽不受这些自然定律的约束，但要遵循一切经济规律而不能违反。

（2）把系统中（包括系统与环境之间）相互作用的物质、能量、信息、设备、现金及人员都看成“流”，这些流从系统或环境的某一部分流入或流出，在流动过程中，严格遵守着物理环境和经济环境的有关规律，可以用一系列数学方程来描述这些规律。这些数学方程通常包括质量平衡方程、能量平衡方程、㶲平衡方程以及经济平衡方程，经济平衡方程也可称为成本平衡方程。在热经济学中，成本平衡方程的建立是重点。

热经济学分析方法是热力系统分析强有力的工具，特别适用于复杂工程（能量）系统的综合优化、节能分析、改造设计、系统运行性能评估与故障诊断、热力系统成本计算等技术问题。采用热经济学分析方法，可以详细描述整个生产过程中产品成本的形成过程，并进行合理的成本评估，同时也便于把生产过程的燃料消耗成本和设备的投资、折旧、运行、维护、检修和管理成本相联系，按能量成本和非能量成本进行统一的核算。在当代复杂的能量系统中，有许多用传统方法不能解决的问题，而应用热经济学分析方法却可以迎刃而解，如浮动价格结构下设备全寿期的经济分析与优化、根据物理学准则给产品㶲定价、系统的内部寻优和故障诊断等问题。

（三）热经济学分析法的主要模式

1. 孤立化模式

孤立化模式是由 M・Tirbsu 创立的，其基本思想是将热力系统划分为若干子系统，并使各子系统孤立化，通过对子系统逐个寻优，以局部优化代替总体进行优化，而达到全局最优的目的。孤立化模式应用的前提条件是各子系统在热经济上孤立化、互不影响，否则就会违背“系统的各个局部都为最优就意味着系统全局最优”的原则。因此，后人就将此第一次出现的热经济学命名为孤立化模式的热经济学。事实上，热力系统各子系统之间在热经济上孤立化条件很难满足，因此，这种热经济学模式现在已经很少使用，除非在理论上有重大的突破，否则难以继续发展下去。

2. 代数模式

代数模式是热经济学分析方法中比较经典的一种模式，它主要采用会计统计的方法进行热经济学分析，因此，也称为会计模式。代数模式中采用的会计法，即热经济学会计法与一般财务会计法基本相同，只是它所统计的内容不是现金，而是能量系统中的物质流、㶲流和现金流。在运用热经济学会计法时，一般要进行两个方面的统计和计算，一方面是热力学的统计和计算，如系统中的各股物流与㶲流的分布以及这些能流的焓值和㶲值；另一方面是经济学的统计和计算。在进行计算时，主要是建立能量平衡方程、物质平衡方程、㶲平衡方程、成本平衡方程来求解以获得相应的结果。例如，在进行热力学统计和计算时，可列出系统的能量平衡方程和物质平衡方程，通过计算求取系统中各子系统的能量费用和非能量费用，以及各股㶲流的㶲单位价格。

各平衡方程的表达式可表示如下：

（1）物质平衡方程

$$\sum M_{in}-\sum M_{out}=\Delta M \quad (6-31)$$

（2）能量平衡方程

$$(\sum Q_{in}-\sum Q_{out})+(\sum H_{in}-\sum H_{out})+(\sum W_{in}-\sum W_{out})=\Delta E_n \quad (6-32)$$

（3）㶲平衡方程

$$\sum E_{in}-\sum E_{out}-\sum I_r=\Delta E \quad (6-33)$$

（4）成本平衡方程

$$\sum M_{out}-\sum M_{in}=PL \quad (6-34)$$

式中：ΔE_n 为系统中储存的能量；ΔM 为系统中存留的物质；$\sum I_r$ 为系统㶲损失总和；PL 为赢利或损失。

当系统稳定流动时，ΔM 和 ΔE 均为零。以上的描述中，m 代表物流，M 代表现金流，Q 代表热量交换的数量，H 代表能量流的焓值。下标 out 和 in 分别表示流出和流入各个子系统的流。

如上所述，代数模式主要运用会计统计的方法给出在系统各部位上㶲流及经济流的分布，以发现哪些地方的改进潜力最大，但它也有自己的局限性，那就是它不能从系统整体分析的角度给出系统的某一局部改进或某一参数改变对全系统带来的影响。而一种称为“优化模式”的热经济学分析方法恰好能弥补代数模式的这些不足。作为最早出现在热经济学分析方法里的两种模式，代数模式和优化模式的使用在热经济学分析中并不是相互排斥的，而是相辅相成的。因此，在进行复杂方案的分析及比较时，常常把代数模式和优化模式结合起来使用，即先用会计统计法把大量的可行方案进行筛选，找出其中的缺陷以及需要改进的方向，然后再进行热经济学优化，以期得到最佳方案。

3. 结构系数模式

热经济分析法的结构系数模式主要是在选定的运行参数下，找出局部不可逆损失与系统整体不可逆损失、局部㶲流与系统㶲输入之间的关系。该模式能够如实描述一个系统内部各组元在热力学上甚至经济学上的内在联系，因此，可用于研究一些实际过程。通常可以用结构键系数（cofficient of structural bonds，CSB）来描述系统局部不可逆损失与系统整体不可逆损失之间的关系，而用外部键系数（cofficient of exterior bonds，CEB）来描述系统局部㶲流与系统㶲输入之间的关系。CSB 和 CEB 的表达式分别表示如下：

$$\delta_{ki} = \frac{\dfrac{\partial I_r}{\partial x_i}}{\dfrac{\partial I_k}{\partial x_i}} = \left(\frac{\partial I_r}{\partial I_k}\right)_{x_i = \text{var}} \tag{6-35}$$

$$\beta_{ji} = \left(\frac{\partial E_{in}}{\partial E_j}\right)_{x_i = \text{var}} \tag{6-36}$$

式中：δ_{ki}为 CSB；I_r 为子系统的㶲损；I_k 为系统的总㶲损；x_i 为系统中的某一优化参数；β_{ji} 为 CEB；E_{in}为输入系统的㶲流；E_j 为进入或离开子系统的㶲流。

式（6-35）所表示的含义是：对于某一系统，当改变系统中某一参数 x_i 来优化组成该系统的一个子系统时，该子系统的㶲损 I_r 将发生变化，同时，该变化必将引起系统的总㶲损 I_k 也随之发生变化。

值得指出的是，在研究系统的能量结构及其组元的热经济学优化中，结构键系数是非常有用的。通过分析结构键系数可能变化的范围，就可知道此时系统结构的变化状况，从而寻找优化的最好方式。

总的来说，热经济学分析法的结构系数模式实际上是把系统参数优化的问题转化为求解结构键系数和外部键系数的问题，通过分析这两个系数，可以得到系统各组元的具体表达式，从而了解各组元或各子系统对系统的影响。但是求解这两个系数是一个非常复杂的过程，并且对于一个复杂的热力系统，如果要确定系统中每个参数的具体表达式，有时也是不切实际的。因此，在系统分析中应该根据具体情况来定。

4. 矩阵模式

热经济学分析法的矩阵模式，也称为符号模式，是在“㶲成本理论”的基础上建立起来的，即使用符号或矩阵计算技术来建立更为通用的热经济学模型，以便分析系统中各组件的局部消耗对系统的外部资源消耗的影响。热经济学分析法的矩阵模式能够解决很多传统方法无法解决的问题。例如，基于多种（物理、经济和环境等）标准的多产品成本分摊、多目标的全局和局部优化、辨识复杂能量系统内部各组件能量降的原因及其相互影响、各种可行设计方案之间的评价和优选、能源审计等。

六、总能系统分析

1. 总能和总能系统

总能（total energie）和总能系统（total energie system）是 20 世纪初提出的，其原意是指同时利用能源的数量和质量。生产和生活通常需要两类热能。一类是高品质热能（如高温高压蒸汽或燃气），主要用于发电、动力；另一类是低品质热能（如温度、压力稍高于环境的热水、蒸汽或空气），主要用于采暖、干燥、蒸煮、炊事、淋浴等。

在能量利用中存在的主要问题有两种情况，一是要消耗大量燃料去提供低品质的热能；二是工艺过程放出很多低品位的热能未被利用而被废弃掉。典型的例子如图 6-5 所示。

因此，总能系统的指导思想是先做功后用热。即燃料的能量先通过汽轮机或燃气轮机或内燃机做功或发电，然后把低品位热量作为热源加以利用；对于工艺工程放出的热量，先做功后再作热源使用。典型例子如图 6-6 所示。

2. 按质用能

热能品质上是有差别的，要合理利用和节约热能，就必须根据用户需要按质提供热能。其基本原则就是：“热尽其用”——热能供需不仅数量上相等，而且质量上匹配。在实际使用热能的过程中，常有许多不按质用热而造成热能浪费的现象。例如，在工厂中常常可以看到把高参数（品质）的蒸汽经过节流过程降为低参数（品质）的蒸汽来使用，此时，用能的数量基本上没有减少，但㶲损失却很大。如常用的低压锅炉生产的 1.3MPa 的饱和蒸汽，其㶲值约为 1005kJ/kg，如将它经过节流过程降压到生产所需的 0.3MPa 的蒸汽来使用，就会使㶲值损失 171kJ/kg，这是很不合算的。

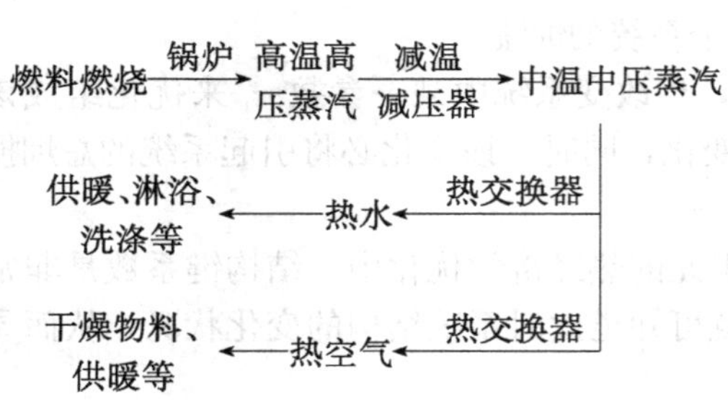

图 6-5　热能利用流程图

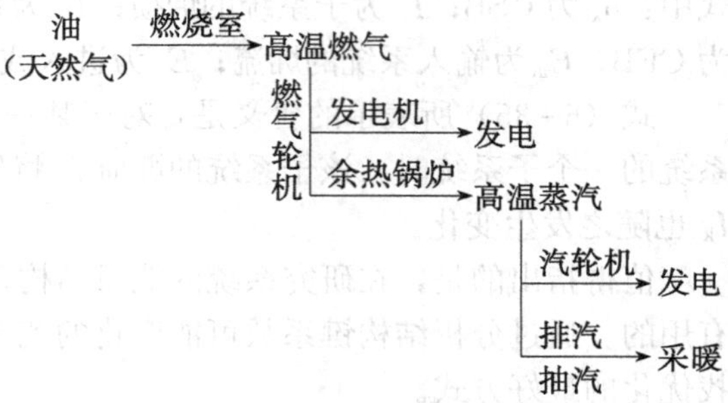

图 6-6　能量的合理使用示意

再例如，利用燃料燃烧直接对房屋供暖也是很不合理的热能利用方式，因为它没有把温度高达 1000℃的高温热源的㶲值加以利用，把优质热能用于低质热能完全可以满足要求的采暖上，浪费了优质热能；反之，如果先将高温热源的㶲通过热机将其转变为机械能，然后再利用此机械能通过热泵系统去提供采暖所需的热量，则从理论上讲，1kJ 的燃烧热㶲可以提供 12kJ 采暖所需的低温热量，由此可见，按质使用热能的重要意义。

还常常会遇到这样的情况，即利用一个高品质的热源供几个要求不同的工艺装置使用[见图 6-7（a)]，从而导致大量优质热能当作低级热能使用，造成热能的浪费。如果从热能的综合利用出发，对用能过程进行全面合理的组合，如先用作动力，再用于生产工艺过程，最后用于生活用热［见图 6-7（b)]，就能大大减少优质热能的浪费，节约大量热能。

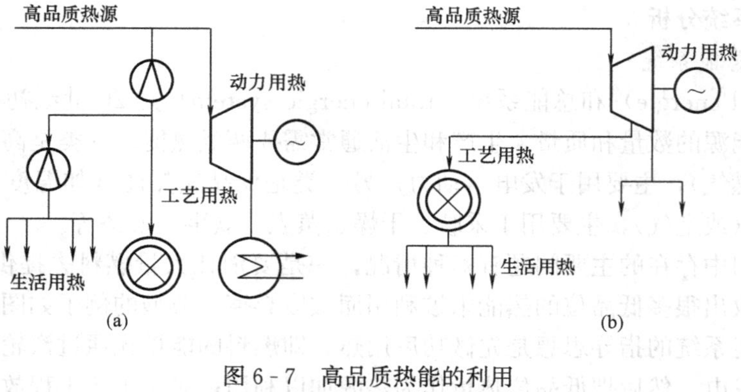

图 6-7　高品质热能的利用

（a）不合理的高品质热能的降级使用；（b）合理的高品质热能的分组使用

理论和实践都证明，凡是有热现象发生的过程，例如，燃料的燃烧、化学反应、有温差下的换热、介质的节流降压以及有摩擦的扰流等都是典型的不可逆过程，都要引起㶲值的下降，造成㶲损失。因此，除按质使用热能外，还必须在热能利用过程中尽可能减少由于不可逆过程所引起的㶲贬值，如燃烧和化学反应过程要尽量在高温下进行；加热、冷却等换热过程应使放热和吸热介质的温度接近；力求避免介质节流降压和摩擦扰流等。

第三节 能源建设项目不确定性分析

一、能源建设项目

（一）能源建设项目的定义和分类

1. 能源建设项目的定义

资源的开发利用需要工具作为载体，能源建设项目利用能源资源必需的载体。能源建设项目包括能源的开发、加工、转换、传输等各类基本建设项目。能源基本建设是通过新建、扩建、改建、迁建和恢复建设等形式所完成的一项固定资产的投资活动。

2. 能源建设项目的分类及特征

能源建设项目根据其规模可分为新建、扩建、改建、迁建和恢复建设等形式。

（1）新建项目。能源基本建设的新建项目是指从无到有、平地起家，一切从头开始的建设项目。有些建设项目由于原有基础很小，经重新进行总体设计，扩大建设规模后，其新增固定资产价值超过其原有固定资产价值 3 倍时，一般也属于新建项目。这类项目的基本特征如下：

1）投资规模大。由于项目基础设施的配套建设、土建施工量等工程较大，相应的投资规模也较大。

2）总体规划性强。新建项目一般易于总体规划，各工序之间、各相邻分厂之间易于按照生产的流程进行建设和设计。由于投资是在一段时间内集中使用的，因此，新技术、新工艺、新装备的整体设计性较好，相互之间较为配套，易于选择、设计适合项目需要的技术体系。同时，在人才的调迁、使用、安排上也易于搞好优化组合。

3）涉及因素多。

因此，能源新建项目在能源生产和国民经济发展中的地位都较为重要，而一些重大的能源建设项目对社会生态环境、区域经济发展更将产生很大的影响。

（2）扩建项目。能源基本建设的扩建项目一般是指原有企业为扩大原有产品的生产能力和效益，增加新产品的生产能力和效益，在原有企业的基础上通过新增建矿井、车间或其他有关工程，即通常所说的“厂内外延”来进行的。这类项目的基本特征如下：

1）基础设施较为完备，建设工程量较小。由于项目是在原有基础上的扩建，原有的道路运输条件、征地搬迁工作均可避免。因此，其工程量也一般较小，建设周期较短，建设速度也较快，易于在短期获得收益。

2）受原有企业基础工作水平影响较大。由于是在原有基础上的扩建，因此，原有企业的生产经营环境和条件，包括原材料供应状况、资源分布特点、市场状况、企业管理基础水平、各项技术设施以及职工素质等，都对项目建成后的效益有较大影响。

（3）改建项目。能源基本建设的改建项目是指原有企业为达到提高生产效率、改进产品质量、调整产品结构、提高技术水平等目的，而对原有设备、工艺流程等进行的一种整体性技术改造。对于那些为提高企业综合生产能力而增加的一些附属和辅助车间或非生产性建设工程，一般也属于改建项目。能源建设的技术改造项目同改、扩建工程是有一定区别的。在实际工作中，一般是从下述两方面来加以划分的：一是改、扩建工程只是在原有技术水平上的“外延扩大”，二是有些项目尽管采用了先进技术，但其规模、投资以及建成后的影响，都比技术改造项目大。能源基本建设的改建项目除了具有与扩建项目相同的一些基本特征外，还具有的一个显著特点是受原有企业的整体技术水平和设备配套能力约束性较强。由于改建是一种在一定范围内，一定生产工序上的技术改造工作，因此，它的整体效益在很大程度上与原有企业的技术装备水平，生产工艺特征有很大关联。如何正确解决和妥善处理改建项目与原有技术体系的相互衔接、配套，是搞好这类项目建设的一个重要方面。

(4) 迁建项目。能源基本建设中的迁建项目是指那些由于各种原因，企业整体在空间位置上进行转移的一种建设工程。不管其建设规模是维持原状，还是有所扩大都属于迁建的范围。迁建项目最显著的特征是：企业的技术状况、产品结构、人才队伍、组织管理都保持在原有水平上，是生产各要素在空间范围内的整体转移，而在新址上的各项基础建设则同新建项目无多少差异。

(5) 恢复性建设项目。能源基本建设的恢复性建设，是指企业的固定资产由于自然灾害、战争或其他人为因素所造成的损害而部分或全部报废之后，又投资进行的一种恢复性建设。不管这种建设的规模是否与原来相同，在建设过程中是否同时还进行扩建，都属于恢复性建设的范围。这类项目的显著特点是：整个建设是在原有基础上所进行的一种修补重建，其目的在于恢复其原有的生产水平。因此，在建设过程中，受原有企业的布局结构、资源状况、外部基础设施功能影响较大。

按能源的种类不同，能源建设项目可分为煤炭建设项目、火电建设项目、水电建设项目、核电建设项目、石油天然气建设项目等。

按能源开发利用的次序不同，能源建设项目又可分为能源开发项目、能源传输项目（管道输煤、电网建设、管道输油、铁路专用线等）、能源转换项目、能源加工项目、能源综合利用项目等。

按经营特点和服务对象不同，能源建设项目又可分为能源生产项目、非生产性项目以及社会基础设施项目（如城市煤气、城市供电等）。

除按上述方法对能源基本建设项目进行分类外，还可按投资的用途将其划分为生产性建设项目和非生产性建设项目。按项目投资规模的大小，将其划分为大型、中型、小型建设项目。

（二）能源建设项目的特点

1. 项目建设选址受地理环境的制约大

能源的生产首先受地质条件制约，建设项目之前需地质勘探先行，只有在资源富集的地方开采挖掘才能获得较高的经济利益。除对原料的需求外，技术经济、安全、环境和社会经济都直接制约了建设项目的选址。例如，水电站的选址除对水能的要求外还要考虑到河流分段、水文数据、地形地质、淹没损失等因素。核电厂的选址则要求临近水源且水运便利；主要是因为核电所需的大型设备一般在300～500t，只能通过水运；此外，反应堆冷却也要求大量的工业用水。因此，即使现在内陆多个省份确定兴建核电厂，其选址也是在大江大河沿岸。太阳能烟囱电站的选址则严格要求地面高差小，地质条件避开地震带，设备输入、电力输出便利等。

2. 能源建设项目建设周期长、工程量大

能源建设项目施工量大，特别是土方剥离和土建工程占有较大的比重。一些大型能源基地的开发建设，还涉及动员拆迁、人员安置、交通枢纽建设等众多社会经济因素。因此，建设周期一般比较长，特别是新建项目。

3. 能源建设项目投资大，资金回收期长

例如，浑江发电公司（五期）扩建工程项目建设周期 2004～2006 年，投资总额 14 亿元；资溪县刘家山水电站建设工程生产规模为电站装机容量 2×5000kW/h，建设周期2003～2006 年，决算总投资 6289 万元；沁北电厂（二期）工程项目建设周期 2004～2006 年，投资总额 46 亿元。

4. 能源建设项目受国家能源发展规划制约

能源建设项目的兴建都直接受国家能源规划宏观调控。“十五”期间，在“十五”能源规划政策指导下，大力发展水电和天然气工程使得三峡水电站及“西气东输”工程得到较快发展；优化发展火电使得小火电机组关停，煤炭在一次能源消费中比重下降 3.88%，新建燃煤电厂单机容量需在 300MW 及以上等。“十一五”期间我国能源建设的总体安排是：有序发展煤炭；加快开发石油天然气；在保护环境和做好移民工作的前提下积极开发水电，优化发展火电，推进核电建设；大力发展可再生能源。适度加快“三西”煤炭、中西部和海域油气、西南水电资源的勘探开发，增加能源基地输出能力；优化开发东部煤炭和陆上油气资源，稳定生产能力，缓解能源运输压力。重点建设五大能源工程。能源发展规划对此期间的能源建设项目做出新的指导性的规划，从而决定能源建设项目的总体发展方向的变化以及各具体项目的发展比重。

5. 整体性固定资产联系紧密，服务年限较久以及技术设备专用性强

能源建设项目的固定资产之间互相配套，联系紧密。一个能源项目一旦建成将长期地为区域服务，因此，设备服务年限久，设备的技术要求也较高。同时，能源项目的设备通常为大型设备，只适用于专门的能源生产。

6. 不确定性因素多

（三）能源建设项目建设程序

能源建设项目特别是新建项目，由于投资强度高、规模大、技术密集、建设周期长、影响大，因此，建设必须按一定程序进行。下面对我国目前对于一个建设项目从规划到建成投产的建设程序进行简单介绍。

1. 项目建议书

各投资主体根据国家经济发展的长远规划，产业发展政策及各自的行业、地区规则，结合资源、市场、生产力布局等条件，在调查研究、收集资料、地质勘探、初步分析投资效果的基础上，提出项目可行性研究建议书，报各级计划管理部门进行汇总平衡，并按规定分别纳入各级计划的前期准备工作，进行必要的可行性研究分析。

2. 可行性研究

可行性研究是在项目决策之前所进行的技术经济分析评价。它一般解决下述问题：一是项目在技术上是否可行；二是在经济上是否合理；三是财务盈利情况如何；四是人力、物力资源需求怎样；五是建设周期多长；六是投资额及其来源保障等。做好可行性研究，需进行必要的准备工作，如资源勘探、工程地质、水文地质勘察、地形测量，工艺技术试验、市场

分析调查、技术装备选择以及地震、气象、环境等资料的收集等。在此基础上，再进行必要的项目财务分析和国民经济综合评价，经过多方案的比较选择，推荐最佳方案以供决策，并为编制设计任务书提供依据。

3. 编制任务设计书

任务设计书是明确项目、编制设计文件的主要依据。其内容包括：一是建设的目的和依据；二是建设规模、产品方案、生产工艺方法；三是矿产资源、水文地质、原材料、燃料、动力、供水、运输等协作配合条件；四是资源综合利用和“三废”治理要求；五是建设地点及土地占用估算；六是防空、防震等社会自然灾害的要求；七是建设工期；八是投资控制数额；九是劳动定员控制数；十是要求达到的经济效益和技术水平。

4. 择优选定建设地点

根据建设项目设计任务书的要求和区域规划，在地质勘探和技术经济条件调查基础上，落实项目的外部建设条件，择优选定建设地点。

5. 编制设计文件

根据批准的设计任务书和选点报告要求，由具体设计单位来进行。大中型建设项目采用初步设计和施工图设计，重大特殊项目增加技术设计。初步设计的主要内容包括：设计指导思想、建设规模、产品方案或纲领、总体布置、工艺流程、设备选型、主要设备清单和材料用量、主要技术经济指标等文字说明。初步设计是编制年度计划的依据，是进行设备订货和施工准备工作的依据，但不能作为施工的依据。技术设计是为了研究和确定初步设计所采用的工艺过程、建筑和结构形式等方面的主要技术问题，补充和修正初步设计，并编制修正总概算而进行的。

6. 施工建设准备

施工建设准备的主要工作有：工程、水文地质勘察，收集设计基础资料，组织设计文件的编审，提报物资申请计划，组织大型专用设备和特殊材料订货，落实地方建筑材料的供应，办理征地拆迁手续，落实水、电、路等外部条件和施工力量。

7. 计划安排

建设项目在其初步设计和总概算经过批准，进行综合平衡后，可列入年度计划，合理安排建设所需的各年度投资。

8. 组织施工

施工单位根据设计单位提供的施工图，编制施工图预算和施工组织设计，必须按施工图和施工组织设计来进行施工。

9. 生产准备

根据建设项目的生产技术特点和交工进度，适时做好生产的各项准备工作，以保证项目建成后及时投产。其准备工作主要有：招收培训生产人员，落实原材料及协作产品，落实燃料、水电气等来源和协作配合条件，组织工具、器具、备品备件的制造和订货，组织生产管理机构，制订必要的管理制度，收集生产技术资料和产品样品等。

10. 竣工验收

项目建成后，应组织验收，交付使用。生产性项目，要经过负荷试运转和试生产考核之后才能正式交付使用。

正是由于能源建设项目具有自身的特点，能源建设必须严格按照基本建设的程序进行管理。

二、能源建设项目的评价和分析

（一）对能源建设项目进行不确定性分析的原因

根据项目建议书进行可行性研究，确定技术上可行、经济上最节省和合理的方案是整个项目建设过程中最为重要的一步。后期的建设都是在方案确定后按照方案计划予以实施。可行性研究通常可分为资料收集与汇总，投入产出估算，计算分析，最终决策四个阶段。可行性研究阶段的工作大都是建立在历史数据的统计和对于未来的预测之上，由此得到的方案，当未来的发展符合过去的规律的条件下确实是最优的。

实际情况是，我们往往可以听到某项工程的实际投资额大大超过设计的预算，实际建设进度比设计编制的进度计划延长了许多时间，企业投产后的经济效益长期达不到预定的指标，甚至产品在市场上滞销。另外，现在基本建设和技术改造项目采取银行贷款和工程承包的办法，工程建设进度虽然加快了，但按常规的投资预算方法仍不可能全面认识客观的可变性，即不可能认识工程投资的风险性。这是因为我们采用的都是“未来”的数据，投资总额、建设工期、产品成本、销售收入、原材料价格等都是根据调查和预测的结果推算出来的。而在实际工作中，由于影响各种方案经济效果的政治因素，经济形势，资源条件，技术发展情况等未来的变化具有不确定性，不可避免地会遇到这些数据与实际有较大的出入。如建设工期的延长、投资总额和资金来源的变化、技术工艺和设备性能的改变、原材料市场价格的上涨、劳务费用增加、市场需求量变化、产品市场价格的下跌、贷款利率变动以及政府经济政策的变化等。加上预测方法和工作条件的局限性，方案经济效果评价的成本与收益都将不可避免地存在误差，都可能使一个能源建设项目达不到预期的经济效果，甚至发生亏损。

设计与实际的脱离是因为客观实际是各种随机因素作用的结果，是变化的、动态的。而在设计和计划时，按常规方法是静态的，对统计数据是按算术平均计算并取值的。

就一个企业的新建或改造来说，由于价格的变化，管理水平、施工装备与施工人员的技术水平的差异，以货币表示的投入量是变动的。企业投产后，由于企业生产能力、管理水平、技术条件、工人操作水平以及市场竞争情况的变化，因而，产品的成本和产品的售价是变动的，企业赢利额也是变动的。在设计时，由于对外部的条件以及内部的配套工程考虑不周而漏项，在施工中或投产后要补充建设以致投资增加。由于原材料、能源以及施工力量不足，还由于施工管理不善和施工人员的素质同样不可预期等原因，使施工工期延长。施工拖延不仅因企业晚投产而使企业受益晚，而且贷款付息时间增长，相当于增加了投资额，因而恶化了总的经济效益。

为了尽可能地避免决策失误，就要了解各种外部条件发生变化时对能源建设方案经济效果的影响程度，以及投资方案对于外部条件变化的承受能力，尽可能减小不确定性因素给可行性研究带来的误差，提高可行性分析的可靠程度。

借助于数理方法及一些预测方法，可以得出投入和产出参数以及市场变化的经验概率密度函数。例如，某项原料或材料，由于生产成本的变化以及供应地点远近与运输方式的不同，不同时间、不同供应方式地运到工地的原材料支付费用就不一样。经过对一些数据的处理统计方法或采用某种预测分析方法，可以得到连续的概率函数（例如，某一平均值和方差的正态分布），或估计出最劣值、最可能出现值、最佳值发生的概率。对产品在市场的销售情况也可做出好、中、差发生的概率。对施工工期也可以统计分析类似工程的实际进度，或采取专家咨询法等预测分析方法，做几种可能出现的情况的设定。有一些投入、产出等参数的可能发生情况的估计，采取动态的分析方法，规定出衡量准则，就可做出投资决策分析。

（二）能源建设项目的分析评价

能源建设项目的分析评价可以分为技术评价和经济评价两部分。

1. 技术评价

技术评价的主要内容包括生产工艺评价、设备选型评价、软技术转让评价和项目布置评价。

（1）工艺生产的评价。对项目工艺生产的评价除应遵循前述的技术合理性、先进性、适用性、可靠性和安全性外，还应充分考虑工艺对原材料的适应能力，特别是需要进口原材料时更应考察国际市场的供应潜力和国内原材料的替代问题。此外，对各道工序之间的相互衔接，工艺技术的升级应变能力，以及对环境的影响等也要着重考虑。

（2）设备的选型评价。设备的选型评价应包括所有的设备（生产工艺设备、辅助生产设备、研究设备、管理和办公设备、公用设备等），主要考察以下四方面的内容：①所选设备是否符合工艺流程要求；②所选设备是否能满足生产规模的需要；③所选设备能否互相配套、互相衔接；④所选设备的备品备件是否有保证；⑤考察设备时应具体到设备的型号、性能、安装尺寸、操作员的配置等，以使评价准确、翔实。

（3）软技术转让。软技术转让的类型主要有以下几种：①工业产权的软件技术转让（如专利、商标、专门知识的转让）；②软技术服务性的转让（如工程合同、技术援助）；③销售软技术的转让（如专营）；④对不同的软技术转让，应采用不同的评价方法；⑤对专利转让应着重注意专利的有效时间，出口区域是否有类似专利，能否保障接受方免受第三方对侵权专利的索赔等；⑥对专门知识的转让则着重考察专门知识的内容，特别是需保密的内容，保密期限，转让方对专门知识所承担的保证等。

（4）项目布置的评价。鉴于能源建设项目通常都很大，因此，在技术评价中应包括项目布置的评价。项目布置的评价目的是保证项目的布置（地面布置和建筑物内的布置）能使生产的各环节和各道工序之间实现有机的结合。除考察布置的合理性外，还要从节约用地、便于管理、节约投资等方面来加以评价。

2. 经济评价

建设项目的经济评价大体可分为财务评价和国民经济评价两个层次，并在此基础上进行必要的不确定性分析和方案比较。

（1）项目财务评价。项目财务评价是根据国家现行财税制度和现行价格，分析、测算项目的效益和费用，考察项目获利能力、清偿能力及外汇效果等财务状况，以判别项目的财务可行性。

借助项目财务评价的结果，可以了解项目的财务盈利能力，项目投资额及其筹措方式，权衡项目的财政补贴或减免税政策需求等。

项目的财务分析与评价可划分为四个阶段：资料收集与汇总阶段、投入产出估算阶段、计算分析阶段和最终决策阶段。

1）资料收集汇总阶段。这是在项目提出之后，围绕项目建设的目的、意义、要求、建设条件和投资环境以及主要技术要求，一方面要收集整理项目的基础数据资料，如项目投入物和产出物的数量、质量、价格及项目实施进度等；另一方面要收集项目基本财务报表所需的数据和资料，如生产规模及产品品种方案、投资费用、职工人数等。在此基础上，进行资料汇总。

2）投入产出估算阶段。这一阶段的任务是进行投资估算、生产成本估算和费用效益估算。投资估算包括固定资产和流动资金两部分。国内一般项目的固定资产投资估算一般参照概算指标的方法来进行。生产成本估算有两种方法，一是按生产费用要素估算，二是按产品成本项估算，即按生产过程的各个环节分别估算。前者方法简便，易于掌握；后者则需先计算出各车间和设施的产品单位成本，然后再汇总为总成本，计算比较复杂但能较好地反映不同生产技术条件下的产品成本。成本估算的内容包括计算基本折旧、流动资金利息、推销费和销售、外购原料、工资等经营成本费用。费用效益估算是在测算出税金、销售收入、营业外净支出等收益的基础上，与生产总成本进行对比分析，测算出项目的收益状况。

3）测算分析阶段。测算分析是在编制好的项目基本财务报表基础上进行的。这套报表与企业的日常经营活动财务分析报表有所不同，它是根据预测数据对项目计算期内的生产经营状况所做的一种长期动态分析。企业日常财务报表则是根据历史数据对当前企业经营活动所做的一种静态分析。根据我国项目评价的一般要求，项目财务分析评价的基本报表可分为五种，即财务现金流量表（包括全部投资和国内投资两种）、利润表、财务平衡表、资产负值表（一般国内项目可不做）及财务外汇流量表。

4）决策选择阶段。决策选择是在财务分析的基础上，对项目的盈亏平衡状况及风险状况所做的进一步分析，并通过多方案筛选，以最终确定项目取舍。对那些未通过选择的项目，则需要重新设计或调整项目进行分析和测算。

在财务评价基础上所进行的国民经济评价，需要进行必要的费用效益调整，并在调整的基础上，完成国民经济评价基本报表的编制。其调整的具体内容主要有费用与效益范围的调整、费用与效益数值的调整。

财务评价一般以经济内部收益率和经济净现值作为主要指标，必要时也可计算经济净现值率，在项目初选阶段可以计算投资净效益率。当项目涉及产品出口换汇或替代进口节汇时，应计算经济外汇净现值、经济换汇成本或经济节汇成本。

（2）国民经济评价。国民经济评价是项目经济分析评价的核心部分。它是从国家整体角度来考察项目的效益和费用，用影子价格、影子工资、影子汇率和社会折现率等国家参数，分析计算项目给国民经济带来的净效益，以评价项目经济上的合理性，并依此来决定项目的取舍。

国民经济评价可以单独进行，也可以在财务评价的基础上经过调整来完成。

对单独进行的国民经济评价，在资料收集工作结束后，先要确定的是费用与效益的范围，即明确项目费用与效益的直接与间接内容。在此基础上选定投入物与产出物的价格，对那些投入产出比重较大或国内价格明显不合理的投入物与产出物，应采用影子价格来计算效益与费用。而其余投入产出物则可采用现行价格，然后再将各项费用与效益编制成规定的国民经济评价基本报表。借助于这些报表，利用国民经济评价的基本指标便可对能源建设项目进行国民经济评价。

（三）能源建设项目的不确定性因素

1. 成本

（1）固定成本。固定成本是指一定时期内和一定规模下相对固定的不随产量变化而变化的成本部分，如厂房设备的折旧，管理人员的工资。

（2）变动成本。变动成本是指随产量变化近似成正比变化的成本部分，如原材料费用，直接生产的工人的工资。

（3）混合成本。混合成本是指兼有变动成本和固定成本的性质的成本部分，如设备的维护费、修理费等。

2. 需求与销售

需求与销售包括市场需求、销售量、产品价格、销售收入及销售税金等。

3. 投资

（1）固定资本。固定资本包括有形资本和无形资本，有形资本如土地、设备、建筑物及车辆等。无形资本如专有技术、专利权、著作权等。

（2）流动资本。流动资本是在生产和流通过程中供周转使用的，如购买原材料和支付工资的费用。

4. 国民经济参数

国民经济参数包括净现值、回收期、内部收益率、影子价格等。

净现值是按行业基准收益率或设定的折现率将计算期内各年的净现金流量折现到基准年的各现值之和。

回收期是投资返本年限，项目的净收益抵偿全部投资所需要的年限。

内部收益率是项目在计算期内将各年现金流量折现，使净现值累计为零时的折现率。反映项目盈利能力的动态指标。内部收益率大于或等于行业收益率时方案是可行的。

影子价格是相对于市场交换价格的一种计算价格，反映货物的真实价值和资源最优配置的要求。国民经济评价中使用影子价格是为了消除在市场机制不充分的条件下价格失真、比价不合理等可能导致的评价结论失实。

5. 建设工程指标

建设工程指标包括建设周期，投产期限，产出能力达到设计能力所需的时间等。

三、不确定性分析的方法

（一）不确定性分析概述

项目评价采用的数据，大部分来自预测和估算，存在一定程度的不确定性。为了估量一些主要因素发生变化时对经济评价指标的影响，预测项目可能承担的风险，需进行不确定性分析。

项目不确定性分析的方法很多，如盈亏平衡分析法、敏感性分析法、乐观悲观法、决策树分析法、概率分析及蒙特-卡罗（Monte-carlo）模拟法等。联合国工业发展组织出版的《工业可行性研究编制手册》中，着重介绍了盈亏平衡分析、敏感性分析和概率分析三种方法。在我国可行性研究实践中也主要是运用这三种方法。盈亏平衡分析，只用于项目财务评价，而敏感性分析和概率分析既用于项目的财务评价，也适用于项目的国民经济评价。

从理论上可以区分风险与不确定性，但从项目经济评价角度来看，试图将它们绝对地分开没有多大意义，实际上也是不必要的。因此，我们把对使结果不确定的任何决策都理解为具有风险性，并认为这样的决策不可靠、不确定。在这里，风险指的是某种不利事件是有可能发生的。

从理论上讲，风险是指由于随机原因所引起的项目总体的实际价值与预期价值之间的差异。不确定性是指对项目有关的因素或未来情况缺乏足够的情报而无法做出正确的估计，或者没有全面考虑所有因素而造成的预期价值与实际价值之间的差异。风险是与出现不利结果的概率相关联的，出现不利结果的概率（可能性）越大，风险也就越大。

在处理风险或不确定性问题时，如果能够确定与项目盈利密切相关的一些因素的变化会影响投资决策到什么程度，显然，对科学地进行投资决策是非常有益的。这种分析就是敏感性分析，敏感性是指由于特定因素变动而引起的评价指标的变动幅度或极限变化。如果一种或几种特定因素在相当大的范围内变化，但不对投资决策产生很大影响，那么，可以说拟议中的项目对该种（几种）特定因素是不敏感的；反之，如果有关因素稍有变化就使投资决策发生很大变异，则该项目对那个（些）因素就有高度的敏感性。敏感性强的因素的不确定性将给该项目带来更大的风险。因此，了解在给定投资情况下建设项目的一些最不确定的因素，并知道这些因素对该建设项目的影响程度，就能在更合理的基础上做出建设项目的投资决策。

敏感性分析只能告诉决策者某种因素变动对经济指标的影响，并不能告知发生这种影响的可能性究竟有多大。如果事先能够客观地或主观地（有一定的科学依据）给出各种因素发生某种变动的可能性的大小（概率），无疑对建设项目决策科学化将是非常有益的。这种事先给出各因素发生某种变动的概率，并以概率为中介进行的不确定性分析是另一种不确定性分析，即概率分析。

为减少不确定性对建设项目经济可行性研究的影响，通常认为可以采用盈亏平衡分析、敏感分析和概率分析。

（二）不确定性分析一般步骤

1. 鉴别关键变量

虽然未来事物都具有不确定性，但不同事物在不同条件下的不确定程度是不相同的，因此，在开始分析时，要先从各个自变量及其相关诸因素中，找出不确定程度较大的关键变量或因素，这些变量或因素一般数值较大或变动幅度较大，所以，对因变量数值的影响也比较大，是不确定性分析的重点。其中，要特别注意销售收入、生产成本、投资支出和建设周期这四个变量及其相关因素。引起它们变化的原因一般为物品价格上涨、工艺技术改变导致产品数量和质量发生变化；设计能力达不到；投资超出计划；建设期延长等。

2. 估计变化范围或直接进行风险分析

找出关键变量之后，就要估计关键变量的变化范围，确定其边界值或原预测值的变化率，也可直接对关键变量进行风险分析。

3. 求可能值及其概率或直接进行敏感性分析

对每个关键变量，在其确定的变化范围内，估计其出现机会较多的各可能值及每个可能值的出现概率。这一步是要将上一步确定的变化范围缩小为几个可能值（它们的概率之和为1），而预测值通常是变量未来最可能出现的数值，也可以直接利用上一步所估计的关键变量。

4. 进行概率分析

用上一步求出的可能值及其发生概率，求关键变量的期望值，并以期望值代替原预测值求因变量的数值。然后，将新求出的因变量数值与其原来的数值对比，观察第一阶段确定性分析结果的误差，并把概率分析后的数值作为原数值的修正值。

四、盈亏平衡分析方法

（一）盈亏平衡分析概述

盈亏平衡分析又称平衡点（临界点、分界点、分歧点、保本点、两平点、转折点）分析，广泛地应用于预测成本、收入、利润，编制利润计划；估计售价、销量，成本水平变动对利润的影响，为各种经营决策提供必要的信息；也可以用于投资项目的不确定性分析。

盈亏平衡分析方法是指在一定的市场、生产能力的条件下，研究拟建项目成本费用与收益的平衡关系。项目的盈利与亏损的转折点，称为盈亏平衡点（BEP），此时，项目刚好盈亏平衡。盈亏平衡分析就是要找出盈亏平衡点，盈亏平衡点越低，项目盈利的可能性就越大，造成亏损的可能性就越小，可能承担风险的程度也越低。

（二）盈亏平衡分析方法具体说明

平衡点就是对某一因素来说，当其值等于某数值时，恰使方案决策的结果达到临界标准，则此数值为该因素的盈亏平衡点。这里所说的某一因素就是影响投资项目风险的不确定性因素。它可以是产量，也可以是经济寿命、利率等。从这个意义上说，内部收益率就是项目关于利率这一不确定性因素的动态盈亏平衡点。虽然我们广义地理解盈亏平衡分析，但关于产量、成本、利润的分析仍然是盈亏平衡分析的主要内容和出发点。因此，下面主要就利用这三个因素介绍盈亏平衡分析方法。

1. 盈亏平衡分析方法的分类

根据总成本费用、销售收入与产量（销售量）之间是否存在线性关系可将盈亏平衡分析分为线性盈亏平衡分析和非线性盈亏平衡分析。

线性盈亏平衡分析要满足以下四个假定的条件：①产量等于销售量；②产量变化、单位可变成本不变，从而总成本费用是产量的线性函数；③产量变化为线性函数；④只生产单一产品或者生产多种产品，但可以换算为单一产品计算。

由于财务制度的改革，采用了新的总成本费用估算法，这就使得项目在达产后年份产量固定而总成本费用却不一定相同。这是因为：①新的方法允许固定资产采用加速折旧法，无形资产和递延资产可能采用不同的年限摊销，导致各年的折旧费和摊销费数额不相同；②生产期的借款利息计入当年总成本费用中的财务费用，随借款的偿还，利息会逐年减少。这样，按不同年的成本费用进行盈亏平衡分析就可能会出现不同的盈亏平衡点。在这种情况下，建议选取固定成本最高的年份来进行盈亏平衡分析，这样，求出的盈亏平衡点是最高的。以此进行盈亏平衡分析对预测项目风险最具意义。

2. 盈亏平衡分析方法在项目财务评价中

国家发改委要求在大中型基本建设项目和限额以上技术改造项目试行的《建设项目经济评价方法与参数》中规定：盈亏平衡点根据正常生产年份的产品产量或销售量、变动成本、固定成本，产品价格和销售税金等数据计算，用生产能力利用率或产量等表示，其计算公式为

$$\text{BEP(生产能力利用率)} = \frac{\text{年固定总成本}}{\text{年产品销售收入} - \text{年变动总成本} - \text{年销售税金}} \times 100\% \tag{6-37}$$

$$\text{BEP}(\text{产量})=\frac{\text{年固定总成本}}{\text{单位产品价格}-\text{单位产品变动成本}-\text{单位产品销售税金}} \tag{6-38}$$

$$\text{BEP}(\text{产量})=\text{设计生产能力}\times\text{BEP}(\text{生产能力利用率}) \tag{6-39}$$

值得注意的是，对于有技术转让费，营业净支出及缴纳资源税的项目，在上述计算公式的分母中，应将其扣除。当然，盈亏平衡点越低，表明项目适应市场变化的能力越大，抗风险能力越强。

3. 盈亏平衡分析方法的优点

(1) 分析简单、明了。只要对项目的产量、售价、成本等因素进行分析，就可以了解项目、产品对市场的适应程度及项目可能承担风险的程度。

(2) 盈亏平衡分析除了有助于确定项目的合理生产规模外，还可以帮助项目规划者对由于设备不同引起生产能力不同的方案，以及工艺流程不同的方案进行投资抉择。设备生产能力的变化，会引起成本的变化；同样，工艺流程的变化则会影响到单位产品的可变成本。通过对方案的 BEP 值计算，可以为方案选择提供有用的信息。

4. 盈亏平衡分析方法的缺点

盈亏平衡分析方法是建立在生产量等于销售量的基础上的，即产品能全部销完而无积压，它用的一些数据，是某一正常生产年份的数据。由于建设项目生产经营期是一个长期的过程，所以，使用盈亏平衡分析方法很难得到一个全面的结论。

尽管盈亏平衡分析有上述缺点，但由于它计算简单，可直接对项目的关键因素进行分析，因此，仍然被作为项目不确定性分析的一种重要方法。

(三) 盈亏平衡分析方法操作步骤

在可行性研究中进行盈亏平衡分析时，通常是用计算法与作图法或两者结合并用。计算法即用计算公式直接求出盈亏平衡点。图解就是以横坐标表示产量或生产能力利用率（%），以纵坐标表示销售收入和产品总成本费用（包括固定成本和可变成本），分别将销售收入与销售量（或生产能力利用率）的线性函数关系描绘在同一坐标图上，两曲线的交点即盈亏平衡点。与盈亏平衡点对应的横坐标即为以产量或生产能力利用率表示的盈亏平衡点 BEP（见图 6-8）。另外，在绘制盈亏平衡图时，销售税金及附加通常均可视为项目必要的固定支出，此时，将使盈亏平衡点向上移动。

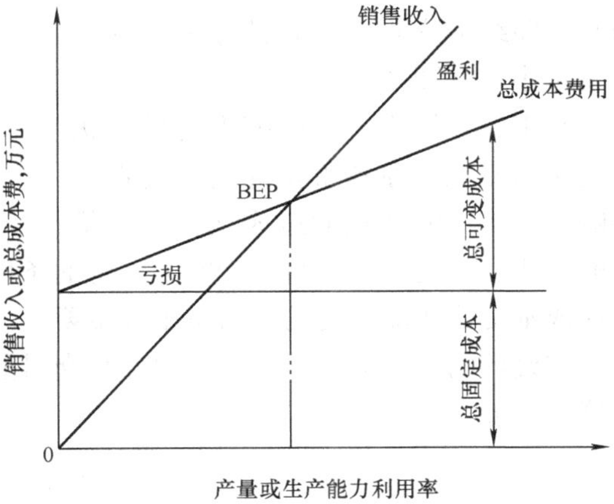

图 6-8 盈亏平衡点

(四) 因素变化对盈亏平衡的影响

1. 产品价格对盈亏平衡的影响

单位产品销售价格的高低是影响项目盈亏的重要因素，如果其他不确定因素保持不变，提高产品价格，在图 6-9 中，收入曲线 $B=PQ$ 就越陡。与成本曲线 $C=FC+C_v$ 的交点（即 BEP 点）就离原点越近，提高价格使盈亏平衡产量减少；反之，降低产品价格，收入曲线就越缓。与成本曲线的交点（即 BEP）就离原点越远，使盈亏平衡产量增高（见图 5-2）。

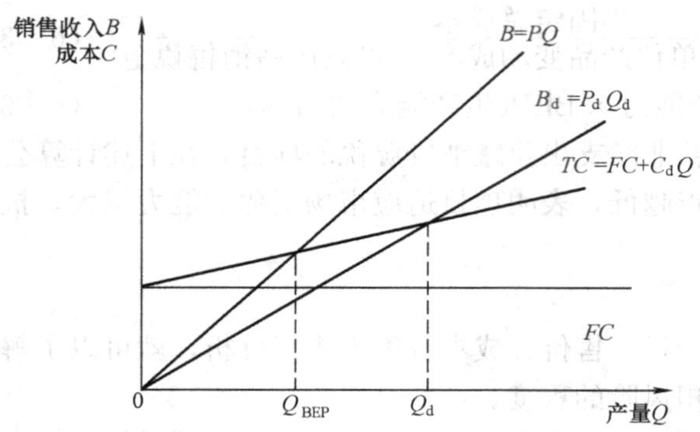

图 6-9 销售价格对盈亏平衡的影响

在市场经济中，产品价格随市场供求状况的变化而变化，而产品价格的变化会直接影响项目盈亏状况的变化。在项目生产能力确定的条件下，分析产品价格变化对项目盈亏平衡的影响及项目对产品价格变化所能承受的能力尤为重要。

在一般情况下，项目的设计能力为项目的最大生产能力。在设计能力下，达到盈亏平衡的价格为项目所能承受的最低价格（P_d），其计算公式如下：

$$P_d=\frac{FC+C_{vBEP}Q_d}{Q_d}=\frac{FC}{Q_d}+C_v \tag{6-40}$$

2. 变动成本对盈亏平衡的影响

变动成本的高低也是影响项目盈亏平衡的重要因素，如果其他不确定因素保持不变，变动成本越大，成本曲线越陡与收入曲线的交点越高，盈亏平衡的产量就越大；变动成本越小，曲线越缓与收入曲线的交点越低，盈亏平衡的产量就越小（见图 6-10）。

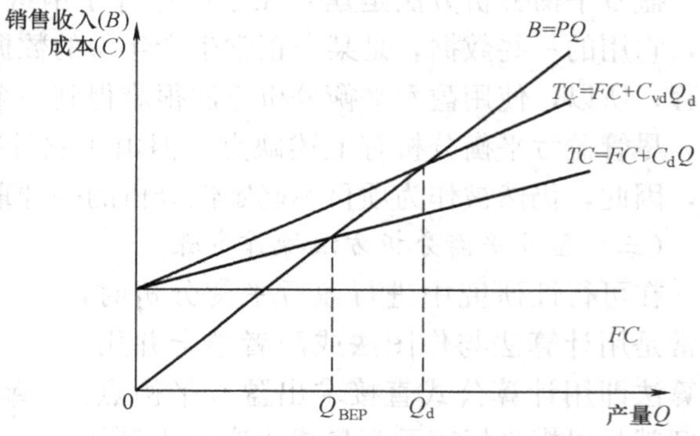

图 6-10 变动成本对盈亏平衡的影响

在市场经济中，价格随市场供求状况变化而变化，原料价格的变化会直接影响变动成本的变化而造成项目盈亏状况的变化。因此，在项目生产能力一定的条件下，分析变动成本对盈亏平衡的影响及项目对变动成本变化所能承受的能力也十分重要。

在设计的生产能力下，达到盈亏平衡时的变动成本为项目所能接受的最高可变成本。其计算公式如下：

$$C_{vd}=P-\frac{FC}{Q_d} \tag{6-41}$$

3. 固定成本对盈亏平衡的影响

固定成本的高低对项目盈亏的影响也是很重要的。如果其他不确定因素保持不变，固定成本越高，盈亏平衡产量就越大，项目承担风险就越大；固定成本越低，盈亏平衡产量就越小，项目承担的风险就越小（见图 6-11）。

一般来讲，高科技的项目固然技术先进，但却往往提高了项目的固定成本的投资，必须通过提高产量来弥补，从而增加了项目的风险。

在设计的生产能力下，达到盈亏平衡时的固定成本为项目可以接受的最高固定成本，其公式为

$$FC_d = (P - C_v)Q_d \qquad (6-42)$$

盈亏平衡分析方法可具体分析每一因素变化对于方案经济性的影响，确定每一因素不同范围内经济性最大的方案。总之，通过量本利的分析，得到某一因素对各种方案预期收益相同时的数值，从而划定区间，确定各区间内的最优方案，当实际情况落入某一具体区间内时采用相应方案。

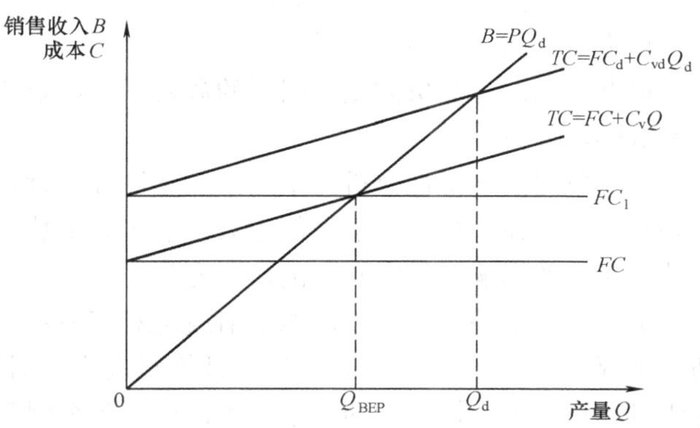

图 6-11　固定成本对盈亏平衡的影响

盈亏平衡分析方法的意义在于不是盲目追求利益最大的方案，而是充分考虑实际因素对方案取舍的影响，得到实际情况的最优方案。

五、敏感性分析方法

（一）敏感性分析方法概述

敏感性分析是投资项目和企业其他经营管理决策中常用的一种不确定性分析方法。它是通过测定一个或多个不确定因素的变化所导致的决策评价指标的变化幅度，了解各种因素的变化对实现预期目标的影响程度，从而对当外部条件发生不利变化时投资方案的承受能力做出判断。敏感性分析的目的是考察项目主要因素变化时对项目净效益的影响程度。

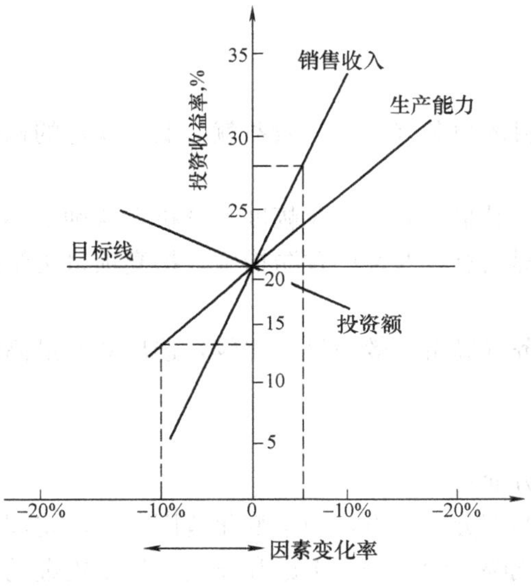

图 6-12　某些因素变动对方案的投资收益率的影响

敏感性分析的关键是通过预测项目主要影响因素发生变化时对经济评价指标的影响，从中找出敏感因素，并确定其影响程度。通常需要分析全部投资内部收益率等指标对产品产量、产品价格、主要原材料或动力价格、固定资产投资、建设工期等影响因素的敏感程度。显然，以上各影响因素对方案经济效益的影响程度是不相同的。图 6-12 所示为某些因素的变动对方案的投资收益率的影响。从图中可以看出，如果销售收入能够增加 5%（图中右边），那么将使投资收益率从 20%增加到 28%；如果生产能力利用程度减少 10%（图中左边），则影响到投资收益率从 20%下降到 14%。因此，销售收入的变化对投资收益率的影响较大，而投资额的变动对投资收益率的影响较小，也就是说，投资收益率对销售收入变化的反应敏感。因此，通过敏感性分析可以预测项目的风险。对经济效益评价产生强烈影响的因素，称为敏感因素，反之称为非敏感因素。

敏感性分析可以使决策者了解不确定因素变化对项目经济指标的影响，确定不确定因素变化的临界值，以便采取防范措施，从而提高决策的准确性和可靠性。

（二）敏感性分析方法具体说明

1. 敏感性分析方法的分类

根据每次同时分析的变化因素的数目不同，敏感性分析可以分为单因素敏感性分析和多因素敏感性分析。

（1）单因素敏感性分析。单因素敏感性分析就是分析单个不确定因素的变动对项目经济效果的影响。在分析方法上类似于数学上多元函数的偏微分，即在计算某个因素的变化对经济效果指标的影响时假定其他因素不变。

不确定因素的变化可以用相对值或绝对值表示。相对值是使每个因素都从其原始取值变动一个幅度，如±5%、±10%等，计算每次变动对经济评价指标的影响。根据不同因素的变化对经济评价指标影响的大小，可以得到各个因素的敏感性程度排序。用绝对值表示的因素变化可以得到同样的结果。

（2）多因素敏感性分析。在进行单因素敏感性分析时，假定在计算某个因素的变化对经济效果指标的影响时其他因素均不变。实际上，许多因素的变动具有相关性，一个因素的变动往往也伴随着其他因素的变动。例如，石油价格上涨会引起以它为原料的其他产品，如汽油、柴油、塑料、化肥等的价格上涨。所以，单因素敏感性分析有其局限性，改进的方法是进行多因素敏感性分析，即考察多个因素同时变化对项目经济效果的影响，以判断项目的风险情况。

2. 敏感性分析方法的作用

敏感性分析方法的作用有以下几方面：

（1）预测各种客观因素变化到什么幅度，项目的财务（经济）效益就会低于规定的衡量标准，即财务（经济）由可行变为不可行。

（2）选择一个或几个最敏感的客观因素，预测其最不利的变化幅度，分析在这种最不利的情况下，财务（经济）效益的降低程度，从而提出有针对性的预防措施，提高项目决策的可靠性。

（3）通过敏感性分析，对项目不同方案的财务（经济）效益进行比较，选出效益最高的方案。

3. 敏感性分析方法不确定性因素的选取

项目敏感性分析中的影响因素通常从以下几方面选定：

（1）项目投资包括固定投资和新增流动资金两部分。在设定因素变化范围时，可将固定投资中的设备、建筑安装和其他费用项的可能变化幅度给予分别考虑和设定。流动资金的变化范围也可单独设定。在此基础上，可以较为有根据地设定总投资变化幅度。

（2）项目服务寿命年限。此因素一般只与动态经济评价指标（如净现值、内部收益率）有关，所以，只有当项目评价采用动态指标时，才有必要考虑选取此项因素。

（3）项目在寿命期末的残值或计算期末的折余价值。

（4）经营成本，特别是变动成本。

（5）产品价格。

（6）产销量。

（7）项目建设年限，投产年限和产出水平及达产期限。

（8）基准折现率。

其中，第（3）、（7）、（8）项也主要与动态经济指标有关。

4. 敏感性分析方法的结果表示

敏感性分析结果可以用不同的方式来表示。可以列表，也可以绘图。敏感性分析图是一种直观地表示各种不确定性因素对目标影响程度的分析方法。通过绘制敏感性分析图，可以直观地表示各种不确定性因素对项目的影响程度，找到其变化的临界点。不确定因素的变化超过了这个极限，项目由可行变为不可行。将不确定因素允许变动的最大幅度与估计可能发生的变化幅度比较，若前者大于后者，则表明项目经济效益对该因素不敏感、项目承担的风险不大。

绘制敏感性分析图的具体做法是：将不确定因素变化率作为横坐标，以某个评价指标为纵坐标，根据敏感性分析表所示数据绘制指标随不确定因素变化的曲线，标出财务基准收益率线或社会折现率线。

敏感性分析图可以十分方便地求出各种不确定因素的临界值并且非常直观地反映各种因素的敏感程度，而其他方法则不能。

（三）敏感性分析方法操作步骤

1. 单因素敏感性分析方法步骤

（1）选择需要分析的不确定因素，并设定这些因素的变动范围。影响投资项目经济效果的不确定因素很多，严格地说，凡影响项目经济效果的因素都在某种程度上带有不确定性。但事实上没有必要对所有的不确定因素都进行敏感性分析，可以根据以下原则选择主要的不确定因素并加以分析：①预计在可能的变动范围内，该因素的变动将会较大地影响项目的经济效果；②对采用的该因素的数据的准确性把握不大。

（2）确定分析指标。各种经济效果评价指标，如净现值、净年值、内部收益率、投资回收期等，都可以作为敏感性分析的指标。由于敏感性分析是在确定性经济分析的基础上进行的，就一般情况而言，敏感性分析的指标应与确定性分析所使用的指标相一致。当确定性经济分析中使用的指标比较多时，敏感性分析可围绕其中一个或若干个最重要的指标进行分析。一般要求分析全部投资内部收益率指标在产品产量、产品价格、主要原材料或动力价格、固定资产投资、建设期等影响因素变化情况下的敏感程度。

（3）进行敏感性分析。计算各不确定因素在可能变动的范围内发生变化时导致的项目经济效果指标的变化情况，建立起一一对应的数量关系，并用图或表的形式表示出来。

在敏感分析图中，曲线陡的因素是敏感因素，曲线平缓的因素是不敏感因素。

2. 多因素敏感性分析方法步骤

前述单因素敏感性分析时，是假定其他因素不变，而实际上许多因素的影响具有相关性。一个因素的变动往往会伴随另外因素的变动，故要进行多因素敏感性分析。因为多因素敏感分析要考虑可能发生的各种不确定因素的不同变动范围的多种组合，计算起来要比单因素敏感性分析复杂得多。如果需要分析的不确定因素不超过三个，而且经济效果指标的计算比较简单，可以用解析法与作图法相结合进行分析。

多因素敏感性分析的步骤如下：

（1）选定经济效果的评价指标，如净现值（NPV）。

（2）选取不确定因素，如投资额、经营成本和产品价格。

（3）计算各不确定因素变动的百分比，例如，投资额变动 $x\%$，经营成本变动 $y\%$，产

品价格变动 $z\%$，并计算其经济效果（例如净现值）。

(4) 将计算结果列表并绘制成敏感性分析图。

(5) 如果同时考虑两个因素（例如，投资额和经营成本），则取净现值为零时，可得到 x 和 y 之间的关系（见图 6-13）。

在双因素敏感性分析图上直线为净现值为零的临界线，在其左下方区域，净现值 NPV>0；在右上方区域，净现值 NPV<0，所以，投资额和经营成本同时变动时，只要变动范围不超出临界线坐标下方的区域（包括临界线），方案都是可以接受的。

(6) 三因素敏感性分析与双因素敏感性分析类似，只不过以 z 作为参数，得到一组平行临界线而已（见图 6-14）。

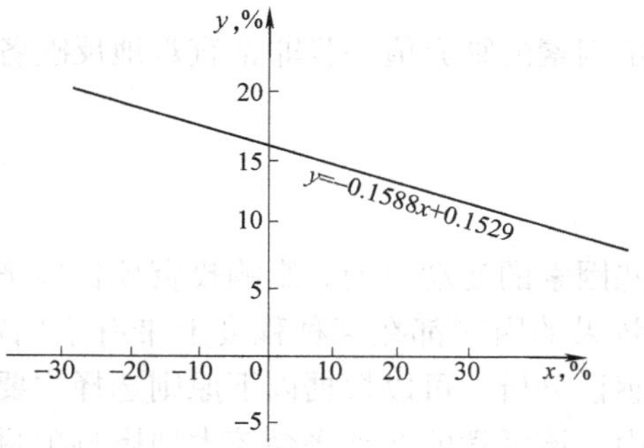

图 6-13 双因素敏感性分析

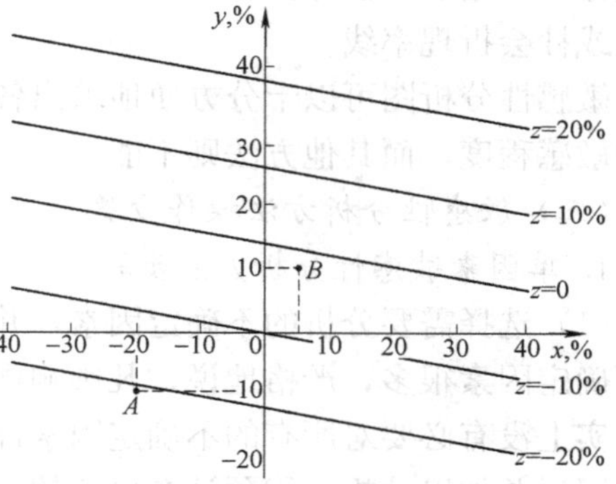

图 6-14 三因素敏感性分析

六、概率分析方法

(一) 概率分析方法概述

不确定性投资的定量分析方法，可以借助概率分析的方法来解决。

敏感性分析在一定程度上就各种不确定因素的变化对项目经济效果的影响作了定量的分析。这有助于决策者了解项目的风险情况，确定在决策过程中及项目实施过程中需要重点研究与控制的因素。但敏感性分析对不确定因素发生不同变化的可能性究竟有多大并未加以估计，没有考虑各种不确定因素在未来发生变动的概率，这可能会影响分析结论的准确性。在实际计算分析中可能有这样的情况：通过敏感性分析得出的某个敏感性因素在未来发生不利变化的可能性很小，也就是说实际的风险并不大，我们就可以忽略不计。而另一个不太敏感的因素在未来发生不利变化的可能性却很大，它给项目经济效果所带来的风险就比那个敏感因素更大。对于这种问题使用敏感性分析是无法解决的。为弥补这方面的不足，可以运用概率和数理统计理论来定量描述项目的风险和不确定性，这就是概率分析的方法。

概率分析主要研究、计算和分析各种影响投资效果的不确定因素的变化范围，以及在此范围内出现的概率、期望值与其标准离差大小的问题。概率值是在大量统计、分析资料的基础上确定出的，这是一项非常复杂而艰巨的任务，需要经大量抽样测量后进行分析。这个测量误差是一个随机变量，这个变量服从于正态概率分布。根据这一特性，就可以确定不确定性因素各种可能状态的概率。

（二）有关概率的知识

1. 概率分布

概率分布是指预测者对每一种可能的事件所给予的一个概率，设为 $f(x)$，则 $f(x)$ 有如下两个特性：

(1) $0 \leqslant f(x) \leqslant 1$，若 $f(x)=0$，即为不可能发生事件；若 $f(x)=1$，则为必然事件。

(2) 对间断概率分布，$\sum f(x)=1$，对事务的总体而言是必然事件；对连续概率分布，同样表示是一件必然事件，而 $f(x)$ 则称为概率密度函数。

2. 期望值（数学期望值、均值）

定义：若 x 是一个间断的随机变量，其出现的概率为 $f(x)$，设 x 的期望值用 $E(x)$ 表示，则

$$E(x)=x\sum f(x) \tag{6-43}$$

它表示随机变量的期望值是 x 所有可能发生值的加权平均数，其权值即为这些随机变量的概率，其计算公式为

$$E(c)=c \tag{6-44}$$

$$E(cx)=cE(x) \tag{6-45}$$

$$E(x_1+x_2)=E(x_1)+E(x_2) \tag{6-46}$$

对连续概率分布，以积分号代替 $\sum$ 符号即可，上述结论仍然适用。

3. 变异系数

变异系数 V 是标准差除以期望值的商，即

$$V=\frac{\sigma_x}{E(x)} \tag{6-47}$$

式中：σ_x 为标准差；$(\sigma_x)^2$ 为方差，即

$$\sigma_x=\sqrt{E(x^2)-[E(x)]^2} \tag{6-48}$$

$$E(x^2)=\sum x^2 f(x) \tag{6-49}$$

变异系数的大小，可以表示为一个投资方案风险的大小，其变异系数越大，风险也就越大。

（三）概率分析方法具体说明

概率分析是在对有关数据进行统计处理的基础上，求得项目各种因素与指标值发生的概率，并利用这些概率对项目具有的潜在风险做出分析。概率分析可分为期望值法和模拟法两种。

1. 期望值法

期望值法的基本原理：假设各参数是服从某种概率分布（如正态分布和均匀分布等）的相互独立的随机变量，先根据经验对各参数做出概率估计，并以此为基础计算项目的经济效益，通过对经济效益期望值、累计概率、标准差及离差系数的计算分析，定量地反映出项目的风险相对不确定性程度。

我们通常把以客观统计数据为基础的概率称为客观概率，以人为预测和估计为基础的概率称为主观概率。期望值法主要采用的是主观概率。它是根据经验设定各种情况发生的概率，计算项目净现值的期望值及净现值大于或等于零时的累计概率。其一般分析步骤及注意事项如下：①列出各种要考虑的不确定因素，并设定各不确定因素可能发生变化的几种情

况。②分别确定每种情况出现的概率，确定概率值时应利用同类项目的历史统计资料认真分析，尽量避免主观性。各种不确定因素的概率之和必须等于 1。③分别求出各种情况下的净现值，并根据各种情况发生的概率计算出加权净现值，最后求代数和，得出净现值的期望值。④求出净现值大于或等于零的累计概率，分析项目风险的情况，并绘制累计概率分析图。

2. 模拟法

蒙特-卡罗模拟法是一种用连续概率分布来分析建设项目各种获利可能性的方法。具体地说，是把各项影响现金流量的预期数字的概率分布，通过模拟技术归纳而成为经济评价的概率分布。

假定某一建设项目中，影响投资项目风险的因素是销售价格和固定成本，而且其不确定性已经归纳而成主观概率分布表。其中，相对机遇的数值表示事件发生的相对可能性。它是根据调查、研究、统计或按照类似产品的统计，经过推测、判断和归纳而确定的，不可避免地带有主观因素。相应的概率是由相对机遇的数值除以相对机遇的总和而得。累计概念为相应概率的累计值。

(四) 概率分析方法操作步骤

在进行概率分析时，一般经过下面几个步骤。

1. 选择不确定因素作为随机变量

在进行概率分析时，首先要选择对项目的经济效益影响较大的不确定因素作为概率分析中的随机变量。然后，分析这些变量的变化对项目经济效益的影响。通常由于经济评估预处理系统中的概率分析是以内部收益率来表示项目经济效益优劣的，因此，通常也选择对内部收益率影响较大的因素作为概率分析中的随机变量，即产品产量、产品价格、经营成本和固定资产投资。

2. 确定各个因素的变化范围

根据各个因素的特点及这些因素在项目中所起的作用，确定各个因素的变化范围如下：

产品产量变化从－30%～＋30%；产品售价变化从－15%～＋15%；经营成本变化从－20%～＋20%；固定资产投资变化从－30%～＋30%。

3. 计算随机变量发生的概率和累计概率

在分析研究大量统计资料的基础上，根据专家的丰富经验和评估人员的科学判断，可以得出各个变量在不同变化率下发生的概率和累计概率，然后输入计算机中。

4. 产生随机数并与累计概率比较

根据计算机产生随机数原理，可计算出一组（4 个）［0，1］区间的随机数。将这组随机数按产量、价格、经营成本、投资的顺序与计算机中对应的累计概率值进行比较，找出满足不等式关系的累计概率值，并取出各自对应的变化率（Z_i%）。

5. 计算内部收益率的概率分布

将上面得到的产品产量、产品价格、经营成本和固定资产投资的变化率代入各自的表达式，得出变化后的值：

产品产量＝原产量×（$1+Z_1$%）

产品价格＝原价格×（$1+Z_2$%）

经营成本＝原成本×（$1+Z_3$%）

$$固定资产投资=原投资\times(1+Z_4\%)$$

用这些变化后的变量重新计算内部收益率，即得到一个新的内部收益率值 f_i。

重复进行上述运算直到达到足够的次数（一般为 1000 次）。根据所得到的这些内部收益率值 f_i，用 f_i 落在某一区间的频率代替 f_i 在这一区间发生的概率，就可以确定出内部收益率的概率分布。

概率分析方法是对不确定分析的完善，利用上述的概率计算，项目分析和决策人员就能对项目风险和实现各种目标值的可能性做出估计，这对项目决策是大有裨益的。

参考文献

[1] 黄素逸. 能源科学导论. 北京：中国电力出版社，1999.
[2] 黄素逸，高伟. 能源概论. 北京：高等教育出版社，2004.
[3] 黄素逸，王晓墨. 能源与节能技术. 2 版. 北京：中国电力出版社，2008.
[4] 黄素逸，王晓墨. 节能概论. 武汉：华中科技大学出版社，2008.
[5] 陈学俊，袁旦庆. 能源工程. 西安：西安交通大学出版社，2002.
[6] 谢克昌. 煤化工发展与规划. 北京：化学工业出版社，2005.
[7] 倪维斗，李政. 基于煤气化的多联产能源系统. 北京：清华大学出版社，2010.
[8] 国家电力公司战略规划部. 中国能源五十年. 北京：中国电力出版社，2001.
[9] 邢运民，陶永红. 现代能源与发电技术. 西安：西安电子科技大学出版社，2007.
[10] 王革华. 新能源概论. 北京：化学工业出版社，2006.
[11] 左然，施明恒，王希麟. 可再生能源概论. 北京：机械工业出版社，2007.
[12] 马栩泉. 核能开发与应用. 北京：化学工业出版社，2005.
[13] 龙敏贤，刘铁军. 能源管理工程. 广州：华南理工大学出版社，2000.
[14] 中国科学院. 2002 高技术发展报告. 北京：科学出版社，2002.
[15] 郑楚光. 温室效应及其控制对策. 北京：中国电力出版社，2001.
[16] 任泽霈，蔡睿贤. 热工手册. 北京：机械工业出版社，2002.
[17] 毛健雄，毛健全，赵树民. 煤的清洁燃烧. 北京：科学出版社，1998.
[18] 顾念祖，刘雅琴. 能源经济与管理. 北京：中国电力出版社，1999.
[19] 李方正. 科学探索丛书：新能源. 北京：化学工业出版社，2007.
[20] 夏雅君. 隔热技术. 北京：机械工业出版社，1991.
[21] 黄素逸，林秀诚，叶志瑾. 采暖空调制冷手册. 北京：机械工业出版社，1996.
[22] 张宏尧. 能源技术经济学. 哈尔滨：哈尔滨工业大学出版社，1993.
[23] 王加璇. 热力发电厂、系统设计与运行. 北京：中国电力出版社，1997.
[24] 金钟元，伏义淑. 水电站. 北京：水利电力出版社，1994.
[25] 祁义禄. 节能降耗技术手册. 北京：中国电力出版社，1997.
[26] 郑楚光. 洁净煤技术. 武汉：华中理工大学出版社，1996.
[27] 曾丹苓. 工程热力学. 3 版. 北京：高等教育出版社，2002.
[28] 彭朋宇. 节能监测. 武汉：武汉工业大学出版社，1991.
[29] 蒋楚生，何耀文，孙志发，等. 工业节能的热力学基础和应用. 北京：化学工业出版社，1990.
[30] [美] A. W. 卡尔普. 能量转换原理. 李增佐，等译. 北京：机械工业出版社，1987.
[31] 刘文祥. 水资源危机. 贵阳：贵州科技出版社，2001.
[32] [美] W. M. 罗森诺. 传热学基础手册：上册. 北京：科学出版社，1992.
[33] [美] Edward S. Cassedy. 可持续能源的前景. 段雷，黄永梅，译. 北京：清华大学出版社，2002.
[34] 韩光泽. 寂态热动力学基础理论研究. 华南理工大学博士学位论文，2002.
[35] 林伯强. 现代农业经济学. 北京：中国财政经济出版社，2007.
[36] 王柏轩. 技术经济学. 上海：复旦大学出版社，2007.
[37] 刘晓君. 技术经济学. 北京：科学出版社，2008.
[38] 石勇民. 工程经济学. 北京：人民交通出版社，2008.

[39] 任有中. 能源工程管理. 北京：中国电力出版社，2004.
[40] 华泽明. 能源经济学. 东营：石油大学出版社，1991.
[41] 吕靖，梁晶. 技术经济学. 北京：化学工业出版社，2008.
[42] 王光华. 化工技术经济学. 北京：科学出版社，2007.
[43] 袁明鹏，胡艳，庄越. 新编技术经济学. 北京：清华大学出版社，2007.
[44] 仲景冰，王红兵. 工程项目管理. 北京：北京大学出版社，2006.
[45] 宋伟，刘岗. 工程项目管理. 北京：科学出版社，2006.
[46] 杜松怀. 电力市场. 北京：中国电力出版社，2004.
[47] [美] 阿兰·V·尼斯. 自然资源与能源经济学手册：第一卷. 北京：经济科学出版社，2007.
[48] 黄素逸，刘伟. 高等工程传热学. 北京：中国电力出版社，2006.
[49] 李业发，杨廷柱. 能源工程导论. 合肥：中国科学技术大学出版社，1999.
[50] 王成孝. 核能与核技术应用. 北京：原子能出版社，2002.
[51] 田瑞，闫素英. 能源与动力工程概论. 北京：中国电力出版社，2008.
[52] 董宏，张飘. 通信用光伏与风力发电系统. 北京：人民邮电出版社. 2008.
[53] 惠晶. 新能源转换与控制技术. 北京：机械工业出版社. 2008.
[54] 北京市建设委员会. 新能源与可再生能源利用技术. 北京：冶金工业出版社. 2006.
[55] 王承煦，张源. 风力发电. 北京：中国电力出版社，2003.
[56] 朱清时，阎立峰，郭庆祥. 生物质洁净能源. 北京：化学工业出版社，2002.
[57] 张建安，刘德华. 生物质能源利用技术. 北京：化学工业出版社，2009.
[58] 田宜水. 生物质发电. 北京：化学工业出版社，2010.
[59] 张咏梅，何亚南. 社会主义新农村建设指导系列丛书：新农村建设 生物质能利用. 北京：中国电力出版社，2008.
[60] 田廷山，李明朗，白冶. 中国地热资源及开发利用. 北京：中国环境科学出版社，2006.
[61] 蔡义汉. 地热直接利用. 天津：天津大学出版社，2004.
[62] 陈砺，王红林，方利国. 能源概论. 北京：化学工业出版社，2009.